김원욱 형법
최신기출 총정리

2024

경찰채용 / 경찰간부 / 경찰승진
법원검찰 / 군무원 / 법원행시 / 변호사

2024년 상반기 원문기출
2023년 1개년 지문발췌

| 김원욱 편저 |

동영상강의
프라임법학원 www.primeedunet.com

질문답변과 자료업데이트
김원욱형사법교실 cafe.daum.net/policewon
김원욱경찰학교 cafe.naver.com/wonwook2021

PREFACE 머리말

김원욱 형법 최신기출의 특징은 다음과 같습니다.

✔ 2024년 상반기 형법 원문기출

2024년 상반기 형법 기출문제들을 원문 그대로 수록하고 자세한 해설을 달았습니다.
경찰, 검찰 기타 형법 기출문제들은 시험과 직렬을 불문하고 모두 풀어야 합니다.

✔ 2023년 1개년 형법 지문기출

2023년 1개년 형법 기출문제들은 그 양이 방대하여 원문을 수록하지 않고
새로운 지문이나 최신판례 지문들을 위주로 발췌하여 오엑스 문제로 수록했습니다.
오엑스 문제로 수록되지 않은 지문들은 어느 기출문제집에나 다 있는 지문들입니다.

✔ 2024년 법행, 변시 원문기출

법원행시, 변호사시험 기출문제들은 난이도가 높은 문제들로서
경찰간부 수험생들은 반드시 풀어보아야 하나,
경찰채용과 경찰승진 수험생들은 참고하는 정도로 보면 충분합니다.
따라서 본문에 수록하지 않고 맨 뒤에 부록으로 수록하였습니다.

✔ 2024년 하반기 형법 원문기출

2024년 하반기 형법 기출문제들은 2024년 12월초에 출간될 예정입니다.
본 교재에 수록된 2024년 상반기 기출문제들을 제외하고
그 이후의 기출문제들만 수록할 예정입니다.

2024. 5. 16. 관악산 기슭에서
원욱쌤 드림

CONTENTS 차례

제1부 2024년 상반기 원문기출
형법총론

01. 죄형법정주의 ·· 10
02. 형법의 적용범위 ································· 15
03. 범죄유형 ··· 19
04. 범죄의 주체 – 법인 ···························· 21
05. 부작위범 ··· 22
06. 인과관계 ··· 25
07. 구성요건적 고의 ································· 28
08. 구성요건적 착오 ································· 32
09. 과실범 ··· 33
10. 결과적 가중범 ····································· 35
11. 위법성론 ··· 37
12. 책임능력 ··· 45
13. 금지착오와 위법성조각사유 전제사실의 착오
    ·· 47
14. 기대가능성 ··· 53
15. 미수론 ··· 54
16. 공범 일반이론과 간접정범 ················ 61
17. 공동정범, 동시범, 합동범 ················· 64
18. 교사범, 방조범 ··································· 69
19. 죄수론 ··· 71
20. 형벌론 ··· 77

제2부 2024년 상반기 원문기출
형법각론

01. 살인, 상해, 폭행 ································ 86
02. 유기죄 ··· 91
03. 협박, 강요, 체포감금, 약취유인죄 ···· 94
04. 강간, 강제추행죄, 특별법상 범죄 ····· 97
05. 명예훼손, 모욕죄 ······························ 100
06. 업무방해죄 ······································· 103
07. 주거침입죄 ······································· 104
08. 재산죄 일반이론 ······························ 106
09. 절도, 강도죄 ···································· 108
10. 사기, 공갈죄 ···································· 113
11. 횡령, 배임죄 ···································· 118
12. 장물, 손괴, 권리행사방해, 강제집행면탈죄 123
13. 공안, 방화, 교통방해죄 ··················· 130
14. 통화, 유가증권에 관한 죄 ·············· 134
15. 문서에 관한 죄 ································ 135
16. 성풍속, 도박복표에 관한 죄 ·········· 140
17. 직무유기, 직권남용죄 ······················ 141
18. 뇌물죄 ··· 144
19. 공무집행방해죄 ································ 147
20. 범인은닉, 증거인멸, 위증, 무고죄 ····· 149

제3부 2023년 1개년 지문발췌

형법총론

01. 형법서론 ···································· 156
02. 구성요건론 ································ 168
03. 위법성론 ···································· 188
04. 책임론 ······································· 199
05. 미수론 ······································· 206
06. 공범론 ······································· 211
07. 죄수론 ······································· 219
08. 형벌론 ······································· 226

제4부 2023년 1개년 지문발췌

형법각론

01. 개인적 법익 – 비재산죄 ············ 240
02. 개인적 법익 – 재산죄 ··············· 260
03. 사회적 법익 ······························· 285
04. 국가적 법익 ······························· 294

부록 1

2024년 법원행시
311

부록 2

2024년 변호사시험
353

CONTENTS 수록

2024년 상반기 원문기출

2024년 경찰승진
2024년 해경승진(경사)
2024년 해경승진(경위)
2024년 경찰1차
2024년 검찰9급
2024년 검찰9급(총론)

2024년 상반기 원문기출 (부록)

2024년 법원행시
2024년 변호사시험

2023년 1개년 지문발췌

2023. 8. 8. 시행 개정형법 조문
2023년 경찰채용 1차 형사법 (경1)
2023년 경찰채용 2차 형사법 (경2)
2023년 경찰간부 형사법 (경간)
2023년 경찰경력채용 형법 (경채)
2023년 경찰승진 형법 (경승)
2023년 경찰특공대 형법 (경특)
2023년 해양경찰 2차 형사법 (해경2)
2023년 해양경찰 3차 형사법 (해경3)
2023년 해양경찰 3차 형법 (해경3)
2023년 해경간부 형법 (해간)
2023년 해경승진(경사) 형법 (해승)
2023년 해경승진(경위) 형법 (해승)
2023년 경찰대 편입 형사법 (경대)
2023년 변호사시험 형사법 (변시)
2023년 법원직 9급 형법 (법9)
2023년 법원직 5급 형법 (법행)
2023년 법원직 5급 승진 형사법 (법승)
2023년 국가직 7급 형법 (검7)
2023년 국가직 9급 형법 (검9)
2023년 국가직 9급 형법총론 (검9)
2023년 군무원 5급 형법 (군5)
2023년 군무원 7급 형법 (군7)
2023년 군무원 9급 형법 (군9)

김원욱 형법 최신기출 총정리
cafe.daum.net/policewon

제 1 부
형법 총론

01 죄형법정주의

001 2024년 경찰승진

위임입법에 관한 설명으로 가장 적절하지 <u>않은</u> 것은? (다툼이 있는 경우 판례에 의함)

① 형사처벌에 관련된 모든 법규를 예외 없이 형식적 의미의 법률에 의하여 규정한다는 것은 사실상 불가능할 뿐만 아니라 실제에 적합하지도 않으므로 구성요건의 실질적 내용을 단체협약에 모두 위임하는 것도 허용된다.
② 법률의 시행령은 모법인 법률의 위임 없이 법률이 규정한 개인의 권리·의무에 관한 내용을 변경·보충하거나 법률에서 규정하지 아니한 새로운 내용을 규정할 수 없고, 특히 법률의 시행령이 형사처벌에 관한 사항을 규정하면서 법률의 명시적인 위임범위를 벗어나 처벌의 대상을 확장하는 것은 위임입법의 한계를 벗어난 것으로서 무효이다.
③ 일반적으로 법률의 위임에 의하여 효력을 갖는 법규명령의 경우, 구법에 위임의 근거가 없어 무효였더라도 사후에 법개정으로 위임의 근거가 부여되면 그 때부터는 유효한 법규명령이 된다.
④ 처벌법규의 구성요건 부분에 관한 기본사항에서 보다 구체적인 기준이나 범위를 정함이 없이 또는 그 대강이 확정되지 않은 상태에서 그 내용인 규범의 실질을 모두 하위법령에 포괄적으로 위임하는 것은 죄형법정주의 원칙에 반한다.

해설 ① (×) 이 사건 법률조항은 형벌 구성요건의 실질적 내용을 법률에서 직접 규정하지 아니하고 모두 단체협약에 위임하고 있어 죄형법정주의의 기본적 요청으로서 범죄와 형벌에 관하여는 입법부가 제정한 형식적 의미의 법률로써 정하여야 한다는 <u>법률주의에 위배된다</u>(헌재 1998.3.26. 96헌가20). 〈주〉 법률주의와 명확성 원칙에 동시 위반된다.
② (O) (大判 2017.2.16. 2015도16014 전합).
③ (O) 위임의 근거가 부여되면 <u>그때부터는</u> 유효한 법규명령이 된다(大判 1995.6.30. 93추83). 〈주〉 소급효는 없고 장래효만 인정된다.
④ (O) (헌재 2000.7.20. 99헌가15)

[정답] ①

002 2024년 해경승진(경사)

다음 중 죄형법정주의에 대한 설명으로 가장 옳지 않은 것은? (다툼이 있으면 판례에 의함)

① 죄를 지어 외국에서 형의 전부 또는 일부가 집행된 사람에 대해서는 그 집행된 형의 전부 또는 일부를 선고하는 형에 산입한다.
② 국가형벌권의 자의적인 행사로부터 개인의 자유와 권리를 보호하기 위하여 원칙적으로 법률로 범죄와 형벌을 정하여야 한다.
③ 종전보다 가벼운 형으로 형벌법규를 개정하면서, 개정된 법의 시행 전의 범죄에 대해서 종전의 형벌법규를 적용하도록 그 부칙에 규정하는 것은 형벌불소급원칙에 반한다.
④ 개정 「형법」의 시행 이전에 죄를 범한 자에 대하여 개정 「형법」에 따라 보호관찰을 명할 경우, 형벌불소급원칙 또는 죄형법정주의에 위배되지 않는다.

해설
① (○) 형법 제7조. 〈주〉 임의적 산입이 아니라 필요적 산입이다.
② (○) 죄형법정주의는 국가형벌권의 자의적인 행사로부터 개인의 자유와 권리를 보호하기 위하여 범죄와 형벌을 법률로 정하도록 요구한다(大判 2023.1.12. 2019도16782).
③ (×) 형을 종전보다 가볍게 형벌법규를 개정하면서 그 부칙으로 개정된 법의 시행 전의 범죄에 대하여 종전의 형벌법규를 적용하도록 규정한다 하여 헌법상의 형벌불소급의 원칙이나 신법우선주의에 반한다고 할 수 없다(大判 1999.7.9. 99도1695).
④ (○) 보호관찰은 형벌이 아니라 보안처분의 성격을 갖는 것으로서, 과거의 불법에 대한 책임에 기초하고 있는 제재가 아니라 장래의 위험성으로부터 행위자를 보호하고 사회를 방위하기 위한 합목적적인 조치이므로, 그에 관하여 반드시 행위 이전에 규정되어 있어야 하는 것은 아니며, 재판시의 규정에 의하여 보호관찰을 받을 것을 명할 수 있다(大判 1997.6.13. 97도703).

정답 ③

003 2024년 경찰채용1차

죄형법정주의에 관한 설명으로 가장 적절하지 않은 것은? (다툼이 있는 경우 판례에 의함)

① '여러 사람의 눈에 뜨이는 곳에서 공공연하게 알몸을 지나치게 내놓거나 가려야 할 곳을 내놓아 다른 사람에게 부끄러운 느낌이나 불쾌감을 준 사람'을 처벌하는 구 「경범죄 처벌법」 제3조 제1항 제33호는 죄형법정주의에 위배된다.

② 「아동·청소년의 성보호에 관한 법률」 상 공개명령 제도에 대해서는 소급입법금지의 원칙이 적용되지 않는다.

③ 어린이집 대표자를 변경하였음에도 변경인가를 받지 않은 채 어린이집을 운영한 행위에 대해 설치인가를 받지 않고 사실상 어린이집의 형태로 운영하는 행위 등을 처벌하는 규정인 「영유아보육법」 제54조 제4항 제1호를 적용하는 것은 죄형법정주의에 위배된다.

④ 구 「공공기관의 운영에 관한 법률」 제53조가 공기업의 임직원으로서 공무원이 아닌 사람을 「형법」 제129조의 적용에서는 공무원으로 본다고 규정하면서도, 구체적인 공기업 지정과 관련하여 하위규범인 기획재정부장관의 고시에 의하도록 규정한 것은 죄형법정주의에 위배된다.

해설
① (○) (憲決 2016.11.24. 2016헌가3).
② (○) (大判 2011.3.24. 2010도14393).
③ (○) (大判 2022.12.1. 2021도6860). 〈주〉 변경인가와 설치인가는 다르다.
④ (×) 죄형법정주의에 위배되거나 위임입법의 한계를 일탈한 것으로 볼 수 없다(大判 2013.06.13. 2013도1685). 〈주〉 구체적 위임은 법률주의 위반이 아니다.

정답 ④

004 2024년 검찰9급

죄형법정주의에 대한 설명으로 옳지 않은 것은? (다툼이 있으면 판례에 의함)

① 의료법인 명의로 개설된 의료기관의 개설자격 위반 여부를 판단할 때, 비의료인의 주도적 자금 출연 내지 주도적 관여 사정만을 근거로 비의료인이 실질적으로 의료기관을 개설·운영하였다고 판단하였다면, 이는 허용되는 행위와 허용되지 않는 행위를 구별할 수 있는 기준에 따라 판단한 것으로서 죄형법정주의 원칙에 반하지 않는다.

② 범죄의 성립과 처벌에 관하여 규정한 형벌법규 자체 또는 그로부터 수권 내지 위임을 받은 법령의 변경에 따라 범죄를 구성하지 아니하게 되거나 형이 가벼워진 경우에는, 종전 법령이 범죄로 정하여 처벌한 것이 부당하였다거나 과형이 과중하였다는 반성적 고려에 따라 변경된 것인지 여부를 따지지 않고 원칙적으로 「형법」 제1조 제2항이 적용된다.

③ 「가정폭력범죄의 처벌 등에 관한 특례법」이 정한 보호처분 중 하나인 사회봉사명령은 가정폭력 범죄행위에 대하여 형사처벌 대신 부과되는 것으로서, 가정폭력범죄를 범한 자에게 의무적 노동을 부과하고 여가시간을 박탈하여 실질적으로는 신체적 자유를 제한하게 되므로, 이에 대하여는 원칙적으로 형벌불소급의 원칙에 따라 행위시법을 적용함이 상당하다.

④ 유기징역형에 대한 법률상 감경을 하면서 「형법」 제55조 제1항 제3호에서 정한 것과 같이 장기와 단기를 모두 2분의 1로 감경하는 것이 아닌 장기 또는 단기 중 어느 하나만을 2분의 1로 감경하는 방식이나 2분의 1보다 넓은 범위의 감경을 하는 방식 등은 죄형법정주의 원칙상 허용될 수 없다.

해설 ① (✗) 비의료인의 주도적 자금 출연 내지 주도적 관여 사정만을 근거로 비의료인이 실질적으로 의료기관을 개설·운영하였다고 판단할 경우, 허용되는 행위와 허용되지 않는 행위의 구별이 불명확해져 죄형법정주의 원칙에 반할 수 있다(大判 2023.7.17. 2017도1807 전합). 〈주〉 주도적 출연 외에 실질적 탈법수단으로 악용했는지까지 판단하여야 한다.
② (○) (大判 2022.12.22. 2020도16420 전합).
③ (○) (大判 2008.7.24. 2008어4).
④ (○) (大判 2021.1.21. 2018도5475 전합).

정답 ①

005 2024년 해경승진(경사)

다음 중 유추해석금지의 원칙에 대한 설명으로 가장 옳은 것은? (다툼이 있으면 판례에 의함)

① 수산물 표시·광고에서 '생물'은 포획 후 냉동하지 않은 채 살아 있거나 그에 준할 정도로 신선한 상태로 유통되는 수산물을 표현하는 용어로 '냉동'과 구별되는 개념으로 사용되고 있으므로, 냉동수산물 또는 냉동 후 해동한 수산물에 '생물'이라고 표시·광고하는 것은 수산물의 품질에 관하여 사실과 다른 표시·광고를 한 것으로 보아야 한다.

② 「형법」 제232조의2(사전자기록위작·변작)에서 정한 '위작'에 권한 있는 사람이 그 권한을 남용하여 허위의 정보를 입력함으로써 전자기록을 생성하는 행위까지도 포함하여 해석하는 것은 유추해석금지의 원칙에 반한다.

③ 형벌법규의 적용대상이 행정법규가 규정한 사항을 내용으로 하는 경우, 그 행정법규를 해석함에 있어서는 유추해석금지의 원칙이 적용되지 아니한다.

④ 유추해석금지의 원칙은 모든 형벌법규의 구성요건과 가벌성에 관한 규정에 준용되나, 위법성 및 책임의 조각사유나 소추조건 또는 처벌조각사유인 형면제사유에 관하여 그 범위를 제한적으로 적용하여 가벌성의 범위가 확대되더라도 유추해석금지의 원칙에 반하지 아니한다.

[해설]
① (○) (大判 2017.4.7. 2016도19084). 〈주〉 냉동 갈치를 해동시켜 생물이라고 표시한 사안이다.
② (×) 이러한 해석이 '위작'이란 낱말이 가지는 문언의 가능한 의미를 벗어났다거나, 피고인에게 불리한 유추해석 또는 확장해석을 한 것이라고 볼 수 없다(大判 2020.8.27. 2019도11294).
③ (×) 형벌법규의 해석은 엄격하여야 하고 명문규정의 의미를 피고인에게 불리한 방향으로 지나치게 확장해석하거나 유추 해석하는 것은 죄형법정주의의 원칙에 어긋나는 것으로서 허용되지 않으며, 이러한 법해석의 원리는 그 형벌법규의 적용대상이 행정법규가 규정한 사항을 내용으로 하고 있는 경우에 그 행정법규의 규정을 해석하는 데에도 마찬가지로 적용된다(大判 2007.6.29. 2006도4582).
④ (×) 위법성 및 책임의 조각사유나 소추조건 또는 처벌조각사유인 형면제 사유에 관하여도 그 범위를 제한적으로 유추적용하게 되면 행위자의 가벌성의 범위는 확대되어 행위자에게 불리하게 되는바, 이는 가능한 문언의 의미를 넘어 범죄구성요건을 유추적용하는 것과 같은 결과가 초래되므로 죄형법정주의의 파생원칙인 유추해석금지의 원칙에 위반하여 허용될 수 없다(大判 2010.9.30. 2008도4762).

[정답] ①

02 형법의 적용범위

006 2024년 경찰승진

「형법」의 적용범위에 관한 설명으로 가장 적절하지 <u>않은</u> 것은? (다툼이 있는 경우 판례에 의함)

① 범죄행위 시와 재판 시 사이에 여러 차례 법령이 개정되어 형의 변경이 있는 경우에는 이 점에 관한 당사자의 주장이 없더라도 「형법」 제1조 제2항에 의하여 직권으로 그 전부의 법령을 비교하여 그 중 가장 형이 가벼운 법령을 적용하여야 한다.
② 「형법」 제2조의 범죄지라 함은 범죄구성사실의 전부 또는 일부가 대한민국의 영역 내에서 범하여지면 된다고 볼 것이므로 공모공동정범의 경우 공모가 국내에서 이루어졌다면, 「형법」 제2조의 범죄지에 공모지도 포함된 것으로 보아야 한다.
③ 구성요건이 신설된 상습강제추행죄가 시행되기 이전의 범행은 상습강제추행죄로는 처벌할 수 없고 행위시법에 기초하여 강제추행죄로 처벌할 수 있을 뿐이며, 이 경우 그 소추요건도 상습강제추행죄에 관한 것이 아니라 강제추행죄에 관한 것이 구비되어야 한다.
④ 형사사건으로 외국 법원에 기소되었다가 무죄판결을 받은 사람이 무죄판결을 받기까지 상당 기간 미결구금된 경우, 「형법」 제7조의 '외국에서 형의 전부 또는 일부가 집행된 사람'에 해당한다고 볼 수 있으므로, 그 미결구금 기간은 「형법」 제7조에 의한 산입의 대상이 될 수 있다.

> [해설] ① (○) (大判 1968.12.17. 68도1324)
> ② (○) (大判 1998.11.27. 98도2734). 〈주〉 속지주의가 적용된다.
> ③ (○) (大判 2016.1.28. 2015도15669). 〈주〉 가중처벌 규정은 과거로 소급하여 적용될 수 없다.
> ④ (×) 형사사건으로 외국 법원에 기소되었다가 무죄판결을 받은 사람은, 설령 그가 무죄판결을 받기까지 상당 기간 미결구금되었더라도 이를 유죄판결에 의하여 형이 실제로 집행된 것으로 볼 수는 없으므로, '외국에서 형의 전부 또는 일부가 집행된 사람'에 해당한다고 볼 수 없고, 그 미결구금 기간은 형법 제7조에 의한 산입의 대상이 될 수 없다(大判 2017.8.24. 2017도5977 전합).
>
> [정답] ④

007 2024년 경찰채용1차

형법의 적용범위에 관한 설명으로 가장 적절한 것은? (다툼이 있는 경우 판례에 의함)

① 범죄에 의하여 외국에서 형의 전부 또는 일부의 집행을 받은 자에 대하여는 형을 감경 또는 면제할 수 있다.
② 법령 제정 당시부터 또는 폐지 이전에 스스로 유효기간을 구체적인 일자나 기간으로 특정하여 효력의 상실을 예정하고 있던 법령이 그 유효기간을 경과함으로써 더 이상 효력을 갖지 않게 된 경우, 그 유효기간 경과 전에 행해진 법령 위반행위의 가벌성은 소멸하므로 더 이상 행위자를 처벌할 수 없게 된다.
③ 재판이 확정된 후 법률이 변경되어 그 행위가 범죄를 구성하지 아니하게 되거나 형이 구법보다 가벼워진 경우, 형의 집행을 면제한다.
④ 캐나다 시민권자인 甲이 투자금을 교부받더라도 선물시장에 투자하여 운용할 의사나 능력이 없음에도 캐나다에서 그곳에 거주하는 대한민국 국민 A를 기망하여 직접 투자금을 수령한 경우, 甲의 행위가 캐나다 법률에 의해 범죄를 구성하고 그에 대한 소추나 형의 집행이 면제되지 않는 경우에만 우리 형법이 적용된다.

[해설]
① (×) 죄를 지어 외국에서 형의 전부 또는 일부가 집행된 사람에 대해서는 그 집행된 형의 전부 또는 일부를 선고하는 형에 산입한다. (형법 제7조) 〈주〉 헌법불합치 결정을 받고 현재는 필요적 산입으로 개정되었다.
② (×) 법령 제정 당시부터 또는 폐지 이전에 스스로 유효기간을 구체적인 일자나 기간으로 특정하여 효력의 상실을 예정하고 있던 법령이 그 유효기간을 경과함으로써 더 이상 효력을 갖지 않게 된 경우도 형법 제1조 제2항과 형사소송법 제326조 제4호의 적용 대상인 법령의 변경에 해당한다고 볼 수 없다(大判 2022.12.22. 2020도16420). 〈주〉 한시법에는 형법 제1조 제2항이 적용되지 않는다.
③ (×) 재판이 확정된 후 법률이 변경되어 그 행위가 범죄를 구성하지 아니하게 된 경우에는 형의 집행을 면제한다(형법 제1조 제3항). 〈주〉 형이 가벼워진 경우에는 집행을 면제하지 않는다.
④ (○) (大判 2011.8.25. 2011도6507).

[정답] ④

008 2024년 해경승진(경사)

다음 중 「형법」의 적용범위에 관한 설명으로 가장 옳은 것은? (다툼이 있으면 판례에 의함)

① 북한에서 행하여진 범죄에 대해서는 대한민국 「형법」이 적용되지 않는다.
② 도박죄를 처벌하지 않는 외국 카지노에서 대한민국 국민 甲이 도박을 한 경우 대한민국 「형법」이 적용되지 않는다.
③ 외국인 甲이 공해상 운항 중인 우리나라 배에서 다른 외국인 선원의 지갑을 훔친 경우 우리나라 「형법」을 적용할 수 있다.
④ 외국인 甲이 외국에서 대한민국 운전면허증을 위조한 경우 우리나라 「형법」을 적용할 수 없다.

> **해설** ① (✕) 북한도 한국영토이므로 속지주의에 의하여 한국형법이 적용된다.
> ② (✕) 도박죄를 처벌하지 않는 외국 카지노에서의 도박이라는 사정만으로 그 위법성이 조각된다고 할 수 없고, 형법 제3조(속인주의)에 따라, 피고인에게 우리나라 형법이 당연히 적용된다(大判 2004.04.23. 2002도2518; 大判 2001.09.25. 99도3337).
> ③ (○) 본법은 대한민국영역외에 있는 대한민국의 선박 또는 항공기내에서 죄를 범한 외국인에게 적용한다 (형법 제4조). 따라서 형법 제4조의 기국주의에 의해 우리 형법이 적용된다.
> ④ (✕) 甲이 서울지방경찰청장 명의의 운전면허증을 위조한 경우는 형법 제225조의 공문서위조에 해당하는바, 형법 제5조의 제6호에 의해 대한민국 형법이 적용된다.
>
> **정답** ③

009 2024년 검찰9급(총론)

甲에 대해 대한민국「형법」을 적용할 수 있는 경우만을 모두 고르면?

> ㉠ 한국인 甲이 도박이 허용되는 필리핀의 카지노에서 도박을 한 경우
> ㉡ 일본인 甲이 행사할 목적으로 미국에서 100달러짜리 미화 10장을 위조한 경우
> ㉢ 미국인 甲이 서울 소재 호텔 커피숍에서 한국인 A와 공모한 후 홍콩에서 중국인 B로부터 필로폰을 매수한 경우
> ㉣ 중국인 甲이 중국 북경시에 소재한 대한민국 영사관에서 한국인 A 명의의 여권발급신청서를 위조한 경우

① ㉠㉢
② ㉠㉡㉢
③ ㉠㉡㉣
④ ㉡㉢㉣

해설 ㉠ (O) 필리핀국에서 도박을 한 피고인에게 우리나라 형법이 당연히 적용된다(大判 2001.9.25. 99도3337). 〈주〉 속인주의가 적용된다.
㉡ (O) 제5조(외국인의 국외범) 본법은 대한민국영역외에서 다음에 기재한 죄를 범한 외국인에게 적용한다. 4. 통화에 관한 죄 〈주〉 제5조 보호주의가 적용된다.
㉢ (O) 형법 제2조를 적용함에 있어서 공모공동정범의 경우 공모지도 범죄지로 보아야 한다(大判 1998.11.27., 98도2734). 〈주〉 속지주의가 적용된다.
㉣ (×) 중국 북경시에 소재한 대한민국 영사관 내부는 여전히 중국의 영토에 속할 뿐 이를 대한민국의 영토로서 그 영역에 해당한다고 볼 수 없을 뿐 아니라, 사문서위조죄가 형법 제6조의 대한민국 또는 대한민국 국민에 대하여 범한 죄에 해당하지 아니함은 명백하다(大判 2006.9.22. 2006도5010). 〈주〉 사문서에는 제5조와 제6조가 모두 적용되지 않는다.

[정답] ②

03 범죄유형

010 2024년 해경승진(경위)

다음 중 범죄유형에 대한 설명으로 가장 옳지 <u>않은</u> 것은? (다툼이 있으면 판례에 의함)

① 내란죄는 다수인이 한 지방의 평온을 해할 정도의 폭동을 하였을 때 이미 그 구성요건이 완전히 충족된다고 할 것이어서 상태범으로 봄이 상당하다.
② 「폭력행위 등 처벌에 관한 법률」 제4조 소정의 단체 등의 조직죄는 같은 법에 규정된 범죄를 목적으로 한 단체 또는 집단을 구성함으로써 즉시 성립하고 그와 동시에 완성되는 즉시범이지 계속범이 아니다.
③ 직무유기죄는 직무를 수행하지 아니하는 위법한 부작위상태가 계속되는 한 가별적 위법상태가 계속 존재한다고 할 것이므로 즉시범이라고 할 수 없다.
④ 체포죄는 즉시범으로서 반드시 체포의 행위에 확실히 사람의 신체의 자유를 구속한다고 인정할 수 있을 정도의 시간적 계속성이 있을 필요는 없다.

> 해설 ① (○) (大判 1997.4.17. 96도3376 전합).
> ② (○) (大判 1992.2.25. 91도3192).
> ③ (○) (大判 1997.8.29. 97도675). 〈주〉 계속범이다.
> ④ (×) 체포죄는 계속범으로서 체포의 행위에 확실히 사람의 신체의 자유를 구속한다고 인정할 수 있을 정도의 시간적 계속이 있어야 한다(大判 2018.2.28. 2017도21249).
>
> 정답 ④

011 2024년 검찰9급(총론)

목적범에 대한 설명으로 옳지 않은 것은?

① 목적범에서의 고의와 목적은 그 어느 것이나 행위자의 내부적·심리적 요소에 해당한다.
② 「전자금융거래법」 제6조 제3항 제3호의 '범죄에 이용할 목적'은 초과주관적 위법요소로서 목적의 대상이 되는 범죄의 구체적인 내용까지 인식하여야 하는 것은 아니다.
③ 목적범이 성립하기 위해서는 당해 목적에 대하여 적극적 의욕이나 확정적 인식이 필요하며 단지 미필적 인식이 있는 것만으로는 족하지 않다.
④ 목적범에서의 고의도 구성요건의 객관적 요소에 해당하는 사실을 인식대상으로 한다.

해설 ① (○) 고의와 목적은 주관적 구성요건이다.
② (○) (大判 2023.1.12. 2021도10861).
③ (×) 고의 외에 초과주관적 위법요소로서 "향정신성의약품을 제조할 목적"과 같은 목적에 대하여도 고의와 마찬가지로 적극적 의욕이나 확정적 인식임을 요하지 아니하고 미필적 인식이 있으면 족하다(大判 1997.12.12. 97도2368).
④ (○) 목적범도 일반적 주관적구성요건인 고의가 별도로 필요하다.

정답 ③

04 범죄의 주체 - 법인

012 2024년 경찰승진
행위의 주체에 관한 설명으로 가장 적절한 것은? (다툼이 있는 경우 판례에 의함)

① 주식회사의 주식이 사실상 1인의 주주에 귀속하는 1인회사의 경우에는 회사와 주주를 동일한 인격체라고 볼 수 있으므로 1인회사는 양벌규정에 따른 책임을 부담하지 않는다.
② 양벌규정에 의하여 법인이 처벌받는 경우라도 법인의 사용인들이 범죄행위를 공모한 후 일방법인의 사용인이 그 실행행위에 직접 가담하지 아니하고 다른 공모자인 타법인의 사용인만이 분담실행한 경우라면 그 법인은 공동정범의 죄책을 면한다.
③ 양벌규정 중 법인의 대표자 관련 부분은 대표자의 책임을 요건으로 하여 법인을 처벌하는 것이지 그 대표자의 처벌까지 전제조건이 되는 것은 아니므로 법인의 대표이사가 선행사건 확정판결로 면소판결을 선고받았더라도 해당 법인을 양벌규정으로 처벌할 수 있다.
④ 회사 대표자의 위반행위에 대하여 징역형의 형량을 정상참작 감경하고 병과하는 벌금형에 대하여 선고유예를 한 이상 양벌규정에 따라 그 회사를 처단함에 있어서도 같은 조치를 취하여야 한다.

해설 ① (✕) 주식회사의 주식이 사실상 1인의 주주에 귀속하는 1인회사의 경우에도 회사와 주주는 별개의 인격체로서, 1인회사의 재산이 곧바로 1인주주의 소유라고 할 수 없기 때문에, 양벌규정에 따른 책임에 관하여 달리 볼 수 없다(大判 2018.4.12. 2013도6962).
② (✕) 양벌규정에 의하여 법인이 처벌받는 경우에 법인의 사용인들이 범죄행위를 공모한 후 일방법인의 사용인이 그 실행행위에 직접 가담하지 아니하고 다른 공모자인 타법인의 사용인만이 분담실행한 경우에도 그 법인은 공동정범의 죄책을 면할 수 없다(大判 1983.3.22. 81도2545).
③ (○) (大判 2022.11.17. 2021도701).
④ (✕) 회사 대표자의 위반행위에 대하여 징역형의 형량을 작량감경하고 병과하는 벌금형에 대하여 선고유예를 한 이상 양벌규정에 따라 그 회사를 처단함에 있어서도 같은 조치를 취하여야 한다는 논지는 독자적인 견해에 지나지 아니하여 받아들일 수 없다(大判 1995.12.12. 95도1893). 〈주〉 작량감경에 대해서는 종업원과 고용주 간에 불가분의 원칙이 적용되지 않는다는 의미이다.

정답 ③

05 부작위범

013 2024년 경찰승진
부작위범에 관한 설명으로 가장 적절한 것은? (다툼이 있는 경우 판례에 의함)

① 하나의 행위가 작위범과 부작위범의 구성요건을 동시에 충족할 수는 없다.
② 부작위범에 대한 방조범은 부작위에 의한 방조 뿐만 아니라 작위에 의한 방조의 경우에도 결과발생을 방지할 의무 내지 보증의무가 있는 경우에만 성립한다.
③ 부진정부작위범의 경우와는 달리 진정부작위범의 공동정범은 그 의무가 수인에게 공통으로 부여되어 있지 않더라도 수인이 공모한 경우에 성립할 수 있다.
④ 「도로교통법」 제54조 제1항, 제2항이 규정한 교통사고 발생 시의 구호조치의무 및 신고의무는 교통사고의 결과가 피해자의 구호 및 교통질서의 회복을 위한 조치가 필요한 상황인 이상, 교통사고를 발생시킨 당해 차량의 운전자에게 그 사고 발생에 있어서 고의·과실 혹은 유책·위법의 유무에 관계없이 부과된 의무이므로 위법하지 않은 선행행위로부터도 작위의무가 발생할 수 있다.

> **해설** ① (×) (大判 2008.2.14. 2005도4202). 〈주〉 하나의 행위로 작위범과 부작위범의 구성요건을 충족할 수 있다. 그러나 최종적으로 작위범만 성립한다.
> ② (×) 부작위범에 대한 방조범은 부작위에 의한 방조의 경우에는 결과발생을 방지할 의무 내지 보증의무가 있는 경우에만 성립하지만, 작위에 의한 방조의 경우에는 결과발생을 방지할 의무 내지 보증의무가 없어도 성립할 수 있다.
> ③ (×) 부작위범 사이의 공동정범은 다수의 부작위범에게 공통된 의무가 부여되어 있고 그 의무를 공통으로 이행할 수 있을 때에만 성립한다(大判 2008.3.27. 2008도89) 〈주〉 진정부작위범의 경우 공통의 의무가 필요하다.
> ④ (○) (大判 2015.10.15. 2015도12451).
>
> 정답 ④

014 2024년 해경승진(경사)

다음 중 부작위범에 대한 설명으로 가장 옳지 않은 것은? (다툼이 있으면 판례에 의함)

① 익사 직전의 아이에 대한 보증인 지위가 인정되더라도 구조가 불가능한 상황에서는 부작위범이 성립할 수 없다.
② 부작위범에 있어서 작위의무는 윤리적 의무가 아니라 법적 의무이므로 사회상규 혹은 조리에 의한 작위의무는 발생하지 않는다.
③ 기망행위라는 특정한 행위방법을 요건으로 하는 사기죄의 경우에는 부작위에 의한 기망행위가 작위의 기망행위와 동등한 의미를 가진다고 판단될 때 부작위에 의한 사기죄가 성립된다.
④ 어떤 범죄가 작위와 동시에 부작위에 의하여도 실현될 수 있는 경우 행위자가 작위에 의하여 타인의 법익을 침해하고 침해 상태를 부작위에 의해 유지하였더라도 작위에 의한 범죄로 봄이 타당하다.

> **해설** ① (○) 부진정 부작위범의 객관적 구성요건은 구조의무, 구조가능성, 부작위, 동가치성이다(판례의 입장). 따라서 위 네 개의 요건 중 어느 하나라도 충족되지 않으면 부진정 부작위범에 해당하지 않게 된다.
> ② (×) 작위의무는 법적인 의무이어야 하므로 단순한 도덕상 또는 종교상의 의무는 포함되지 않으나 작위의무가 법적인 의무인 한 성문법이건 불문법이건 상관이 없고 또 공법이건 사법이건 불문하므로, 법령, 법률행위, 선행행위로 인한 경우는 물론이고 기타 신의성실의 원칙이나 사회상규 혹은 조리상 작위의무가 기대되는 경우에도 법적인 작위의무는 있다(大判 1996.9.6. 95도2551).
> ③ (○) 사기죄는 부진정 부작위범이므로 부작위에 의한 사기죄가 성립하기 위해서는 부진정 부작위범이 성립하기 위한 요건인 행위정형의 동가치성을 구비해야 한다. 즉, 부작위에 의한 기망행위가 작위의 기망행위와 동등한 의미를 가진다고 판단되어야 한다.
> ④ (○) (大判 2004.6.24. 2002도995).
>
> **정답** ②

015 2024년 검찰9급

부작위범에 대한 설명으로 옳지 않은 것은? (다툼이 있으면 판례에 의함)

① 이른바 부진정 부작위범은 작위를 내용으로 하는 범죄를 부작위에 의하여 실현하는 경우를 말한다.
② 부진정 부작위범의 작위의무는 법적 의무이어야 하므로 사회상규 혹은 조리상 작위의무가 기대되는 경우에는 인정되지 않는다.
③ 부작위범 사이의 공동정범은 다수의 부작위범에게 공통된 의무가 부여되어 있고 그 의무를 공통으로 이행할 수 있는 경우에 성립한다.
④ 위험의 발생을 방지할 의무가 있는 자뿐만 아니라 자기의 행위로 인하여 위험발생의 원인을 야기한 자도 그 위험발생을 방지하지 않은 때에는 그 발생된 결과에 의하여 처벌한다.

해설 ① (O) 업무방해죄와 같이 작위를 내용으로 하는 범죄를 부작위에 의하여 범하는 부진정 부작위범이 성립하기 위해서는 부작위를 실행행위로서의 작위와 동일시할 수 있어야 한다(大判 2017.12.22. 2017도13211).
② (×) 부진정 부작위범의 작위의무는 법령, 법률행위, 선행행위로 인한 경우는 물론, 신의성실의 원칙이나 사회상규 혹은 조리상 작위의무가 기대되는 경우에도 인정된다(大判 2015.11.12. 2015도6809 전합).
③ (O) (大判 2008.3.27. 2008도89).
④ (O) 제18조(부작위범) 위험의 발생을 방지할 의무가 있거나 자기의 행위로 인하여 위험발생의 원인을 야기한 자가 그 위험발생을 방지하지 아니한 때에는 그 발생된 결과에 의하여 처벌한다.

정답 ②

06 인과관계

016 2024년 경찰승진

인과관계에 관한 설명으로 옳고 그름의 표시(O, X)가 바르게 된 것은? (다툼이 있는 경우 판례에 의함)

> ㉠ 동시의 독립행위가 경합한 경우에 그 결과발생의 원인된 행위가 판명되지 아니한 때에는 이시(異時)의 독립행위가 경합한 경우와 달리 각 행위를 기수범으로 처벌한다.
> ㉡ 고의의 결과범에서 실행행위와 결과발생 간에 인과관계가 없는 경우 행위자를 기수범으로 처벌할 수 없다.
> ㉢ 결과발생을 위해 경험칙상 상당한 조건만이 원인이 되고 이 경우 인과관계가 인정된다는 견해에 대해서는 결과발생에 관계된 모든 조건을 등가적으로 평가함으로써 인과관계를 인정하는 범위가 너무 넓어 결과책임을 제한하려는 형법의 목적을 실현하는 데 문제가 있다는 비판이 제기된다.
> ㉣ 甲이 주먹으로 A의 복부를 1회 강타하여 장파열로 인한 복막염으로 A를 사망케 하였다면, 비록 의사의 과실에 의한 수술지연이 공동원인이 되었더라도 甲의 행위가 사망의 결과에 대한 유력한 원인이 된 이상 甲의 행위와 A의 사망사이에는 인과관계가 인정된다.

① ㉠(×) ㉡(O) ㉢(O) ㉣(O)
② ㉠(×) ㉡(O) ㉢(×) ㉣(O)
③ ㉠(O) ㉡(×) ㉢(O) ㉣(×)
④ ㉠(×) ㉡(×) ㉢(×) ㉣(O)

해설 ㉠ (×) 동시 또는 이시의 독립행위가 경합한 경우에 그 결과발생의 원인된 행위가 판명되지 아니한 때에는 각 행위를 미수범으로 처벌한다(형법 제19조).
㉡ (O) 형법 제17조(인과관계) 어떤 행위라도 죄의 요소되는 위험발생에 연결되지 아니한 때에는 그 결과로 인하여 벌하지 아니한다. 〈주〉 결과로 벌하지 않는다는 것은 기수로 벌하지 않는다는 뜻이다.
㉢ (×) 결과발생에 관계된 모든 조건을 등가적으로 평가함으로써 인과관계를 인정하는 범위가 너무 넓어 결과책임을 제한하려는 형법의 목적을 실현하는 데 문제가 있다는 비판이 제기되는 견해는 상당인과관계설이 아니라 조건설이다.
㉣ (O) (大判 1984.6.26. 84도831, 84감도129).

정답 ②

017 2024년 해경승진(경위)

다음 중 인과관계에 대한 설명으로 가장 옳지 않은 것은? (다툼이 있으면 판례에 의함)

① 「형법」 제17조는 '어떤 행위라도 죄의 요소되는 위험발생에 연결되지 아니한 때에는 그 행위로 인하여 벌하지 아니한다.'라고 규정하고 있다.
② 폭행 또는 협박으로 타인의 재물을 강취하려는 행위와 이에 극도의 흥분을 느끼고 공포심에 사로잡혀 이를 피하려다 상해에 이르게 된 사실과는 상당인과관계가 인정된다.
③ 甲의 선행행위 후 피해자 乙의 과실이 개입되어 결과가 발생하더라도, 그와 같은 사실이 통상적으로 예견할 수 있는 것이라면 甲의 선행행위와 결과 사이에는 인과관계가 인정된다.
④ 甲은 선단 책임선의 선장으로서 종선의 선장에게 조업상의 지시만 할 수 있을 뿐 선박 안전관리는 각 선박의 선장이 책임지도록 되어 있었던 경우 甲이 풍랑 중에 종선에 조업 지시를 하였다는 것만으로는 종선의 풍랑으로 인한 매몰사고와의 사이에 인과관계가 성립할 수 없다.

해설 ① (×) 어떤 행위라도 죄의 요소되는 위험발생에 연결되지 아니한 때에는 그 결과로 인하여 벌하지 아니한다(형법 제17조). 〈주〉 결과로 벌하지 않고 행위로 벌하기 때문에 미수범이 된다.
② (○) (大判 1996.7.12. 96도1142).
③ (○) (大判 1994.03.22. 93도3612).
④ (○) (大判 1989.9.12. 89도1084). 〈주〉 종선의 매몰은 책임선의 선장 탓이 아니라, 종선 선장 탓이다.

[정답] ①

018 2024년 검찰9급

인과관계에 대한 설명으로 옳지 않은 것은? (다툼이 있으면 판례에 의함)

① 방조범이 성립하려면 방조행위가 정범의 범죄실현과 밀접한 관련이 있고 정범으로 하여금 구체적 위험을 실현시키거나 범죄결과를 발생시킬 가능성을 높이는 등으로 현실적 기여를 하였다고 평가할 수 있는 인과관계가 필요하다.
② 실화죄에 있어서 공동의 과실이 경합되어 화재가 발생하여 적어도 각 과실이 화재의 발생에 대하여 하나의 조건이 된 경우라도, 원인된 행위가 밝혀지지 않았다면 그 원인을 제공한 사람들은 실화죄의 미수로 불가벌에 해당한다.
③ 정범의 실행행위 중에 이를 용이하게 하는 경우뿐만 아니라 정범의 실행착수 전에 장래의 실행행위를 예상하고 이를 용이하게 하는 경우에도 방조행위로서 정범의 실행행위에 대한 인과관계를 인정할 수 있다.
④ 교사자가 전화로 범행을 만류하는 취지의 말을 한 것만으로는 교사자의 교사행위와 정범의 실행행위 사이에 인과관계가 단절되었다거나 교사자가 공범관계에서 이탈한 것으로 볼 수 없다.

[해설] ① (○) (大判 2023.10.18. 2022도15537).
② (×) 실화죄에 있어서 공동의 과실이 경합되어 화재가 발생한 경우 적어도 각 과실이 화재의 발생에 대하여 하나의 조건이 된 이상은 그 공동적 원인을 제공한 사람들은 각자 실화죄의 책임을 면할 수 없다(大判 2023.3.9. 2022도16120).
③ (○) (大判 1996.9.6. 95도2551).
④ (○) (大判 2012.11.15. 2012도7407). 〈주〉 교사의 철회가 되려면 정범이 실행 전에 범행의사를 완벽히 차단해야만 한다.

[정답] ②

07 구성요건적 고의

019 2024년 경찰승진

고의에 관한 설명으로 가장 적절하지 않은 것은? (다툼이 있는 경우 판례에 의함)

① 고의는 내심적 사실이므로 피고인이 이를 부정하는 경우에는 사물의 성질상 고의와 상당한 관련성이 있는 간접사실을 증명하는 방법에 의하여 입증할 수밖에 없다.
② 운전면허 소지인인 甲이 정기적성검사기간 내에 적성검사를 받지 아니한 경우, 甲이 적성검사기간 도래 여부에 관한 확인을 게을리하여 기간이 도래하였음을 알지 못하였더라도 적성검사기간 내에 적성검사를 받지 않은 것에 대한 미필적 고의는 있었다고 봄이 타당하다.
③ 허위사실을 유포하는 방법에 의하여 타인의 업무를 방해함으로써 성립하는 업무방해죄에 있어, 허위사실을 유포한다고 함은 실제의 객관적 사실과 서로 다른 사항을 내용으로 하는 사실을 불특정 다수인에게 전파시키는 것을 말하고, 특히 이러한 경우 그 행위자에게 행위 당시 자신이 유포한 사실이 허위라는 점을 적극적으로 인식하였을 것을 요한다.
④ 미필적 고의는 결과발생에 대한 확실한 예견은 없으나 그 가능성에 대한 인식이 있으면 족하고 결과발생을 용인하는 내심의 의사가 있음을 요하지는 않는다는 점에서 확정적 고의와 구별된다.

> **해설**
> ① (O) (大判 2005.4.29. 2003도6056).
> ② (O) (大判 2014.4.10. 2012도8374).
> ③ (O) (大判 1994.1.28. 93도1278).
> ④ (×) 미필적 고의라 함은 결과의 발생이 불확실한 경우 즉 행위자에 있어서 그 결과발생에 대한 확실한 예견은 없으나 그 가능성은 인정하는 것으로 미필적 고의가 있었다고 하려면 결과발생에 대한 인식이 있음은 물론 나아가 이러한 결과발생을 용인하는 내심의 의사가 있음을 요한다(大判 1985.6.25. 85도660)
> 〈주〉 '요하지 않는다' 부분이 틀렸고, '확정적 고의와 구별된다' 부분은 옳다.
>
> [정답] ④

020 2024년 경찰채용1차

고의에 관한 설명으로 가장 적절한 것은? (다툼이 있는 경우 판례에 의함)

① 목적적 범죄체계론에 따르면 고의는 책임의 요소이다.
② 고의가 성립하기 위해서는 행위자가 모든 객관적 구성요건에 해당하는 사실을 인식해야 하기에 상습도박죄에 있어서 상습성은 고의의 인식 대상이다.
③ 고의의 본질에 관한 학설 중 행위자가 결과발생의 가능성을 인식하기만 하면 고의가 성립한다고 보는 견해에 따르면 인식 있는 과실도 고의로 인정될 수 있다.
④ 방조범은 정범의 실행을 방조한다는 방조의 고의와 정범의 행위가 구성요건에 해당하는 행위인 점에 대한 정범의 고의가 있어야 하고, 방조범에 있어서 정범의 고의는 정범에 의하여 실현되는 범죄의 구체적 내용까지 인식할 것을 요한다.

[해설] ① (×) 신파인 목적적 범죄체계론에 따르면 고의는 <u>구성요건요소</u>이다.
② (×) 상습성은 객관적 구성요건요소가 아니라 <u>특별한 책임표지</u>이므로 고의의 인식대상이 아니다. 〈주〉
객관적 구성요건요소만 고의의 인식대상이다.
③ (○) 가능성설, 개연성설 등은 인식설의 일종이다. 따라서 의사가 없어도 인식만 있으면 고의가 인정된다.
④ (×) 방조범에 있어서 정범의 고의는 정범에 의하여 실현되는 <u>범죄의 구체적 내용을 인식할 것을 요하는 것은 아니고 미필적 인식 또는 예견으로 충분하다</u>(大判 2011.12.8. 2010도9500; 大判 2005.4.29. 2003도6056).

[정답] ③

021 2024년 해경승진(경사)

다음 중 고의에 대한 설명으로 가장 옳지 않은 것은? (다툼이 있으면 판례에 의함)

① 죄의 성립요소인 사실을 인식하지 못한 행위는 벌하지 아니한다. 단, 법률에 특별한 규정이 있는 경우에는 예외로 한다.
② 어부인 피고인들이 어로저지선을 넘어 어업을 하면서 납치되어 가도 좋다고 생각하고 어로저지선을 넘어 어로작업을 한 것이 아니더라도, 북괴집단의 구성원들과 회합이 있을 것이라는 미필적 고의가 인정된다.
③ "사고장소에서 무엇인가 딱딱한 물체를 충돌한 느낌을 받았다."는 피고인의 제1심 법정에서의 신빙성이 있는 진술에 비추어 볼 때, 피고인에게는 미필적으로나마 사고의 발생사실을 알고 도주할 의사가 있었다고 할 수 있다.
④ 심야시간에 20대 후반의 남자가 인터넷 채팅을 통하여 만난 가출 청소년들과 함께 찜질방에 입장하면서 위 청소년들의 오빠로 행세하자 그를 위 청소년들의 보호자로 오인하여 청소년들을 입장시킨 경우, 종업원에게는 그에 관한 미필적 인식이 있다고 볼 수 없다.

해설 ① (O) 정상적으로 기울여야 할 주의(注意)를 게을리하여 죄의 성립요소인 사실을 인식하지 못한 행위는 법률에 특별한 규정이 있는 경우에만 처벌한다(형법 제14조).
② (×) 어부인 피고인들이 어로저지선을 넘어 어업을 하였다고 하더라도 북괴경비정이 출현하는 경우 납치되어 가더라도 좋다고 생각하면서 어로저지선을 넘어서 어로작업을 한 것이 아니라면 북괴집단의 구성원들과 회합이 있을 것이라는 미필적 고의가 있었다고 단정할 수 없다(大判 1975.1.28. 73도2207).
③ (O) (大判 2000.3.28. 99도5023)
④ (O) (大判 2009.3.26. 2008도12065).

정답 ②

022 2024년 검찰9급

고의에 대한 설명으로 옳지 않은 것은? (다툼이 있으면 판례에 의함)

① 명예훼손죄가 성립하기 위해서는 범죄구성요건의 주관적 요소로서 공연성에 대한 미필적 고의가 필요하므로 전파가능성에 대한 인식이 있음은 물론 나아가 그 위험을 용인하는 내심의 의사가 있어야 한다.
② 준강간의 고의는 피해자가 심신상실 또는 항거불능의 상태에 있다는 것과 그러한 상태를 이용하여 간음한다는 구성요건적 결과 발생의 가능성을 인식하고 그러한 위험을 용인하는 내심의 의사를 말한다.
③ 업무상 배임죄의 일반적인 고의의 법리와는 달리 경영상 판단의 경우에는 단순히 본인에게 손해가 발생하였다는 결과만으로도 업무상 배임죄의 성립을 인정할 수 있다.
④ 방조범이 성립하기 위해서는 정범의 실행을 방조한다는 방조의 고의와 정범의 행위가 구성요건에 해당한다는 점에 대한 정범의 고의가 있어야 한다.

해설 ① (○) (大判 2010.10.28. 2010도2877).
② (○) (大判 2019.3.28. 2018도16002 전합). 〈주〉 피해자의 심신상실 또는 항거불능의 상태를 현실적으로 이용하여야 하고, 이를 인식도 하여야 한다.
③ (×) 경영상의 판단과 관련하여 기업의 경영자에게 배임의 고의가 있었는지 여부를 판단함에 있어서도 일반적인 업무상배임죄에 있어서 고의의 입증 방법과 마찬가지의 법리가 적용되어야 함은 물론이지만, 단순히 본인에게 손해가 발생하였다는 결과만으로 책임을 묻거나 주의의무를 소홀히 한 과실이 있다는 이유로 책임을 물을 수는 없다(大判 2004.7.22. 2002도4229).
④ (○) (大判 2003.4.8. 2003도382). 〈주〉 이중의 고의가 필요하다.

[정답] ③

08 구성요건적 착오

023 2024년 경찰승진
사실의 착오에 관한 설명으로 가장 적절한 것은?

> ㉠ 甲은 창문에 비친 사람을 친구 A라 생각하고 살해하기 위해 총을 발사했는데, 실제로는 A의 집에 놀러 온 친구 B였고 그로 인해 B가 사망하였다.
> ㉡ 甲이 A가 기르던 애완견을 죽이려고 총을 발사했는데, 총알이 빗나가서 옆에 있던 A가 사망하였다.
> ㉢ 甲은 乙에게 A를 살해하라고 교사하였다. 이를 승낙한 乙은 甲으로부터 A에 대한 인상착의를 설명받고, A를 향해 총을 발사했다. 사망을 확인하기 위하여 다가가서 보니 죽은 사람은 A가 아니라 A의 쌍둥이 동생 B였다.

① ㉠에서 B의 사망에 대한 甲의 죄책과 관련하여 구체적 부합설에 의하면 살인미수죄이고, 법정적 부합설에 의하면 무죄이다.
② ㉡에서 A의 사망에 대한 甲의 죄책과 관련하여 구체적 부합설과 법정적 부합설에 의하면 결론이 다르다.
③ ㉢에서 B의 사망에 대한 甲의 죄책과 관련하여 乙의 착오를 객체의 착오로 보고 이에 기반을 둔 甲의 착오도 객체의 착오로 보는 경우, 구체적 부합설에 의하면 甲에게는 살인미수죄와 과실치사죄의 상상적 경합범이 인정된다.
④ ㉢에서 B의 사망에 대한 甲의 죄책과 관련하여 乙의 착오를 객체의 착오로 보고 이에 기반을 둔 甲의 착오를 방법의 착오로 보는 경우, 법정적 부합설에 의하면 甲에게는 살인죄의 교사범이 성립한다.

해설
① (×) 구체적 사실의 착오 중 객체의 착오에 해당한다. 구체적 부합설과 법정적 부합설 모두 甲에게는 B에 대한 살인기수죄가 성립한다.
② (×) 추상적 사실의 착오 중 방법의 착오에 해당한다. 구체적 부합설과 법정적 부합설 모두 인식사실의 미수와 발생사실의 과실범의 상상적 경합을 인정하여 결론이 동일하다.
③ (×) 구체적 사실의 착오 중 객체의 착오의 경우 어떤 학설에 의하더라도 고의기수범이 성립한다. 피교사자 乙의 객체의 착오가 교사자 甲에게도 객체의 착오가 된다는 견해에 의할 때 甲은 B에 대한 살인교사죄의 죄책을 진다.
④ (○) 乙의 객체의 착오를 甲에게 방법의 착오로 보는 견해를 따르고, 여기에 법정적 부합설을 적용하면 甲에게는 살인죄의 교사범이 성립한다.

[정답] ④

09 과실범

024 2024년 경찰승진
과실범에 관한 설명으로 가장 적절하지 않은 것은? (다툼이 있는 경우 판례에 의함)

① 술을 마시고 찜질방에 들어온 A가 찜질방 직원 몰래 후문으로 나가 술을 더 마신 다음 후문으로 다시 들어와 발한실에서 잠을 자다가 사망한 경우, 찜질방 직원 및 영업주가 공중위생영업자로서의 업무상 주의의무를 위반하였다고 볼 수 없다.
② 골프경기를 하던 중 골프공을 쳐서 아무도 예상하지 못한 자신의 등 뒤편으로 보내어 등 뒤에 있던 경기보조원(캐디)에게 상해를 입힌 경우에는 과실치상죄가 성립하지 않는다.
③ 담당의사에게서 환자에 대한 앰부 배깅(ambu bagging)과진정제투여 업무만을 지시받은 병원 인턴 甲이 환자를 구급차로 이송하던 중 산소 공급 이상을 발견하고 의료인에게 기대되는 적절한 조치를 취하였음에도 환자가 사망한 경우, 일반적으로 구급차 탑승 전 또는 이송 도중 구급차에 비치되어 있는 산소통의 산소잔량을 확인할 주의의무는 없으므로 업무상과실치사죄가 성립하지 않는다.
④ 甲이 운전자의 부탁으로 차량의 조수석에 동승한 후, 운전자의 차량운전행위를 살펴보고 잘못된 점이 있으면 이를 지적하여 교정해 주려 했던 것에 그치고 전문적인 운전교습자가 피교습자에 대하여 차량운행에 관해 모든 지시를 하는 경우와 같이 주도적 지위에서 동 차량을 운행할 의도가 있었다거나 실제로 그 같은 운행을 하였다고 보기 어렵다면 그와 같은 운행중에 야기된 사고에 대하여 과실범의 공동정범의 책임을 물을 수 없다.

[해설] ① (O) (大判 2010.2.11. 2009도9807).
② (×) 주의의무를 현저히 위반하여 사회적 상당성의 범위를 벗어난 행위로서 과실치상죄가 성립한다(大判 2008.10.23. 2008도6940).
③ (O) (大判 2011.9.8. 2009도13959).
④ (O) (大判 1984.3.13. 82도3136).

[정답] ②

025 2024년 해경승진(경사)

다음 중 업무상과실치사상죄에 관한 설명으로 가장 옳지 않은 것은? (다툼이 있는 경우 판례에 의함)

① 과실치상죄는 반의사불벌죄이지만, 업무상과실치상죄는 반의사불벌죄가 아니다.
② 화물차를 주차하고 적재함에 적재된 토마토 상자를 운반하던 중 적재된 상자 일부가 떨어지면서 지나가던 피해자에게 상해를 입힌 경우, 「교통사고처리특례법」에 정한 '교통사고'에 해당하므로 업무상과실치상죄가 성립하지 않는다.
③ 업무상과실치사상죄의 업무에는 사무뿐만 아니라 공무도 포함된다.
④ 공휴일 또는 야간에 구치소 소장을 대리하는 당직간부에게는 구치소에 수용된 수용자들의 생명·신체에 대한 위험을 방지할 법령상 내지 조리상 의무가 있고, 이와 같은 의무를 직무로서 수행하는 교도관들의 업무는 업무상과실치사죄에서 말하는 업무에 해당한다.

[해설]
① (O) 반의사불벌죄로는 과실치상죄, 폭행죄, 협박죄, 외국원수모욕죄, 외국사절모욕죄, 외국국기모독죄, 출판물명예훼손죄, 명예훼손죄 등이 있고, 업무상과실치상죄, 특수폭행협박죄, 상습폭행협박죄, 공동폭행협박죄는 반의사불벌죄에서 제외된다. (두문자 : 반치상 포박하여 외모가 판명되면, 업무상 수상한 놈은 공동으로 제외해라)
② (X) 교통사고처리 특례법에 정한 '교통사고'에 해당하지 않아 업무상과실치상죄가 성립한다(大判 2009.7.9. 2009도2390).
③ (O) 공휴일에 소장을 대리하는 당직간부는 구치소에 수용된 수용자들의 생명·신체에 대한 위험을 방지할 법령상 내지 조리상의 의무를 지고 있고, 이와 같은 의무를 직무로서 수행하는 교도관들의 업무는 업무상과실치사죄에서의 업무에 해당한다(大判 2007.5.31. 2006도3493).
④ (O) (大判 2007.5.31. 2006도3493).

[정답] ②

10 결과적 가중범

026 2024년 경찰승진
결과적 가중범에 관한 설명으로 옳은 것은 모두 몇 개인가? (다툼이 있는 경우 판례에 의함)

> ㉠ 기본범죄를 통하여 고의로 중한 결과를 발생하게 한 경우에 가중 처벌하는 부진정결과적가중범에서, 고의범에 대하여 더 무겁게 처벌하는 규정이 없는 경우에는 결과적가중범이 고의범에 대하여 특별관계에 있으므로 결과적가중범만 성립하고 이와 실체적 경합의 관계에 있는 고의범에 대하여는 별도로 죄를 구성하지 않는다.
> ㉡ 결과적가중범은 중한 결과가 발생하여야 성립되는 범죄이므로 「형법」에는 결과적가중범의 미수를 처벌하는 규정을 두고 있지 않다.
> ㉢ 甲의 구타행위로 상해를 입은 피해자가 정신을 잃고 빈사상태에 빠지자 사망한 것으로 오인하고, 자신의 행위를 은폐하고 피해자가 자살한 것처럼 가장하기 위하여 피해자를 베란다 아래의 바다로 떨어뜨려 사망케 하였다면, 甲의 행위는 포괄하여 단일의 상해치사죄에 해당한다.
> ㉣ 「형법」상 부진정결과적가중범은 중한 결과를 야기한 기본범죄가 고의범인 경우에만 인정되고 과실범의 경우에는 인정되지 않는 개념이다.
> ㉤ 결과적가중범이 성립하려면 행위와 결과 사이에 상당인과관계가 있어야 하고 행위 시에 결과의 발생을 예견할 수 있어야 하는데, 그러한 예견가능성은 행위자를 기준으로 판단되어야 하며 일반인을 기준으로 객관적으로 판단해야 하는 것은 아니다.

① 1개 ② 2개
③ 3개 ④ 4개

해설 * 옳은 것은 ㉢㉣ 2개이다.
- ㉠ (×) 고의범에 대하여 더 무겁게 처벌하는 규정이 없는 경우에는 결과적가중범이 고의범에 대하여 특별관계에 있으므로 결과적가중범만 성립하고 이와 법조경합의 관계에 있는 고의범에 대하여는 별도로 죄를 구성하지 않는다(大判 2008.11.27. 2008도7311).
- ㉡ (×) 형법에는 일수치사상죄, 인질치사상죄, 해상강도치사상죄, 강도치사상죄등에 대한 미수처벌규정이 존재한다. (두문자 : 일 인 해상 강도치사상)
- ㉢ (○) (大判 1994.11.4. 94도2361).
- ㉣ (○) 형법상 결과적 가중범의 기본범죄는 고의범에 한한다. 그러나 부진정 결과적 가중범의 중한 결과는 과실뿐만 아니라 고의로 발생한 경우도 포함된다.
- ㉤ (×) 그와 같은 예견가능성은 일반인을 기준으로 객관적으로 판단되어야 하는 것이다(大判 2014.07.24. 2014도6206).

[정답] ②

027 2024년 경찰채용1차

결과적 가중범과 과실범에 관한 설명으로 옳지 않은 것을 모두 고른 것은? (다툼이 있는 경우 판례에 의함)

> ㉠ 「형법」 제188조의 교통방해치사상죄가 성립하려면 교통방해 행위와 사상의 결과 사이에 상당인과관계가 있어야 하고 행위 시에 결과의 발생을 예견할 수 있어야 한다. 그 행위와 결과 사이에 피해자나 제3자의 과실 등 다른 사실이 개입되었을지라도 그와 같은 사실이 통상 예견될 수 있는 것이라면 상당인과관계가 인정된다.
> ㉡ 「형법」상 결과적 가중범이 성립하기 위해서는 고의나 과실에 의한 기본범죄가 있어야 하고, 이로 인해 중한결과가 발생하여야 한다.
> ㉢ 결과적 가중범의 공동정범이 성립하기 위해서는 기본행위를 공동으로 할 의사뿐만 아니라 결과를 공동으로 할 의사도 필요하다.
> ㉣ 실화죄에 있어서 공동의 과실이 경합되어 화재가 발생한 경우, 적어도 각 과실이 화재의 발생에 대하여 하나의 조건이 되었다면 그 공동적 원인을 제공한 사람들은 각자 실화죄의 책임을 진다.

① ㉠㉡
② ㉡㉢
③ ㉢㉣
④ ㉠㉣

해설 ㉠ (○) (大判 2014.7.24. 2014도6206). 〈주〉 일반교통방해치사상죄가 성립한다.
㉡ (×) 형법상 결과적 가중범의 기본범죄는 고의범에 한한다. 그러나 부진정 결과적 가중범의 중한 결과는 과실뿐만 아니라 고의로 발생한 경우도 포함된다.
㉢ (×) 결과적 가중범인 상해치사의 공동정범은 폭행 기타의 신체침해행위를 공동으로 할 의사가 있으면 성립되고, 결과를 공동으로 할 의사는 필요 없다(大判 1993.08.24. 93도1674).
㉣ (○) (大判 2023.3.9. 2022도16120).

[정답] ②

11 위법성론

028 2024년 경찰채용1차

위법성조각사유에 관한 설명으로 가장 적절한 것은? (다툼이 있는 경우 판례에 의함)

① 일련의 연속되는 행위로 인해 침해상황이 중단되지 아니하거나 일시 중단되더라도 추가 침해가 곧바로 발생할 객관적인 사유가 있는 경우, 그 중 일부 행위가 범죄의 기수에 이르렀을지라도 정당방위의 요건 중 침해의 현재성이 인정된다.

② 甲이 A를 살해하기 위해 총을 쏴 A가 사망하였는데, 알고 보니 A도 甲을 살해하기 위해 甲에게 총을 조준하고 있었던 경우, 위법성이 조각되기 위해서는 주관적 정당화요소가 필요하다는 견해에 따르면 甲의 행위는 위법성이 조각된다.

③ 위난을 피하지 못할 책임 있는 자에게는 긴급피난이 허용되지 않기에 이들이 감수해야 할 범위를 넘는 위난에 처한 때에도 긴급피난은 허용되지 않는다.

④ 무고죄는 국가의 형사사법권의 적정한 행사뿐만 아니라 개인이 부당하게 처벌받지 아니할 이익을 부수적으로 보호하는 죄이기에, 피무고자의 승낙이 있는 경우에는 위법성이 조각된다.

해설 ① (○) (大判 2023.4.27. 2020도6874).
② (×) 우연방위는 객관적 정당화상황이 존재하여 결과반가치는 배제되나, 주관적 정당화의사가 없어서 행위반가치는 존재한다. 따라서 주관적 정당화요소가 필요하다는 견해에 따르면 甲의 행위는 위법성이 조각되지 않는다.
③ (×) 위난을 피하지 못할 책임 있는 자에 대한 긴급피난의 제한은 절대적인 것이 아니라 직무수행상 의무적으로 감수해야할 범위 내에서 긴급피난을 인정하지 않는 것이다. 따라서 감수할 범위를 넘는 위난에 대해서는 긴급피난이 허용된다.
④ (×) 무고죄는 국가의 형사사법권 또는 징계권의 적정한 행사를 주된 보호법익으로 하고 다만, 개인의 부당하게 처벌 또는 징계받지 아니할 이익을 부수적으로 보호하는 죄이므로, 설사 무고에 있어서 피무고자의 승낙이 있었다고 하더라도 무고죄의 성립에는 영향을 미치지 못한다(大判 2005.9.30. 2005도2712).

정답 ①

029 2024년 경찰승진

위법성조각사유에 관한 설명으로 가장 적절하지 않은 것은? (다툼이 있는 경우 판례에 의함)

① 정당방위는 현재의 부당한 침해를 방어하기 위한 것이므로, 위법하지 않은 정당한 침해에 대한 정당방위는 인정되지 않는다.
② 긴급피난이 인정되기 위해서는 피난행위가 위난에 처한 법익을 보호하기 위한 유일한 수단이어야 하고, 피해자에게 가장 경미한 손해를 주는 방법을 택하여야 한다.
③ 자구행위에 의하여 보호되는 청구권은 보전할 수 있는 권리임을 요하므로, 명예와 같이 원상회복이 불가능한 권리는 자구행위의 청구권에 포함되지 않는다.
④ 피해자의 승낙은 언제든지 자유롭게 철회할 수 있고 그 방법에는 제한이 없으며, 법익이 침해된 이후의 사후승낙도 위법성을 조각할 수 있다.

> **해설**
> ① (○) (大判 2003.11.13. 2003도3606).
> ② (○) (大判 2016.1.28. 2014도2477).
> ③ (○) 자구행위는 보전이 가능한 청구권만을 대상으로 하므로 원상회복이 불가능한 청구권(예. 생명, 신체, 자유, 정조, 명예)은 포함되지 않는다.
> ④ (×) 승낙은 행위 전이나 행위 초에 있을 것을 요하며, <u>사후승낙은 위법성을 조각할 수 없다.</u>
>
> **[정답] ④**

030 2024년 해경승진(경위)

다음 중 위법성조각사유에 대한 설명으로 가장 옳지 않은 것은? (다툼이 있으면 판례에 의함)

① 방위행위가 그 정도를 초과한 경우에 야간이나 그 밖의 불안한 상태에서 공포를 느끼거나 경악하거나 흥분하거나 당황하였기 때문에 그 행위를 하였을 때에는 그 형을 감경하거나 면제할 수 있다.
② 외관상 서로 격투를 하는 것처럼 보이는 경우라고 할지라도 실제로는 한쪽 당사자가 일방적으로 불법한 공격을 가하고 甲이 이러한 공격으로부터 자신을 보호하고 이를 벗어나기 위한 저항수단으로 유형력을 행사한 경우라면 위법성이 조각된다.
③ 검사가 참고인 조사를 받는 줄 알고 검찰청에 자진 출석한 변호사 甲의 사무실 사무장을 합리적 근거 없이 긴급체포하자 甲이 이를 제지하는 과정에서 검사에게 상해를 가한 경우 정당방위에 당한다.
④ 甲이 피해자와 공모하여 교통사고를 가장하여 보험금을 편취할 목적으로 피해자에게 상해를 가하였다면 피해자의 승낙이 있었다고 하더라도 甲의 행위가 피해자의 승낙에 의하여 위법성이 조각된다고 할 수 없다.

> [해설] ① (×) 형법 제21조(정당방위) ③ 제2항(과잉방위)의 경우에 야간이나 그 밖의 불안한 상태에서 공포를 느끼거나 경악하거나 흥분하거나 당황하였기 때문에 그 행위를 하였을 때에는 벌하지 아니한다.
> ② (○) (大判 1999.10.12. 99도3377). 〈주〉 싸움이 아니기 때문에 정당방위가 가능하다.
> ③ (○) (大判 2006.9.8. 2006도148).
> ④ (○) (大判 2008.12.11. 2008도9606).
>
> [정답] ①

031 2024년 해경승진(경사)

다음 중 정당방위 및 과잉방위에 대한 설명으로 가장 옳지 않은 것은? (다툼이 있으면 판례에 의함)

① 경찰관의 불법한 현행범체포에 대해 그 체포를 면하려고 반항하는 과정에서 그 경찰관에게 상해를 입힌 행위는 정당방위에 해당하여 위법성을 조각한다.
② 정당방위의 상당성 판단에는 상대적 최소침해의 원칙 이외에 보충성의 원칙이 필수적으로 요구되는 것은 아니다.
③ 「형법」 제21조 제2항에 의하면 과잉방위의 경우에는 그 형을 감면할 수 있다.
④ 정당방위의 방어행위에는 순수한 수비적 방어만 해당되며, 적극적 반격을 포함하는 반격방어의 형태는 포함하지 않는다.

> [해설] ① (○) 피해자인 경찰관이 범행현장에서 즉시 범인을 체포할 급박한 사정이 있다고 보기도 어려우므로, 경찰관이 피고인을 체포한 행위는 적법한 공무집행이라고 볼 수 없고, 피고인이 체포를 면하려고 반항하는 과정에서 상해를 가한 것은 불법체포로 인한 신체에 대한 현재의 부당한 침해에서 벗어나기 위한 행위로서 정당방위에 해당한다(大判 2011.5.26. 2011도3682). 〈주〉 운전면허증 교부로 인적사항을 확보한 상태여서 도주 우려가 없었던 사안이다.
> ② (○) 정당방위에 있어서는 반드시 방위행위에 보충의 원칙은 적용되지 않으나 방위에 필요한 한도내의 행위로서 사회윤리에 위배되지 않는 상당성있는 행위임을 요한다(大判 1991. 9. 10. 91다19913).
> ③ (○) 방위행위가 그 정도를 초과한 경우에는 정황에 따라 그 형을 감경하거나 면제할 수 있다(형법 제21조 제2항).
> ④ (×) 정당방위의 방어행위에는 순수한 수비적 방어뿐만 아니라 적극적 반격을 포함하는 반격방어의 형태도 포함된다(大判 1992.12.22. 92도2540).
>
> [정답] ④

032 2024년 검찰9급

자구행위에 대한 설명으로 옳지 않은 것은? (다툼이 있으면 판례에 의함)

① 자구행위는 법률에서 정한 절차에 따라서는 청구권을 보전할 수 없는 경우에 할 수 있다.
② 소유권의 귀속에 관한 분쟁이 있어 민사소송이 계속 중인 건조물에 관하여 현실적으로 관리인이 있음에도 위 건조물의 자물쇠를 쇠톱으로 절단하고 침입한 행위는 법정절차에 의하여 그 권리를 보전하기가 곤란하고 그 권리의 실행불능이나 현저한 실행곤란을 피하기 위해 상당한 이유가 있는 행위라고 할 수 없다.
③ 자신이 소유하는 토지상에 도로가 무단으로 확장 개설되어 그대로 방치할 경우 불특정 다수인이 통행할 우려가 있다는 사정만으로는 법정절차에 의하여 자신의 청구권을 보전하는 것이 불가능한 경우에 해당한다고 볼 수 없다.
④ 피해자에게 석고를 납품한 대금을 받지 못하고 있던 중 피해자가 화랑을 폐쇄하고 도주하자 야간에 폐쇄된 화랑의 베니어판 문을 미리 준비한 드라이버로 뜯어내고 피해자의 물건을 몰래 가지고 나온 경우 자구행위에 해당한다.

해설
① (○) 제23조(자구행위) ① 법률에서 정한 절차에 따라서는 청구권을 보전(保全)할 수 없는 경우에 그 청구권의 실행이 불가능해지거나 현저히 곤란해지는 상황을 피하기 위하여 한 행위는 상당한 이유가 있는 때에는 벌하지 아니한다.
② (○) (大判 1985.7.9. 85도707).
③ (○) (大判 2007.3.15. 2006도9418).
④ (×) 위와 같은 피고인의 강제적 채권추심 내지 이를 목적으로 하는 물품의 취거행위를 형법 제23조 소정의 자구행위라고 볼 수 없다(大判 1984.12.26. 84도2582, 84감도397)

[정답] ④

033 2024년 검찰9급
위법성조각사유에 대한 설명으로 옳지 않은 것은? (다툼이 있으면 판례에 의함)

① 「형법」 제20조에 따라 사회상규에 의한 정당행위를 인정하기 위한 요건 중 행위의 긴급성과 보충성은 수단의 상당성을 판단할 때 고려요소의 하나로 참작하여야 하고 이를 넘어 독립적인 요건으로 요구할 것은 아니다.
② 시위방법의 하나인 삼보일배 행진은 시위의 목적달성에 필요한 합리적인 범위에서 사회통념상 용인될 수 있는 다소의 피해를 발생시킨 경우에 불과하고, 신고내용에 포함되지 않은 삼보일배 행진을 한 것이 신고제도의 목적 달성을 심히 곤란하게 하는 정도에 이른다고 볼 수도 없으므로 사회상규에 위반되지 않는 행위로 위법성이 조각된다.
③ 회사의 이익을 빼돌린다는 소문을 확인할 목적으로 피해자가 비밀번호를 설정하여 사용하던 회사 소유 컴퓨터의 하드디스크를 떼어내어 다른 컴퓨터에 연결한 다음, 의심이 드는 단어로 파일을 검색하여 메신저 대화 내용, 이메일 등을 출력한 행위는 사회통념상 허용될 수 있는 행위라고 볼 수 없다.
④ 어떠한 행위가 범죄구성요건에 해당하지만 정당행위라는 이유로 위법성이 조각된다는 것은 그 행위가 적극적으로 용인·권장된다는 의미가 아니라 단지 특정한 상황에서 그 행위가 범죄행위로서 처벌대상이 될 정도의 위법성을 갖추지 못하였다는 것을 의미한다.

해설 ① (○) (大判 2023.5.18. 2017도2760)
② (○) (大判 2009.7.23. 2009도840).
③ (×) 피고인의 그러한 행위는 사회통념상 허용될 수 있는 상당성이 있는 행위로서 형법 제20조의 '정당행위'에 해당한다(大判 2009.12.24. 2007도6243).
④ (○) (大判 2021.12.30. 2021도9680)

정답 ③

034 2024년 경찰승진

정당행위에 관한 설명으로 가장 적절하지 않은 것은? (다툼이 있는 경우 판례에 의함)

① 적정한 한계를 벗어나는 현행범인 체포행위는 그 부분에 관한 한 법령에 의한 행위로 될 수 없다고 할 것이나, 적정한 한계를 벗어나는 행위인가 여부는 결국 정당행위의 일반적 요건을 갖추었는지 여부가 아니라 그 행위가 소극적인 방어행위인가 적극적인 공격행위인가에 따라 결정되어야 한다.

② 어떠한 행위가 범죄구성요건에 해당하지만 정당행위라는 이유로 위법성이 조각된다는 것은 그 행위가 적극적으로 용인, 권장된다는 의미가 아니라 단지 특정한 상황하에서 그 행위가 범죄행위로서 처벌대상이 될 정도의 위법성을 갖추지 못하였다는 것을 의미한다.

③ 집행관이 압류집행을 위하여 채무자의 주거에 들어가는 과정에서 집행을 방해하는 채무자를 배제하고 주거에 들어가기 위하여 채무자를 떠밀었고 그로 인하여 채무자에게 약 2주간의 가료를 요하는 상해를 입힌 경우, 정당행위로서 위법성이 조각된다.

④ 의학적 전문지식이 없는 甲이 찜질방 내에 침대, 부항기 및 부항침 등을 갖추어 놓고 찾아오는 사람들에게 아픈 부위와 증상을 물어 본 다음 아픈 부위에 부항을 뜬 후 그 곳을 부항침으로 10회 정도 찌르고 다시 부항을 뜨는 방법으로 치료를 하여 주고 치료비 명목으로 15,000원 또는 25,000원을 받은 경우, 정당행위로서 위법성이 조각되는 경우에 해당하지 않는다.

해설 ① (×) 적정한 한계를 벗어나는 체포행위는 그 부분에 관한 한 법령에 의한 행위로 될 수 없다고 할 것이나, 적정한 한계를 벗어나는 행위인가 여부는 정당행위의 일반적 요건을 갖추었는지 여부에 따라 결정되어야 할 것이지 그 행위가 소극적인 방어행위인가 적극적인 공격행위인가에 따라 결정되어야 하는 것은 아니다(大判 1999.1.26. 98도3029).
② (○) (大判 2021.12.30. 2021도9680)
③ (○) (大判 1993.10.12. 93도875). 〈주〉 집행관의 업무로 인한 정당행위이다.
④ (○) (大判 2004.10.28. 2004도3405).

[정답] ①

035 2024년 해경승진(경사)

다음 중 정당행위에 대한 설명으로 가장 옳지 않은 것은? (다툼이 있으면 판례에 의함)

① 음란물이 문학적·예술적·사상적·과학적·의학적·교육적 표현 등과 결합되어 음란표현의 해악이 상당한 방법으로 해소되거나 다양한 의견과 사상의 경쟁메커니즘에 의해 해소될 수 있는 정도에 이르렀다면, 이러한 결합표현물에 의한 표현행위는「형법」제20조에 정하여진 '사회상규에 위배되지 않는 행위'에 해당한다.
② 문언송신금지를 명한「가정폭력범죄의 처벌 등에 관한 특례법」상 임시보호명령을 위반하여 피고인이 피해자에게 문자메시지를 보낸 경우 문자메시지송신을 피해자가 양해 내지 승낙했다 하더라도「형법」제20조의 정당행위로 볼 수 없다.
③ 신문기자인 피고인이 고소인에게 2회에 걸쳐 증여세 포탈에 대한 취재를 요구하면서, 이에 응하지 않으면 자신이 취재한 내용대로 보도하겠다고 협박한 것은 특별한 사정이 없는 한 사회상규에 반하는 행위이다.
④ 의료인이 아닌 자가 찜질방 내에서 부항과 부항침을 놓고 일정한 금원을 받은 행위는 그 시술로 인한 위험성이 적다는 사정만으로 사회상규에 위배되지 않는 행위로 보기는 어렵다.

해설 ① (O) (大判 2017.10.26. 2012도13352). 〈주〉음란물에 해당하나, 위법성이 없다.
② (O) (大判 2022.1.4. 2021도14015).
③ (×) 사회상규에 반하지 않는 행위이다(大判 2011.7.14. 2011도639).
④ (O) (大判 2004.10.28. 2004도3405).

정답 ③

036 2024년 경찰채용1차

다음 중 甲에게 정당행위가 인정되는 것은? (다툼이 있는 경우 판례에 의함)

① 사채업자 甲이 채권추심을 위하여 채무자 A에게 채무를 변제하지 않으면 A가 숨기고 싶어하는 과거 행적과 사채를 쓴 사실 등을 남편과 시댁에 알리겠다는 문자메시지를 발송한 경우
② A주식회사로부터 공립유치원의 놀이시설 제작 및 설치공사를 하도급 받은 甲이 유치원 행정실장 등에게 공사대금의 직접 지급을 요구하였으나 거절당하자, 공사대금 직불청구권이 있는 놀이시설의 정당한 유치권자로서 공사대금 채권을 확보할 필요가 있어 놀이시설의 일부인 보호대를 칼로 뜯어내고 일부 놀이시설은 철거하는 방법으로 공무소에서 사용하는 물건을 손상한 경우
③ 甲이 자신의 가옥 앞 도로가 폐기물 운반 차량의 통행로로 이용되어 가옥 일부에 균열 등이 발생하자 위 도로에 트랙터를 세워두거나 철책 펜스를 설치함으로써 위 차량의 통행을 불가능하게 한 경우
④ 학교법인의 전 이사장 A가 부정입학과 관련된 금품수수 혐의로 구속되었다가 그 학교법인이 설립한 B대학교의 총장으로 선임됨에 따라 학내 갈등을 빚던 중 총학생회 간부 甲이 대학 운영의 정상화를 위해 A와의 대화를 꾸준히 요구하였으나, 학교의 소극적인 태도로 인해 면담이 성사되지 않자 A를 직접 찾아가 면담하는 이외에는 다른 방도가 없다는 판단 아래 A와의 면담을 추진하는 과정에서 총장실 진입을 시도하거나, 교무위원회 회의실에 들어가 총장의 사퇴를 요구하면서 이를 막는 학교 교직원들과 길지 않은 시간 동안 실랑이를 벌인 경우

[해설]
① (×) 피고인이 정당한 절차와 방법을 통해 그 권리를 행사하지 아니하고 피해자에게 위와 같이 해악을 고지한 것이 사회의 관습이나 윤리관념 등 사회통념에 비추어 용인할 수 있는 정도의 것이라고 볼 수는 없다(大判 2011.5.26. 2011도2412).
② (×) 피고인에게 공사대금 직불청구권이 있고 놀이시설의 정당한 유치권자로서 공사대금 채권을 확보할 필요가 있었다고 하더라도, 위와 같은 피고인의 행위가 수단과 방법의 상당성이 인정된다거나 공사대금 확보를 위한 유치권을 행사하는 데에 긴급하고 불가피한 수단이었다고 볼 수 없다(大判 2017.5.30. 2017도2758).
③ (×) 피고인의 가옥 앞 도로가 폐기물 운반 차량의 통행로로 이용되어 가옥 일부에 균열 등이 발생하자 피고인이 위 도로에 트랙터를 세워두거나 철책 펜스를 설치함으로써 위 차량의 통행을 불가능하게 하거나 위 차량들의 앞을 가로막고 앉아서 통행을 일시적으로 방해한 경우, 전자의 경우에만 일반교통방해죄를 구성한다(大判 2009.1.30. 2008도10560).
④ (○) 행위의 목적 및 경위 등에 비추어 보면, 피고인들이 분쟁의 중심에 있는 A를 직접 찾아가 면담하는 이외에는 다른 방도가 없다는 판단 아래 A와 면담을 추진하는 과정에서 피고인들을 막아서는 사람들과 길지 않은 시간 동안 실랑이를 벌인 것은 사회상규에 위배되지 아니하는 정당행위에 해당한다(大判 2023.5.18. 2017도2760).

[정답] ④

12 책임능력

037 2024년 해경승진(경사)

다음 중 「형법」상 책임이 조각되지 않는 행위는?

① 14세 되지 아니한 자의 행위
② 심신장애로 인하여 사물을 변별할 능력이 없거나 의사를 결정할 능력이 없는 자의 행위
③ 듣거나 말하는 어느 하나에 장애가 있는 사람의 행위
④ 친족의 생명, 신체에 대한 위해를 방어할 방법이 없는 협박에 의하여 강요된 행위

> [해설] ① (O) 14세 되지 아니한 자의 행위는 벌하지 아니한다(형법 제9조).
> ② (O) 심신장애로 인하여 사물을 변별할 능력이 없거나 의사를 결정할 능력이 없는 자의 행위는 벌하지 아니한다(형법 제10조 제1항).
> ③ (×) 듣거나 말하는 데 모두 장애가 있는 사람의 행위에 대해서는 형을 감경한다(형법 제11조).
> ④ (O) 저항할 수 없는 폭력이나 자기 또는 친족의 생명, 신체에 대한 위해를 방어할 방법이 없는 협박에 의하여 강요된 행위는 벌하지 아니한다(형법 제12조).
>
> [정답] ③

038 2024년 경찰승진

다음 사례에 관한 설명으로 가장 적절한 것은? (다툼이 있는 경우 판례에 의함)

> [사례 1] 甲은 A를 살해하기로 마음먹었고 용기를 내기 위해 술을 마신 후 심신미약 상태에서 A를 살해하였다.
> [사례 2] 乙은 음주시 교통사고의 위험성을 예견하였음에도 자의로 음주 후, 음주만취한 상태에서 운전하여 교통사고를 일으켰다.
> [사례 3] 丙은 자신이 저지른 살해 행위에 대한 재판 도중, 범행당시 심신장애로 인하여 사물을 변별할 능력 또는 의사를 결정할 능력이 미약하였음을 주장하고 있다.

① [사례 1]에서 실행의 착수시기를 심신미약상태에서의 살해행위로 본다는 견해는 책임능력과 행위의 동시존재 원칙을 고수한다는 장점이 있다.
② [사례 1]에서 실행의 착수시기를 원인행위시로 보는 견해에 대해서는 구성요건의 정형성을 무시한다는 비판이 제기된다.
③ [사례 2]는 [사례 1]과 달리「형법」제10조 제3항의 적용이 배제되어 심신장애로 인한 감경 등을 할 수 있다.
④ [사례 3]에서 전문감정인이 丙의 범행 당시에 심신미약상태임을 인정하는 소견서를 제출하였다면, 법원은 전문감정인의 의견에 구속되어「형법」제10조 제2항을 적용하여야 한다.

해설 ① (×) 원인에 있어서 자유로운 행위의 가벌성의 근거를 원인설정행위와 실행행위의 불가분적 관련에서 찾는 견해(불가분적 관련성설, 실행행위시설)이다. 따라서 행위와 책임의 동시존재원칙에는 반하나, 구성요건의 정형성원칙에는 부합한다.
② (○) 원인행위시설(간접정범유사설)은 원인행위당시에 책임능력을 인정하고 이 원인행위 자체를 실행착수로 본다. 행위와 책임의 동시존재원칙에는 부합하지만, 구성요건의 정형성원칙에는 부합하지 않는다.
③ (×) 피고인은 음주시에 교통사고를 일으킬 위험성을 예견하였는데도 자의로 심신장애를 야기한 경우에 해당하므로 위 법조항에 의하여 심신장애로 인한 감경 등을 할 수 없다(大判 1992.7.28. 92도999).
④ (×) 형법 제10조에 규정된 심신장애의 유무 및 정도의 판단은 법률적 판단으로서 반드시 전문감정인의 의견에 기속되어야 하는 것은 아니고, 정신질환의 종류와 정도, 범행의 동기, 경위, 수단과 태양, 범행 전후의 피고인의 행동, 반성의 정도 등 여러 사정을 종합하여 법원이 독자적으로 판단할 수 있다(大判 1999.8.24. 99도1194).

[정답] ②

13 금지착오와 위법성조각사유 전제사실의 착오

039 2024년 경찰승진

금지착오에 관한 설명으로 가장 적절하지 <u>않은</u> 것은? (다툼이 있는 경우 판례에 의함)

① 자신의 행위가 사회정의와 조리에 어긋난다는 것을 인식하여도 금지규범에 위반한다는 것을 인식하지 못하였다면 위법성의 인식이 있는 것으로 볼 수 없다.
② 일본 영주권을 가진 재일교포가 국내 입국시 관세신고를 하지 않아도 되는 것으로 착오한 것은 그 오인에 정당한 이유가 있는 경우에 해당하지 않는다.
③ 행정청의 허가가 있어야 함에도 불구하고 허가를 담당하는 공무원이 허가를 요하지 않는 것으로 잘못 알려 주어 이를 믿고 허가를 받지 아니하고 처벌대상의 행위를 한 경우라면, 허가를 받지 않더라도 죄가 되지 않는 것으로 착오를 일으킨 데 대하여 정당한 이유가 있는 경우에 해당한다.
④ 변호사에게 상세한 내용의 문의를 하지는 않았지만 자문을 받은 후 압류물을 집달관의 승인 없이 관할구역 밖으로 옮긴 경우 그 오인에 대해 정당한 이유가 있는 경우에 해당하지 않는다.

[해설] ① (×) 범죄의 성립에 있어서 위법의 인식은 그 범죄사실이 사회정의와 조리에 어긋난다는 것을 인식하는 것으로서 족하고 <u>구체적인 해당 법조문까지 인식할 것을 요하는 것은</u> 아니다(大判 1987.3.24. 86도2673).
〈주〉 조리위반 인식이 있으면 위법성 인식이 인정된다.
② (○) 형법 제16조의 법률의 착오에 해당하지 않는다(大判 2007.5.11. 2006도1993).
③ (○) (大判 1993.9.14. 92도1560).
④ (○) (大判 1992.5.26. 91도894).

[정답] ①

040 2024년 해경승진(경사)
다음 중 법률의 착오에 대한 설명으로 가장 옳지 않은 것은? (다툼이 있으면 판례에 의함)

① 광역시의회 의원이 선거구민들에게 의정보고서를 배부하기에 앞서 미리 관할 선거관리위원회 소속공무원들에게 자문을 구하고 그들의 지적에 따라 수정한 의정보고서를 배부한 경우, 자기의 행위가 죄가 되지 않는 것으로 오인한 것에는 정당한 이유가 있다.
② 죄가 되지 않는다고 오인한 행위의 정당성 여부는 행위자가 진지한 노력을 다하였더라면 스스로의 행위에 대하여 위법성을 인식할 수 있는 가능성이 있었음에도 이를 다하지 못한 결과 자기 행위의 위법성을 인식하지 못한 것인지 여부에 따라 판단하여야 한다.
③ 일본 영주권을 가진 재일교포가 영리를 목적으로 관세물품을 구입한 것이 아니므로 입국시 관세신고를 하지 않아도 되는 것으로 착오하였다면 외국인이라 할지라도 그 오인에 정당한 이유가 있다고 볼 수 없다.
④ 제한적 책임설은 위법성조각사유의 전제사실에 관한 착오를 법률의 착오로 보는 것이다.

해설 ① (○) (大判 2005.6.10. 2005도835). 〈주〉 지방의회 의원은 법률 전문가가 아니다.
② (○) (大判 2012.1.26. 2010도9717; 大判 2011.10.27. 2011도9243; 大判 2009.5.14. 2008도8852).
③ (○) (大判 2007.5.11. 2006도1993).
④ (×) 위법성조각사유의 전제사실에 대한 착오에서 이를 법률의 착오로 보는 견해는 엄격책임설이다.

정답 ④

041 2024년 해경승진(경위)
다음 중 법률의 착오에 정당한 이유가 있는 경우는? (다툼이 있으면 판례에 의함)

① 마약취급의 면허가 없는 자가 제약회사에서 쓰는 마약은 구해줘도 죄가 되지 않는 것으로 오인하고 생아편을 구해준 경우
② 채광업자가 허가를 담당하는 공무원에게 문의한 결과 허가를 요하지 않는다고 잘못 알려준 것을 믿고 허가 없이 산림을 훼손한 경우
③ 20여 년간 경찰공무원으로 근무해온 형사계 강력반장이 검사의 수사지휘대로 하면 적법한 것이라고 믿고 허위공문서를 작성한 경우
④ 생활용품 제조자가 자신이 제작한 물통의 상표가 타인의 상표권을 침해하지 않는다는 변리사의 자문과 감정을 믿고 그 상표를 사용함으로써 「상표법」상의 위반행위를 한 경우

해설 ① (×) 피고인들이 마약취급의 면허가 없는 이상 위와 같이 믿었다 하여 이러한 행위가 법령에 의하여 죄가 되지 아니하는 것으로 오인하였거나, 그 오인에 정당한 이유가 있는 경우라고 볼 수 없다(大判 1983.9.13. 83도1927).

② (○) 허가를 담당하는 공무원이 허가를 요하지 않는 것으로 잘못 알려 주어 이를 믿었기 때문에 허가를 받지 아니한 것이라면 허가를 받지 않더라도 죄가 되지 않는 것으로 착오를 일으킨 데 대하여 정당한 이유가 있는 경우에 해당하여 처벌할 수 없다(大判 1993.9.14. 92도1560).
③ (×) 그 오인에 정당한 이유가 있다고 볼 수 없다(大判 1995.11.10. 95도2088).
④ (×) 상표법 위반의 죄책을 면할 수 없다(大判 1995.7.28. 95도702).

[정답] ②

042 2024년 검찰9급

법률의 착오에 대한 설명으로 옳은 것은? (다툼이 있으면 판례에 의함)

① 자신의 범행이 구「부동산소유권 이전등기 등에 관한 특별조치법」에 위반되는지를 몰랐다면, 이는 법률의 부지로 「형법」 제16조의 법률의 착오에 해당한다.
② 사법경찰관직무취급을 하는 자가 참고인의 진술 내용을 피의자의 그것과 일치시키기 위해, 이미 적법하게 작성된 참고인진술조서를 찢어 버리고 진술인의 진술도 듣지 않고 그 내용을 일치시킨 새로운 진술조서를 만들었더라도, 그것이 수사기록의 체계화를 위하여 관례상 늘 있는 일이어서 적법한 것이라고 믿었다면 그렇게 오인함에 정당한 이유가 있는 때에 해당한다.
③ 부동산중개업자가 아파트 분양권의 매매를 중개하면서 법이 허용하는 금액을 초과한 중개수수료를 수수한 것이 중개수수료 산정에 관한 지방자치단체의 조례를 잘못 해석한 데에 기인한 것이라면, 자신의 행위가 법령에 저촉되지 않는다고 오인함에 정당한 이유가 있는 때에 해당한다.
④ 광역시의회 의원이 선거구민들에게 의정보고서를 배부하기에 앞서 미리 관할 선거관리위원회 소속 공무원들에게 자문을 구하고 그들의 지적에 따라 수정한 의정보고서를 배부한 경우 구「공직선거 및 선거부정방지법」에 위반되지 않는다고 오인함에 정당한 이유가 있는 때에 해당한다.

해설 ① (×) 이는 단순한 법률의 부지에 불과하며 이것이 형법 제16조에 해당하는 경우라고 볼 수 없다(大判 1990.10.30. 90도1126).
② (×) 그 행위를 적법한 것으로 잘못 믿었다고 할지라도 그렇게 잘못 믿은데 대하여 정당한 이유가 있다고 볼 수 없고, 가사 피고인이 위와 같은 관례가 있어서 그 행위가 적법한 것으로 잘못 믿었다고 할지라도 그렇게 잘못 믿은데 대하여 정당한 이유가 있다고는 볼 수 없다(大判 1978.6.27. 76도2196).
③ (×) 자신의 행위가 법령에 저촉되지 않는 것으로 오인함에 정당한 사유가 있는 경우에 해당한다거나 피고인에게 범의가 없었다고 볼 수는 없다(大判 2005.5.27. 2004도62).
④ (○) (大判 2005.6.10. 2005도835). 〈주〉 지방의회 의원은 법률 전문가가 아니다.

[정답] ④

043 2024년 검찰9급

위법성의 인식에 대한 설명으로 옳지 않은 것은? (다툼이 있으면 판례에 의함)

① 고의설은 위법성 인식을 고의의 한 요소로 보지만, 책임설은 위법성 인식을 고의의 요소 아닌 별개의 책임 요소로 본다.
② 제한고의설은 위법성 인식의 가능성만으로 고의 성립을 인정하기도 하지만, 엄격고의설은 고의 성립에 현실적인 위법성 인식이 필요하다고 본다.
③ 엄격책임설은 위법성조각사유 전제사실 착오도 위법성 착오의 일종으로 취급하면 족하다고 보지만, 제한책임설은 위법성조각사유 전제사실 착오는 일반적인 위법성 착오와는 달리 취급하여야 한다고 본다.
④ 소극적 구성요건표지이론과 제한책임설은 모두 위법성조각사유 전제사실 착오가 있으면 구성요건적 고의가 조각된다고 본다.

해설 ① (O) 위법성인식의 체계적 지위와 관련하여 고의설은 위법성인식이 고의 안에 있다고 보고, 책임설은 위법성인식이 고의 밖에 있다고 본다.
② (O) 제한적 고의설에 의하면 사실의 현실적 인식과 함께 위법성의 현실적 인식 또는 인식가능성이 있으면 고의가 인정되고, 엄격고의설에 의하면 사실의 현실적 인식과 위법성의 현실적 인식이 있어야만 고의가 인정된다.
③ (O) 엄격책임설과 제한적 책임설은 모두 구성요건적 고의를 인정하고 정당한 이유 여부에 따라서 책임이 조각될 수 있다고 보아 그 결론이 동일하나, 위법성조각사유 전제사실의 착오에서는 결론이 달라지는데, 엄격책임설에 의하면 오상방위의 경우 금지착오로 보고 오인에 정당한 이유가 있으면 책임이 조각된다고 보고 제한적 책임설에 의하면 위법성조각사유의 전제사실에 대한 착오는 그 법적 효과에 있어서 구성요건적 착오와 동일하다고 본다.
④ (×) 소극적 구성요건표지이론에 의하면 위법성조각사유의 전제사실의 착오의 경우에는 구성요건적 착오로서 불법고의가 조각된다고 보고, 제한적 책임설은 구성요건적 고의는 조각되지 않으나, 책임고의가 조각된다고 본다.

[정답] ④

044 2024년 검찰9급(총론)

다음 사례에 대한 설명으로 옳은 것은?

> 칼 판매상인 A는 야간에 칼을 판매할 목적으로 甲에게 다가서며 칼을 내밀었는데, 성격이 급한 甲은 A를 강도로 오인하고 이를 방위하기 위하여 상해의 고의로 A를 때려 골절상을 가하였다.

① 유추적용제한책임설에 의할 때, 甲은 구성요건착오 규정이 유추적용되어 상해의 고의가 조각된다.
② 엄격책임설에 의할 때, 甲의 오인에 정당한 이유가 없다면 甲은 책임이 조각되지 않고 과실치상죄의 죄책을 진다.
③ 법효과제한책임설에 의할 때, 甲은 구성요건적 고의가 조각되어 상해죄로 처벌받지 않는다.
④ 소극적 구성요건표지이론에 의할 때, 甲은 「형법」 제16조에 따라 책임이 조각된다.

해설 * 오상방위 사례이다.
① (○) 위법성조각사유의 전제사실에 대한 착오에 대하여 유추적용설은 사실의 착오를 유추적용하여 제13조에 따라 구성요건적 고의를 부정하고 과실범으로 처벌한다.
② (×) 엄격책임설은 위법성조각사유의 전제사실에 대한 착오를 금지착오로 보기 때문에 형법 제16조를 적용하여, 착오에 정당한 이유가 없으면 고의범으로 처벌하고 착오에 정당한 이유가 있으면 책임이 조각된다. 甲의 오인에 정당한 이유가 없다면 甲은 상해죄의 죄책을 진다.
③ (×) 법효과제한적 책임설에 의하면 책임고의가 조각되어 그 법적 효과에 있어서만 구성요건적 고의가 조각된 것처럼 과실치상죄가 성립한다.
④ (×) 소극적 구성요건표시이론에 의하면 위법성조각사유의 전제사실에 대한 착오는 고의가 조각되어 과실범으로 처벌한다.

[정답] ①

045 2024년 경찰채용1차

다음 사례에 대하여 위법성 인식의 체계적 지위에 관한 학설의 설명으로 가장 적절한 것은?

> A는 관장 B가 운영하는 복싱클럽에 회원등록을 한 후 등록을 취소하는 문제로 B로부터 질책을 들은 다음 약 1시간이 지나 다시 복싱클럽을 찾아와 B에게 항의를 하였다. 그 과정에서 A와 B가 서로 멱살을 잡아당기거나 뒤엉켜 몸싸움을 벌였다. 이를 지켜보던 코치 甲은 A가 왼손을 주머니에 넣어 특정한 물건을 꺼내 움켜쥐자, 조금만 주의를 기울였으면 흉기가 아니라는 것을 알 수 있었음에도 불구하고 B를 찌르기 위해 흉기를 꺼낸다고 오인하여 A를 다치게 해서라도 이를 막고자 A의 왼손을 때려 손가락 골절상을 입혔다. 그러나 A가 움켜쥔 물건은 휴대용 녹음기로 밝혀졌다.

① 엄격고의설에 따르면 甲에게는 A에 대한 상해죄의 고의가 인정된다.
② 제한고의설에 따르면 甲이 현실적으로 자신의 행위가 위법하다고 인식하지 못했지만 위법성을 인식할 가능성이 있었기에 甲에게는 A에 대한 과실치상죄가 성립한다.
③ 엄격책임설에 따르면 甲에게는 A에 대한 상해죄의 고의가 조각된다.
④ 법효과제한책임설에 따르면 甲에게는 A에 대한 과실치상죄가 성립한다.

[해설] * 오상정당행위 사례이다.
① (✗) 엄격고의설은 객관적 사실의 인식과 위법성의 현실적 인식이 모두 있어야 고의가 인정된다고 본다. 따라서 甲에게는 위법성 인식이 없으므로 상해죄의 고의가 인정되지 않는다.
② (✗) 제한적 고의설은 위법성의 현실적 인식이 있는 경우뿐만 아니라, 위법성의 인식가능성(과실)만 있어도 고의범으로 처벌할 수 있다고 본다. 따라서 인식가능성이 있으면 상해죄가 성립한다.
③ (✗) 엄격책임설에 의하면 오상방위의 경우 금지착오로 보고 오인에 정당한 이유가 있으면 책임이 조각되고, 정당한 이유가 없으면 고의범이 성립한다. 甲의 오인에 정당한 이유가 없으므로 상해죄의 고의가 인정된다.
④ (○) 법효과제한적 책임설은 오상방위의 경우 구성요건적 고의는 조각되지 않으나, 책임고의가 조각되어 고의범의 성립을 부정하고, 과실범 성립이 문제된다.

[정답] ④

14 기대가능성

046 2024년 경찰승진

기대가능성에 관한 설명으로 옳지 않은 것을 모두 고른 것은? (다툼이 있는 경우 판례에 의함)

㉠ 직장의 상사가 범법행위를 하는데 가담한 부하에게 직무상 지휘·복종관계에 있다 하여 범법행위에 가담하지 않을 기대가능성이 없다고 할 수 없다.
㉡ 「병역법」 제88조 제1항은 현역입영 등의 통지서를 받고도 정당한 사유 없이 이에 응하지 않은 사람을 처벌하는데, 여기에서 정당한 사유는 구성요건해당성을 조각하는 사유가 아니라 책임조각사유인 기대불가능성을 의미한다.
㉢ 자기 또는 친족의 생명, 신체, 재산에 대한 위해를 방어할 방법이 없는 협박에 의하여 강요된 행위는 「형법」 제12조에 따라 벌하지 아니하며, 이때의 강요라 함은 피강요자의 자유스러운 의사결정을 하지 못하게 하면서 특정한 행위를 하게 하는 것을 말한다.
㉣ 기대가능성은 행위자에 대한 비난가능성을 판단하기 위한 것이므로 양심상의 결정에 반한 행위를 기대할 가능성이 있는지 여부를 판단하기 위해서는, 행위 당시의 구체적 상황 하에 사회적 평균인이 아니라 행위자를 두고 이 행위자의 관점에서 기대가능성 유무를 판단하여야 한다.

① ㉠㉡
② ㉡㉣
③ ㉢㉣
④ ㉡㉢㉣

해설 ㉠ (O) (大判 1986.5.27. 86도614).
㉡ (×) 여기에서 정당한 사유는 <u>구성요건해당성을 조각하는 사유</u>이다. 이는 형법상 위법성조각사유인 정당행위나 책임조각사유인 기대불가능성과는 구별된다(大判 2018.11.1. 2016도10912 전합).
㉢ (×) 형법 제12조에서의 협박이란 자기 또는 친족의 <u>생명, 신체</u>에 대한 위해를 달리 막을 방법이 없는 협박을 말하며, 강요라 함은 피강요자의 자유스런 의사결정을 하지 못하게 하면서 특정한 행위를 하게 하는 것을 말한다(大判 1983.12.13. 83도2276). 〈주〉'재산'이 틀렸다.
㉣ (×) 행위 당시의 구체적 상황 하에 행위자 대신에 사회적 평균인을 두고 이 <u>평균인의 관점에서 판단하여야 한다(大判 2004.7.15. 2004도2965 전합).

정답 ④

15 미수론

047 2024년 경찰승진
실행의 착수에 관한 설명으로 가장 적절하지 않은 것은? (다툼이 있는 경우 판례에 의함)

① 야간에 다세대주택에 침입하여 물건을 절취하기 위하여 가스배관을 타고 오르다가 순찰 중이던 경찰관에게 발각되어 그냥 뛰어내렸다면, 야간주거침입절도죄의 실행의 착수가 인정되지 않는다.
② 업무상배임죄에서 부작위를 실행의 착수로 볼 수 있기 위해서는 작위의무가 이행되지 않으면 사무처리의 임무를 부여한 사람이 재산권을 행사할 수 없으리라고 객관적으로 예견되는 등으로 구성요건적 결과 발생의 위험이 구체화한 상황에서 부작위가 이루어지면 충분하고, 행위자가 부작위 당시 자신에게 주어진 임무를 위반한다는 점과 그 부작위로 인해 손해가 발생할 위험이 있다는 점을 인식할 필요는 없다.
③ 사기도박에서 사기적인 방법으로 도금을 편취하려고 하는 자가 상대방에게 도박에 참가할 것을 권유하였다면 사기죄의 실행에 착수한 것으로 볼 수 있다.
④ 2인 이상이 합동하여 주간에 절도의 목적으로 피해자의 아파트출입문 시정장치를 손괴하다가 발각되어 도주한 경우 「형법」 제331조 제2항에 정한 특수절도죄의 실행의 착수가 인정되지 않는다.

> [해설] ① (○) (大判 2008.3.27. 2008도917).
> ② (×) 행위자는 부작위 당시 자신에게 주어진 임무를 위반한다는 점과 그 부작위로 인해 손해가 발생할 위험이 있다는 점을 인식하였어야 한다(大判 2021.5.27. 2020도15529).
> ③ (○) 도박에 참가할 것을 권유하는 등 기망행위를 개시한 때에 실행의 착수를 인정할 수 있다(大判 2011.1.13. 2010도9330).
> ④ (○) 주간에 물색행위를 시작하기 전이라면 특수절도죄의 실행에는 착수한 것으로 볼 수 없는 것이어서 그 미수죄가 성립하지 않는다(大判 2009.12.24. 2009도9667).
>
> [정답] ②

048 2024년 해경승진(경사)

다음 중 실행의 착수에 대한 설명으로 옳은 것을 모두 고른 것은? (다툼이 있으면 판례에 의함)

> ㉠ 피고인이 제1차 매수인으로부터 계약금 및 중도금 명목의 금원을 교부받은 후 제2차 매수인에게 부동산을 매도하기로 하고 계약금을 지급받으면 배임죄의 실행의 착수가 있다.
> ㉡ 관세를 포탈할 범의를 가지고 선박을 이용하여 물품을 영해 내에 반입한 경우에는 관세포탈죄의 실행의 착수가 인정된다.
> ㉢ 가압류는 강제집행의 보전방법에 불과한 것이어서 허위의 채권을 피보전권리로 삼아 가압류를 하였다고 하더라도 본안소송을 제기하지 아니하였다면 사기죄의 실행의 착수가 없다.
> ㉣ 무면허로 물품을 수입하기로 공모하고, 일본국으로부터 수입된 물품이 부산항에 반입되어 보세창고에 장치되게 한 경우에는 관세포탈죄의 실행에 착수한 것이다.
> ㉤ 사기도박에서 사기적인 방법으로 도금을 편취하려고 하는 자가 상대방에게 도박에 참가할 것을 권유하는 때에 실행의 착수가 있는 것으로 보아야 한다.

① ㉠㉡㉢ ② ㉠㉡㉣
③ ㉡㉢㉤ ④ ㉢㉣㉤

[해설] ㉠ (×) 제1차 매수인으로부터 계약금 및 중도금 명목의 금원을 교부받은 후 제2차 매수인에게 부동산을 매도하기로 하고 계약금을 지급받은 행위는 배임의 실행착수가 있다고 볼 수 없다(大判 1986.10.28. 86도936).
㉡ (○) (大判 1984.7.24. 84도832).
㉢ (○) (大判 1982.10.26. 82도1529).
㉣ (×) 관세포탈의 기수시기는 반출한 때라고 보아야 할 것이고, 보세창고에 장치되게 한 경우에는 관세포탈죄의 예비에 불과하다(大判 1984.6.26. 84도782). 〈주〉 보세창고는 세금이 보호되는 지역이다.
㉤ (○) 도박에 참가할 것을 권유하는 등 기망행위를 개시한 때에 실행의 착수를 인정할 수 있다(大判 2011.1.13. 2010도9330).

[정답] ③

049 2024년 검찰9급(총론)

실행의 착수에 대한 설명으로 옳은 것은?

① 침입 대상인 주택에 사람이 있는지를 확인하기 위해 그 집의 초인종을 누른 행위는 주거의 사실상 평온을 침해할 객관적 위험성을 포함하므로 주거침입죄의 실행의 착수가 인정된다.
② 피고인이 종량제 쓰레기봉투에 시장(市長) 명의의 문안을 인쇄하기 위하여 동판 제작 이전 단계에서 필름을 제조한 경우 공문서위조죄의 실행의 착수가 인정된다.
③ 타인의 사망을 보험사고로 하는 생명보험계약을 체결함에 있어 제3자가 피보험자인 것처럼 가장하여 체결하는 등으로 그 유효요건이 갖추어지지 못한 경우에도 보험사고의 구체적 발생 가능성을 예견할 만한 사정을 인식하고 있었다는 등의 특별한 사정이 있다면, 하자 있는 보험계약을 체결한 행위는 보험금을 편취하려는 의사에 의한 기망행위의 실행에 착수한 것으로 볼 수 있다.
④ 밤에 혼자 걸어가는 피해자를 발견하고 뒤따라가다가 가까이 접근하여 껴안으려 하였으나, 피해자가 뒤돌아보면서 소리치자 그 상태로 몇 초 동안 쳐다보다가 다시 오던 길로 되돌아갔다면, 피해자의 항거를 곤란하게 하는 정도의 폭행이나 협박이 있었다고 보기 어려워 강제추행죄의 실행의 착수가 있었다고 볼 수 없다.

[해설] ① (×) 침입 대상인 아파트에 사람이 있는지 확인하기 위해 초인종을 누른 행위는 주거침입죄의 실행의 착수에 해당하지 않는다(大判 2008.4.10. 2008도1464).
② (×) 아직 위 시장 명의의 공문서인 종량제 쓰레기봉투를 위조하는 범행의 실행의 착수에 이르지 아니한 것으로서 그 준비단계에 불과하다(大判 2007.2.23. 2005도7430). 〈주〉 예비처벌규정이 없어서 불가벌이다.
③ (○) (大判 2013.11.14. 2013도7494).
④ (×) 피고인의 행위는 아동·청소년에 대한 강제추행미수죄에 해당한다(大判 2015.9.10. 2015도6980). 〈주〉 실행착수가 인정되어 미수가 된다.

[정답] ③

050 2024년 해경승진(경사)

다음 중 미수범 성립에 관한 설명으로 가장 옳지 않은 것은? (다툼이 있는 경우 판례에 의함)

① 특수강간이 미수에 그쳤지만, 피해자에게 상해의 결과가 발생한 경우 – 특수강간치상죄 기수
② 체포의 고의로 피해자의 팔을 잡아당기거나 등을 미는 등의 방법으로 피해자를 끌고 갔으나 일시적인 자유 박탈에 그친 경우 – 체포죄의 미수범 인정
③ 주간에 절도의 목적으로 타인의 주거에 침입하였지만, 아직 절취할 물건의 물색행위를 시작하기 전인 경우 – 절도죄의 미수범 부정
④ 「민사소송법」상의 소송비용액확정절차에 의하지 아니한 채, 단순히 소송비용을 편취할 의사로 소송비용의 지급을 구하는 손해배상청구의 소를 제기한 경우 – 사기죄의 불능미수범 인정

해설 ① (O) 위험한 물건인 전자충격기를 사용하여 강간을 시도하다가 미수에 그치고, 피해자에게 약 2주간의 치료를 요하는 안면부 좌상 등의 상해를 입힌 경우 성폭력범죄의 처벌 및 피해자보호등에 관한 법률에 의한 특수강간치상죄가 성립한다(大判 2008.4.24. 2007도10058).
② (O) 피해자의 팔을 잡아당기거나 등을 미는 등의 방법으로 피해자를 끌고 가 그 신체적 활동의 자유를 침해하는 행위를 개시함으로써 체포죄의 실행에 착수하였고, 신체의 자유에 대한 구속이 일시적인 것으로 그친 경우에는 체포죄의 미수범이 성립할 뿐이다(大判 2020.3.27. 2016도18713).
③ (O) 주간에 물색행위를 시작하기 전이라면 특수절도죄의 실행에는 착수한 것으로 볼 수 없는 것이어서 그 미수죄가 성립하지 않는다(大判 2009.12.24. 2009도9667).
④ (×) 소송비용을 편취할 의사로 소송비용의 지급을 구하는 손해배상청구의 소를 제기하였다고 하더라도 이는 객관적으로 소송비용의 청구방법에 관한 법률적 지식을 가진 일반인의 판단으로 보아 결과 발생의 가능성이 없어 위험성이 인정되지 않는다고 할 것이다(大判 2005.12.8. 2005도8105). 〈주〉 사기죄의 불능범에 해당한다.

정답 ④

051 2024년 해경승진(경위)

다음 중 미수범에 관한 설명으로 가장 옳지 않은 것은? (다툼이 있으면 판례에 의함)

① 실행의 수단 또는 대상의 착오로 인하여 결과의 발생이 불가능하더라도 위험성이 있는 경우에는 처벌한다. 단, 그 경우 형을 감경 또는 면제하여야 한다.
② 살해의 의사로 피해자를 칼로 수회 찔렀으나, 피해자의 가슴 부위에서 많은 피가 흘러나오는 것을 보고 겁을 먹고 그만 둔 경우, 중지미수에 해당하지 않는다.
③ 소송비용을 편취할 의사로 소송비용의 지급을 구하는 손해배상청구의 소를 제기한 경우, 위험성이 인정되지 않아 사기죄의 불능범에 해당한다.
④ 2인이 범행을 공모하여 실행에 착수한 후 그 중한 사람이 자의로 중지한 경우, 다른 공범의 범행을 중지하게 하지 아니한 이상 범의를 철회, 포기한 자에 대하여도 중지미수가 인정되지 않는다.

해설 ① (×) 실행의 수단 또는 대상의 착오로 인하여 결과의 발생이 불가능하더라도 위험성이 있는 때에는 처벌한다. 단, 형을 감경 또는 면제할 수 있다(형법 제27조). 〈주〉 임의적 감면사유에 해당한다.
② (O) 위와 같은 경우 많은 피가 흘러나오는 것에 놀라거나 두려움을 느끼는 것은 일반 사회통념상 범죄를 완수함에 장애가 되는 사정에 해당한다고 보아야 할 것이므로, 이를 자의에 의한 중지미수라고 볼 수 없다 (大判 1999.4.13. 99도640).
③ (O) (大判 2005.12.8. 2005도8105).
④ (O) 다른 공범의 범행을 중지하게 하지 아니한 이상 자기만의 범의를 철회, 포기하여도 중지미수로는 인정될 수 없다(大判 2005.2.25. 2004도8259).

정답 ①

052 2024년 경찰채용1차

미수에 관한 설명으로 가장 적절하지 않은 것은? (다툼이 있는 경우 판례에 의함)

① 甲은 A가 술에 만취하여 심신상실 또는 항거불능의 상태에 있다고 인식하고 그러한 상태를 이용하여 간음할 의사로 A를 간음하였으나, 실제로는 A가 심신상실 또는 항거불능의 상태에 있지 않았던 경우, 甲에게는 준강간죄의 불능미수가 성립한다.

② 甲은 A가 운영하는 주점에서 양주를 절취할 목적으로 야간에 그 주점의 잠금장치를 뜯고 침입하여 주점 내 진열장에 있던 양주를 미리 준비한 바구니에 담던 중, A가 주점으로 돌아오는 소리가 들려 양주를 주점에 그대로 둔 채 도망가다가 A에게 붙잡히자 체포를 면탈하기 위해 A를 폭행한 경우, 甲에게는 준강도죄의 미수범이 성립한다.

③ 甲이 금품을 훔칠 목적으로 A의 집에 담을 넘어 침입한 후 부엌에서 금품을 물색하던 중 발각되어 도주한 경우, 甲에게는 절도죄의 실행의 착수가 인정되지 않는다.

④ 甲이 A를 강간하려고 속옷을 강제로 벗기고 음부를 만지던 중 A가 수술한 지 얼마 되지 않아 배가 아프다면서 애원하는 바람에 간음행위를 중단한 경우, 甲에게는 중지미수의 성립요건인 '자의성'이 인정되지 않는다.

[해설]
① (○) (大判 2019.3.28. 2018도16002 전합).
② (○) (大判 2004.11.18. 2004도5074 전합).
③ (×) 금품을 훔칠 목적으로 피해자의 집에 담을 넘어 침입하여 그집 부엌에서 금품을 물색하던 중에 발각되어 도주한 것이라면 이는 절취행위에 착수한 것이라고 보아야 한다(大判 1987.1.20. 86도2199,86감도245).
④ (○) (大判 1992.7.28. 92도917).

[정답] ③

053 2024년 검찰9급

미수에 대한 설명으로 옳은 것은? (다툼이 있으면 판례에 의함)

① 甲이 A에게 위조한 통장 사본 등을 보여 주면서 투자금을 받았다고 거짓말하며 자금 대여를 요청하였으나 A와 함께 그 입금 여부를 확인하기 위해 은행에 가던 중 범행이 발각될 것이 두려워 차용을 포기하고 돌아간 경우, 사기죄의 중지미수가 성립한다.

② 甲이 A가 심신상실 또는 항거불능의 상태에 있다고 인식하고 그러한 상태를 이용하여 간음할 의사로 A를 간음하였으나 실제로는 A가 심신상실 또는 항거불능의 상태에 있지 않았다면 甲에게 준강간죄의 장애미수가 성립한다.

③ 강도가 재물강취의 뜻을 재물의 부재로 이루지 못한 채 미수에 그쳤고 그 자리에서 항거불능의 상태에 빠진 피해자를 간음할 것을 결의하고 실행에 착수했으나 역시 미수에 그친 경우, 반항을 억압하기 위한 폭행으로 피해자에게 상해를 입혔다면 강도강간미수죄와 강도치상죄가 성립하고 양 죄는 상상적 경합관계에 있다.

④ 甲이 소송에서 주장하는 권리가 존재하지 않는 사실을 알고 있으면서도 법원을 기망한다는 인식을 가지고 소를 제기하였지만, 상대방의 주소를 허위로 기재함으로써 소장의 유효한 송달이 되지 않는 경우 소송사기의 실행의 착수가 인정되지 않는다.

해설
① (×) 범행이 발각될 것이 두려워 범행을 중지한 것으로서 일반 사회통념상 범죄를 완수함에 장애가 되는 사정에 해당하여 자의에 의한 중지미수로 볼 수 없다(大判 2011.11.10. 2011도10539).
② (×) 준강간죄의 불능미수가 성립한다(大判 2019.3.28. 2018도16002 전합).
③ (○) 강도강간미수죄와 강도치상죄는 상상적 경합범의 관계이다(大判 1988.6.28. 88도820).
④ (×) 원고가 허위의 소를 제기하면 소장이 피고에게 송달되지 않아도 사기죄의 실행의 착수가 인정된다(大判 2006.11.10. 2006도5811).

정답 ③

054 2024년 검찰9급(총론)

불능미수에 대한 설명으로 옳은 것은?

① 불능미수의 판단 기준으로서 위험성 판단은 피고인이 행위 당시에 인식한 사정과 일반인이 인식할 수 있었던 사정을 놓고 이것이 객관적으로 일반인의 판단으로 보아 결과 발생의 가능성이 있느냐를 따져야 한다.
② 소송사기에서 피기망자인 법원의 재판은 피해자의 처분행위에 갈음하는 내용과 효력이 있는 것이어야 하므로, 피고인의 제소가 사망한 자를 상대로 한 것이라면 이와 같은 사망한 자에 대한 판결은 그 내용에 따른 효력이 발생할 수 없으므로 불능미수가 성립한다.
③ 불능미수에 있어서 실행의 수단이나 대상의 착오로 '결과의 발생이 불가능'하다는 것은 범죄행위의 성질상 어떠한 경우에도 구성요건의 실현이 불가능하다는 것을 의미한다.
④ 일정량 이상을 먹으면 사람이 사망에 이를 수도 있는 '초우뿌리' 또는 '부자' 달인 물을 피해자에게 마시게 하여 살해하려고 하였으나 피해자가 이를 토해 버림으로써 미수에 그쳤다면 불가벌적 불능범이다.

> **[해설]**
> ① (×) 불능범과 구별되는 불능미수의 성립요건인 '위험성'은 <u>피고인이 행위 당시에 인식한 사정을 놓고 일반인이 객관적으로 판단하여 결과 발생의 가능성이 있는지 여부를 따져야 한다</u>(大判 2019.3.28. 2018도16002전합). 〈주〉 일반인의 인식이 틀렸다.
> ② (×) 소송사기에 있어서 피기망자인 법원의 재판은 피해자의 처분행위에 갈음하는 내용과 효력이 있는 것이어야 하고, 그렇지 않은 경우는 착오에 의한 재물의 교부나 재산상의 이익을 취득하는 행위가 있다고 할 수 없어 <u>사기죄를 구성하지 않는다</u>(大判 2009.9.24. 2009도5900). 〈주〉 불능범으로 불가벌이다.
> ③ (○) (大判 2019.5.16. 2019도97).
> ④ (×) 일정량 이상을 먹으면 사람이 죽을 수도 있는 '초우뿌리'나 '부자' 달인 물을 마시게 하여 피해자를 살해하려다 미수에 그친 행위가 불능범이 아닌 <u>살인미수죄에 해당한다</u>(大判 2007.7.26. 2007도3687). 〈주〉 불능미수로 처벌된다.
>
> [정답] ③

16 공범 일반이론과 간접정범

055 2024년 경찰승진

공범에 관한 설명으로 가장 적절하지 않은 것은? (다툼이 있는 경우 판례에 의함)

① 매도, 매수와 같이 2인 이상의 서로 대향된 행위의 존재를 필요로 하는 관계에 있어서는 공범이나 방조범에 관한 형법총칙 규정의 적용이 있을 수 없고, 따라서 매도인에게 따로 처벌규정이 없는 이상 매도인의 매도행위는 그와 대향적 행위의 존재를 필요로 하는 상대방의 매수범행에 대하여 공범이나 방조범관계가 성립되지 아니한다.

② 도박의 습벽이 있는 자가 타인의 도박을 방조하면 상습도박방조의죄에 해당하는 것이며, 도박의 습벽이 있는 자가 도박을 하고 또 도박방조를 하였을 경우 상습도박죄와 상습도박방조죄가 성립하고 두 범죄는 실체적 경합의 관계에 있다.

③ 변호사 아닌 자에게 고용되어 법률사무소의 개설·운영에 관여한 변호사의 행위가 일반적인 형법총칙상의 공모, 교사 또는 방조에 해당된다고 하더라도 변호사를 변호사 아닌 자의 공범으로서 처벌할 수는 없다.

④ 필요적 공범이라는 것은 법률상 범죄의 실행이 다수인의 협력을 필요로 하는 것을 가리키는 것으로서 이러한 범죄의 성립에는 행위의 공동을 필요로 하는 것에 불과하고 반드시 협력자 전부가 책임이 있음을 필요로 하는 것은 아니다.

[해설] ① (○) (大判 2001.12.28. 2001도5158).
② (✕) 도박의 습벽이 있는 자가 도박을 하고 또 도박방조를 하였을 경우 상습도박방조의 죄는 무거운 상습도박의 죄에 포괄시켜 1죄로서 처단하여야 한다(大判 1984.4.24. 84도195).
③ (○) (大判 2004.10.28. 2004도3994).
④ (○) (大判 1987.12.22. 87도1699).

[정답] ②

056 2024년 검찰9급

공범의 종류에 대한 설명으로 옳지 않은 것은? (다툼이 있으면 판례에 의함)

① 「형법」제127조는 공무원 또는 공무원이었던 자가 법령에 의한 직무상 비밀을 누설하는 행위만을 처벌하고 있을 뿐 직무상 비밀을 누설받은 상대방을 처벌하는 규정이 없으므로, 직무상 비밀을 누설받은 자에 대하여는 공범에 관한 형법총칙 규정을 적용하여 처벌할 수 없다.

② 뇌물공여죄와 뇌물수수죄 사이와 같은 이른바 대향범 관계에 있는 자는 서로 대향된 행위의 존재를 필요로 할 뿐 각자 자신의 구성요건을 실현하고 별도의 형벌규정에 따라 처벌되는 것이어서, 2인 이상이 가공하여 공동의 구성요건을 실현하는 공범관계에 있는 자와는 본질적으로 다르다.

③ 구「정치자금법」제45조 제1항의 정치자금을 기부한 자와 기부받은 자는 이른바 대향범인 필요적 공범관계에 있으므로, 정치자금을 기부하는 자의 범죄가 성립하지 않더라도 정치자금을 기부받는 자가 구「정치자금법」이 정하지 않은 방법으로 정치자금을 제공받는다는 의사를 가지고 받으면 정치자금부정수수죄가 성립한다.

④ 쟁의행위 기간 중 그 쟁의행위로 중단된 업무의 수행을 위하여 당해 사업과 관계없는 자를 채용 또는 대체하는 사용자를 처벌하는「노동조합 및 노동관계조정법」제91조, 제43조 제1항을 사용자에게 채용 또는 대체되는 자의 행위에 대하여 일반적인 형법총칙상의 공범 규정을 적용하여 동법 위반죄의 공동정범, 교사범 또는 방조범으로 처벌할 수 있다.

[해설]
① (O) (大判 2014.01.16. 2013도6969). 〈주〉제3자의 외부가담이 아니라, 필요적 공범에서 수수한 자가 공여한 자에게 내부적으로 가담한 경우이다.
② (O) (大判 2015.2.12. 2012도4842). 〈주〉필요적 공범과 임의적 공범은 다르다.
③ (O) (大判 2017.11.14. 2017도3449). 〈주〉필요적 공범의 성립은 별개이다.
④ (X) 쟁의행위 기간 중 그 쟁의행위로 중단된 업무의 수행을 위하여 당해 사업과 관계없는 자를 채용 또는 대체하는 사용자에게 채용 또는 대체되는 대향범의 의 행위에 대하여는 일반적인 형법 총칙상의 공범 규정을 적용하여 공동정범, 교사범 또는 방조범으로 처벌할 수 없다(大判 2020.6.11. 2016도3048). 〈주〉필요적 공범 내부자들에게 총칙상 공범규정은 적용되지 않는다.

[정답] ④

057 2024년 검찰9급(총론)

간접정범에 대한 설명으로 옳지 않은 것은?

① 甲이 A를 협박하여 A로 하여금 자상(自傷)케 하여 상해가 발생한 경우, 甲에게 상해의 결과에 대한 인식이 있고 그 협박의 정도가 A의 의사결정의 자유를 상실케 함에 족한 것인 이상 甲에게 상해죄가 성립한다.
② 처벌되지 아니하는 타인의 행위를 적극적으로 유발하고 이를 이용하여 자신의 범죄를 실현한 자는 간접정범으로서의 죄책을 지게 되고, 그 과정에서 타인의 의사를 부당하게 억압하여야만 간접정범에 해당하게 되는 것은 아니다.
③ 「형법」제34조의 '어느 행위로 인하여 처벌되지 아니하는 자'에는 책임무능력자, 범죄사실의 인식이 없는 자뿐만 아니라, 목적범 또는 신분범인 경우 그 목적 또는 신분이 없는 자도 포함된다.
④ 공무원이 아닌 甲이 공문서의 작성권한이 있는 공무원 A의 직무를 보좌하는 자인 乙과 공모하여 허위의 내용이 기재된 문서 초안을 그 정을 모르는 A에게 제출하여 결재하도록 하는 등의 방법으로 A로 하여금 허위의 공문서를 작성하게 한 경우, 乙만이 간접정범에 해당하고, 甲에게는 간접정범의 공범으로서의 죄책을 물을 수 없다.

> [해설] ① (○) (大判 1970.9.22. 70도1638).
> ② (○) (大判 2008.9.11. 2007도7204).
> ③ (○) (大判 1983.6.14. 83도515 전합).
> ④ (×) 문서의 작성권한이 있는 공무원의 직무를 보좌하는 자가 그 직위를 이용하여 행사할 목적으로 허위의 내용이 기재된 문서초안을 그 정을 모르는 상사에게 제출하여 결재하도록 함으로써 허위공문서를 작성케 하는 경우에는 허위공문서작성죄의 간접정범이 성립되고 이와 공모한 자 역시 위 죄책을 면할 수 없다(大判 1986.8.19. 85도2728). 〈주〉甲도 공범의 죄책을 진다.
>
> [정답] ④

17 공동정범, 동시범, 합동범

058 2024년 경찰채용1차
공동정범과 간접정범에 관한 설명으로 가장 적절하지 않은 것은? (다툼이 있는 경우 판례에 의함)

① 포괄일죄의 범행 도중에 공동정범으로 범행에 가담한 자는 그 가담 이후의 범행에 대해서만 공동정범으로 책임을 지고, 그 가담 이전에 이미 이루어진 종전의 범행을 인식하고 범행에 가담한 경우라도 그 가담 이전의 범행에 대해서는 공동정범으로 책임을 지지 않는다.

② 수표금액의 지급 또는 거래정지처분을 면할 목적으로 금융기관에 허위신고한 자를 처벌하는 구「부정수표 단속법」제4조의 허위신고죄와 관련하여, 발행인이 아닌 자는 허위신고의 고의가 없는 발행인을 이용하여 간접정범의 형태로 구「부정수표 단속법」제4조의 허위신고죄를 범할 수 없다.

③ 비공무원 甲이 소속 예비군동대 방위병 乙에게 '자신이 예비군훈련에 불참했으나 예비군훈련 참가 확인서를 발급해 달라'는 취지의 부탁을 하자, 확인서 작성권자인 동대장 A의 직무를 보좌하는 乙은 이를 A에게 보고하여 甲의 불참 사실을 모르는 A로부터 甲의 예비군훈련 참가 여부를 확인하여 확인서를 발급하도록 지시받았으나 미리 A의 직인을 찍어 보관하고 있던 용지를 이용하여 확인서를 발급해 준 경우, 甲에게는 허위공문서작성죄의 간접정범의 공범이 성립하지 않는다.

④ 공동정범의 본질에 관한 범죄공동설에 따르면, 고의범과 과실범 상호간에는 공동정범이 인정되지 않는다.

> **해설** ① (○) (大判 2019.8.29. 2019도8357).
> ② (○) (大判 1997.6.27. 97도163).
> ③ (×) 문서의 작성권한이 있는 공무원의 직무를 보좌하는 자가 그 직위를 이용하여 행사할 목적으로 허위의 내용이 기재된 문서초안을 그 정을 모르는 상사에게 제출하여 결재하도록 함으로써 허위공문서를 작성케 하는 경우에는 허위공문서작성죄의 간접정범이 성립되고 이와 <u>공모한 자 역시 위 죄책을 면할 수 없는</u> 것이고, 여기서 말하는 공범은 반드시 공무원의 신분이 있는 자로 한정되는 것은 아니라고 할 것이다 (大判 1986.8.19. 85도2728).
> ④ (○) 범죄공동설은 수인의 고의와 실행이 동일해야만 공동정범이라고 본다. 따라서 서로 고의가 다르면 <u>동시범(단독범의 경합)</u>이 된다. 따라서 고의범과 과실범 상호간에는 공동정범이 인정되지 않는다.
>
> [정답] ③

059 2024년 경찰승진

공동정범에 관한 설명으로 가장 적절한 것은? (다툼이 있는 경우 판례에 의함)

① 상명하복 관계에 있는 자들이 범행에 공동 가공한 경우 특수교사·방조범(「형법」 제34조 제2항)이 성립할 수 있으나 공동정범은 인정될 수 없다.

② 사기죄의 실행행위에 직접 관여하지 아니한 사람도 공모관계가 인정되면 공모공동정범이 성립할 수 있지만, 공모자 중 사기의 기망방법을 구체적으로 몰랐던 자는 공모관계가 부정된다.

③ 처(妻) 乙이 구속된 남편 甲을 대행하여 甲의 지시를 받아 회사를 운영하면서 「조세범 처벌법」상 조세포탈행위를 하다가 협의이혼한 후, 乙 혼자 회사를 경영하였더라도 이혼 전 甲의 영향력이 제거되지 않아 조세포탈행위가 계속되었다면, 甲은 협의이혼 후에도 여전히 乙의 조세범처벌법 위반죄에 대하여 공동정범으로서 책임을 진다.

④ 甲은 乙, 丙과 함께 택시강도를 하기로 모의하였는데, 甲은 乙과 丙이 피해자 A에 대해 폭행에 착수하기도 전에 겁을 먹고 미리 현장에서 도주해 버렸고 그 후 乙과 丙은 폭행에 저항하는 A를 격분하여 살해하고 택시에 있던 현금 8만 원을 강취하였다면, 甲은 특수강도의 합동범, 乙과 丙은 강도살인죄의 공동정범이 성립한다.

[해설] ① (×) 범행가담자간에 상명하복 관계가 있는 경우라도 범행에 공동가공한 이상 공동정범이 성립하는 데 아무런 지장이 없다(大判 1995.6.16. 94도1793).
② (×) 배임증재의 공모공동정범이 다른 공모공동정범에 의하여 수재자에게 재물 또는 재산상 이익이 제공되는 방법을 구체적으로 몰랐다고 하더라도 공모관계를 부정할 수 없다(大判 2015.7.23. 2015도3080).
③ (○) (大判 2008.7.24. 2007도4310)
④ (×) 피고인이 다른 피고인들과 택시강도를 하기로 모의한 일이 있다고 하여도 다른 피고인들이 피해자에 대한 폭행에 착수하기 전에 겁을 먹고 미리 현장에서 도주해 버렸다면 다른 피고인들과의 사이에 강도의 실행행위를 분담한 협동관계가 있었다고 보기는 어려우므로 피고인을 특수강도의 합동범으로 다스릴 수는 없다(大判 1985.3.26. 84도2956).

[정답] ③

060 2024년 해경승진(경사)

다음 중 공동정범에 대한 설명으로 가장 옳지 않은 것은? (다툼이 있으면 판례에 의함)

① 甲이 포괄일죄의 관계에 있는 범행의 일부를 실행한 후 공범관계에서 이탈하였으나 다른 공범자에 의하여 나머지 범행이 이루어진 경우, 甲은 자신이 관여하지 않은 부분에 대하여도 죄책을 부담한다.

② 甲과 乙이 서로 살인의 공모하에 실행행위로 나아가고 그들의 행위로 피해자가 사망하였다면 실제로 사망의 결과발생이 둘 중 누구의 행위로 인한 것인지 인과관계가 판명되지 아니한 때에도 甲과 乙 모두 살인죄의 기수로 처벌된다.

③ 시공, 감독 및 유지관리상 각각의 과실만으로는 교량의 붕괴원인이 되지 못한다고 하더라도, 그것이 합쳐지면 교량이 붕괴될 수 있다는 점은 쉽게 예상할 수 있고, 따라서 위 각 단계에 관여한 자는 전혀 과실이 없다거나 과실이 있다고 하여도 교량붕괴의 원인이 되지 않았다는 등의 특별한 사정이 있는 경우를 제외하고는 붕괴에 대한 공동책임을 면할 수 없다.

④ 포괄일죄의 범행 도중에 공동정범으로 범행에 가담한 자가 그 범행에 가담할 때에 이미 이루어진 종전의 범행을 알았다면 포괄일죄 범행 전체에 대하여 공동정범으로 책임을 진다.

[해설]
① (O) 피고인이 관여하지 않은 부분에 대하여도 죄책을 부담한다(大判 2011.1.13. 2010도9927).
② (O) 공범관계에 있어 공동가공의 의사가 있었다면 이에는 도시 동시범 등의 문제는 제기될 여지가 없다(大判 1985.12.10. 85도1892).
③ (O) (大判 1997.11.28. 97도1740).
④ (×) 가담 이후의 범행에 대하여만 공동정범으로 책임을 진다(大判 1997.6.27. 97도163).

[정답] ④

061 2024년 해경승진(경위)

다음 중 공동정범에 대한 설명으로 가장 옳은 것은? (다툼이 있으면 판례에 의함)

① 회사직원이 영업비밀을 경쟁업체에 유출하거나 스스로의 이익을 위하여 이용할 목적으로 무단으로 반출한 때 업무상배임죄의 기수에 이르렀으며, 그 이후에 위 직원과 접촉하여 영업비밀을 취득하려고 한 자는 업무상배임죄의 공동정범이 된다.

② 포괄일죄의 범행 도중에 공동정범으로 범행에 가담한 자가 그 범행에 가담할 때에 이미 이루어진 종전의 범행을 알았다면 가담 이후의 범행뿐만 아니라 가담 이전의 범행에 대하여도 공동정범으로 책임을 진다.

③ 예인선 정기용선자의 현장소장 甲은 사고의 위험성이 높은 시점에 출항을 강행할 것을 지시하였고, 예인선 선장 乙은 甲의 지시에 따라 사고의 위험성이 높은 시점에 출항하는 등 무리하게 예인선을 운항한 결과 예인되던 선박에 적재된 물건이 해상에 추락하여 선박교통을 방해한 경우, 甲과 乙은 업무상과실일반교통방해죄의 공동정범이 성립한다.

④ 甲이 피해자 일행을 한 사람씩 나누어 강간하자는 일행들의 제의에 아무런 대답도 하지 않고 따라다니다가 자신의 강간 상대방으로 남겨진 A에게 일체의 신체적 접촉도 시도하지 않은 채 다른 일행이 인근 숲속에서 강간을 마칠 때까지 A와 함께 이야기만 나눈 경우 강간죄의 공동정범이 성립한다.

> **해설** ① (✕) 업무상배임죄의 공동정범이 될 수 없다(大判 2003.10.30. 2003도4382).
> ② (✕) 가담 이후의 범행에 대하여만 공동정범으로 책임을 진다(大判 1997.6.27. 97도163).
> ③ (○) (大判 2009.6.11. 2008도11784). 〈주〉 甲과 乙 사이에 묵시적 합의가 있었으므로 공동정범이 성립한다.
> ④ (✕) 피고인에게 다른 일행의 강간 범행에 공동으로 가공할 의사가 있었다고 볼 수 없다(大判 2003.3.28. 2002도7477).
>
> **정답** ③

062 2024년 검찰9급

공동정범에 대한 설명으로 옳지 않은 것은? (다툼이 있으면 판례에 의함)

① 공무원이 아닌 사람이 공무원과 공동가공의 의사와 이를 기초로 한 기능적 행위지배를 통하여 공무원의 직무에 관하여 뇌물을 수수하는 범죄를 실행하였다면 공무원이 직접 뇌물을 받은 것과 동일하게 평가할 수 있으므로 공무원과 비공무원에게 「형법」 제129조 제1항에서 정한 뇌물수수죄의 공동정범이 성립한다.

② 합동절도는 범행 현장에서 시간적, 장소적으로 협동관계를 이루어 절도의 실행행위를 분담하여 절도 범행을 하여야 하므로, 공모에는 참여하였으나 현장에 없는 자는 기능적 범행지배 유무를 불문하고 합동범의 공동정범이 성립할 수 없다.

③ 공모공동정범에 있어서 그 공모자 중 1인이 다른 공모자가 실행행위에 이르기 전에 그 공모관계에서 이탈한 경우 그 이탈의 표시는 반드시 명시적임을 요하지 않는다.

④ 구성요건행위를 직접 분담하여 실행하지 않은 공모자가 공모공동정범으로 인정되기 위해서는 전체 범죄에서 그가 차지하는 지위·역할, 범죄 경과에 대한 지배나 장악력 등을 종합하여 그가 단순한 공모자에 그치는 것이 아니라 범죄에 대한 본질적 기여를 통한 기능적 행위지배가 존재한다고 인정되어야 한다.

[해설]
① (○). (大判 2019. 8. 29. 2018도2738 전합). 〈주〉 제33조(공범과 신분) 본문이 적용된다.
② (×) 공동정범의 일반 이론에 비추어 그 공모에는 참여하였으나 현장에서 절도의 실행행위를 직접 분담하지 아니한 다른 범인에 대하여도 그가 현장에서 절도 범행을 실행한 위 2인 이상의 범인의 행위를 자기 의사의 수단으로 하여 합동절도의 범행을 하였다고 평가할 수 있는 정범성의 표지를 갖추고 있다고 보여지는 한 그 다른 범인에 대하여 합동절도의 공동정범의 성립을 부정할 이유가 없다고 할 것이다.(大判 1998.5.21. 98도321 전합). 〈주〉 '범행지배 유무를 불문하고', '성립할 수 없다' 부분이 틀렸다.
③ (○) (大判 1986.1.21. 85도2371, 85감도347).
④ (○) (大判 2010.7.15. 2010도3544).

[정답] ②

18 교사범, 방조범

063 2024년 경찰채용1차

교사범과 방조범에 관한 설명으로 가장 적절하지 않은 것은? (다툼이 있는 경우 판례에 의함)

① 교사자의 교사행위에 의해 정범이 범죄의 실행을 결의하게 되었다면, 비록 정범에게 범죄의 습벽이 있어 그 습벽과 함께 교사행위가 원인이 되어 정범이 범죄를 실행하게 되었다고 하더라도 교사범이 성립한다.

② 甲이 乙에게 A의 주거에 침입할 것을 교사하였으나 乙은 A의 승낙을 얻어 정당하게 A의 주거에 들어간 경우, 공범종속성설 중 제한종속형식에 의하면 甲에게는 주거침입죄의 교사범이 성립하지 않는다.

③ 도박의 습벽이 있는 甲이 도박의 습벽이 없는 乙의 도박을 방조한 경우, 甲에게는 상습도박죄의 방조범이 성립한다.

④ 甲으로부터 A의 불륜관계를 이용해 A를 공갈할 것을 교사받은 乙은 A의 불륜 현장을 촬영한 후 그 사실을 甲에게 알렸으나, 甲이 乙에게 수고비를 줄테니 촬영물을 넘기고 공갈을 단념하라고 만류하였음에도, 乙이 甲의 제안을 명시적으로 거절하고 돈을 주지 않으면 촬영물을 유포하겠다고 A에게 겁을 주어 돈을 받아낸 경우, 甲은 공갈죄의 공범관계에서 이탈한 것으로 볼 수 있다.

해설 ① (○) (大判 1991.5.14. 91도542).
② (○) 제한종속형식에 의할 때 정범이 처벌조건을 갖추지 않아도 실행에 착수하여 구성요건 해당성과 위법성을 갖추었다면 이에 가담한 자는 교사범 또는 방조범이 될 수 있다. 따라서 乙이 A의 승낙을 얻어 주거에 들어 갔다면 위법성이 조각되므로 제한적 종속형식에 의할 때 주거침입죄의 교사범이 성립하지 않는다.
③ (○) (大判 1984.4.24. 84도195).
④ (×) 피고인이 전화로 범행을 만류하는 취지의 말을 한 것만으로는 피고인의 교사행위와 공소외인의 실행행위 사이에 인과관계가 단절되었다거나 피고인이 공범관계에서 이탈한 것으로 볼 수 없다(大判 2012.11.15. 2012도7407).

정답 ④

064 2024년 해경승진(경위)

다음 중 교사의 착오에 관한 설명으로 가장 옳지 않은 것은? (다툼이 있으면 판례에 의함)

① 甲이 乙에게 사기를 교사하였는데 乙이 공갈을 실행한 경우, 교사내용과 실행행위의 질적 차이가 본질적이지 않으므로 甲은 교사한 범죄에 대한 교사범의 책임을 지지 않는다.
② 甲이 乙에게 강도를 교사하였는데 乙이 절도를 실행한 경우, 甲은 강도의 예비·음모죄와 절도죄의 교사범이 성립하는데, 양죄는 상상적 경합관계에 있으므로 甲은 형이 더 무거운 강도예비·음모죄로 처벌된다.
③ 甲이 乙에게 절도를 교사하였는데 乙이 강간을 실행한 경우, 甲은 절도죄의 예비·음모에 준하여 처벌될 수 있는데, 절도죄의 예비·음모는 처벌규정이 없으므로 무죄가 된다.
④ 甲이 乙에게 상해를 교사하였는데 乙이 살인을 실행한 경우, 甲에게 사망이라는 결과에 대하여 예견 가능성이 있다면 甲을 상해치사죄의 교사범으로 처벌할 수 있다.

[해설]
① (×) 사기죄와 공갈죄는 모두 편취죄이며 법정형도 동일하다. 따라서 교사내용과 실행행위의 질적차이가 본질적이지 않다. 따라서 사기를 교사하여 공갈을 실행한 경우 교사자는 사기죄의 교사범이 성립한다.
② (○) 피교사자가 교사받은 것보다 적게 실행한 경우로서 교사한 범죄의 예비·음모의 처벌규정이 있으면 교사자가 교사한 범죄의 예비·음모(제31조 제2항)와 피교사자가 실행한 범죄의 교사범의 상상적 경합이 성립한다. 따라서 甲은 강도예비·음모죄와 절도죄의 교사범의 상상적 경합범이 성립하고, 형이 중한 강도예비·음모의 형으로 처벌된다.
③ (○) 교사한 내용과 실행한 내용이 질적으로 다른 경우, 교사범이 성립하지 않고 교사한 범죄의 예비·음모에 준하여 처벌한다. 따라서 절도죄의 예비·음모는 처벌규정이 없으므로 무죄가 된다.
④ (○) 교사자가 피교사자에 대하여 상해 또는 중상해를 교사하였는데 피교사자가 이를 넘어 살인을 실행한 경우 일반적으로 교사자는 상해죄 또는 중상해죄의 교사범이 되지만 이 경우 교사자에게 피해자의 사망이라는 결과에 대하여 과실 내지 예견가능성이 있는 때에는 상해치사죄의 교사범으로서의 죄책을 지울 수 있다(大判 1993.10.8. 93도1873).

[정답] ①

19 죄수론

065 2024년 해경승진(경사)

다음 중 피고인 甲의 불가벌적 사후행위에 해당하는 것으로 가장 옳은 것은? (다툼이 있으면 판례에 의함)

① 보이스피싱 범죄의 범인 甲이 A를 기망하여 A의 돈을 사기 이용계좌로 이체받아 인출한 경우 이체받은 돈의 인출행위
② 피고인 甲이 흡연할 목적으로 대마를 매입한 후 흡연할 기회를 포착하기 위하여 2일 이상 하의 주머니에 넣고 다님으로써 매입한 대마를 소지한 행위
③ 피고인 甲이 부정한 이익을 얻을 목적으로 타인의 영업비밀이 담긴 CD를 절취하여 그 영업비밀을 부정사용한 행위
④ 피고인 甲이 자동차를 절취한 후, 훔친 자동차의 번호판을 떼어 내 다른 자동차에 임의로 부착하여 운행한 행위

[해설]

① (O) 전기통신금융사기(이른바 보이스피싱 범죄)의 범인이 피해자를 기망하여 피해자의 돈을 사기이용계좌로 송금·이체받았다면 이로써 편취행위는 기수에 이른다. 나아가 그 후에 범인이 사기이용계좌에서 현금을 인출하였더라도 이는 이미 성립한 사기범행의 실행행위에 지나지 아니하여 새로운 법익을 침해한다고 보기도 어려우므로, 위와 같은 인출행위는 사기의 피해자에 대하여 따로 횡령죄를 구성하지 아니한다(大判 2017.5.31. 2017도3045). 〈주〉 사기죄 정범의 횡령은 불가벌이다.
② (×) 흡연할 목적으로 대마를 매입한 후 흡연할 기회를 포착하기 위하여 이틀 이상 하의주머니에 넣고 다님으로써 소지한 행위는 매매행위의 불가분의 필연적 결과라고 평가될 수 없다(大判 1990.7.27. 90도543). 〈주〉 실체적 경합범이 성립한다.
③ (×) 영업비밀부정사용죄는 절도죄의 불가벌적 사후행위가 아니다(大判 2008.9.11. 2008도5364).
④ (×) 자동차를 절취한 후 자동차등록번호판을 떼어내는 행위는 새로운 법익의 침해로 보아야 하므로 위와 같은 번호판을 떼어내는 행위가 절도범행의 불가벌적 사후행위가 되는 것은 아니다(大判 2007.9.6. 2007도4739). 〈주〉 자동차등록판을 떼어내는 행위는 손괴가 아니라 자동차등록법 위반이므로 별죄가 성립한다.

[정답] ①

066 2024년 검찰9급

포괄일죄에 대한 설명으로 옳은 것은? (다툼이 있으면 판례에 의함)

① 국가정보원 직원이 동일한 사안에 관한 일련의 직무집행 과정에서 단일하고 계속된 범의로 일정 기간 계속하여 저지른 직권남용행위에 대하여는 설령 그 상대방이 수인이라고 하더라도 직권남용권리행사방해죄의 포괄일죄가 성립할 수 있다.
② 행정소송사건의 같은 심급이라도 변론기일을 달리하여 수차 증인으로 나가 수 개의 허위진술을 하였다면, 최초에 한 선서의 효력을 유지시킨 후 증언하였다고 하더라도 수 개의 위증죄가 성립한다.
③ 같은 날 무면허운전 행위를 여러 차례 반복하였다면 그 범의의 단일성 내지 계속성이 인정되지 않거나 범행 방법 등이 동일하지 않은 경우라도 각 무면허운전 행위를 통틀어 포괄일죄로 처단하여야 한다.
④ 포괄일죄로 되는 개개의 범죄행위가 법 개정의 전후에 걸쳐서 행하여진 경우에는 신·구법의 법정형의 경중을 비교하여 행위자에게 유리한 법을 적용하여 포괄일죄로 처단하여야 한다.

> [해설] ① (O) (大判 2021.9.9. 2021도2030).
> ② (×) 증인이 소송사건의 같은 심급에서 변론기일을 달리하여 수차 증인으로 나가 수 개의 허위 진술을 하였더라도 최초에 한 선서의 효력을 유지시킨 후 증언하였다면 <u>1개의 위증죄</u>가 성립한다(大判 2007.3.15. 2006도9463).
> ③ (×) 같은 날 무면허운전 행위를 여러 차례 반복한 경우라도 그 범의의 단일성 내지 계속성이 인정되지 않거나 범행 방법 등이 동일하지 않은 경우 각 무면허운전 범행은 <u>실체적 경합관계</u>에 있다고 볼 수 있다(大判 2002.7.23. 2001도6281).
> ④ (×) 포괄일죄로 되는 개개의 범죄행위가 법 개정의 전후에 걸쳐서 행하여진 경우에는 <u>신·구법의 법정형에 대한 경중을 비교하여 볼 필요도 없이</u> 범죄 실행 종료시의 법이라고 할 수 있는 신법을 적용하여 포괄일죄로 처단하여야 한다(大判 1998.2.24. 97도183).
>
> [정답] ①

067 2024년 경찰승진

죄수론에 관한 설명으로 옳지 <u>않은</u> 것을 모두 고른 것은? (다툼이 있는 경우 판례에 의함)

> ㉠ 피해자에 대한 폭행행위가 동일한 피해자에 대한 업무방해죄의 수단이 되었다고 하더라도 그러한 폭행행위가 이른바 '불가벌적 수반행위'에 해당하여 업무방해죄에 대하여 흡수관계에 있다고 볼 수는 없다.
> ㉡ 「형법」 제37조 후단, 제39조 제1항의 문언과 입법 취지 등에 비추어 보면, 아직 판결을 받지 않은 죄가 이미 판결이 확정된 죄와 동시에 판결할 수 없었던 경우라 하더라도 「형법」 제39조 제1항에 따라 동시에 판결할 경우와 형평을 고려하여 형을 선고하거나 그 형을 감경 또는 면제할 수 있다고 해석함이 타당하다.
> ㉢ 피해신고를 받고 출동한 두 명의 경찰관에게 욕설을 하면서 순차로 폭행을 하여 경찰관의 정당한 직무집행을 방해한 경우 포괄하여 하나의 공무집행방해죄가 성립한다.
> ㉣ 상습사기죄에 있어서의 사기행위의 습벽은 행위자의 사기습벽의 발현으로 인정되는 한, 동종의 수법에 의한 사기범행의 습벽만을 의미하는 것이 아니라 이종의 수법에 의한 사기범행을 포괄하는 사기의 습벽도 포함한다.

① ㉠㉡
② ㉡㉢
③ ㉢㉣
④ ㉡㉢㉣

해설
㉠ (O) (大判 2012.10.11. 2012도1895). 〈주〉 상상적 경합범이 성립한다.
㉡ (×) 형법 제37조 후단 및 제39조 제1항의 문언, 입법취지 등에 비추어 보면, 아직 판결을 받지 아니한 죄가 이미 판결이 확정된 죄와 동시에 판결할 수 없었던 경우에는 형법 제39조 제1항에 따라 동시에 판결할 경우와 형평을 고려하여 형을 선고하거나 그 형을 감경 또는 면제할 수 없다고 해석함이 상당하다(大判 2012.9.27. 2012도9295; 大判 2021.10.14. 2021도8719). 〈주〉 동시판결가능성이 없으면 경합범이 아니다.
㉢ (×) 동일한 공무를 집행하는 여럿의 공무원에 대하여 폭행·협박 행위를 한 경우에는 공무를 집행하는 공무원의 수에 따라 여럿의 공무집행방해죄가 성립하고, 위와 같은 폭행·협박 행위가 동일한 장소에서 동일한 기회에 이루어진 것으로서 사회관념상 1개의 행위로 평가되는 경우에는 여럿의 공무집행방해죄는 <u>상상적 경합의 관계</u>에 있다(大判 2009.6.25. 2009도3505).
㉣ (O) (大判 2000.2.11. 99도4797).

[정답] ②

068 2024년 해경승진(경사)

다음 중 〈사례〉에 관한 설명으로 가장 옳지 않은 것은? (다툼이 있으면 판례에 의함)

〈 사 례 〉

甲이 주점에서 술에 취하여 옆 자리 손님을 폭행하였는데, 이를 신고받은 경찰관 A와 B가 출동하였다. 甲은 경찰관 A와 B에게 욕설을 하며 경찰관 A의 얼굴을 주먹으로 때리고, 곧이어 이를 제지하는 B의 다리를 걷어차 폭행하였다.

① 위 사안에서 甲의 폭행으로 경찰관 A가 상해를 입었다면, 공무집행방해죄와 상해죄가 성립한다.
② 공무집행방해죄에 있어서 '직무를 집행하는' 이라 함은 직무수행에 직접 필요한 행위를 현실적으로 행하고 있을 때만 가리키는 것이 아니라 직무수행을 위하여 근무 중인 상태에 있는 때를 포괄한다.
③ 공무집행방해죄는 국가적 법익에 관한 죄이나 위 사안과 같이 甲이 같은 목적으로 출동한 경찰관 A, B를 폭행한 경우에 두 개의 공무집행방해죄가 성립한다.
④ 위 사안과 같은 경우 동일한 장소에서 동일한 기회에 폭행이 이루어진 것으로 두 명의 공무원에 대한 폭행은 실체적 경합관계이다.

해설
① (O) 공무집행방해죄와 상해죄의 상상적 경합범이다(大判 1999.9.21. 99도383).
② (O) (大判 1999.09.21. 99도383).
③ (O) (大判 2009.6.25. 2009도3505).
④ (X) 공무를 집행하는 공무원의 수에 따라 여럿의 공무집행방해죄가 성립하고, 위와 같은 폭행·협박 행위가 동일한 장소에서 동일한 기회에 이루어진 것으로서 사회관념상 1개의 행위로 평가되는 경우에는 여럿의 공무집행방해죄는 상상적 경합의 관계에 있다(大判 2009.6.25. 2009도3505).

[정답] ④

069 2024년 해경승진(경사)
다음 중 죄수에 관한 설명으로 가장 옳지 않은 것은? (다툼이 있으면 판례에 의함)

① 허위공문서작성죄와 동행사죄가 수뢰후부정처사죄와 각각 상상적 경합관계에 있는 경우, 허위공문서작성죄와 동행사죄 상호간은 실체적 경합범관계에 있다고 할지라도 상상적 경합범관계에 있는 수뢰후부정처사죄와 대비하여 가장 중한 죄에 정한 형으로 처단하면 족하다.
② 수개의 행위가 여러 개의 구성요건을 충족하는 경우에는 포괄일죄가 될 수 있으므로 횡령, 배임의 행위와 사기의 행위 사이에는 포괄일죄를 구성할 수 있다.
③ 「형법」 제40조가 규정하는 한 개의 행위가 여러 개의 죄에 해당하는 경우에 "가장 무거운 죄에 정한 형으로 처벌한다."란 여러 개의 죄명 중 가장 무거운 형을 규정한 법조에 의하여 처단한다는 취지와 함께 다른 법조의 최하한의 형보다 가볍게 처단할 수 없다는 취지, 즉 각 법조의 상한과 하한을 모두 중한 형의 범위 내에서 처단한다는 것을 포함한다.
④ 공무원이 직무관련자에게 제3자와 계약을 체결하도록 요구하여 계약을 하게 한 행위가 제3자뇌물수수죄의 구성요건과 직권남용권리행사방해죄의 구성요건에 모두 해당하는 경우, 제3자뇌물수수죄와 직권남용권리행사방해죄가 각각 성립하고 양죄는 상상적 경합관계에 있다.

[해설] ① (O) (大判 1983.7.26. 83도1378). 〈주〉 연결효과이론에 의하여 전체 범죄가 상상적 경합관계이다.
② (×) 포괄1죄라 함은 각기 따로 존재하는 수개의 행위가 한개의 구성요건을 한번 충족하는 경우를 말하므로 구성요건을 달리하고 있는 횡령, 배임 등의 행위와 사기의 행위는 포괄1죄를 구성할 수 없다(大判 1988.2.9. 87도58).
③ (O) (大判 2008.12.24. 2008도9169).
④ (O) 이는 사회관념상 하나의 행위가 수 개의 죄에 해당하는 경우이므로 두 죄는 상상적 경합 관계이다(大判 2017.3.15. 2016도19659).

[정답] ②

070 2024년 경찰채용1차

죄수에 관한 설명으로 가장 적절하지 않은 것은? (다툼이 있는 경우 판례에 의함)

① 하나의 사건에 관하여 한 번 선서한 증인이 같은 기일에 여러 가지 사실에 관하여 기억에 반하는 허위의 진술을 한 경우, 1개의 위증죄만이 성립한다.

② 한 개의 행위가 서로 다른 둘 이상의 구성요건을 실현하는 경우에는 상상적 경합이 성립하나, 한 개의 행위가 동일한 구성요건을 2회 이상 실현하는 경우에는 상상적 경합이 성립하지 않는다.

③ 주식회사의 대표이사가 타인을 기망하여 그 회사가 발행하는 신주를 인수하게 한 후 그로부터 납입받은 신주인수대금을 보관하던 중 횡령한 경우, 신주인수대금을 횡령한 행위는 사기죄의 불가벌적 사후행위에 해당하지 않는다.

④ 같은 날 무면허운전 행위를 여러 차례 반복한 경우, 그 범의의 일성 내지 계속성이 인정되지 않거나 범행 방법 등이 동일하지 않다면 각 무면허운전 범행은 실체적 경합 관계에 있다.

> [해설] ① (○) (大判 2007.3.15. 2006도9463).
> ② (×) 한 개의 행위가 동일한 구성요건을 2회 이상 실현하는 경우에도 상상적 경합이 성립할 수 있다.
> ③ (○) 횡령한 행위는 사기죄와는 전혀 다른 새로운 보호법익을 침해하는 행위로서 별죄를 구성한다(大判 2006.10.27. 2004도6503).
> ④ (○) (大判 2002.7.23. 2001도6281).
>
> [정답] ②

20 형벌론

071 2024년 해경승진(경위)
다음 중 몰수와 추징에 대한 설명으로 가장 옳지 않은 것은? (다툼이 있으면 판례에 의함)

① 행위자에게 유죄의 재판을 아니할 때에도 몰수의 요건이 있는 때에는 몰수만을 선고할 수 있다.
② 추징은 일종의 형으로서 검사가 공소를 제기함에 있어 관련 추징 규정의 적용을 빠뜨렸다 하더라도 법원이 직권으로 이를 적용하여야 한다.
③ 범죄행위로 인하여 물건을 취득하면서 그 대가를 지급하였다고 하더라도 범죄행위로 취득한 것은 물건 자체이고 이는 몰수되어야 할 것이지만, 이미 처분되어 없다면 그 가액 상당을 추징하여야 한다.
④ 「형법」 제134조에 의한 필요적 몰수의 경우 뇌물에 공할 금품이 특정되지 않았던 것은 몰수할 수 없고, 그 가액만 추징할 수 있다.

[해설] ① (O) 형법 제49조 단서.
② (O) (大判 2007.1.25. 2006도8663)
③ (O) (大判 2008.10.09. 2008도6944).
④ (×) 뇌물에 공할 금품이 특정되지 않았던 것은 몰수할 수 없고 그 가액을 <u>추징할 수도 없다</u>(大判 1996.5.8, 96도221).

[정답] ④

072 2024년 검찰9급(총론)

다음 설명 중 옳은 것만을 모두 고르면?

> ㉠ 정보통신망을 통하여 음란한 화상 또는 영상을 배포하고, 도박 사이트를 홍보하였다는 공소사실로 기소되어 유죄로 인정된 경우, 피고인이 범죄행위에 이용한 웹사이트 매각을 통해 취득한 대가는 「형법」 제48조 제1항 제2호, 제2항이 규정한 추징의 대상에 해당한다.
> ㉡ 링크 행위자가 정범이 「저작권법」상 공중송신권을 침해한다는 사실을 충분히 인식하면서 그러한 침해 게시물 등에 연결되는 링크를 인터넷 사이트에 영리적·계속적으로 게시한 경우, 침해 게시물을 공중의 이용에 제공하는 정범의 범죄를 용이하게 하므로 공중송신권 침해의 방조범이 성립한다.
> ㉢ 「공직선거법」 제18조 제3항 전단에 따르면 「공직선거법」 제18조 제1항 제3호에 규정된 죄와 다른 죄의 경합범에 대하여는 이를 분리 선고하여야 한다. 따라서 판결이 확정된 선거범죄와 확정되지 아니한 다른 죄는 동시에 판결할 수 없었던 경우에 해당하므로 「형법」 제39조 제1항에 따라 동시에 판결할 경우와의 형평을 고려하여 형을 선고하거나 그 형을 감경 또는 면제할 수 없다고 해석함이 타당하다.
> ㉣ 위험운전 등 치사상에 대한 처벌을 규정하는 구 「특정범죄 가중처벌 등에 관한 법률」 제5조의11 제1항에서의 '자동차 등'에는 전동킥보드와 같은 개인형 이동장치도 포함되는바, 이후 개정 「도로교통법」이 전동킥보드와 같은 개인형 이동장치에 관한 규정을 신설하면서 이를 '자동차 등'이 아닌 '자전거 등'으로 분류하였다면 이는 「형법」 제1조 제2항의 '범죄 후 법률이 변경되어 그 행위가 범죄를 구성하지 아니하게 된 경우'라고 볼 수 있다.

① ㉠㉡
② ㉡㉢
③ ㉡㉣
④ ㉢㉣

[해설]
㉠ (✕) 이 사건 웹사이트는 이 사건 각 범죄행위에 제공된 무형의 재산에 해당할 뿐 형법 제48조 제1항 제2호에서 정한 '범죄행위로 인하여 생(生)하였거나 이로 인하여 취득한 물건'에 해당하지 않는다. 따라서 피고인이 이 사건 웹사이트 매각을 통해 취득한 대가는 형법 제48조 제1항 제2호, 제2항이 규정한 추징의 대상에 해당하지 않는다(大判 2021.10.14. 2021도7168).
㉡ (○) (大判 2021.9.9. 2017도19025 전합).
㉢ (○) (大判 2021.10.14. 2021도8719).
㉣ (✕) 비록 개정 도로교통법이 전동킥보드와 같은 개인형 이동장치에 관한 규정을 신설하면서 이를 "자동차 등"이 아닌 "자전거 등"으로 분류하였다고 하여 이를 형법 제1조 제2항의 '범죄 후 법률이 변경되어 그 행위가 범죄를 구성하지 아니하게 된 경우'라고 볼 수는 없다(大判 2023.6.29. 2022도13430). 〈주〉 도로교통법에서 자전거등으로 분류했더라도, 특가법에서는 여전히 자동차등으로 분류되므로 형법 제1조 제2항이 적용되지 않고 특가법으로 처벌된다는 뜻이다.

[정답] ②

073 2024년 경찰채용1차

형벌에 관한 설명으로 가장 적절한 것은? (다툼이 있는 경우 판례에 의함)

① 「형법」 제48조 제1항의 '범인'에는 공범자도 포함되므로 피고인의 소유물은 물론 공범자의 소유물도 그 공범자의 소추 여부를 불문하고 몰수할 수 있고, 여기에서의 공범자에는 공동정범, 교사범, 방조범에 해당하는 자는 포함되나 필요적 공범관계에 있는 자는 포함되지 않는다.
② 「형법」 제48조 제1항 제1호의 '범죄행위에 제공하려고 한 물건'은 범죄행위에 사용하려고 준비하였으나 실제 사용하지 못한 물건을 의미하며, 어떠한 물건을 '범죄행위에 제공하려고 한 물건'으로서 몰수하기 위해서는 그 물건이 유죄로 인정되는 당해 범죄행위에 제공하려고 한 물건임이 인정되어야 한다.
③ 「형법」은 벌금형의 집행유예는 인정하나, 벌금형의 선고유예는 인정하지 않는다.
④ 수뢰자가 뇌물로 받은 수표를 은행에 예금한 후 그 수표금액에 상당하는 금전을 찾아 증뢰자에게 반환한 경우, 증뢰자로부터 그 가액을 추징하여야 한다.

해설 ① (×) 여기에서의 공범자에는 공동정범, 교사범, 방조범에 해당하는 자는 물론 필요적 공범관계에 있는 자도 포함된다(大判 2006.11.23. 2006도5586).
② (○) (大判 2008.2.14. 2007도10034).
③ (×) 1년 이하의 징역이나 금고, 자격정지 또는 벌금형을 선고할 경우에 선고유예를 할 수 있고(형법 제59조 제1항). 3년 이하의 징역이나 금고 또는 500만원 이하의 벌금의 형을 선고할 경우에 집행유예 할 수 있다(형법 제62조 제1항).
④ (×) 뇌물로 받은 돈을 은행에 예금한 경우 그 예금행위는 뇌물의 처분행위에 해당하므로 그 후 수뢰자가 같은 액수의 돈을 증뢰자에게 반환하였다 하더라도 이를 뇌물 그 자체의 반환으로 볼 수 없으니 이러한 경우에는 수뢰자로부터 그 가액을 추징하여야 한다(大判 1996.10.25. 96도2022).

정답 ②

074 2024년 경찰승진

자수에 관한 설명으로 가장 적절한 것은? (다툼이 있는 경우 판례에 의함)

① 반의사불벌죄를 저지른 자가 피해자에게 죄를 자복하였을 경우와 달리 죄를 지은 후 수사기관에 자수한 경우에는 형을 감경하거나 면제할 수 있다.
② 법률상의 형의 감경사유가 되는 자수를 위하여는 법적으로 요건을 완전히 갖춘 범죄행위라고 적극적으로 인식하고 있을 필요가 있다.
③ 「형법」 제52조 제1항에서 말하는 '자수'란 범행이 발각된 후에 수사기관에 자진 출석하여 범죄사실을 자백한 경우도 포함하나, 그 후에 범인이 번복하여 수사기관이나 법정에서 범행을 부인하는 경우라면 일단 발생한 자수의 효력은 소멸한다.
④ 자수서를 소지하고 수사기관에 출석하였으나 조사를 받으면서 자수서를 제출하지 아니하고 범행사실을 부인하였다면 자수가 성립한다고 볼 수 없고, 그 이후 구속까지 된 상태에서 자수서를 제출하고 제4회 피의자신문 당시 범행사실을 시인한 것은 자수에 해당하지 않는다.

> **해설** ① (×) 형법 제52조(자수, 자복) ① 죄를 지은 후 수사기관에 자수한 경우에는 <u>형을 감경하거나 면제할 수 있다</u>. ② 피해자의 의사에 반하여 처벌할 수 없는 범죄의 경우에는 피해자에게 죄를 자복(自服)하였을 때에도 형을 감경하거나 면제할 수 있다. 〈주〉 자복의 경우와 '달리' 부분이 틀렸다.
> ② (×) 법적으로 그 요건을 완전히 갖춘 범죄행위라고 <u>적극적으로 인식하고 있을 필요까지는 없다</u>(大判 1995.6.30. 94도1017). 〈주〉 범죄가 될 만한 사실을 신고하면 되고, 범죄요건까지 알 필요는 없다.
> ③ (×) 일단 자수가 성립한 후에 범인이 번복하여 수사기관이나 법정에서 범행을 부인한 경우에는 그 자수의 효력은 <u>소멸되는 것은 아니다</u>(大判 2002.8.23. 2002도46).
> ④ (○) (大判 2004.10.14. 2003도3133). 〈주〉 일단 자수가 부정되면, 이후에 시인해도 자수가 될 수 없다.
>
> **[정답] ④**

075 2024년 해경승진(경사)

다음 중 자수에 관한 설명으로 가장 옳지 않은 것은? (다툼이 있으면 판례에 의함)

① 「형법」상 피해자의 의사에 반하여 처벌할 수 없는 죄에 있어서 피해자에게 자복한 경우에는 형을 감경하거나 면제해야만 한다.
② 범행이 발각된 후라 하더라도 범인이 자발적으로 자기의 범죄사실을 수사기관에 신고한 경우에는 이를 자수로 보아야 한다.
③ 자수서를 소지하고 수사기관에 자발적으로 출석하였으나 자수서를 제출하지 아니하고 범행사실도 부인하였다면 자수가 성립하지 아니하고, 그 이후 구속까지 된 상태에서 자수서를 제출하고 범행사실을 시인한 것을 자수에 해당한다고 인정할 수 없다.
④ 수사기관의 직무상의 질문 또는 조사에 응하여 범죄사실을 진술하는 것은 자백일 뿐 자수가 되는 것은 아니다.

[해설] ① (×) 형법 제52조(자수, 자복) ② 피해자의 의사에 반하여 처벌할 수 없는 범죄의 경우에는 피해자에게 죄를 자복(自服)하였을 때에도 형을 감경하거나 면제할 수 있다.
② (○) (大判 1965.10.5. 65도597).
③ (○) (大判 2004.10.14. 2003도3133). 〈주〉일단 자수가 부정되면, 이후에 시인해도 자수가 될 수 없다.
④ (○) (大判 1992.8.14. 92도962).

[정답] ①

076 2024년 경찰승진

집행유예 및 선고유예에 관한 설명으로 가장 적절한 것은? (다툼이 있는 경우 판례에 의함)

① 3년 이하의 징역이나 금고의 형을 선고할 경우에 「형법」제51조의 사항을 참작하여 그 정상에 참작할 만한 사유가 있는 때에는 1년 이상 5년 이하의 기간 형의 집행을 유예할 수 있지만, 500만원 이하의 벌금형을 선고할 경우에는 집행유예를 선고할 수 없다.
② 「형법」제37조 후단의 경합범 관계에 있는 두 개의 범죄에 대하여 하나의 판결로 두 개의 자유형을 선고하는 경우에 「형법」제62조 제1항에 정한 집행유예의 요건에 해당하더라도 그 두 개의 징역형 중 하나의 징역형에 대하여는 실형을 선고하면서 다른 징역형에 대하여 집행유예를 선고하는 것은 허용되지 아니한다.
③ 1천만 원의 벌금형을 선고할 경우에 「형법」제51조의 사항을 고려하여 뉘우치는 정상이 뚜렷하고 자격정지 이상의 형을 받은 전과가 없다면 그 형의 선고를 유예할 수 있다.
④ 법원이 집행유예 또는 선고유예를 하는 경우에 보호관찰을 받을 것을 명하거나, 사회봉사 또는 수강을 명할 수 있다.

[해설] ① (×) 3년 이하의 징역이나 금고 또는 500만원 이하의 벌금의 형을 선고할 경우에 제51조의 사항을 참작하여 그 정상에 참작할 만한 사유가 있는 때에는 1년 이상 5년 이하의 기간 형의 집행을 유예할 수 있다(형법 제62조 제1항).
② (×) 하나의 판결로 두 개의 자유형을 선고하는 경우 그 두 개의 자유형은 각각 별개의 형이므로 형법 제62조 제1항에 정한 집행유예의 요건에 해당하면 그 각 자유형에 대하여 각각 집행유예를 선고할 수 있는 것이고, 또 그 두 개의 자유형 중 하나의 자유형에 대하여 실형을 선고하면서 다른 자유형에 대하여 집행유예를 선고하는 것도 우리 형법상 이러한 조치를 금하는 명문의 규정이 없는 이상 허용되는 것으로 보아야 할 것이다(大判 2002.2.26. 2000도4637).
③ (○) 형법 제59조
④ (×) 형의 집행을 유예하는 경우에는 보호관찰을 받을 것을 명하거나 사회봉사 또는 수강을 명할 수 있다(형법 제62조의2 제1항). 〈주〉선고유예 또는 가석방에는 사회봉사 또는 수강명령제도가 없다.

[정답] ③

077 2024년 해경승진(경사)

다음 중 선고유예와 집행유예에 대한 설명으로 가장 옳은 것은? (다툼이 있으면 판례에 의함)

① 형의 선고를 유예하는 경우 재범방지를 위하여 필요한 때에는 보호관찰을 받을 것을 명할 수 있고 그 기간은 법원이 「형법」 제51조의 사항을 참작하여 재량으로 한다.
② 하나의 자유형 중 일부에 대해서는 실형을, 나머지에 대해서는 집행유예를 선고하는 것은 허용되지 않는다.
③ 집행유예의 선고를 받은 자가 유예기간 중 고의 또는 과실로 범한 죄로 금고 이상의 실형을 선고받아 그 판결이 확정된 때에는 집행유예의 선고는 효력을 잃는다.
④ 주형에 대해 선고유예하지 않으면서 부가형에 대하여만 선고유예할 수 있다.

> **해설**
> ① (×) 형의 선고를 유예하는 경우에 재범방지를 위하여 지도 및 원호가 필요한 때에는 보호관찰을 받을 것을 명할 수 있다(제59조의2 제1항). 제1항의 규정에 의한 보호관찰의 기간은 1년으로 한다(제59조의2 제2항).
> ② (○) (大判 2007.2.22. 2006도8555).
> ③ (×) 집행유예의 선고를 받은 자가 유예기간 중 고의로 범한 죄로 금고 이상의 실형을 선고받아 그 판결이 확정된 때에는 집행유예의 선고는 효력을 잃는다(형법 제63조, 집행유예의 실효).
> ④ (×) 주형에 대하여 선고를 유예하지 아니하면서 이에 부가할 몰수·추징에 대하여서만 선고를 유예할 수는 없다(大判 1988.6.21. 88도551).
>
> **[정답]** ②

078 2024년 검찰9급

집행유예와 선고유예에 대한 설명으로 옳은 것은? (다툼이 있으면 판례에 의함)

① 집행유예의 선고를 받은 자가 유예기간 중 고의 또는 과실로 범한 죄로 금고 이상의 실형을 선고받아 그 판결이 확정된 때에는 집행유예의 선고는 효력을 잃는다.
② 실형을 선고받고 집행종료나 집행면제 후 3년이 지나지 않은 시점에서 범한 죄에 대하여 형을 선고하는 경우뿐만 아니라, 집행유예 기간 중에 범한 죄에 대하여 형을 선고할 때 이미 집행유예가 실효 또는 취소된 경우도 「형법」 제62조 제1항 단서의 집행유예 결격사유에 해당한다.
③ 형의 선고를 유예하는 경우에 재범방지를 위하여 지도 및 원호가 필요한 때에는 보호관찰을 받을 것을 명하여야 하며, 보호관찰을 명한 선고유예를 받은 자가 보호관찰기간 중에 준수사항을 위반하고 그 정도가 무거운 때에는 유예한 형을 선고하여야 한다.
④ 형의 선고유예를 받은 자에 대해 유예기간 중 자격정지 이상의 형에 처한 전과가 발견된 경우 유예한 형을 선고할 수 없다.

[해설]
① (×) 형법 제63조(집행유예의 실효) 집행유예의 선고를 받은 자가 유예기간 중 고의로 범한 죄로 금고 이상의 실형을 선고받아 그 판결이 확정된 때에는 집행유예의 선고는 효력을 잃는다. 〈주〉 과실범은 안된다.
② (○) (大判 2019.1.17. 2018도17589).
③ (×) 제61조(선고유예의 실효) ② 제59조의2의 규정에 의하여 보호관찰을 명한 선고유예를 받은 자가 보호관찰기간 중에 준수사항을 위반하고 그 정도가 무거운 때에는 유예한 형을 선고할 수 있다.
④ (×) 제61조(선고유예의 실효) ① 형의 선고유예를 받은 자가 유예기간 중 자격정지 이상의 형에 처한 판결이 확정되거나 자격정지 이상의 형에 처한 전과가 발견된 때에는 유예한 형을 선고한다.

[정답] ②

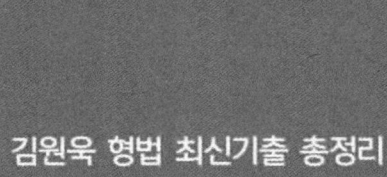

김원욱 형법 최신기출 총정리
cafe.daum.net/policewon

제2부
형법 각론

01 살인, 상해, 폭행

001 2024년 경찰승진
생명과 신체에 대한 죄에 관한 설명으로 가장 적절하지 않은 것은? (다툼이 있는 경우 판례에 의함)

① 산부인과 의사 甲의 업무상 과실로 임신 32주의 임산부 A의 배 속에 있는 태아를 사망에 이르게 한 경우, 甲에게 A에 대한 업무상과실치상죄가 성립할 수 없다.
② 甲이 인터넷 사이트 내 자살 관련 카페 게시판에 청산염 등 자살용 유독물의 판매공고를 하였더라도 그것이 단지 금원 편취목적의 사기 행각의 일환으로 이루어졌고, 변사자들이 다른 경로로 입수한 청산염을 이용하여 자살하였다면, 甲의 행위는 자살방조죄에 해당하지 않는다.
③ 甲이 A를 살해하기 위하여 사람들을 고용하면서 그들에게 대가지급을 약속한 행위는 살인죄의 실현을 위한 준비행위에 이르렀다고 볼 수 있으므로, 甲에게 살인예비죄가 성립할 수 있다.
④ 甲이 7세, 3세 남짓한 어린 자식들에게 함께 죽자고 권유하여 물속에 따라 들어오게 해 결국 죽음에 이르게 했다 하더라도 甲이 자식들을 물속에 직접 밀어서 빠뜨리지 않은 이상, 甲에게 살인죄를 인정할 수 없다.

> [해설] ① (O) (大判 2007.6.29. 2005도3832). 〈주〉 업무상과실치상죄로 기소되었으나 상해결과가 부정되었다.
> ② (O) (大判 2005.06.10. 2005도1373).
> ③ (O) (大判 2009.10.29. 2009도7150). 〈주〉 살인을 위한 인적예비이다.
> ④ (X) 살인죄의 간접정범이 성립한다(大判 1987.1.20. 86도2395).
>
> [정답] ④

002 2024년 해경승진(경사)
다음 중 살인의 죄에 대한 설명으로 가장 옳은 것은? (다툼이 있는 경우 판례에 의함)

① 위계 또는 위력으로써 자신의 직계존속의 승낙을 받아 그를 살해한 때에는 존속살해죄의 예에 의해 처벌한다.
② 자살의 의미를 모르는 4세 유아에게 '함께 죽자'고 권유하여 익사하게 하였다면 위계에 의한 살인죄가 성립한다.
③ 혼인 외의 자(子)가 자신의 생모인 것을 알면서 그녀를 살해한 경우에는 존속살해죄가 성립하지 않는다.
④ 살인예비죄가 성립하기 위하여는 살인죄를 범할 목적이 있으면 족하고, 살인의 준비에 관한 고의까지 있어야 하는 것은 아니다.

[해설] ① (O) 형법 제253조. 위계에 의한 살인죄는 보통살인죄 또는 존속살해죄의 예에 의하여 처벌된다.
② (×) 자살의 의미를 이해할 능력이 없고 피고인의 말이라면 무엇이나 복종하는 어린 자식들을 권유하여 익사하게 한 이상 살인죄의 간접정범이 성립한다(大判 1987.1.20. 86도2395).
③ (×) 혼인 외의 출생자와 생모 간에는 생모의 인지나 출생신고를 기다리지 않고 자의 출생으로 당연히 법률상의 친족관계가 생기는 것이다(大判 1980.9.9. 80도1731).
④ (×) 살인죄를 범할 목적 외에도 살인의 준비에 관한 고의가 있어야 한다(大判 2009.10.29. 2009도7150).

[정답] ①

003 2024년 경찰승진

상해와 폭행의 죄에 관한 설명으로 가장 적절하지 <u>않은</u> 것은? (다툼이 있는 경우 판례에 의함)

① 거리상 멀리 떨어져 있는 사람에게 전화기를 이용하여 전화하면서 고성을 내거나 그 전화 대화를 녹음 후 듣게 하더라도 수화자의 청각기관을 자극하여 그 수화자로 하여금 고통스럽게 느끼게 할 정도의 음향이 아닌 경우에는 신체에 대한 유형력의 행사를 한 것으로 보기 어렵다.
② 상해를 입힌 행위가 동일한 일시, 장소에서 동일한 목적으로 저질러진 것이라 하더라도 피해자를 달리하고 있으면 피해자별로 각각 별개의 상해죄가 성립된다.
③ 오랜 시간 동안의 협박과 폭행을 이기지 못하고 실신하여 범인들이 불러온 구급차 안에서야 정신을 차리게 되었다면 외부적으로 어떤 상처가 발생하지 않아도 상해가 인정된다.
④ 산부인과 의사가 난소가 이미 제거되어 임신불능 상태에 있는 피해자의 자궁을 적출했다 하더라도 자궁을 제거한 것이 신체의 완전성을 해한 것이거나 생활기능에 아무런 장애를 주는 것이 아니고 건강 상태를 불량하게 변경한 것도 아니라고 할 것이므로, 업무상과실치상죄에 있어서의 상해에 해당하지 않는다.

[해설] ① (O) (大判 2003.1.10. 2000도5716).
② (O) (大判 1983.4.26. 83도524). 〈주〉 경합범이다.
③ (O) (大判 1996.12.10. 96도2529).
④ (×) 업무상 과실치상죄에 있어서의 상해에 해당한다(大判 1993.7.27. 92도2345).

[정답] ④

004 2024년 해경승진(경사)

다음 중 상해와 폭행죄에 대한 설명으로 가장 옳은 것은? (다툼이 있는 경우 판례에 의함)

① 독립행위가 경합하여 상해의 결과를 발생하게 한 경우에 있어서 원인된 행위가 판명되지 아니한 때에는 공동정범의 예에 의한다.
② 피해자의 신체에 대한 접촉이 없는 상태에서 부딪칠 듯이 자동차를 조금씩 반복적으로 전진시키는 행위는 폭행죄의 폭행에 해당하지 않는다.
③ 상해는 신체의 완전성을 훼손하거나 생리적 기능에 장애를 초래하는 것을 의미하므로, 피고인의 협박과 폭행으로 피해자가 실신하였더라도 외부적으로 어떤 상처가 발생하지 않았다면 상해가 있다고 볼 수 없다.
④ 피고인이 폭력행위 당시 과도를 범행현장에서 호주머니 속에 지니고 있었더라도 그 사실을 피해자가 몰랐다거나 실제로 범행에 사용하지 않았다면 '위험한 물건의 휴대'에 해당하지 않는다.

> **해설**
> ① (○) 형법 제263조.
> ② (×) 자신의 차를 가로막는 피해자를 부딪친 것은 아니라고 하더라도, 피해자를 부딪칠 듯이 차를 조금씩 전진시키는 것을 반복하는 행위 역시 피해자에 대해 위법한 유형력을 행사한 것이라고 보아야 한다(大判 2016.10.27. 2016도9302).
> ③ (×) 성폭력범죄의처벌및피해자보호등에관한법률 제9조 제1항의 상해는 피해자의 신체의 완전성을 훼손하거나 생리적 기능에 장애를 초래하는 것으로, 반드시 외부적인 상처가 있어야만 하는 것이 아니고, 여기서의 생리적 기능에는 육체적 기능뿐만 아니라 정신적 기능도 포함된다(大判 1999.1.26. 98도3732).
> ④ (×) 피고인이 폭력행위 당시 과도를 범행현장에서 호주머니 속에 지니고 있었다면 이를 실제 범행에 사용하지 않았더라도 이는 위험한 물건을 휴대한 경우에 해당한다(大判 1984.4.10. 84도353).
>
> **정답** ①

005 2024년 해경승진(경위)

다음 중 상해와 폭행의 죄에 대한 설명으로 가장 옳지 않은 것은? (다툼이 있는 경우 판례에 의함)

① 甲과 乙이 의사연락 없이 우연히 A를 각각 폭행하여 상해의 결과가 발생한 경우, 상해가 甲의 폭행에 의한 것으로 밝혀졌다면 乙을 공동정범의 예에 의하여 처벌할 수는 없다.
② 甲에게 폭행 범행을 반복하여 저지르는 습벽이 있고 이러한 습벽에 의하여 단순폭행, 존속폭행범행을 저지른 사실이 인정된다면 그 중 법정형이 더 중한 상습존속폭행죄에 나머지 행위를 포괄하여 하나의 죄만 성립한다.
③ 「형법」의 폭행죄, 존속폭행죄, 특수폭행죄는 모두 미수범 처벌규정이 없으며, 피해자의 명시한 의사에 반하여 공소를 제기할 수 없다.
④ 甲이 "방문을 열어주지 않으면 죽여버린다."고 방안에 있는 A에게 폭언을 하면서 잠긴 방문을 발로 차는 경우에는 폭행죄는 성립하지 않는다.

해설 ① (○) 인과관계가 판명된 때에는 판명된 바에 따라 기수 또는 미수로 처리된다. 따라서 형법 제263조(동시범의 특례)는 적용되지 않는다.
② (○) (大判 2018.4.24. 2017도10956).
③ (×) 특수폭행죄는 반의사불벌죄가 아니므로, 피해자의 명시한 의사에 반하여 공소를 제기할 수 있다.
④ (○) 피해자들의 신체에 대한 유형력의 행사로는 볼 수 없어 폭행죄에 해당한다 할 수 없다(大判 1984.2.14. 83도3186,83감도535). 〈주〉 방문을 발로 찬 행위는 심리적 폭행에 불과하여 폭행죄의 폭행이 될 수 없다.

정답 ③

006 2024년 해경승진(경사)

다음 중 폭행죄에 대한 설명으로 가장 옳지 <u>않은</u> 것은? (다툼이 있는 경우 판례에 의함)

① 피고인이 피해자에게 욕설을 한 것만을 가지고 당연히 폭행을 한 것이라고 할 수는 없을 것이고, 피해자 집의 대문을 발로 찬 것이 피해자의 신체에 대하여 유형력을 행사한 경우에 해당한다고 할 수도 없다.
② 거리상 멀리 떨어져 있는 사람에게 전화기를 이용하여 전화하면서 고성을 내거나 그 전화 대화를 녹음 후 듣게 하더라도 수화자의 청각기관을 자극하여 그 수화자로 하여금 고통스럽게 느끼게 할 정도의 음향이 아닌 경우에는 신체에 대한 유형력의 행사를 한 것으로 보기 어렵다.
③ 공무원의 직무수행에 대한 비판이나 시정 등을 요구하는 집회·시위 과정에서 일시적으로 상당한 소음이 발생하였다는 사정만으로도 공무집행방해죄에서의 음향으로 인한 폭행이 인정된다.
④ 피해자에게 근접하여 욕설을 하면서 때릴 듯이 손발을 휘두르거나 물건을 던지는 행위는 직접 피해자의 신체에 접촉하지 않더라도 이는 피해자에 대한 불법한 유형력의 행사로서 폭행에 해당한다.

해설 ① (○) (大判 1991.1.29. 90도2153). 〈주〉 폭행죄의 폭행은 신체에 대한 직접적인 유형력의 행사가 있어야 한다.
② (○) 大判 2003.1.10. 2000도5716).
③ (×) 공무집행방해죄의 폭행이 있었다고 할 수 없다(大判 2009.10.29. 2007도3584).
④ (○) (大判 1990.2.13. 89도1406).

정답 ③

007 2024년 경찰채용1차

폭행의 죄에 있어서 '위험한 물건'에 해당하는 것은? (다툼이 있는 경우 판례에 의함)

① 국회의원이 한미 자유무역협정 비준동의안의 국회 본회의 심리를 막기 위하여 의장석 앞 발언대 뒤에서 CS최루분말 비산형 최루탄 1개를 터뜨리고 최루탄 몸체에 남아있는 최루분말을 국회부의장에게 뿌린 경우, 그 최루탄과 최루분말

② 당구장에서 피해자가 시끄럽게 떠든다는 이유로, 주먹으로 피해자의 얼굴 부위를 1회 때리고 당구대 위에 놓여있던 당구공으로 피해자의 머리 부위를 툭툭 건드린 경우, 그 당구공

③ 경륜장 사무실에서 술에 취해 소란을 피우면서 소화기를 집어 던졌지만, 특정인을 겨냥하여 던진 것이 아니어서 피해자들이 상해를 입지 않은 경우, 그 소화기

④ 이혼 분쟁 과정에서 자신의 아들을 승낙 없이 중형자동차에 태우고 떠나려고 하는 피해자들 일행을 상대로 급하게 추격 또는 제지하는 과정에서 소형자동차로 중형자동차를 충격하였으나, 차량 속도가 빠르지 않았으며 상대방 차량의 손괴 정도나 피해자들이 입은 상해의 정도가 경미한 경우, 그 소형자동차

[해설]

① (○) 위 최루탄과 최루분말이 폭력행위 등 처벌에 관한 법률 제3조 제1항의 '위험한 물건'에 해당한다(大判 2014.6.12. 2014도1894).
② (×) 위 당구공은 폭력행위 등 처벌에 관한 법률 제3조 제1항의 '위험한 물건'에는 해당하지 아니한다(大判 2008.1.17. 2007도9624).
③ (×) 위 '소화기'는 폭력행위 등 처벌에 관한 법률 제3조 제1항의 '위험한 물건'에 해당하지 않는다(大判 2010.4.29. 2010도930). 〈주〉사람에게 위험한 것은 아니었다.
④ (×) 위 자동차가 폭력행위 등 처벌에 관한 법률 제3조 제1항에 정한 '위험한 물건'에 해당하지 않는다(大判 2009.03.26. 2007도3520). 〈주〉자동차로 위험하게 들이받은 사안이 아니라 출발을 제지하는 과정에서 벌어진 가벼운 충격에 불과하였다.

[정답] ①

02 유기죄

008 2024년 경찰승진
유기죄에 관한 설명으로 옳은 것을 모두 고른 것은? (다툼이 있는 경우 판례에 의함)

> ㉠ 甲은 자신의 주점에 손님으로 와서 수일 동안 식사는 한 끼도 하지 않은 채 계속하여 술을 마시고 만취한 피해자를 추운 날씨에 주점 내에 그대로 방치하여 저체온증 등으로 사망에 이르게 한 경우, 甲에게 유기치사죄가 성립한다.
> ㉡ 강간치상의 범행을 저지른 자가 그 범행으로 인하여 실신상태에 있는 피해자를 구호하지 아니하고 방치한 경우 강간치상죄와 유기죄가 성립한다.
> ㉢ 유기죄에서 '계약상 의무'는 계약에 기한 주된 급부의무가 도움을 제공하는 것인 경우에 한정된다.
> ㉣ 사실혼 관계에 있는 사람들 사이에서 유기죄가 성립하기 위해서는 단순한 동거 또는 간헐적인 정교 관계를 맺고 있다는 사정만으로는 부족하고, 그 당사자 사이에 혼인 의사가 있고 사회관념상 혼인생활의 실체가 존재해야 한다.

① ㉠㉡
② ㉠㉢
③ ㉠㉣
④ ㉢㉣

해설 ㉠ (O) 피고인은 주점의 운영자로서 피해자의 생명 또는 신체에 대한 위해가 발생하지 아니하도록 피해자를 주점 내실로 옮기거나 인근에 있는 여관에 데려다 주어 쉬게 하거나 피해자의 지인 또는 경찰에 연락하는 등 필요한 조치를 강구하여야 할 계약상의 부조의무를 부담한다(大判 2011.11.24. 2011도12302).
㉡ (×) 포괄적으로 단일의 강간치상죄만을 구성한다(大判 1980.6.24. 80도726). 〈주〉 별도로 유기죄는 성립하지 않는다.
㉢ (×) 유기죄에서의 '계약상 의무'는 간호사나 보모와 같이 계약에 기한 주된 급부의무가 부조를 제공하는 것인 경우에 반드시 한정되지 아니한다(大判 2011.11.24. 2011도12302).
㉣ (O) (大判 2008.2.14. 2007도3952).

[정답] ③

009 2024년 해경승진(경사)
다음 중 유기죄에 관한 설명으로 가장 옳지 않은 것은? (다툼이 있으면 판례에 의함)

① 경찰관은 「경찰관직무집행법」 등에 의하여 머리를 심하게 다친 상태로 경찰서에 누워있는 사람을 구조할 법률상 의무가 있기 때문에 유기죄의 주체가 될 수 있다.
② 우연히 길에서 만나 동행하던 사람이 절벽에서 추락한 것을 구조하지 아니하였다고 하여 유기죄가 성립하는 것은 아니다.
③ 병원에 입원한 11세의 딸에 대하여 종교적인 이유로 수혈을 거부하여 딸이 사망한 경우 수혈을 거부한 부모에 대하여 유기치사죄가 성립할 수 있다.
④ 강간치상의 범행을 저지른 자가 그 범행으로 인하여 실신상태에 있는 피해자를 구호하지 아니하고 방치한 경우 강간치상죄와 유기죄가 성립한다.

[해설]
① (○) (大判 1972.6.27. 72도863). 〈주〉 경찰관직무집행법에 의한 구조의무가 있다.
② (○) (大判 1977.1.11. 76도3419). 〈주〉 조리에 의한 구조의무는 부정된다.
③ (○) (大判 1980.9.24. 79도1387). 〈주〉 부작위에 의한 유기로 사망에 이르게 한 사안이다.
④ (×) 포괄적으로 단일의 강간치상죄만을 구성한다(大判 1980.6.24. 80도726). 〈주〉 별도로 유기죄는 성립하지 않는다.

[정답] ④

010 2024년 검찰9급

유기죄에 대한 설명으로 옳지 않은 것은? (다툼이 있으면 판례에 의함)

① 사실혼 관계가 인정되는 경우에도 「민법」 규정의 취지 및 유기죄의 보호법익에 비추어 법률상 보호의무의 존재를 긍정하여야 한다.
② 「형법」 제271조 제3항의 중유기죄는 유기죄를 지어 사람의 생명 또는 신체에 위험을 발생하게 한 경우에 성립한다.
③ 유기죄의 계약상 의무는 계약에 기한 주된 부조의무에 한정되지 아니하며, 계약의 목적달성을 위해 상대방의 생명·신체에 주의와 배려를 한다는 부수의무로서의 민사적 부조의무 또는 보호의무를 배제하는 것은 아니다.
④ 유기치사상죄에서 유기행위와 피해자의 사상이라는 결과 사이에 제3자의 행위가 일부 기여하였다고 할지라도 유기행위로 초래된 위험이 사상이라는 결과로 현실화된 경우라면 상당인과관계를 인정할 수 있다.

> [해설] ① (○) (大判 2008.2.14. 2007도3952).
> ② (×) 제271조(유기, 존속유기) ③ 제1항(유기죄)의 죄를 지어 사람의 생명에 위험을 발생하게 한 경우에는 7년 이하의 징역에 처한다. 〈주〉 신체 위험이 틀렸다.
> ③ (○) (大判 2011.11.24. 2011도12302).
> ④ (○) (大判 2015.11.12. 2015도6809 전합).
>
> [정답] ②

03 협박, 강요, 체포감금, 약취유인죄

011 2024년 경찰승진
협박죄에 관한 설명으로 가장 적절한 것은? (다툼이 있는 경우 판례에 의함)

① 공중전화를 이용하여 경찰서에 여러 차례 전화를 걸어 전화를 받은 각 경찰관에게 경찰서 관할구역 내에 있는 A정당의 당사를 폭파하겠다는 말을 한 경우, 다른 특별한 사정이 없는 한 A정당에 대한 해악의 고지가 각 경찰관 개인에게 공포심을 일으킬 만큼 서로 밀접한 관계가 있으므로 협박에 해당한다.
② 협박죄에서 말하는 협박은 피해자와 밀접한 관계에 있는 제3자에 대한 해악도 포함되나 이때 제3자에는 자연인만 해당하고 법인은 포함되지 아니한다.
③ 해악의 발생이 직접·간접적으로 행위자에 의하여 좌우될 수 없는 것도 협박에 포함된다.
④ 사채업자인 피고인 甲이 채권 추심과정에서 채무자 A에게 채무를 변제하지 않으면 A가 숨기고 싶어하는 과거 행적과 사채를 쓴 사실 등을 남편과 시댁에 알리겠다는 등의 문자메시지를 발송한 경우, 甲에게 협박죄가 성립한다.

[해설] ① (×) 사안에 따라 공무집행방해 등의 죄책에 해당하는 경우가 있을 수 있음은 별론으로 하고, 다른 특별한 사정이 없는 한 일반적으로 공소외 정당에 대한 해악의 고지가 그들 개인에게 공포심을 일으킬 만큼 그와 밀접한 관계에 있다고 보기는 어렵다(大判 2012.08.17. 2011도10451).
② (×) 제3자에는 자연인뿐만 아니라 법인도 포함된다(大判 2010.07.15.2010도1017).
③ (×) 협박이라고 하기 위해서는 해악의 발생이 직접·간접적으로 행위자에 의하여 좌우될 수 있는 것이어야 한다(大判 2002.2.8. 2000도3245).
④ (○) (大判 2011.5.26. 2011도2412).

[정답] ④

012 2024년 해경승진(경위)
다음 중 협박과 강요의 죄에 관한 설명으로 가장 옳은 것은? (다툼이 있는 경우 판례에 의함)

① 공무원 甲이 자신의 직무와 관련한 상대방 A에게 자신을 위하여 재산적 이익을 제공할 것을 요구하고 A는 甲의 지위에 따른 직무에 관하여 어떠한 이익을 기대하며 그에 대한 대가로서 요구에 응하였다면, 비록 甲의 요구 행위를 해악의 고지로 인정할 수 없다 하더라도 강요죄는 성립한다.
② 甲이 A를 폭행하였으나 그의 권리행사를 방해함이 없이 법률상 의무 있는 일을 하게 한 경우에는 강요죄가 성립할 여지가 없다.
③ 강요죄에서의 폭행은 사람에 대한 직접적인 유형력의 행사를 의미하고 사람의 신체에 대한 것이어야 한다.

④ 甲이 A에게 공포심을 일으키게 하기에 충분한 해악을 고지하였으나, A가 현실적으로 공포심을 일으키지 않았어도 그 의미를 인식한 이상 甲의 행위는 협박미수에 해당한다.

[해설] ① (×) 공무원인 행위자가 상대방에게 어떠한 이익 등의 제공을 요구한 경우 위와 같은 해악의 고지로 인정될 수 없다면 직권남용이나 뇌물 요구 등이 될 수는 있어도 협박을 요건으로 하는 강요죄가 성립하기는 어렵다(大判 2019.8.29. 2018도13792 전합).
② (○) (大判 2021.11.25. 2018도1346).
③ (×) 강요죄에서 폭행은 사람에 대한 직접적인 유형력의 행사뿐만 아니라 간접적인 유형력의 행사도 포함하며, 반드시 사람의 신체에 대한 것에 한정되지 않는다(大判 2021.11.25. 2018도1346).
④ (×) 상대방이 현실적으로 공포심을 일으켰는지 여부와 관계없이 그로써 구성요건은 충족되어 협박죄의 기수에 이르는 것으로 해석하여야 한다(大判 2007.9.28. 2007도606 전합).

[정답] ②

013 2024년 해경승진(경사)

다음 중 체포·감금죄에 대한 설명으로 가장 옳지 않은 것은? (다툼이 있는 경우 판례에 의함)

① 감금행위가 강간죄나 강도죄의 수단이 된 경우에도 감금죄는 강간죄나 강도죄에 흡수되지 아니하고 별죄를 구성한다.
② 중감금죄가 성립하기 위해서는 사람을 감금한 후 가혹행위를 하여 생명·신체에 대한 구체적 위험이 발생해야 한다.
③ 미성년자를 유인한 자가 계속하여 미성년자를 불법하게 감금한 경우 미성년자유인죄 외에 감금죄가 별도로 성립한다.
④ 감금행위가 단순히 강도상해 범행의 수단이 되는 데 그치지 아니하고 강도상해의 범행이 끝난 뒤에도 계속된 경우 그 감금행위는 강도상해죄에 흡수되지 아니하고 별죄를 구성하며 양 죄는 실체적 경합의 관계에 있다.

[해설] ① (○) (大判 1997.1.21. 96도2715). 〈주〉 수단으로 평가되면 1개 행위이므로 상상적 경합범이다.
② (×) 중감금죄는 구체적 위험의 발생을 요구하는 범죄가 아니라 가혹한 행위를 요구하는 범죄이다(제277조).
③ (○) (大判 1998.5.26. 98도1036).
④ (○) (大判 2003.1.10. 2002도4380).

[정답] ②

014 2024년 경찰승진

약취와 유인의 죄에 관한 설명으로 옳고 그름의 표시(O, X)가 바르게 된 것은? (다툼이 있는 경우 판례에 의함)

> ㉠ 미성년자 혼자 머무는 주거에 침입하여 강도 범행을 하는 과정에서 미성년자와 그 부모에게 폭행·협박을 가하여 일시적으로 부모와의 보호관계가 사실상 침해·배제되었더라도, 미성년자가 기존의 생활관계로부터 완전히 이탈되었다거나 새로운 생활관계가 형성되었다고 볼 수 없고 범인의 의도도 위와 같은 생활관계의 이탈이 아니라 단지 금품 강취를 위한 반항 억압에 있었다면 미성년자약취죄가 성립되지 않는다.
> ㉡ 미성년의 자녀를 부모가 함께 동거하면서 보호·양육하여 오던 중 부모의 일방이 어떠한 폭행, 협박이나 불법적인 사실상의 힘을 행사함이 없이 그 자녀를 데리고 종전의 거소를 벗어나 다른 곳으로 옮겨 자녀에 대한 보호·양육을 계속한 경우, 그 행위가 보호·양육권의 남용에 해당하는 등 특별한 사정이 없어도 상대방 부모의 동의가 없었다면 미성년자약취죄가 성립한다.
> ㉢ 甲이 미성년자인 A를 보호·감독하고 있던 그 아버지의 감호권을 침해하여 A를 자신의 사실상 지배로 옮긴 이상 甲에게 미성년자약취죄가 성립한다 할 것이고, 설령 미성년자인 A의 동의가 있었다 하더라도 마찬가지이다.
> ㉣ 미성년자를 약취·유인한 자가 그 미성년자를 안전한 장소로 풀어준 때에는 그 형을 감경하거나 면제할 수 있다.

① ㉠(×) ㉡(O) ㉢(×) ㉣(×)
② ㉠(O) ㉡(×) ㉢(O) ㉣(×)
③ ㉠(O) ㉡(×) ㉢(O) ㉣(O)
④ ㉠(O) ㉡(O) ㉢(×) ㉣(O)

해설 ㉠ (O) (大判 2008. 1. 17. 2007도8485).
㉡ (×) 그 행위가 보호·양육권의 남용에 해당한다는 등 특별한 사정이 없는 한 설령 이에 관하여 법원의 결정이나 상대방 부모의 동의를 얻지 아니하였다고 하더라도 그러한 행위에 대하여 곧바로 형법상 미성년자에 대한 약취죄의 성립을 인정할 수는 없다(大判 2013.06.20. 2010도14328 전합).
㉢ (O) (大判 2003.2.11. 2002도7115).
㉣ (×) 형법 제287조, 제295조의2(형의 감경). "감경"할 수 있다. ⟨주⟩ "면제"를 빼야 한다.

정답 ②

04 강간, 강제추행죄, 특별법상 범죄

015 2024년 경찰승진

강간과 추행의 죄에 관한 설명으로 가장 적절하지 않은 것은? (다툼이 있는 경우 판례에 의함)

① 엘리베이터 안에서 피해자들을 칼로 위협하여 자신의 실력적인 지배하에 둔 다음 피해자들에게 자신의 자위행위 모습을 보여 주고 이를 외면하거나 피할 수 없게 한 행위는 강제추행에 해당한다.
② 골프장 여종업원이 거부의사를 밝혔음에도 골프장 사장과의 친분을 내세워 함께 술을 마시지 않으면 신분상의 불이익을 가할 것처럼 협박하여 이른바 '러브샷'의 방법으로 술을 마시게 한 경우에는 강제추행죄가 성립한다.
③ 강간죄의 폭행·협박 여부를 판단함에 있어 피해자가 성교 이전에 범행 현장을 벗어날 수 있었다거나 피해자가 사력을 다하여 반항하지 않았다면 가해자의 폭행·협박이 피해자의 항거를 현저히 곤란하게 할 정도에 이르지 않았다고 보아야 한다.
④ 협박과 간음 사이에 시간적 간격이 있더라도 협박에 의하여 간음이 이루어진 것으로 인정될 수 있으면 강간죄가 성립한다.

해설 ① (○) 강제추행죄의 추행에 해당한다(大判 2010.2.25. 2009도13716). 〈주〉엘리베이터 내에서 자기결정권을 침해하여, 공연음란죄가 아니라 강제추행죄에 해당한다.
② (○) (大判 2008.3.13. 2007도10050).
③ (✕) 사후적으로 보아 피해자가 성교 이전에 범행 현장을 벗어날 수 있었다거나 피해자가 사력을 다하여 반항하지 않았다는 사정만으로 가해자의 폭행·협박이 피해자의 항거를 현저히 곤란하게 할 정도에 이르지 않았다고 섣불리 단정하여서는 안 된다.(大判 2005.7.28. 2005도3071).
④ (○) (大判 2007.1.25. 2006도5979).

정답 ③

016 2024년 경찰채용1차

성폭력범죄에 관한 설명으로 가장 적절한 것은? (다툼이 있는 경우 판례에 의함)

① 자신의 웹사이트에 아동·청소년성착취물이 저장된 다른 웹사이트로 연결되는 링크를 게시하여 불특정 또는 다수인이 링크를 이용하여 별다른 제한 없이 아동·청소년성착취물에 바로 접할 수 있는 상태를 실제로 조성한 경우, 「아동·청소년의 성보호에 관한 법률」 제11조 제3항에서 정한 아동·청소년성착취물을 배포하거나 공연히 전시한 것으로 평가할 수 있다.

② 지하철 환승에스컬레이터 내에서 카메라폰으로 일정한 시간 동안 피해자의 치마 속 신체 부위를 동영상 촬영하였으나, 경찰관에게 발각되어 저장버튼을 누르지 않고 촬영을 종료한 경우, 구 「성폭력범죄의 처벌 및 피해자보호 등에 관한 법률」상 카메라 등 이용 촬영죄의 미수범이 성립한다

③ 강제추행죄의 '폭행 또는 협박'의 의미에 있어서 폭행행위 자체가 곧바로 추행에 해당하는 경우에는 상대방의 의사를 억압할 정도의 것임을 요하지 아니하나, 폭행 또는 협박이 추행보다 시간적으로 앞서 그 수단으로 행해진 경우에는 상대방의 항거를 곤란하게 할 정도에 이르러야 한다.

④ 피해자가 술·약물 등에 의해 완전히 의식을 잃지 않았다면 그와 같은 사유로 정상적인 판단능력과 대응·조절능력을 행사할 수 없는 상태에 있었더라도 준강제추행죄에서의 심신상실 또는 항거불능 상태에 해당한다고 볼 수 없다.

[해설]
① (○) (大判 2023.10.12. 2023도5757)
② (×) 피고인이 휴대폰을 이용하여 동영상 촬영을 시작하여 일정한 시간이 경과하였다면 설령 촬영 중 경찰관에게 발각되어 저장버튼을 누르지 않고 촬영을 종료하였더라도 카메라 등 이용 촬영 범행은 이미 '기수'에 이르렀다(大判 2011.6.9. 2010도10677).
③ (×) 강제추행죄의 '폭행 또는 협박'은 상대방의 항거를 곤란하게 할 정도로 강력할 것이 요구되지 아니하고, 상대방의 신체에 대하여 불법한 유형력을 행사(폭행)하거나 일반적으로 보아 상대방으로 하여금 공포심을 일으킬 수 있는 정도의 해악을 고지(협박)하는 것이라고 보아야 한다(大判 2023.9.21. 2018도13877 전합).
④ (×) 피해자가 약물 등에 의해 일시적으로 의식을 잃은 상태 또는 완전히 의식을 잃지는 않았더라도 그와 같은 사유로 정상적인 판단능력과 대응·조절능력을 행사할 수 없는 상태에 있었다면 준강간죄에서의 심신상실 또는 항거불능 상태에 해당한다(大判 2023. 3. 9. 2023도423).

[정답] ①

017 2024년 경찰채용1차

스토킹범죄에 관한 설명으로 가장 적절한 것은? (다툼이 있는 경우 판례에 의함)

① 빌라 아래층에 살던 사람이 주변의 생활소음에 대한 불만으로 이웃을 괴롭히기 위해 불상의 도구로 수개월에 걸쳐 늦은 밤부터 새벽 사이에 반복하여 벽 또는 천장을 두드려 '쿵쿵' 소리를 내어 이를 위층에 살던 피해자의 의사에 반하여 피해자에게 도달하게 한 경우, 이는 객관적·일반적으로 상대방에게 불안감 내지 공포심을 일으키기에 충분한 행위라 볼 수 없어 스토킹 범죄를 구성하지 않는다.

② 전화를 걸어 상대방의 휴대전화에 벨소리가 울리게 하거나 부재중 전화 문구 등이 표시되도록 하여 상대방에게 불안감이나 공포심을 일으키는 행위는 실제 전화통화가 이루어졌는지와 상관없이 구「스토킹범죄의 처벌 등에 관한 법률」제2조 제1호 (다)목에서 정한 스토킹행위에 해당한다.

③ 피해자와의 전화통화 당시 아무런 말을 하지 않은 경우, 이는 피해자가 전화를 수신하기 전에 전화 벨소리를 울리게 하거나 발신자 전화번호를 표시되도록 한 것까지 포함하여 피해자에게 불안감이나 공포심을 일으킨 것으로 평가되더라도 '음향, 글 등을 도달하게 하는 행위'로 볼 수 없어 스토킹행위에 해당하지 않는다.

④ 구「스토킹범죄의 처벌 등에 관한 법률」제2조 제1호 각 목의 행위가 객관적·일반적으로 볼 때 이를 인식한 상대방으로 하여금 불안감 또는 공포심을 일으키기에 충분한 정도라고 평가되는 경우라도 상대방이 현실적으로 불안감 내지 공포심을 갖게 되어야 스토킹행위에 해당한다.

해설 ① (×) 이 사건 빌라 아래층에 살던 피고인이 불상의 도구로 여러 차례 벽 또는 천장을 두드려 '쿵쿵' 소리를 내어 이를 위층에 살던 피해자의 의사에 반하여 피해자에게 도달하게 한 행위가 객관적으로 불안감 또는 공포심을 일으킬 정도로 평가되는 스토킹행위에 해당한다(大判 2023.12.14. 2023도10313).
② (○) (大判 2023.5.18. 2022도12037).
③ (×) 피고인이 피해자와의 전화통화 당시 아무런 말을 하지 않아 '말을 도달하게 하는 행위'에 해당하지 않더라도 피해자의 수신 전 전화 벨소리가 울리게 하거나 발신자 전화번호가 표시되도록 한 것까지 포함하여 피해자에게 불안감이나 공포심을 일으킨 것으로 평가된다면 '음향, 글 등을 도달하게 하는 행위'에 해당하므로 마찬가지로 위 조항 스토킹행위에 해당한다(大判 2023.5.18. 2022도12037).
④ (×) 구 스토킹처벌법 제2조 제1호 각 목의 행위가 객관적·일반적으로 볼 때 이를 인식한 상대방으로 하여금 불안감 또는 공포심을 일으키기에 충분한 정도라고 평가될 수 있다면 현실적으로 상대방이 불안감 내지 공포심을 갖게 되었는지 여부와 관계없이 '스토킹행위'에 해당한다(大判 2023.9.27. 2023도6411).

정답 ②

05 명예훼손, 모욕죄

018 2024년 경찰승진

명예에 관한 죄에 대한 설명으로 옳은 것을 모두 고른 것은? (다툼이 있는 경우 판례에 의함)

> ⊙ 정부 또는 국가기관의 정책결정이나 업무수행과 관련된 사항은 항상 국민의 감시와 비판의 대상이 되어야 하고, 이러한 감시와 비판은 표현의 자유가 충분히 보장될 때 비로소 정상적으로 이루어질 수 있으므로, 정부 또는 국가기관은 형법상 명예훼손죄의 피해자가 될 수 없다.
> ⓒ 명예훼손죄와 모욕죄에서 전파가능성을 이유로 공연성을 인정하는 경우에 적어도 범죄구성요건의 주관적 요소로서 미필적 고의가 필요하므로, 전파가능성에 대한 인식이 있음은 물론 나아가 위험을 용인하는 내심의 의사가 있어야 한다.
> ⓒ 「형법」 제310조는 "제307조 제1항의 행위가 진실한 사실로서 오로지 공공의 이익에 관한 때에는 처벌하지 아니한다."라고 규정하고 있는데, 여기서 '공공의 이익에 관한 것'에는 널리 국가·사회 기타 일반 다수인의 이익에 관한 것을 의미할 뿐 특정한 사회집단이나 그 구성원 전체의 관심과 이익에 관한 것은 포함되지 아니한다.
> ㉢ 피고인이 인터넷 포털사이트 뉴스 댓글난에 연예인인 피해자를 '국민호텔녀'로 지칭하는 댓글을 게시한 경우, 모욕죄의 구성요건에 해당하지만 정당한 비판의 범위를 벗어나지 않은 것으로서 정당행위에 해당한다.

① ㉠ⓒ
② ㉠ⓒ
③ ⓒ㉢
④ ⓒ㉢

해설
① (○) (大判 2011.9.2. 2010도17237).
② (○) (大判 2010.10.28. 2010도2877).
③ (×) 여기의 공공의 이익에 관한 것에는 널리 국가·사회 기타 일반 다수인의 이익에 관한 것뿐만 아니라 특정한 사회집단이나 그 구성원 전체의 관심과 이익에 관한 것도 포함된다(大判 1999.06.08. 99도1543).
④ (×) 여성 연예인인 피해자의 사회적 평가를 저하시킬 만한 모멸적인 표현으로 평가할 수 있고, 정당한 비판의 범위를 벗어난 것으로서 정당행위로 보기도 어렵다(大判 2022.12.15. 2017도19229).

정답 ①

019 2024년 해경승진(경사)

다음 중 명예에 관한 죄에 대한 설명으로 가장 옳지 않은 것은? (다툼이 있는 경우 판례에 의함)

① 모욕죄와 사자명예훼손죄는 친고죄이다.
② 지방의회 선거를 앞두고 현역 시의회의원이 후보자가 되려는 자에 대해서 특별한 친분관계도 없는 한 사람 한 사람에게 비방의 말을 한 경우라면 공연성이 있다.
③ 명예훼손죄에 있어서 공연성은 불특정 또는 다수인이 인식할 수 있는 상태를 의미한다.
④ '아무것도 아닌 똥꼬다리 같은 놈이 들어와서 잘 운영되어 가는 어촌계를 파괴하려는데 주민들은 이에 동조·현혹되지 말라'고 말한 것은 명예훼손에 해당한다.

> [해설] ① (O) 사자명예훼손죄, 모욕죄, 비밀침해죄와 업무상비밀누설죄는 친고죄에 해당한다.
> ② (O) 공연성을 갖추었다고 볼 수 있다(大判 1996.7.12. 96도1007).
> ③ (O) (大判 2000.5.16. 99도5622).
> ④ (×) 구체적 사실이라기 보다는 피해자의 도덕성에 관하여 가지고 있는 추상적 판단이나 경멸적인 감정 표현을 과장되게 강조한 욕설에 지나지 아니하여 형법 제311조의 모욕에는 해당할지언정, 형법 제307조 제1항의 명예훼손에 해당한다고 보기 어렵다(大判 1985.10.22. 85도1629).
>
> [정답] ④

020 2024년 경찰채용1차

명예훼손죄와 모욕죄에 관한 설명으로 옳지 않은 것만을 모두 고른 것은? (다툼이 있는 경우 판례에 의함)

> ㉠ A대학교 총학생회장인 甲이 총학생회 주관의 농활 사전답사 과정에서 B를 비롯한 학생회 임원진의 음주 및 음주운전 사실을 계기로 음주운전 및 이를 묵인하는 관행을 공론화하여 '총학생회장으로서 음주운전을 끝까지 막지 못하여 사과드립니다.' 라는 글을 페이스북 등에 게시한 경우, 甲에게는 B에 대한 명예훼손죄가 성립하지 않는다.
> ㉡ 지역버스 노동조합 조합원인 甲이 자신의 페이스북에 집회 일정을 알리면서 노동조합 집행부인 A와 B를 지칭하며 "버스 노조 악의 축, A와 B를 구속수사하라!!"라는 표현을 적시한 경우, 甲에게는 A와 B에 대한 모욕죄가 성립한다.
> ㉢ 甲이 초등학생인 딸 A의 학교폭력 피해사실을 신고하여 교장이 가해학생인 B에게 학교폭력대책자치위원회의 의결에 따라 '피해학생에 대한 접촉, 보복행위의 금지' 등의 조치를 하였는데, 그 후 甲이 자신의 카카오톡 계정 프로필 상태메시지에 "학교폭력범은 접촉금지!!!"라는 글과 주먹 모양의 그림말 세 개를 게시한 경우, 甲에게는 B에 대한 명예훼손죄가 성립한다.
> ㉣ 甲이 골프클럽 경기보조원들의 구직편의를 위해 제작된 인터넷 사이트 내 회원 게시판에 특정 골프클럽의 운영상 불합리성을 비난하는 글을 게시하면서 위 클럽담당자 A에 대하여 '한심하고 불쌍한 인간'이라는 등 경멸적 표현을 한 경우, 甲에게는 A에 대한 모욕죄가 성립한다.

① ㉠㉡
② ㉡㉢
③ ㉠㉢㉣
④ ㉡㉢㉣

해설
㉠ (O) (大判 2023.2.2. 2022도13425)
㉡ (×) 위 표현이 피해자들의 사회적인 평가를 저해시킬 만한 경멸적인 표현에 해당하는 것으로 보이지만, 제반 사정을 종합할 때 피고인이 노동조합 집행부의 공적 활동과 관련한 자신의 의견을 담은 게시글을 작성하면서 그러한 표현을 한 것은 사회상규에 위배되지 않는 정당행위로서 위법성이 조각된다고 볼 여지가 크다(大判 2022.10.27. 2019도14421).
㉢ (×) 제반 사정에 비추어 피고인이 위 상태메시지를 통해 B의 사회적 가치나 평가를 저하시키기에 충분한 구체적인 사실을 드러냈다고 볼 수 없다(大判 2020.5.28. 2019도12750). 〈주〉 피해자가 특정되지 않았다.
㉣ (×) 사안의 경우, 게시의 동기와 경위, 모욕적 표현의 정도와 비중 등에 비추어 사회상규에 위배되지 않는다고 보아 모욕죄가 성립하지 않는다(大判 2008.7.10. 2008도1433).

[정답] ④

06 업무방해죄

021 2024년 해경승진(경사)

다음 중 업무방해죄의 기수시기에 관한 설명으로 옳은 것은 모두 몇 개인가? (다툼이 있는 경우 판례에 의함)

> ㉠ 업무방해죄의 성립에는 업무방해의 결과가 실제로 발생함을 요하지 않고 업무방해의 결과를 초래할 위험이 발생하는 것이면 족하며, 업무수행 자체가 아니라 업무의 적정성 내지 공정성이 방해된 경우에도 업무방해죄가 성립한다.
> ㉡ 업무방해죄에 있어 업무를 '방해한다'함은 업무의 집행 자체를 방해하는 것을 의미하고, 널리 업무의 경영을 저해하는 것을 포함하지는 않는다.
> ㉢ 甲이 서류배달업 회사의 담당 직원 모르게 위 회사가 고객으로부터 배달을 의뢰받은 서류의 포장용지 안에 특정 종교를 비방하는 내용의 전단을 집어넣어 함께 배달하게 한 경우, 업무방해죄가 성립한다.
> ㉣ 피해자가 농장 출입을 위하여 사용해 온 피고인 소유 토지 위의 현황도로 일부를 피고인이 막았으나 이미 오래 전부터 바로 근방에 농장으로의 차량 출입이 가능한 비포장도로가 대체 도로로 개설되어 있었다 하더라도 업무방해죄가 성립한다.
> ㉤ 시장번영회 회장이 이사회의 결의와 시장번영회의 관리규정에 따라서 관리비 체납자의 점포에 대하여 단전조치를 실시한 경우 업무방해죄가 성립한다.

① 1개
② 2개
③ 3개
④ 4개

해설 * 옳은 것은 ㉠㉢ 2개이다.
- ㉠ (○) (大判 2013.11.28. 2013도5117).
- ㉡ (×) 업무방해죄에 있어 업무를 '방해한다'함은 업무의 집행 자체를 방해하는 것은 물론이고 널리 업무의 경영을 저해하는 것도 포함한다(大判 1999.5.14. 98도3767).
- ㉢ (○) (大判 1999.5.14. 98도3767). 〈주〉 배달업무집행 자체를 방해한 것은 아니지만, 널리 업무의 경영을 방해하였다.
- ㉣ (×) 도로부분의 폐쇄에도 불구하고 위 대체도로를 이용하여 종전과 같이 조경수 운반차량 등을 운행할 수 있었다고 보여 조경수 운반업무 등이 방해되는 결과발생의 염려가 없었다고 볼 여지가 충분하고, 한편 피고인에게 그 조경수 운반업무 등을 방해한다는 고의가 있었다고 보기도 어렵다(大判 2007. 4. 27. 2006도9028). 〈주〉 대체도로를 이용할 수 있어서, 업무방해 또는 교통방해는 부정된다.
- ㉤ (×) 시장번영회 회장이 이사회의 결의와 시장번영회의 관리규정에 따라서 관리비 체납자의 점포에 대하여 실시한 단전조치는 정당행위로서 업무방해죄를 구성하지 아니한다(大判 2004. 8. 20. 2003도4732).

정답 ②

07 주거침입죄

022 2024년 경찰승진
주거침입죄에 관한 설명으로 가장 적절하지 <u>않은</u> 것은? (다툼이 있는 경우 판례에 의함)

① 주거침입죄의 실행의 착수는 구성요건의 일부를 실현하는 행위까지 요구하는 것은 아니고 범죄구성요건의 실현에 이르는 현실적 위험성을 포함하는 행위를 개시하는 것으로 족하다.

② 연립주택 아래층에 사는 피해자가 위층 피고인의 집으로 통하는 상수도관의 밸브를 임의로 잠근 후 이를 피고인에게 알리지 않아 하루 동안 수돗물이 나오지 않은 고통을 겪었던 피고인이 상수도관의 밸브를 확인하고 이를 열기 위하여 부득이 피해자의 집에 들어간 것이라면 이는 정당행위에 해당하여 주거침입죄가 성립하지 않는다.

③ 甲이 교제하다 헤어진 A가 거주하는 아파트에 들어가려고 아파트 지하 주차장에서 A나 다른 입주자의 승낙 없이 무단으로 A가 거주하는 101동으로 연결된 출입구의 공동출입문 비밀번호를 입력하여 아파트의 공용부분에 들어가 A의 집 현관문 앞까지 출입한 경우, A와 같은 아파트 101동에 거주하는 다른 입주자들의 사실상 주거의 평온 상태를 해한 것으로 볼 수 있다면 甲에게 주거침입죄가 성립한다.

④ 관리자의 현실적인 승낙을 받아 건조물에 통상적인 출입방법으로 들어간 경우에도 관리자의 가정적·추정적 의사는 고려되어야 하며, 그 승낙의 동기에 착오가 있었던 경우 승낙의 유효성에 영향을 미쳐 건조물침입죄가 성립할 수 있다.

[해설]
① (○) (大判 2006.9.14. 2006도2824).
② (○) (大判 2004.2.13. 2003도7393).
③ (○) (大判 2022.1.27. 2021도15507). 〈주〉 피고인은 공동주거자가 아니다.
④ (✕) 관리자에 의해 출입이 통제되는 건조물에 관리자의 승낙을 받아 건조물에 통상적인 출입방법으로 들어갔다면, 관리자의 현실적인 승낙이 있었으므로 <u>가정적·추정적 의사는 고려할 필요가 없고, 단순히 승낙의 동기에 착오가 있다고 해서 승낙의 유효성에 영향을 미치지 않으므로</u>, 관리자가 행위자의 실제 출입 목적을 알았더라면 출입을 승낙하지 않았을 사정이 있더라도 건조물침입죄가 성립한다고 볼 수 없다(大判 2022.3.31. 2018도15213).

[정답] ④

023 2024년 해경승진(경사)

다음 중 주거침입의 죄에 대한 설명으로 가장 옳지 않은 것은? (다툼이 있는 경우 판례에 의함)

① 관리자가 일정한 토지와 외부의 경계에 인적 또는 물적 설비를 갖추고 외부인의 출입을 제한 하고 있더라도 그 토지에 인접하여 건조물로서의 요건을 갖춘 구조물이 존재하지 않는다면, 그러한 토지는 건조물침입죄의 객체인 위요지에 해당하지 않는다.

② 이미 수일 전에 2차례 걸쳐 A를 강간하였던 甲이 대문을 몰래 열고 들어와 담장과 A가 거주하던 방 사이의 좁은 통로에서 창문을 통하여 방안을 엿본 경우, 주거침입죄가 성립한다.

③ 다가구용 단독주택이나 아파트 등 공동주택 안에서 공용으로 사용하는 계단과 복도는 특별한 사정이 없는 한 주거침입죄의 객체인 '사람의 주거'에 해당한다.

④ 정당한 퇴거요구를 받고 열쇠를 반환한 다음 건물에서 퇴거하였더라도 건물에 가재도구 등을 남겨 두었다면 퇴거불응죄에 해당한다.

[해설] ① (○) (헌재 2017.12.22. 2017도690)
② (○) (大判 2001.4.24. 2001도1092). 〈주〉 대문을 열고 들어온 때 이미 주거침입죄 기수이다.
③ (○) (大判 2009.9.10. 2009도4335).
④ (×) 퇴거불응죄를 구성하지 않는다(大判 2007.11.15. 2007도6990).

[정답] ④

08 재산죄 일반이론

024 2024년 경찰채용1차

재산죄 기초이론에 관한 설명으로 가장 적절하지 않은 것은? (다툼이 있는 경우 판례에 의함)

① 사기죄 및 컴퓨터 등 사용사기죄는 재물뿐만 아니라 재산상의 이익도 객체로 하는 재물죄 겸 이득죄이다.
② 절도죄는 재물만을 객체로 하는 재물죄인 반면, 강도죄는 재물뿐만 아니라 재산상의 이익도 객체로 하는 재물죄 겸 이득죄이다.
③ 「형법」상 친족상도례 규정은 「특정경제범죄 가중처벌 등에 관한 법률」 제3조 제1항에 의하여 가중처벌되는 사기죄에도 적용된다.
④ 부(父)가 혼인 외의 출생자를 인지하는 경우 「민법」상 인지의 소급효는 친족상도례에 관한 규정의 적용에도 미친다고 보아야 할 것이므로, 인지가 범행 후에 이루어졌다 하더라도 그 소급효에 따라 형성되는 친족관계를 기초로 하여 「형법」상 친족상도례 규정이 적용된다.

> **해설** ① (×) 형법 제347조가 일반 사기죄를 재물죄 겸 이득죄로 규정한 것과 달리 형법 제347조의2는 컴퓨터등 사용사기죄의 객체를 재물이 아닌 재산상의 이익으로만 한정하여 규정하고 있다(大判 2003.5.13. 2003도1178).
> ② (○) 절도죄(제329조)는 재물만을 객체로 규정하고 있고,. 강도죄(제333조)는 재물과 재산상 이익을 객체로 규정하고 있다.
> ③ (○) (大判 2010.2.11. 2009도12627).
> ④ (○) (大判 1997.1.24. 96도1731).
>
> [정답] ①

025 2024년 해경승진(경사)

다음 중 친족상도례에 관한 설명으로 가장 옳지 않은 것은? (다툼이 있는 경우 판례에 의함)

① 남편 甲이 아내인 A의 물건을 훔친 후 이혼을 한 경우에는 이혼으로 인하여 친족관계가 소멸되어도 친족상도례가 적용된다.
② 친족상도례 규정은 강도죄, 손괴죄에는 적용되지 않으나 특수절도죄에는 적용된다.
③ 사돈지간인 자를 기망하여 재물을 편취한 경우에 대해서는 친족상도례가 적용된다.
④ 절도범인이 피해물건의 소유자나 점유자의 어느 일방과의 사이에서만 친족관계가 있는 경우에는 친족상도례에 관한 규정의 적용이 없다.

[해설] ① (○) 친족관계는 행위시에 존재하면 족하다. 따라서 범행 당시 부부 관계였다면, 그 후에 이혼 등으로 친족관계가 소멸하여도 친족상도례는 적용한다.
② (○) 형법상 재산범죄 중 강도죄와 손괴죄는 친족상도례가 적용되지 않는다. (두문자 : 강 중 손계파 제외)
③ (×) 피고인과 피해자가 사돈지간이라고 하더라도 민법상 친족으로 볼 수 없으므로, 친족상도례를 적용할 수 없다(大判 2011.4.28, 2011도2170).
④ (○) 친족상도례에 관한 규정은 범인과 피해물건의 소유자 및 점유자 모두 사이에 친족관계가 있는 경우에만 적용되는 것이고 절도범인이 피해물건의 소유자나 점유자의 어느 일방과 사이에서만 친족관계가 있는 경우에는 그 적용이 없다(大判 1980.11.11, 80도131).

[정답] ③

026 2024년 해경승진(경사)

다음 중 재물과 재산상의 이익에 관한 설명으로 가장 옳지 않은 것은? (다툼이 있는 경우 판례에 의함)

① 배임죄에 있어서 재산상의 손해를 가한 때라 함은 현실적인 손해를 가한 경우뿐만 아니라 재산상 실해 발생의 위험을 초래한 경우도 포함된다.
② 「형법」 제333조(강도)에서의 '재산상 이익'은 반드시 사법상 유효한 재산상의 이득만을 의미하는 것은 아니나, 단지 외견상 재산상의 이득을 얻을 것이라고 인정할 수 있는 사실관계만으로는 재산상의 이익을 인정할 수 없다.
③ 甲이 乙의 돈을 절취한 다음 다른 금전과 섞거나 교환하지 않고 쇼핑백 등에 넣어 자신의 집에 숨겨두었는데, 丙이 乙의 지시로 甲에게 겁을 주어 쇼핑백 등에 들어 있던 절취된 돈을 교부받아 갈취하였다면, 위 돈은 타인인 甲의 재물이라고 볼 수 없다.
④ 비트코인은 경제적인 가치를 디지털로 표상하여 전자적으로 이전, 저장과 거래가 가능하도록 한 가상자산의 일종으로 사기죄의 객체인 재산상 이익에 해당한다.

[해설] ① (○) (大判 1995.11.21, 94도1375).
② (×) 그 재산상의 이익은 반드시 사법상 유효한 재산상의 이득만을 의미하는 것이 아니고 외견상 재산상의 이득을 얻을 것이라고 인정할 수 있는 사실관계만 있으면 여기에 해당된다(大判 1997.2.25, 96도3411).
③ (○) (大判 2012.8.30, 2012도6157).
④ (○) (大判 2018.5.30, 2018도3619).

[정답] ②

09 절도, 강도죄

027 2024년 경찰승진
절도죄에 관한 설명으로 가장 적절한 것은? (다툼이 있는 경우 판례에 의함)

① 甲이 피해 회사의 사무실에서 피해 회사 명의의 농협통장을 몰래 가지고 나와 예금 1,000만 원을 인출한 후 다시 위 통장을 제자리에 갖다 놓은 경우, 위 통장에 대한 불법영득의사는 없다고 보아야 하므로 위 통장에 대한 절도죄는 성립하지 않는다.
② 甲이 자신의 모친 A의 명의로 구입·등록하여 A에게 명의신탁한 자동차를 B에게 담보로 제공한 후 B 몰래 가져간 경우, 甲에게 절도죄가 성립한다.
③ 피해자의 영업점 내에 있는 피해자 소유의 휴대전화를 허락 없이 가지고 나와 사용한 다음 약 1~2시간 후 위 영업점 정문 옆 화분에 놓아두고 간 경우, 절도죄의 불법영득의사가 인정되지 않는다.
④ 어떠한 물건을 점유자의 의사에 반하여 취거하더라도 그것이 결과적으로 소유자의 이익으로 된다는 사정 또는 소유자의 추정적 승낙이 있다고 볼 만한 사정이 인정된다면, 다른 특별한 사정이 없는 한 불법영득의 의사가 있다고 할 수 없다.

[해설] ① (✕) 타인의 예금통장을 무단사용하여 예금을 인출한 후 바로 예금통장을 반환하였다 하더라도 그 사용으로 인한 위와 같은 경제적 가치의 소모가 무시할 수 있을 정도로 경미한 경우가 아닌 이상, 예금통장 자체가 가지는 예금액 증명기능의 경제적 가치에 대한 불법영득의 의사를 인정할 수 있으므로 <u>절도죄가 성립한다</u>(大判 2010.5.27. 2009도9008). 〈주〉 예금인출로 인하여 예금통장의 잔액증명기능이 침해되었으므로 절도죄가 성립한다.
② (○) (大判 2012.4.26. 2010도11771). 〈주〉 외부적으로 명의신탁자는 소유자가 아니다.
③ (✕) 일시 사용의 목적으로 타인의 점유를 침탈한 경우에도 사용으로 인하여 물건 자체가 가지는 경제적 가치가 상당한 정도로 소모되거나 또는 상당한 장시간 점유하고 있거나 본래의 장소와 다른 곳에 유기하는 경우에는 이를 일시 사용하는 경우라고는 볼 수 없으므로 영득의 의사가 없다고 할 수 없다(大判 2012.7.12. 2012도1132).
④ (✕) 그러한 사유만으로 불법영득의 의사가 없다고 할 수는 없다(大判 2014.2.21. 2013도14139). 〈주〉 판례에 의하면 타인의 점유 침해로 불법성이 인정되어 절도죄가 성립하고, 나중에 결과적으로 소유자의 이익이 되었는지는 불문한다.

[정답] ②

028 2024년 해경승진(경위)

다음 중 절도의 죄에 관한 설명으로 가장 옳지 않은 것은? (다툼이 있는 경우 판례에 의함)

① 야간에 타인의 재물을 절취할 목적으로 사람의 주거에 침입한 경우에는 주거에 침입한 단계에서 이미 「형법」 제330조에서 규정한 야간주거침입절도죄라는 범죄행위의 실행에 착수한 것이라고 보아야 한다.

② 피고인 甲의 집에 침입하여 그 집의 방안에서 甲 소유의 재물을 절취하고 그 무렵 그 집에 세들어 사는 乙의 방에 침입하여 재물을 절취하려다 미수에 그쳤다면 위 두 범죄는 그 범행장소와 물품의 관리자를 달리하고 있어서 별개의 범죄를 구성한다.

③ 불법영득의사 없이 타인의 자동차를 일시 사용한 경우, 이에 따른 유류 소비행위는 위 자동차의 일시사용에 필연적으로 부수되어 생긴 결과로서 절도죄를 구성하지 않는 위 자동차의 일시사용 행위에 포함된 것이므로 자동차 자체의 일시사용과 독립하여 별개의 절도죄를 구성하지 않는다.

④ 「형법」 제332조에 규정된 상습절도죄를 범한 범인이 그 범행 외에 상습적인 절도의 목적으로 주간에 주거침입을 하였다가 절도에 이르지 아니하고 주거침입에 그친 경우에 그 주간 주거침입행위는 상습절도죄와 별개로 주거침입죄를 구성하지 않는다.

[해설] ① (○) (大判 2003.10.24. 2003도4417).
② (○) (大判 1989.8.8. 89도664). 〈주〉 관리자가 달라서 실체적 경합범이다.
③ (○) (大判 1985.3.26. 84도1613).
④ (×) 주거침입행위는 절도죄에 흡수되지 아니하고 별개로 주거침입죄를 구성하여 절도죄와는 실체적 경합의 관계에 서는 것이 원칙이다(大判 2015.10.15. 2015도8169).

[정답] ④

029 2024년 경찰채용1차

절도와 강도의 죄에 관한 설명으로 가장 적절한 것은? (다툼이 있는 경우 판례에 의함)

① 타인의 예금통장을 무단사용하여 예금을 인출한 후 바로 통장을 반환한 경우, 그 사용으로 인한 경제적 가치의 소모 정도를 불문하고 예금통장에 대한 절도죄는 성립하지 않는다.
② 강간범이 강간행위의 계속 중에 강도행위를 한 경우, 이후에 그 자리에서 강간행위를 계속한다 하더라도 「형법」상 강도강간죄가 성립하지 않는다.
③ 「형법」상 권리자의 동의없이 타인의 자동차를 일시 사용한 자는 처벌되는 데 반해, 권리자의 동의없이 타인의 원동기장치자전거를 일시 사용한 자는 처벌되지 않는다.
④ 甲이 2024. 1. 1. 15:40경 문이 열려 있는 A의 주거에 침입하여 머물러 있다가, 같은 날 21:00경 그곳에 있던 A 소유의 시가 100만 원 상당 노트북 1대를 가지고 나와 절취한 경우, 甲에게는 야간주거침입절도죄가 성립하지 않는다.

> **해설** ① (×) 타인의 예금통장을 무단사용하여 예금을 인출한 후 바로 예금통장을 반환하였다 하더라도 그 사용으로 인한 위와 같은 경제적 가치의 소모가 무시할 수 있을 정도로 경미한 경우가 아닌 이상, 예금통장 자체가 가지는 예금액 증명기능의 경제적 가치에 대한 불법영득의 의사를 인정할 수 있으므로 절도죄가 성립한다(大判 2010.5.27. 2009도9008).
> ② (×) 강간범이 강간행위 후에 강도의 범의를 일으켜 그 부녀의 재물을 강취하는 경우에는 강도강간죄가 아니라 강간죄와 강도죄의 경합범이 성립될 수 있을 뿐이지만, 강간행위의 종료 전 즉 그 실행행위의 계속 중에 강도의 행위를 할 경우에는 이때에 바로 강도의 신분을 취득하는 것이므로 이후에 그 자리에서 강간행위를 계속하는 때에는 강도가 부녀를 강간한 때에 해당하여 형법 제339조에 정한 강도강간죄를 구성한다(大判 2010.12.9. 2010도9630).
> ③ (×) 형법 제331조의2(자동차등 불법사용) 권리자의 동의없이 타인의 자동차, 선박, 항공기 또는 원동기장치자전거를 일시 사용한 자는 3년 이하의 징역, 500만원 이하의 벌금, 구류 또는 과료에 처한다.
> ④ (○) 주거침입이 주간에 이루어진 경우에는 야간주거침입절도죄가 성립하지 않는다고 해석하는 것이 타당하다(大判 2011.4.14. 2011도300).
>
> [정답] ④

030 2024년 해경승진(경사)

다음 중 강도죄에 관한 설명으로 가장 옳지 않은 것은? (다툼이 있는 경우 판례에 의함)

① 甲이 주점 도우미인 A와 윤락행위 도중 시비 끝에 A를 이불로 덮어씌우고 폭행한 후 이불 속에 들어 있는 A를 두고 나가다가 우발적으로 탁자 위에 놓여 있던 A의 손가방 안에서 현금을 가져갔다면 강도죄가 성립한다.
② 행위자가 채무를 면할 목적으로 피해자를 살해한 경우 상속인이 없음을 알고 있었다면 강도살인죄가 성립한다.
③ 채무를 면탈할 의사로 채권자를 살해하였더라도 채무의 존재가 명백하고 채권자의 상속인이 존재하며 그 상속인에게 채권의 존재를 확인할 방법이 확보되어 있다면 강도살인죄는 성립하지 않는다.
④ 甲은 乙의 택시에 승차하여 택시요금을 요구하는 乙의 추급을 벗어나고자 乙을 살해한 직후 乙의 주머니에서 택시 열쇠와 돈 8,000원을 꺼내어 乙의 택시를 운전하고 현장을 벗어난 경우 甲에게 강도살인죄가 적용된다.

> **해설** ① (×) 피고인이 타인에 대하여 반항을 억압함에 충분한 정도의 폭행 또는 협박을 가한 사실이 있다 해도 그 타인이 재물 취거의 사실을 알지 못하는 사이에 그 틈을 이용하여 피고인이 우발적으로 타인의 재물을 취거한 경우에는 위 폭행이나 협박이 재물 탈취의 방법으로 사용된 것이 아니다(大判 2009.1.30, 2008도10308). 〈주〉 폭행죄와 절도죄의 경합범이다.
> ② (○) (大判 2010.9.30, 2010도7405).
> ③ (○) (大判 2010.9.30, 2010도7405).
> ④ (○) 살인행위와 재물탈취행위는 서로 밀접하게 관련되어 있어 살인행위를 이용한 재물탈취행위라고 볼 것이므로 이는 강도살인죄에 해당한다(大判 1985.10.22, 85도1527).
>
> [정답] ①

031 2024년 해경승진(경위)

다음 중 강도의 죄에 대한 설명으로 가장 옳지 않은 것은? (다툼이 있는 경우 판례에 의함)

① 절도범이 체포를 면탈할 목적으로 체포하려는 여러 명의 피해자에게 같은 기회에 폭행을 가하여 그 중 1인에게만 상해를 가하였다면 피해자 각자에 대한 강도죄 및 1인에 대한 강도상해죄가 성립하고 이들 죄는 상상적 경합관계에 있다.
② 재산상 이익을 취득한 후 체포를 면탈할 목적으로 피해자를 폭행하더라도 준강도죄는 성립할 수 없다.
③ 감금행위가 강도죄의 수단이 된 경우에는 감금죄는 강도죄에 흡수되지 아니하고 별죄를 구성한다.
④ 강도예비·음모죄가 성립하기 위해서는 예비·음모행위자에게 미필적으로라도 '강도'를 할 목적이 있음이 인정되어야 하고 그에 이르지 않고 단순히 '준강도'할 목적이 있음에 그치는 경우에는 강도예비·음모죄로 처벌할 수 없다.

[해설] ① (×) 절도범이 체포를 면탈할 목적으로 체포하려는 여러 명의 피해자에게 같은 기회에 폭행을 가하여 그 중 1인에게만 상해를 가하였다면 이러한 행위는 포괄하여 하나의 강도상해죄만 성립한다(大判 2001.8.21. 2001도3447).
② (○) [1] 형법 제335조 준강도죄의 주체는 절도범인이고, 절도죄의 객체는 재물이다. [2] 절도의 실행에 착수하였다는 내용이 포함되어 있지 않음에도 준강도죄를 적용하여 유죄로 인정한 원심판결은 잘못이 있다(大判 2014.05.16. 2014도2521). 〈주〉 재산상 이익에 대해서는 절도가 성립할 수 없으므로, 준강도죄도 성립할 수 없다.
③ (○) (大判 1997.1.21. 96도2715). 〈주〉 수단으로 평가되면 1개 행위이므로 상상적 경합범이다.
④ (○) (大判 2006.9.14. 2004도6432). 〈주〉 준강도 목적으로 배회한 사안이다.

[정답] ①

10 사기, 공갈죄

032 2024년 해경승진(경사)

다음 중 사기죄의 객체에 관한 설명으로 가장 옳지 않은 것은? (다툼이 있는 경우 판례에 의함)

① 보험모집인인 甲이 자동차가입자인 乙의 형사책임을 면하게 하기 위하여 乙의 미납보험료가 정상적으로 납부된 것처럼 전산 조작하는 방법으로 보험회사를 기망하여 보험가입사실증명원을 발급받은 경우 사기죄가 성립하지 않는다.
② 채무자가 채권자에 대하여 소정기일까지 지급할 의사나 능력이 없음에도 종전 채무의 변제기를 늦출 목적에서 어음을 발행·교부한 경우에는 사기죄가 성립한다.
③ 사기죄의 '재산상의 이익'은 영속적·일시적 이익, 적극적·소극적 이익을 불문하며, 자기의 채권자에 대한 채무이행으로 존재하지 않는 채권을 양도한 경우에도 재산상의 이익을 취득한 것으로 볼 수 있다.
④ 피고인이 피해자에게 불행을 고지하거나 길흉화복에 관한 어떠한 결과를 약속하고 기도비 등의 명목으로 대가를 교부받은 경우에 전통적인 관습 또는 종교행위로서 허용될 수 있는 한계를 벗어났다면 사기죄에 해당한다.

> 해설 ① (O) (大判 1997.3.28. 96도2625). 〈주〉 보험회사의 주관적 가치를 침해하지 않는다.
> ② (O) 종전 채무의 변제기를 늦출 목적에서 어음을 발행 교부한 경우 사기죄가 성립한다(大判 1983.11.8. 83도1723; 大判 1997.7.25. 97도1095).
> ③ (×) 채권이 존재하지 않는다면 위 채권의 양도로써 재산상의 이득을 취하였다고는 볼 수 없으므로 사기죄는 성립하지 않는다(大判 1985.3.12. 85도74).
> ④ (O) 피고인이 피해자에게 '피해자의 처가 정신분열병에 걸린 것은 귀신이 들린 것이다'는 말을 하며 기도비와 차용금 명목으로 합계 1억889만 원을 교부받은 경우 사기죄가 성립한다(大判 2017.11.9. 2016도12460).
>
> 정답 ③

033 2024년 경찰채용1차

사기의 죄에 관한 설명으로 옳은 것은 모두 몇 개인가? (다툼이 있는 경우 판례에 의함)

> ㉠ 사기죄에서 피해자에게 대가가 지급된 후 피해자를 기망하여 그가 보유하고 있는 그 대가를 다시 편취한 경우, 이는 새로운 법익의 침해가 발생한 것으로서 기존에 성립한 사기죄와 별도의 새로운 사기죄가 성립한다.
> ㉡ 적극적 소송당사자인 원고뿐만 아니라 방어적인 위치에 있는 피고라 하더라도 허위내용의 서류를 작성하여 이를 증거로 제출하거나 위증을 시키는 등의 적극적인 방법으로 법원을 기망하여 착오에 빠지게 한 결과 승소확정판결을 받음으로써 자기의 재산상의 의무이행을 면하게 된 경우, 그 재산 가액 상당에 대하여 사기죄가 성립한다.
> ㉢ 甲은 A를 기망하여 A가 소유한 B부동산(아무런 부담이 없는 상태에서 시가 10억 원임)의 소유권을 이전받음으로써 B부동산을 편취하였는데 B부동산에는 근저당권설정등기가 경료되어 있었던 경우 (근저당권의 채권최고액은 3억 원이고, 피담보채권액은 4억 원임), 「특정경제범죄 가중처벌 등에 관한 법률」 제3조의 적용을 전제로 하여 그 부동산의 가액(이득액)을 산정하면 10억원이 된다.
> ㉣ 금방에서 마치 귀금속을 구입할 것처럼 가장하여 금방 주인으로부터 순금목걸이 등을 건네받은 다음 화장실에 갔다 오겠다는 핑계를 대고 도주한 경우, 사기죄가 성립한다.
> ㉤ 거래의 상대방이 일정한 사정에 관한 고지를 받았더라면 당해 거래에 임하지 아니하였을 것임이 경험칙상 명백한 경우, 그 거래로 인하여 재물을 수취하는 자에게는 신의성실의 원칙상 사전에 상대방에게 그와 같은 사정을 고지할 의무가 있다고 할 것이므로 이를 고지하지 아니한 것은 고지할 사실을 묵비함으로써 상대방을 기망한 것이 되어 사기죄를 구성한다.

① 1개　　② 2개
③ 3개　　④ 4개

해설 * 옳은 것은 ㉠㉡㉤ 3개이다.
㉠ (○) (大判 2009.10.29. 2009도7052).
㉡ (○) (大判 2004.3.12. 2003도333). 〈주〉 피고도 소송사기죄의 주체가 될 수 있다.
㉢ (✕) 부동산에 아무런 부담이 없는 때에는 그 부동산의 시가 상당액이 곧 편취가액이라고 볼 것이지만, 그 부동산에 근저당권설정등기가 경료되어 있거나 압류 또는 가압류 등이 이루어져 있는 때에는 특별한 사정이 없는 한 아무런 부담이 없는 상태에서의 그 부동산의 시가 상당액에서 근저당권의 채권최고액 범위 내에서의 피담보채권액, 압류에 걸린 집행채권액, 가압류에 걸린 청구금액 범위 내에서의 피보전채권액 등을 뺀 실제의 교환가치를 그 부동산의 가액으로 보아야 한다(大判 2007.4.19. 2005도7288) 〈주〉 10억원에서 채권최고액 3억원을 뺀 7억원이 편취액이다.
㉣ (✕) 위 순금목걸이 등은 도주하기 전까지는 아직 피해자의 점유하에 있었다고 할 것이므로 이를 절도죄로 의율 처단한 것은 정당하다(大判 1994.8.12. 94도1487).
㉤ (○) (大判 1987.10.13. 86도1912).

정답 ③

034 2024년 경찰승진

사기와 공갈의 죄에 관한 설명으로 옳은 것을 모두 고른 것은? (다툼이 있는 경우 판례에 의함)

> ㉠ 비트코인은 경제적인 가치를 디지털로 표상하여 전자적으로 이전, 저장과 거래가 가능하도록 한 가상자산의 일종으로 사기죄의 객체인 재산상 이익에 해당한다.
> ㉡ 피해자 A는 드라이버를 구매하기 위해 특정 매장에 방문하였다가 지갑을 떨어뜨렸는데, 10분쯤 후 甲이 같은 매장에서 우산을 구매하고 계산을 마친 뒤, 지갑을 발견하여 습득한 매장 주인 B로부터 "이 지갑이 선생님 지갑이 맞느냐?"라는 질문을 받자 "내 것이 맞다."라고 대답한 후 이를 교부받아 가지고 간 경우, 甲에게 사기죄가 아닌 절도죄가 성립한다.
> ㉢ 소송사기가 성립하기 위하여는 제소 당시에 그 주장과 같은 채권이 존재하지 아니한다는 것만으로는 부족하고 그 주장의 채권이 존재하지 아니하는 사실을 잘 알면서도 허위의 주장과 증명으로써 법원을 기망한다는 인식을 하고 있어야만 한다.
> ㉣ 재산상 이익의 취득으로 인한 공갈죄가 성립하려면 폭행 또는 협박과 같은 공갈행위로 인하여 피공갈자가 재산상 이익을 공여하는 처분행위가 있어야 하므로, 피공갈자가 외포심을 일으켜 묵인하고 있는 동안에 공갈자가 직접 재산상의 이익을 탈취한 경우에는 공갈죄가 성립할 수 없다.

① ㉠㉢ ② ㉠㉣
③ ㉡㉢ ④ ㉢㉣

해설 ㉠ (○) (大判 2018.5.30. 2018도3619).
㉡ (×) 甲의 행위는 사기죄에서 말하는 처분행위에 해당하고, 피고인의 행위를 절취행위로 평가할 수 없다(大判 2022.12.29. 2022도12494).
㉢ (○) (大判 2003.5.16. 2003도373)
㉣ (×) 그러한 처분행위는 반드시 작위에 한하지 아니하고 부작위로도 족하여서, 피공갈자가 외포심을 일으켜 묵인하고 있는 동안에 공갈자가 직접 재산상의 이익을 탈취한 경우에도 공갈죄가 성립할 수 있다(大判 2012.1.27. 2011도16044). 〈주〉피공갈죄의 부작위에 의한 처분행위가 인정된다.

정답 ①

035 2024년 경찰채용1차

신용카드 관련 범죄에 관한 설명으로 가장 적절하지 않은 것은? (다툼이 있는 경우 판례에 의함)

① 정상적으로 발급받은 신용카드를 소지한 카드회원 甲이 일시적인 자금궁색 등의 이유로 그 채무를 일시적으로 이행하지 못하게 되는 상황이 아니라 이미 과다한 부채의 누적 등으로 신용카드 사용으로 인한 대출금채무를 변제할 의사나 능력이 없는 상황에 처하였음에도 불구하고 신용카드를 사용한 경우, 甲에게는 사기죄가 성립한다.

② 甲이 현금카드 소유자 A로부터 강취한 현금카드로 현금자동지급기에서 예금을 인출한 경우, 이는 모두 A의 예금을 강취하고자 하는 甲의 단일하고 계속된 범의 아래에서 이루어진 일련의 행위로서 포괄하여 하나의 강도죄를 구성하므로, 현금인출행위를 현금카드 강취행위와 분리하여 따로 절도죄로 처벌할 수는 없다.

③ 甲이 현금카드 소유자 A로부터 편취한 현금카드로 현금자동지급기에서 예금을 인출한 경우, A가 예금인출을 승낙한 이상 甲의 현금 인출행위는 절도죄에 해당하지 않는다.

④ 「여신전문금융업법」상 신용카드 부정사용죄와 관련하여, 동법 제70조 제1항 제4호의 '기망하거나 공갈하여 취득한 신용카드나 직불카드'는 '신용카드나 직불카드의 소유자 또는 점유자를 기망하거나 공갈하여 그들의 자유로운 의사에 의하지 않고 점유가 배제되어 그들로부터 사실상 처분권을 취득한 신용카드나 직불카드'라고 해석되어야 한다.

[해설] ① (○) (大判 2005.8.19. 2004도6859).
② (×) 카드에 대한 강도죄와는 별도로 예금에 대한 절도죄를 구성한다(大判 2007.5.10. 2007도1375).
③ (○) (大判 2005.9.30. 2005도5869).
④ (○) (大判 2022.12.16. 2022도10629).

[정답] ②

036 2024년 검찰9급

신용카드 관련 범죄에 대한 설명으로 옳지 않은 것은? (다툼이 있으면 판례에 의함)

① 타인의 명의를 모용하여 발급받은 신용카드의 번호와 그 비밀번호를 이용하여 ARS 전화서비스나 인터넷 등을 통하여 신용대출을 받는 방법으로 재산상 이익을 취득하는 행위는 컴퓨터등사용사기죄에 해당한다.
② 대금결제의 의사와 능력이 없으면서도 카드회사를 기망하여 신용카드를 발급받고 이를 사용한 경우, 이는 피해자인 카드회사의 기망당한 의사표시에 따른 카드발급에 터 잡아 이루어지는 사기의 포괄일죄에 해당한다.
③ 타인의 명의를 모용하여 신용카드를 발급받은 후 그 신용카드를 사용하여 현금자동지급기에서 현금대출을 받는 행위는, 카드회사에 의하여 미리 포괄적으로 허용된 행위라 할 수 없고 별도의 절도죄에 해당한다.
④ 예금주인 현금카드 소유자로부터 일정한 금액의 현금을 인출해 오라는 부탁을 받으면서, 건네받은 현금카드로 위임받은 금액을 초과하여 현금을 인출하고 그 차액 상당액의 현금에 대한 점유를 취득한 경우 횡령죄에 해당한다.

[해설] ① (○) (大判 2006.7.27. 2006도3126).
② (○) (大判 1996.4.9. 95도2466).
③ (○) (大判 2002.7.12. 2002도2134).
④ (×) 인출한 현금 총액 중 인출을 위임받은 금액을 넘는 부분의 비율에 상당하는 재산상 이익을 취득한 것으로 볼 수 있으므로 컴퓨터 등 사용사기죄에 해당된다(大判 2006.3.24. 2005도3516).

[정답] ④

11 횡령, 배임죄

037 2024년 해경승진(경사)
다음 중 횡령죄에 대한 설명으로 가장 옳지 않은 것은? (다툼이 있는 경우 판례에 의함)

① 사립학교의 교비회계에 속하는 수입을 적법한 교비회계의 세출에 포함되는 용도가 아닌 다른 용도로 사용한 경우 횡령죄가 성립한다.
② 송금절차의 착오로 인하여 자기 명의의 은행 계좌에 입금된 금전을 영득할 의사로 인출하여 소비한 경우 횡령죄가 성립한다.
③ 부동산 입찰절차에서 수인이 대금을 분담하되 그 중 1인인 甲 명의로 낙찰받기로 약정하여 그에 따라 낙찰이 이루어진 경우, 甲이 낙찰받은 부동산을 임의로 처분하더라도 횡령죄는 구성하지 않는다.
④ 부동산을 공동으로 상속한 자들 중 1인이 부동산을 혼자 점유하다가 다른 공동상속인의 상속지분을 임의로 처분한 경우 횡령죄가 성립한다.

[해설] ① (O) 교비회계에 속하는 수입은 다른 회계에 전출하거나 대여할 수 없는 등 용도가 엄격히 제한되어 있기 때문에 교비회계자금을 다른 용도에 사용하였다면 그 자체로서 횡령죄가 성립한다(大判 2005.9.28. 2005도3929; 大判 2008.2.29. 2007도9755).
② (O) 예금주와 송금인 사이에 신의칙상 보관관계가 성립한다고 할 것이므로, 피고인 명의의 은행 계좌에 입금된 돈을 임의로 인출하여 소비한 행위는 횡령죄에 해당한다(大判 2010.12.9. 2010도891).
③ (O) 입찰목적부동산의 소유권은 경락대금을 실질적으로 부담한 자가 누구인가와 상관없이 그 명의인이 취득한다 할 것이므로 그 부동산은 횡령죄의 객체인 타인의 재물이라고 볼 수 없어 명의인이 이를 임의로 처분하더라도 횡령죄를 구성하지 않는다(大判 2000.9.8. 2000도258).
④ (×) 부동산을 공동으로 상속한 자들 중 1인이 부동산을 혼자 점유하던 중 다른 공동상속인의 상속지분을 임의로 처분하여도 그에게는 그 처분권능이 없어 횡령죄가 성립하지 아니한다(大判 2000.4.11., 2000도565). 〈주〉 부동산 공동등기 명의자의 점유로는 보관자가 될 수 없다.

[정답] ④

038 2024년 경찰채용1차

횡령의 죄에 관한 설명으로 가장 적절하지 않은 것은? (다툼이 있는 경우 판례에 의함)

① 횡령죄의 본질에 관한 영득행위설에 따르면, 보관하는 재물을 위탁의 취지에 반하여 일시사용·손괴·은닉의 목적으로 처분하는 등 불법영득의사가 없는 경우, 횡령죄가 성립하지 않는다.
② 보관자도 업무자도 아닌 甲이 위탁받은 재물의 보관자인 동시에 업무자인 乙의 업무상횡령죄를 방조한 경우, 甲에게는 업무상횡령죄의 방조범이 성립한다.
③ 주주나 대표이사 또는 그에 준하여 회사 자금의 보관이나 운용에 관한 사실상의 사무를 처리하는 자가 회사 소유 재산을 제3자의 자금 조달을 위하여 담보로 제공하는 등 사적인 용도로 임의 처분한 경우 횡령죄가 성립하지만, 그 처분에 관하여 주주총회나 이사회의 결의가 있었다면 횡령죄가 성립하지 않는다.
④ 건물의 임차인 甲이 임대인 A에 대한 임대차보증금반환채권을 B에게 양도하였는데도 A에게 채권양도 통지를 하지 않고 A로부터 남아 있던 임대차보증금을 반환받아 보관하던 중 개인적인 용도로 사용한 경우, 별도의 약정이나 그 밖의 특별한 사정이 인정되지 않는 한 甲에게는 횡령죄가 성립하지 않는다.

[해설] ① (○) 횡령죄의 본질에 관하여 영득행위설(통설)에 따르면 일시사용이나 손괴, 은닉은 재산을 영득한 바가 없으므로 횡령죄가 성립하지 않으나, 월권행위설에 따르면 일시사용이나 손괴, 은닉의 경우에도 권한을 초월하였기 때문에 횡령죄가 성립한다고 본다.
② (○) 甲에게는 제33조 본문에 따라서 업무상횡령죄의 방조범이 성립하고, 제33조 단서에 따라서 단순횡령죄의 방조범으로 처벌한다.
③ (×) 이는 주식회사 제도의 목적에 비추어 볼 때 주주총회나 이사회의 결의에 관계 없이 횡령죄를 구성할 수 있다(大判 2011.3.24., 2010도17396).
④ (○) (大判 2022.6.23. 2017도3829 전합).

[정답] ③

039　2024년 검찰9급

횡령과 배임의 죄에 대한 설명으로 옳지 않은 것은? (다툼이 있으면 판례에 의함)

① 타인의 재물을 보관하는 사람이 단순히 반환을 거부한 사실만으로 횡령죄가 성립하는 것은 아니며, 반환거부의 이유 및 주관적인 의사 등을 종합하여 반환거부행위가 횡령행위와 같다고 볼 수 있을 정도이어야만 횡령죄가 성립할 수 있다.

② 저당권설정계약에 따라 채권자에게 저당권설정의무를 부담하는 채무자가 제3자에게 먼저 담보물에 관한 저당권을 설정하거나 담보물을 양도하는 등으로 채권자의 채권실현에 위험을 초래하더라도 배임죄가 성립한다고 할 수 없다.

③ 건물의 임차인이 임대인에 대한 임대차보증금반환채권을 제3자에게 양도하였는데도 임대인에게 채권양도 통지를 하지 않고 임대인으로부터 남아 있던 임대차보증금을 반환받아 보관하던 중 이를 개인적인 용도로 사용하면, 채권을 양수한 제3자를 피해자로 하는 횡령죄가 성립한다.

④ 주식회사의 대표이사가 대표권을 남용하는 등 그 임무에 위배하여 회사 명의로 의무를 부담하는 행위를 하더라도 상대방이 대표권남용 사실을 알았거나 알 수 있었던 경우, 그 의무부담행위로 인하여 실제로 채무의 이행이 이루어졌다거나 회사가 민법상 불법행위책임을 부담하게 되었다는 등의 사정이 없는 이상 배임죄의 기수에 이른 것은 아니다.

[해설]
① (○) (大判 1992.11.27. 92도2079).
② (○) (大判 2020.6.18. 2019도14340 전합).
③ (×) 채권양도인이 위와 같이 양도한 채권을 추심하여 수령한 금전에 관하여 채권양수인을 위해 보관하는 자의 지위에 있다고 볼 수 없으므로, 채권양도인이 위 금전을 임의로 처분하더라도 횡령죄는 성립하지 않는다(大判 2022. 6. 23. 2017도3829 전합).
④ (○) (大判 2017.7.20. 2014도1104 전합).

[정답] ③

040 2024년 해경승진(경위)

다음 중 배임죄에 관한 설명으로 가장 옳지 않은 것은? (다툼이 있는 경우 판례에 의함)

① 甲은 A중공업 직원 乙이 영업비밀인 선박부품설계도면을 해외로 유출하기 위하여 무단 반출하였다는 사실을 알고 몇 개월 후 乙에게 접근하여 설계도면을 취득하려고 하였다면 업무상배임죄의 공동정범이 될 수 없다.
② 퇴사한 회사직원이 반환하거나 폐기하지 아니한 영업비밀 등을 경쟁업체에 유출하거나 스스로의 이익을 위하여 이용하였을지라도 따로 업무상배임죄를 구성하지는 않는다.
③ 업무상배임죄는 부작위에 의해서도 성립할 수 있는데, 이 때 행위자는 부작위 당시 자신에게 주어진 임무를 위반한다는 점만 인식하면 족하고, 그 부작위로 인해 손해가 발생할 위험이 있다는 점을 인식할 필요는 없다.
④ 비상장법인의 대표이사가 주식의 시가보다 현저히 낮은 금액을 전환가액으로 한 전환사채를 지분비율에 따라 인수할 기회를 주주들에게 주었음에도 불구하고 주주들이 인수를 포기하자 그 전환사채를 제3자에게 동일한 발행조건으로 배정하여 발행한 경우, 업무상배임죄는 성립하지 않는다.

해설 ① (O) 업무상배임죄의 공동정범이 될 수 없다(大判 2003.10.30. 2003도4382). 〈주〉 무단반출한 때 기수가 되므로, 이후에는 공범이 성립하지 않는다.
② (O) (大判 2017.6.29. 2017도3808).
③ (X) 행위자는 부작위 당시 자신에게 주어진 임무를 위반한다는 점과 그 부작위로 인해 <u>손해가 발생할 위험이 있다는 점을 인식하였어야 한다</u>(大判 2021.5.27. 2020도15529). 〈주〉 배임죄는 본인의 손해가 조문에 규정된 구성요건이다.
④ (O) 주식회사의 이익을 침해하는 것으로 볼 수는 없으므로, 회사 지분비율의 변화가 기존 주주 자신의 선택에 기인한 것이라면 지배권 이전과 관련하여 이사에게 임무위배가 있다고 할 수 없다(大判 2009.5.29. 2007도4949 전합).

정답 ③

041 2024년 경찰채용1차

배임의 죄에 관한 설명으로 가장 적절한 것은? (다툼이 있는 경우 판례에 의함)

① 채무자 甲이 자신의 금전채무를 담보하기 위하여 채권자 A와 자신 소유의 자동차에 관한 양도담보설정계약을 체결한 후, A에게 양도담보설정계약에 따른 의무를 다하지 않고 이를 B에게 처분한 경우, 甲에게는 배임죄의 기수범이 성립한다.

② 수분양권 매도인 甲이 수분양권 매매계약에 따라 매수인 A에게 수분양권을 이전할 의무를 이행하지 않고, 수분양권 또는 이에 근거하여 향후 소유권을 취득하게 될 목적물을 미리 B에게 처분한 경우, 특별한 사정이 없는 한 甲에게는 배임죄의 기수범이 성립한다.

③ A주식회사의 대표이사인 甲이 대표권을 남용하는 등 그 임무에 위배하여 A주식회사 명의의 약속어음을 발행하고 그 사정을 모르는 B에게 이를 교부하였으나 아직 어음채무가 실제로 이행되기 전인 경우, 甲에게는 배임죄의 기수범이 성립한다.

④ 甲이 A로부터 18억 원을 차용하면서 담보로 甲소유의 아파트에 A명의의 4순위 근저당권을 설정해 주기로 약정하였음에도 B에게 채권최고액을 12억 원으로 하는 4순위 근저당권을 설정해 준 경우, 甲에게는 배임죄의 기수범이 성립한다.

[해설]

① (✕) 자동차 등에 관하여 양도담보설정계약을 체결한 채무자는 채권자에 대하여 그의 사무를 처리하는 지위에 있지 아니하므로, 채무자가 채권자에게 양도담보설정계약에 따른 의무를 다하지 아니하고 이를 타에 처분하였다고 하더라도 배임죄가 성립하지 아니한다(大判 2022.12.22. 2020도8682 전합).

② (✕) 특별한 사정이 없는 한 수분양권 매도인이 수분양권 매매계약에 따라 매수인에게 수분양권을 이전할 의무는 자신의 사무에 해당할 뿐이므로, 매수인에 대한 관계에서 '타인의 사무를 처리하는 자'라고 할 수 없다. 그러므로 수분양권 매도인이 위와 같은 의무를 이행하지 아니하고 수분양권 또는 이에 근거하여 향후 소유권을 취득하게 될 목적물을 미리 제3자에게 처분하였더라도 형법상 배임죄가 성립하는 것은 아니다(大判 2021.7.8. 2014도12104).

③ (○) (大判 2017.7.20. 2014도1104 전합).

④ (✕) 배임죄가 성립하지 않는다(大判 2020.6.18. 2019도14340 전합).

[정답] ③

12 장물, 손괴, 권리행사방해, 강제집행면탈죄

042 2024년 경찰승진
장물죄에 관한 설명으로 옳은 것을 모두 고른 것은? (다툼이 있는 경우 판례에 의함)

> ㉠ 재산범죄를 저지른 이후에 별도의 재산범죄의 구성요건에 해당하는 사후행위가 있었다면 비록 그 행위가 불가벌적 사후행위로서 처벌의 대상이 되지 않는다 할지라도 그 사후행위로 인하여 취득한 물건은 재산범죄로 인하여 취득한 물건으로서 장물이 될 수 있다.
> ㉡ 단순히 보수를 받고 본범을 위하여 장물을 일시 사용하거나 그와 같이 사용할 목적으로 장물을 건네받은 것만으로도 장물을 '취득'한 것으로 볼 수 있다.
> ㉢ 장물인 정을 알면서 장물을 매매하는 계약을 중개하였더라도 실제로 매매계약이 성립하지 아니하였거나 장물의 점유가 현실적으로 이전되지 아니하였다면, 장물알선죄는 성립하지 않는다.
> ㉣ 장물죄에 있어서 장물범과 피해자 간에 동거친족의 신분관계가 있는 때에는 형이 감경 또는 면제되지만, 장물범과 본범 간에 동거친족의 신분관계가 있는 때에는 형이 면제된다.

① ㉠ ② ㉠㉣
③ ㉡㉢ ④ ㉡㉢㉣

해설 ㉠ (○) (大判 2004.4.16. 2004도353).
㉡ (×) 단순히 보수를 받고 본범을 위하여 장물을 일시 사용하거나 그와 같이 사용할 목적으로 장물을 건네받은 것만으로는 장물을 취득한 것으로 볼 수 없다(大判 2003.5.13. 2003도1366). 〈주〉 장물보관죄가 성립한다.
㉢ (×) 그 알선에 의하여 당사자 사이에 실제로 장물의 취득·양도·운반·보관에 관한 계약이 성립하지 아니하였거나 장물의 점유가 현실적으로 이전되지 아니한 경우라도 장물알선죄가 성립한다(大判 2009.4.23. 2009도1203).
㉣ (×) 장물범과 피해자가 동거친족이라면 형을 면제한다(제365조 제1항, 제328조 참조). 장물범과 본범사이에 제328조 제1항의 신분관계가 있는 때에는 형을 감경 또는 면제한다(필요적 감면). 단, 신분관계가 없는 공범에 대하여는 예외로 한다(형법 제365조 제2항).

정답 ①

043 2024년 해경승진(경사)

다음 중 장물죄에 관한 설명으로 가장 옳지 않은 것은? (다툼이 있는 경우 판례에 의함)

① 장물인 귀금속의 매도를 부탁받은 피고인이 그 귀금속이 장물임을 알면서도 매매를 중개하고 매수인에게 이를 전달하려다가 매수인을 만나기도 전에 체포되었다면 장물알선죄가 성립한다고 보기 어렵다.
② 장물취득죄에서 '취득'이라고 함은 점유를 이전받음으로써 그 장물에 대하여 사실상의 처분권을 획득하는 것을 의미하는 것으로, 단순히 보수를 받고 본범을 위하여 장물을 일시 사용하거나 그와 같이 사용할 목적으로 장물을 건네받은 것만으로는 장물을 취득한 것으로 볼 수 없다.
③ 장물인 현금을 금융기관에 예금의 형태로 보관하였다가 이를 반환받기 위하여 동일한 액수의 현금을 인출한 경우, 물리적인 동일성은 상실되었지만 금전적 가치에는 아무런 변동이 없어 장물로서의 성질은 그대로 유지된다.
④ 절도 범인으로부터 장물보관 의뢰를 받은 자가 그 정을 알면서 이를 인도받아 보관하고 있다가 임의 처분한 경우, 장물보관죄만 성립하고 횡령죄는 성립하지 않는다.

> **[해설]**
> ① (×) 매수인을 만나기도 전에 체포되었다 하더라도, 위 귀금속의 매매를 중개함으로써 장물알선죄가 성립한다(大判 2009.4.23. 2009도1203).
> ② (○) (大判 2003.5.13. 2003도1366). 〈주〉 장물보관죄가 성립한다.
> ③ (○) (大判 2000.3.10. 98도2579; 大判 2004.4.16. 2004도353). 〈주〉 물리적 동일성은 없지만 가치의 동일성이 유지된다.
> ④ (○) 장물보관죄가 성립되는 때에는 이미 그 소유자의 소유물추구권을 침해하였으므로 그 후의 횡령행위는 불가벌적 사후행위에 불과하다(大判 1976.11.23. 76도3067).
>
> **[정답] ①**

044 2024년 해경승진(경위)

다음 중 장물의 죄에 대한 설명으로 가장 옳지 않은 것은? (다툼이 있는 경우 판례에 의함)

① 재산범죄를 저지른 이후에 별도의 재산범죄의 구성요건에 해당하는 사후행위가 있었다면 비록 그 행위가 불가벌적 사후행위로서 처벌의 대상이 되지 않는다 할지라도 그 사후행위로 인하여 취득한 물건은 재산범죄로 인하여 취득한 물건으로서 장물이 될 수 있다.
② 횡령 교사를 한 후 그 횡령한 물건을 취득한 경우에는 횡령교사죄 이외에 장물취득죄는 별도로 성립하지 아니한다.
③ 본범 이외의 자가 본범이 절취한 차량이라는 정을 알면서 강도예비의 고의를 가지고 강도행위를 위해 그 차량을 운전해 준 경우에는 강도예비죄와 아울러 장물운반죄가 성립할 수 있다.
④ 재물을 인도받은 후에 비로소 장물이 아닌가 하는 의구심을 가졌다 하더라도 그 재물 수수행위가 장물취득죄를 구성한다고 할 수 없다.

[해설] ① (○) (大判 2004.4.16. 2004도353).
② (×) 횡령 교사를 한 후 그 횡령한 물건을 취득한 때에는 횡령교사죄와 장물취득죄의 경합범이 성립된다 (大判 1969.6.24. 69도692).
③ (○) (大判 1999.3.26., 98도3030).
④ (○) (大判 1971.4.20. 71도468).

[정답] ②

045 2024년 검찰9급

장물죄에 대한 설명으로 옳지 않은 것은? (다툼이 있으면 판례에 의함)

① 횡령죄의 교사범이 피교사자가 횡령한 물건을 그 사정을 알면서 취득하면 별도로 장물취득죄가 성립한다.
② 보수를 받고 본범을 위하여 일시 사용할 목적으로 장물을 건네받은 경우에는 장물을 취득한 것으로 볼 수 없다.
③ 재산범죄를 저지른 이후에 별도의 재산범죄의 구성요건에 해당하는 사후행위가 있었다면, 비록 그 행위가 불가벌적 사후행위로서 처벌의 대상이 되지 않는다 할지라도 그 사후행위로 인하여 취득한 물건은 장물이 될 수 있다.
④ 장물죄에 있어서 본범의 국적·주소, 물건 소재지, 행위지 등이 외국과 관련되어 있어 그 행위에 대하여 우리 형법이 적용되지 아니하는 경우, 본범의 행위에 관한 법적 평가는 국제사법에 따른 준거법을 기준으로 하여야 한다.

[해설] ① (○) (大判 1969.6.24. 69도692).
② (○) (大判 2003.5.13. 2003도1366). 〈주〉 장물보관죄가 성립한다.
③ (○) (大判 2004.4.16. 2004도353).
④ (×) 본범의 행위에 관한 법적 평가는 그 행위에 대하여 우리 형법이 적용되지 아니하는 경우에도 우리 형법을 기준으로 하여야 한다(大判 2011.4.28. 2010도15350). 〈주〉 소유관계는 준거법 기준이고, 범죄성립은 한국법 기준이다.

[정답] ④

046 2024년 경찰승진

손괴의 죄에 관한 설명으로 가장 적절하지 않은 것은? (다툼이 있는 경우 판례에 의함)

① 피고인이 피해 차량의 앞뒤에 쉽게 제거하기 어려운 철근콘크리트 구조물 등을 바짝 붙여 놓아 차량을 운행할 수 없게 하였더라도 피해 차량 자체에 물리적 훼손이나 기능적 효용의 멸실 내지 감소가 발생하지 않았으므로 재물 본래의 효용을 해한 것이라고 볼 수 없다.
② 재건축사업으로 철거예정이고 그 입주자들이 모두 이사하여 아무도 거주하지 않은 채 비어 있는 아파트라 하더라도, 그 객관적 성상이 본래 사용 목적인 주거용으로 쓰일 수 없는 상태가 아니었고 그 소유자들이 신탁등기 등의 방법으로 계속 소유권을 행사하고 있다면, 재물로서의 이용가치나 효용이 없는 물건이라고도 할 수 없어 재물손괴죄의 객체가 된다.
③ 홍보를 위해 1층 로비에 설치해 둔 홍보용 배너와 거치대를 훼손 없이 그 장소에서 제거하여 컨테이너로 된 창고로 옮겨 놓아 사용할 수 없게 한 행위는 재물의 효용을 해하는 행위에 해당한다.
④ 포도주 원액이 부패하여 포도주 원료로서의 효용가치는 상실되었으나, 그 산도가 1.8도 내지 6.2도에 이르고 있어서 식초의 제조 등 다른 용도에 사용할 수 있다면, 이 포도주 원액은 재물손괴죄의 객체가 될 수 있다.

해설

① (×) 위 구조물로 인해 차량을 운행할 수 없게 됨으로써 일시적으로 본래의 사용목적에 이용할 수 없게 된 이상 차량 본래의 효용을 해한 경우에 해당하여 재물손괴죄가 성립한다(大判 2021.5.7. 2019도13764).
② (○) (大判 2007.9.20. 2007도5207).
③ (○) 위 광고판은 본래적 역할을 할 수 없는 상태로 되었으므로 피고인의 행위는 재물손괴죄에서의 재물의 효용을 해하는 행위에 해당한다(大判 2018.7.24. 2017도18807).
④ (○) (大判 1979.07.24. 78도2138).

[정답] ①

047 2024년 검찰9급

손괴에 대한 설명으로 옳은 것만을 모두 고르면? (다툼이 있으면 판례에 의함)

> ㉠ 재물을 절취하기 위해 야간에 피해자들이 운영하는 식당의 창문과 방충망을 물리적 훼손 없이 창틀에서 분리하여 놓고 침입한 행위는 특수절도죄의 손괴에 해당한다.
> ㉡ 다른 기관에 접수되어 있는 자기명의 문서에 대하여 함부로 이를 무효화시켜 그 용도에 사용하지 못하게 하였다면 문서손괴죄의 손괴에 해당한다.
> ㉢ 자동문을 자동으로 작동하지 않고 수동으로만 개폐가 가능하게 하여 일시적으로 자동잠금장치로서 역할을 할 수 없게 한 경우에는 재물손괴죄의 손괴에 해당한다.
> ㉣ 주차되어 있는 차량의 앞에 철근콘크리트 구조물을, 뒤에 굴삭기 크러셔를 바짝 붙여 놓아 해당 차량의 차주가 17~18시간 동안 차량을 운행할 수 없게 한 행위는 재물손괴죄의 '재물의 효용을 해한 경우'에 해당한다.

① ㉠㉡
② ㉡㉢
③ ㉢㉣
④ ㉡㉢㉣

해설 ㉠ (×) 피고인은 창문과 방충망을 창틀에서 분리하였을 뿐 물리적으로 훼손하여 효용을 상실하게 한 것은 아니므로 손괴죄가 성립하지 않는다(大判 2015.10.29. 2015도7559).
㉡ (○) (大判 1987.4.14. 87도177).
㉢ (○) (大判 2016.11.25. 2016도9219).
㉣ (○) 위 구조물로 인해 차량을 운행할 수 없게 됨으로써 일시적으로 본래의 사용목적에 이용할 수 없게 된 이상 차량 본래의 효용을 해한 경우에 해당하여 재물손괴죄가 성립한다(大判 2021.5.7. 2019도13764).

정답 ④

048 2024년 해경승진(경사)

다음 중 손괴의 죄 및 권리행사방해의 죄에 대한 설명으로 가장 옳은 것은? (다툼이 있는 경우 판례에 의함)

① 계란 30여 개를 건물에 투척한 행위는 건물의 효용을 해한 것으로 볼 수 있으므로 재물손괴죄를 구성한다.
② 강제집행면탈죄가 성립하기 위해서는 재산의 은닉, 손괴, 허위 양도 또는 허위의 채무를 부담하여 현실적으로 채권자를 해하는 결과가 야기되어야 하고, 채권자를 해할 위험만으로는 강제집행면탈죄가 성립하지 않는다.
③ 물건의 소유자가 아닌 甲이 소유자 乙의 권리행사방해 범행에 가담한 경우, 乙에게 고의가 없어 범죄가 성립하지 않더라도 甲은 권리행사방해죄의 공범으로 처벌될 수 있다.
④ 소유자의 의사에 따라 어느 장소에 게시 중인 문서를 소유자의 의사에 반하여 떼어내는 것과 같이 소유자의 의사에 따라 형성된 종래의 이용상태를 변경시켜 종래의 상태에 따른 이용을 일시적으로 불가능하게 하는 경우에도 문서손괴죄가 성립할 수 있다.

해설 ① (×) 계란 30여 개를 건물에 투척한 행위는 건물의 효용을 해하는 정도의 것에 해당하지 않는다(大判 2007.6.28. 2007도2590).
② (×) 채권자가 본안 또는 보전소송을 제기하거나 제기할 태세를 보이고 있는 상태에서 주관적으로 강제집행을 면탈하려는 목적으로 재산을 은닉, 손괴, 허위양도하거나 허위의 채무를 부담하여 채권자를 해할 위험이 있으면 성립하고, 반드시 채권자를 해하는 결과가 야기되거나 행위자가 어떤 이득을 취하여야 범죄가 성립하는 것은 아니다(大判 2012.6.28. 2012도3999).
③ (×) 권리행사방해죄의 공범으로 기소된 물건의 소유자에게 고의가 없는 등으로 범죄가 성립하지 않는다면 공동정범이 성립할 여지가 없다(大判 2017.5.30. 2017도4578). 〈주〉 정범이 없으면 공범도 성립할 수 없다.
④ (○) (大判 2015.11.27. 2014도13083).

[정답] ④

049 2024년 경찰승진

권리행사를 방해하는 죄에 관한 설명으로 옳지 않은 것을 모두 고른 것은? (다툼이 있는 경우 판례에 의함)

> ㉠ 권리행사방해죄는 타인의 점유 또는 권리의 목적이 된 자기의 물건을 취거, 은닉 또는 손괴하여 타인의 권리행사를 방해함으로써 성립하므로, 물건의 소유자가 아닌 제3자가 소유자의 권리행사방해 범행에 가담한 경우에 그의 공범이 될 수 없다.
> ㉡ 권리행사방해죄에 있어서의 타인의 점유와 관련하여 본권을 갖지 아니하는 절도범인의 점유도 여기에 해당한다.
> ㉢ 물건에 대한 점유를 수반하지 아니하는 채권의 목적이 된 자기물건은 권리행사방해죄의 구성요건 중 타인의 권리에 포함되지 아니한다.
> ㉣ 채무자와 제3채무자 사이에 채무자의 장래청구권이 충분하게 표시되었거나 결정된 법률관계가 존재한다면 동산·부동산 뿐만 아니라 장래의 권리라도 강제집행면탈죄의 객체에 해당한다.
> ㉤ 강제집행면탈죄는 강제집행을 당할 구체적인 위험이 있는 상태에서 재산을 은닉, 손괴, 허위양도 또는 허위의 채무를 부담하면 바로 성립하는 것이고, 반드시 채권자를 해하는 결과가 야기되거나 이로 인하여 행위자가 어떤 이득을 취하여야 범죄가 성립하는 것은 아니다.

① ㉠㉡㉢
② ㉠㉡㉤
③ ㉠㉢㉣
④ ㉡㉣㉤

[해설] ㉠ (×) 물건의 소유자가 아닌 사람은 형법 제33조 본문에 따라 소유자의 권리행사방해 범행에 가담한 경우에 한하여 그의 공범이 될 수 있을 뿐이다(大判 2017.5.30. 2017도4578).
㉡ (×) 권리행사방해죄에서의 보호대상인 타인의 점유와 관련하여 절도범인의 점유와 같이 점유할 권리 없는 자의 점유임이 외관상 명백한 경우는 포함되지 아니한다(大判 2006.3.23. 2005도4455).
㉢ (×) 권리행사방해죄의 구성요건 중 타인의 '권리'란 반드시 제한물권만을 의미하는 것이 아니라 물건에 대하여 점유를 수반하지 아니하는 채권도 이에 포함된다(大判 1991.4.26. 90도1958).
㉣ (○) (大判 2011.7.28. 2011도6115).
㉤ (○) (大判 2012.6.28. 2012도3999).

[정답] ①

13 공안, 방화, 교통방해죄

050 2024년 경찰승진
방화죄에 관한 설명으로 가장 적절하지 않은 것은? (다툼이 있는 경우 판례에 의함)

① 방화의 의사로 뿌린 휘발유가 사람이 현존하는 주택 주변과 피해자의 몸에 적지 않게 살포되어 있는 사정을 알면서도 라이터를 켜 불꽃을 일으킴으로써 피해자의 몸에 불이 붙은 경우, 비록 불이 방화 목적물인 주택 자체에 옮겨붙지는 아니하였다 하더라도 현존건조물방화죄의 실행의 착수가 인정된다.

② 피해자의 방 안에 옷가지 등을 모아놓고 불을 붙인 천조각을 던져서 그 불길이 방안을 태우면서 천정까지 옮겨 붙었다면 도중에 진화되었다고 하더라도 현주건조물방화죄의 기수가 성립한다.

③ 甲이 주택에 불을 놓고, 그 곳에서 빠져나오려는 A를 막아 소사케 한 경우, 甲에게 현주건조물방화죄와 살인죄가 성립하고 양 죄는 실체적 경합관계에 있다.

④ 지붕과 문짝, 창문이 없고 담장과 일부 벽체가 붕괴된 철거대상 건물로서 사실상 기거·취침에 사용할 수 없는 상태인 폐가의 외부에 쓰레기를 모아놓고 태워 그 불길로 폐가의 벽을 일부 그을리게 한 정도인 경우, 타인 소유 일반건조물방화죄 미수가 성립한다.

해설 ① (○) 현존건조물방화죄의 실행의 착수가 인정된다(大判 2002.3.26. 2001도6641).
② (○) 천정에 옮겨 붙은 때에 이미 현주건조물방화죄의 기수에 이른 것이다(大判 2007.3.16. 2006도9164).
③ (○) (大判 1983.1.18. 82도2341). 〈주〉 불을 놓은 행위는 방화행위이고, 나오지 못하게 막은 행위가 살인행위이다.
④ (×) 폐가는 지붕과 문짝, 창문이 없고 담장과 일부 벽체가 붕괴된 철거 대상 건물로서 사실상 기거·취침에 사용할 수 없는 상태의 것이므로 형법 제166조의 건조물이 아닌 형법 제167조의 물건에 해당하고, 일반물건방화죄에 관하여는 미수범의 처벌 규정이 없어 피고인에게 무죄를 선고하였다(大判 2013.12.12. 2013도3950).

정답 ④

051 2024년 해경승진(경사)

다음 중 방화죄 사례와 그에 대한 설명의 연결이 가장 옳지 <u>않은</u> 것은? (다툼이 있는 경우 판례에 의함)

① 甲은 자신의 아버지(A)와 형(B)을 살해할 목적으로 A와 B가 자고 있는 방에 불을 놓았고, 그 결과 둘 다 사망하였다. - 甲은 살인죄, 존속살해죄, 현주건조물방화치사죄의 실체적 경합범
② 甲은 지붕과 문짝, 창문이 없고 담장과 일부 벽체가 붕괴된 철거 대상 건물로서 사실상 기거, 취침에 사용할 수 없는 상태인 폐가의 내부와 외부에 쓰레기를 모아놓고 태워 그 불길이 폐가의 벽을 일부 그을리게 하였다. - 甲은 일반물건방화죄의 미수범에 해당하나 미수범 처벌규정이 없어 불가벌
③ 甲은 사람이 현존하는 자동차에 방화를 하였다. - 甲은 현주건조물등방화죄
④ 甲과 乙은 공동으로 집에 방화를 하였는데 불길이 예상외로 크게 번지자, 乙은 도망하였고 甲은 후회하여 진화활동을 한 결과 그 집은 반소(半燒)에 그쳤다. - 甲과 乙 모두 방화죄의 기수범

해설 ① (×) 사람을 살해할 목적으로 현주건조물에 방화하여 사망에 이르게 한 경우에는 현주건조물방화치사죄로 의율하여야 하고 이와 더불어 살인죄와의 상상적경합범으로 의율할 것은 아니며, 다만 존속살인죄와 현주건조물방화치사죄는 상상적 경합범 관계에 있으므로, 법정형이 중한 존속살인죄로 의율함이 타당하다(大判 1996.4.26. 96도485). 〈주〉A에 대한 현주건조물방화치사죄와 B에 대한 현주건조물방화치사 및 존속살해죄의 상상적 경합범이 성립한다.
② (○) [1] 이 사건 폐가는 형법 제166조의 건조물이 아닌 형법 제167조의 물건에 해당한다. [2] 일반물건방화죄에 관하여는 미수범의 처벌 규정이 없어 피고인에게 무죄를 선고하였다(大判 2013.12.12. 2013도3950).
③ (○) 현주건조물등방화죄의 객체는 주거로 사용하거나 사람이 현존하는 건조물, 기차, 전차, 자동차, 선박, 항공기 또는 광갱이다(제164조 제1항).
④ (○) 방화죄는 화력이 매개물을 떠나 스스로 연소할 수 있는 상태에 이르렀을 때에 기수가 된다(大判 1970.3.24. 70도330).

정답 ①

052 2024년 해경승진(경위)

다음 중 방화와 실화의 죄에 대한 설명으로 가장 옳지 않은 것은? (다툼이 있는 경우 판례에 의함)

① 현주건조물방화예비죄를 저지른 사람이 그 목적한 죄의 실행에 이르기 전에 자수한 때에는 형을 감경 또는 면제한다.
② 현주건조물방화치사죄는 사망의 결과발생에 대한 과실이 있는 경우뿐만 아니라 고의가 있는 경우를 포함한다.
③ 지붕과 문짝, 창문이 없고 담장과 일부 벽체가 붕괴된 철거 대상 건물로서 사실상 기거·취침에 사용할 수 없는 상태의 폐가에 쓰레기를 모아놓고 태워 폐가의 벽을 일부 그을리게 한 경우, 일반물건방화죄 미수범으로 처벌할 수는 없다.
④ 노상에서 전봇대 주변에 놓인 재활용품과 쓰레기 등을 발견하고 소지하고 있던 라이터를 이용하여 불을 붙인 다음 불상의 가연물을 집어넣어 화염을 키움으로써 공공의 위험을 발생하게 한 경우 「형법」 제167조 제1항에 정한 타인소유 일반물건방화죄가 성립한다.

해설
① (○) 형법 제175조.
② (○) (大判 1996.4.26. 96도485). 〈주〉 총론에서 배웠듯이 부진정결과적 가중범이다.
③ (○) 일반물건방화죄에 관하여는 미수범의 처벌규정이 없어 무죄를 선고하였다(大判 2013.12.12. 2013도3950).
④ (×) 노상에서 전봇대 주변에 놓인 재활용품과 쓰레기 등에 불을 놓아 소훼한 사안에서, 그 재활용품과 쓰레기 등은 '무주물'로서 형법 제167조 제2항에 정한 '자기 소유의 물건'에 준하는 것으로 보아야 한다(大判 2009.10.15. 2009도7421). 〈주〉 타인소유가 아니라 자기소유 일반물건 방화죄가 성립한다.

[정답] ④

053 2024년 경찰채용1차

방화죄에 관한 설명으로 가장 적절한 것은? (다툼이 있는 경우 판례에 의함)

① 甲이 지붕과 문짝, 창문이 없고 담장과 일부 벽체가 붕괴된 철거 대상 건물로서 사실상 기거·취침에 사용할 수 없는 폐가의 내부와 외부에 쓰레기를 모아놓고 태워 그 불길이 폐가 주변 수목 4~5그루를 태우고 폐가의 벽을 일부 그을리게 한 경우, 甲은 일반물건방화죄의 미수범으로 처벌된다.

② 甲이 A의 집에 불을 놓은 후 불이 붙은 집에서 탈출하려는 A를 막아 탈출하지 못하게 함으로써 A가 결국 불에 타 사망한 경우, 甲에게는 현주건조물방화죄와 살인죄의 상상적 경합범이 성립한다.

③ 노상에서 전봇대 주변에 놓인 쓰레기에 불을 놓아 태움으로써 공공의 위험을 발생케 한 경우 자기 소유 일반물건방화죄가 성립한다.

④ 「형법」 제167조의 일반물건방화죄는 「형법」 제166조의 일반건조물등방화죄에 대한 관계에서 법조경합 중 특별관계에 있으므로, 「형법」 제166조의 일반건조물등방화죄가 성립하는 경우에는 「형법」 제167조의 일반물건방화죄는 성립하지 않는다.

[해설] ① (×) [1] 이 사건 폐가는 형법 제166조의 건조물이 아닌 형법 제167조의 물건에 해당한다. [2] 일반물건방화죄에 관하여는 미수범의 처벌 규정이 없어 피고인에게 무죄를 선고하였다(大判 2013.12.12. 2013도3950).
② (×) 현주건조물방화죄와 살인죄는 실체적 경합관계에 있다(大判 1983.1.18. 82도2341).
③ (○) 노상에서 전봇대 주변에 놓인 재활용품과 쓰레기 등에 불을 놓아 소훼한 사안에서, 그 재활용품과 쓰레기 등은 '무주물'로서 형법 제167조 제2항에 정한 '자기 소유의 물건'에 준하는 것으로 보아야 한다(大判 2009.10.15. 2009도7421).
④ (×) 일반물건방화죄는 일반건조물방화죄에 대한 관계에서 특별관계가 아니라 보충관계이다.

[정답] ③

14 통화, 유가증권에 관한 죄

054 2024년 해경승진(경위)
다음 중 통화위조·변조죄에 관한 설명으로 가장 옳지 않은 것은? (다툼이 있는 경우 판례에 의함)

① 「형법」은 행사할 목적으로 외국에서 유통하는 외국의 화폐, 지폐 또는 은행권을 위조 또는 변조한 자에 대한 처벌규정을 두고 있지 않다.
② 진정한 통화인 미화 1달러 및 2달러 지폐의 발행연도, 발행번호, 미국 재무부를 상징하는 문양, 재무부장관의 사인, 일부 색상을 고친 경우에는 통화가 변조되었다고 볼 수 없다.
③ 통화위조를 예비·음모한 자가 실행 전에 자수한 때에는 그 형을 감면할 수 있다.
④ 행사할 목적으로 통용하는 대한민국의 화폐, 지폐 또는 은행권을 위조 또는 변조한 행위에 대해서는 외국인의 국외범에 대해서도 대한민국 「형법」이 적용된다.

> [해설] ① (○) 형법 제207조(통화의 위조 등) ③ 행사할 목적으로 외국에서 "통용하는" 외국의 화폐, 지폐 또는 은행권을 위조 또는 변조한 자는 10년 이하의 징역에 처한다. 〈주〉 "통용"이 옳고, "유통"은 틀리다.
> ② (○) (大判 2004.3.26, 2003도5640).
> ③ (×) 통화위조를 예비·음모한 자가 실행 전에 자수한 때에는 그 형을 감경 또는 면제한다(제213조 단서, 필요적 감면).
> ④ (○) [1] 형법 제5조(외국인의 국외범) 본법은 대한민국영역 외에서 다음에 기재한 죄를 범한 외국인에게 적용한다. 4. 통화에 관한 죄. [2] 제207조(통화의 위조 등) ① 행사할 목적으로 통용하는 대한민국의 화폐, 지폐 또는 은행권을 위조 또는 변조한 자는 무기 또는 2년 이상의 징역에 처한다.
>
> [정답] ③

15 문서에 관한 죄

055 2024년 해경승진(경사)

다음 중 문서에 관한 죄에 대한 설명으로 가장 옳은 것은? (다툼이 있는 경우 판례에 의함)

① A주식회사의 대표이사 甲이 실질적 운영자인 1인 주주 B의 구체적인 위임이나 승낙 없이 이미 퇴임한 전(前) 대표이사 C를 대표이사로 표시하여 A회사 명의의 문서를 작성한 경우 사문서위조죄가 성립한다.
② 공무원이 아닌 자가 공무원에게 허위사실을 기재한 증명원을 제출하여 그것을 알지 못하는 공무원으로부터 증명서를 받아 낸 경우 허위공문서작성죄의 간접정범은 성립하지 않는다.
③ 직접적인 법률관계에 단지 간접적으로 연관된 의사표시 내지 권리·의무의 변동에 사실상으로 영향을 줄 수 있는 의사표시를 내용으로 하는 문서는 사문서위조죄의 객체가 되지 않는다.
④ 공무원이 고의로 법령을 잘못 적용하여 공문서를 작성하였다면 그 법령적용의 전제가 된 사실관계에 대한 내용에 거짓이 없다고 하더라도 허위공문서작성죄가 성립한다.

> **해설** ① (×) 문서위조죄가 성립하지 않는다(大判 2008.11.27. 2006도9194). 〈주〉 甲은 대표이사의 권한이 있는 자이므로 위조죄가 성립하지 않는다.
> ② (○) (大判 2001.3.9. 2000도938). 〈주〉 권한 있는 공무원 명의로 공문서가 발급되었으므로 위조죄는 성립할 수 없다.
> ③ (×) 직접적인 법률관계에 단지 간접적으로만 연관된 의사표시 내지 권리·의무의 변동에 사실상으로만 영향을 줄 수 있는 의사표시를 내용으로 하는 문서도 포함될 수 있다(大判 2012.5.9. 2010도690).
> ④ (×) 고의로 법령을 잘못 적용하여 공문서를 작성하였다고 하더라도 그 법령적용의 전제가 된 사실관계에 대한 내용에 거짓이 없다면 허위공문서작성죄가 성립될 수 없다(大判 2000.6.27. 2000도1858).
>
> [정답] ②

056 2024년 검찰9급

문서위조죄에 대한 설명으로 옳지 않은 것은? (다툼이 있으면 판례에 의함)

① 문서 작성권한의 위임을 받은 자가 그 위임받은 권한의 범위 내라 하여도 이를 남용하여 문서를 작성하였다면 사문서위조죄가 성립한다.
② 2인 이상의 연명으로 된 문서를 위조한 때에는 작성명의인의 수대로 수 개의 문서위조죄가 성립하고, 위 수 개의 문서위조죄는 상상적 경합관계에 있다.
③ 명의인을 기망하여 문서를 작성케 하는 경우는 서명·날인이 정당히 성립된 경우에도 기망자는 명의인을 이용하여 서명 날인자의 의사에 반하는 문서를 작성케 하는 것이므로 사문서위조죄가 성립한다.
④ 문서명의인이 이미 사망하였는데도 문서명의인이 생존하고 있다는 점이 문서의 중요한 내용을 이루거나 그 점을 전제로 문서가 작성되었다면, 그러한 내용의 문서에 관하여 사망한 명의자의 승낙이 추정된다는 이유로 사문서위조죄의 성립을 부정할 수는 없다.

[해설] ① (×) 위임받은 권한의 범위 내에서 이를 남용하여 문서를 작성한 것에 불과하다면 사문서위조죄가 성립하지 아니한다고 할 것이다(大判 2006.9.28. 2006도1545).
② (○) (大判 1987.7.20. 87도564). 〈주〉하나의 위조행위로 두 명의 명의자를 침해하였다.
③ (○) (大判 2000.6.13. 2000도778).
④ (○) (大判 2011.9.29. 2011도6223).

[정답] ①

057 2024년 경찰채용1차

다음 중 甲에게 괄호 안의 범죄가 성립되지 않는 경우는 모두 몇 개인가? (다툼이 있는 경우 판례에 의함)

㉠ 甲이 인터넷을 통해 등기사항전부증명서를 열람·출력한 후, 행사할 목적으로 그 증명서 하단의 열람 일시 부분을 수정테이프로 지우고 복사해 둔 경우 (공문서변조죄)
㉡ 甲과 乙은 乙이 甲으로부터 1,000만 원을 차용하는 것처럼 가장하여 乙의 연인 A로 하여금 이를 변제하도록 협박하기로 공모한 후, A를 보증인으로 하는 차용증을 작성하는 자리에서 甲이 위조된 100만 원권 자기앞수표 10장이 들어 있는 봉투를 乙에게 교부하면서 그 자기앞수표 자체를 봉투에서 꺼내거나 그 자기앞수표의 위조 사실을 모르는 A에게 보여주지 않은 경우 (위조유가증권행사죄)
㉢ 甲이 1995년에 미국에서 진정하게 발행된 미화 1달러권 지폐와 2달러권 지폐를 화폐수집가들이 수집하는 희귀화폐인 것처럼 만들어 행사할 목적으로 발행연도 '1995'를 빨간색으로 '1928'로 고치고, 발행번호와 미국 재무부를 상징하는 문양 및 재무부장관의 사인 부분을 지운 후 빨간색으로 다시 가공한 경우 (외국통용외국통화변조죄)

ⓔ 甲은 A종중의 적법한 대표자가 아님에도 A종중 소유의 토지가 소유권보존등기가 되어 있지 않은 점을 이용하여, 자신이 A종중의 대표자인 것처럼 종중규약과 회의록을 허위로 작성한 후 이를 근거로 그 토지에 대하여 A종중을 소유자로, 甲을 A종중의 대표자로 소유권보존등기를 경료하여, 부동산등기부상 자신을 A종중의 대표자로 등재되도록 한 경우 (공정증서원본불실기재죄)

ⓜ 사법경찰관 甲은 검사로부터 '교통사고 피해자들로부터 사고경위에 대해 구체적 진술을 청취하여 운전자의 도주 여부에 대해 재수사할 것'을 요청받고는, 행사할 목적으로 재수사 결과서를 작성하면서 피해자들로부터 실제 진술을 청취하지 않고도 그 재수사 결과서의 '재수사 결과'란에 자신의 독자적인 의견이나 추측에 불과한 것을 마치 피해자들로부터 직접 들은 진술인 것처럼 기재한 경우 (허위공문서작성죄)

① 1개 ② 2개
③ 3개 ④ 4개

해설 * 괄호 안의 범죄가 성립되지 않는 경우는 ⓛⓒ 2개이다.
- ㉠ (O) (大判 2021.2.25. 2018도19043).
- ㉡ (×) 乙이나 甲이 위조된 자기앞수표를 A에게 제시하는 등으로 이를 인식하게 하였다고 할 수 없어 이들이 위 봉투를 A의 면전에서 주고받은 행위를 위조된 자기앞수표를 행사한 경우에 해당한다고 볼 수 없고, 따라서 乙이나 甲에게 위 수표를 교부한 것이 이를 행사한 경우에 해당한다고 볼 수 없다(大判 2010.12.9. 2010도12553). 〈주〉 공범간의 교부는 행사가 아니다.
- ㉢ (×) 위와 같은 정도의 가공행위만으로는 기존 통화의 명목가치나 실질가치가 변경되었다거나 객관적으로 보아 일반인으로 하여금 기존 통화와 다른 진정한 화폐로 오신하게 할 정도의 새로운 물건을 만들어 낸 것으로 보기는 어렵다(大判 2004.3.26. 2003도5640)
- ㉣ (O) 종중 대표자의 기재는 당해 부동산의 처분권한과 관련된 중요한 부분의 기재로서 이에 대한 공공의 신용을 보호할 필요가 있으므로 이를 허위로 등재한 경우에는 공정증서원본불실기재죄의 대상이 되는 불실의 기재에 해당한다(大判 2006.1.13., 2005도4790).
- ㉤ (O) 피해자들 진술로 기재된 내용 중 일부가 결과적으로 사실과 부합하는지, 재수사 요청을 받은 사법경찰관이 검사에 의하여 지목된 참고인이나 피의자 등에 대한 재조사 여부와 재조사 방식 등에 대해 재량을 가지는지 등과 무관하게 피고인의 행위는 허위공문서작성죄를 구성하고 그에 관한 범의도 인정된다(大判 2023.3.30. 2022도6886).

[정답] ②

058 2024년 해경승진(경사)

다음 중 허위공문서작성죄에 대한 설명으로 가장 옳지 <u>않은</u> 것은? (다툼이 있는 경우 판례에 의함)

① 甲이 혼인의사가 없음에도 乙女와 혼인한 것처럼 공무원을 기망하여 가족관계등록부에 혼인관계를 기재한 경우, 甲은 허위공문서작성죄의 간접정범이 될 수 없다.
② 공문서의 작성권자를 보조하는 직무 종사 공무원이 허위공문서를 기안하여 허위인 정을 모르는 작성권자에게 제출하고 그 내용을 진실한 것으로 오신케 하여 서명 또는 기명날인케 함으로써 공문서를 완성한 때에는 허위공문서작성죄의 간접정범이 된다.
③ 경찰서 보안과장 甲이 乙의 음주운전을 눈감아주기 위해 그에 대한 음주운전 적발보고서를 찢어 버리고, 부하로 하여금 일련번호가 동일한 가짜 음주운전 적발보고서에 丙에 대한 음주운전 사실을 기재케하여 그 정을 모르는 담당 경찰관으로 하여금 주취 운전자 음주측정처리부에 丙에 대한 음주운전사실을 기재하도록 한 경우 허위공문서작성 및 동행사죄의 간접정범이 된다.
④ 군청 산림과 소속 공무원인 甲이 허위의 '산지이용구분 내역 통보'를 군청 민원봉사과에 보내어, 그 정을 모르는 민원봉사과 소속 공무원 乙로 하여금 군수 명의의 위 각 임야에 대한 토지이용계획확인서를 작성·발급하게 한 경우, 허위공문서작성죄의 간접정범이 된다.

[해설]
① (O) 피고인들이 중국 국적의 조선족 여자들과 참다운 부부관계를 설정할 의사 없이 단지 그들의 국내 취업을 위한 입국을 가능하게 할 목적으로 형식상 혼인하기로 한 것이라면, 공정증서원본불실기재 및 동행사 죄의 죄책을 면할 수 없다(大判 1996. 11. 22. 96도204).
② (O) (大判 1990.2.27. 89도1816).
③ (O) 허위공문서작성 및 동 행사죄의 간접정범으로서의 죄책을 면할 수 없다(大判 1996.10.11. 95도1706).
④ (X) 甲은 위 각 토지이용계획확인서의 작성권한자도 아니고 위 각 문서의 작성을 기안하는 업무에 종사하는 자라고 보기도 어려우므로, 甲을 허위공문서작성죄의 간접정범으로 볼 수는 없다(大判 2010.1.14. 2009도9963). 〈주〉 민원봉사과의 문서에 대하여 산림과 공무원은 사인과 동일한 지위를 가진다.

[정답] ④

059 2024년 경찰승진

공정증서원본부실기재죄에 관한 설명으로 가장 적절한 것은? (다툼이 있는 경우 판례에 의함)

① 허위의 소유권이전등기를 경료한 자가 그 부동산에 관하여 자신의 채권자와의 합의로 근저당권설정등기를 경료한 경우 공정증서원본부실기재죄 및 동행사죄가 성립한다.
② 종중 소유의 토지를 자신의 개인 소유로 신고하여 토지대장에 올린 경우 공정증서원본부실기재죄가 성립한다.
③ 법원에 허위 내용의 조정신청서를 제출하여 판사로 하여금 조정조서에 부실의 사실을 기재하게 한 경우 공정증서원본부실기재죄가 성립한다.
④ 어떤 부동산에 관하여 피상속인에게 실체상의 권리가 없었음에도 불구하고 재산상속인이 상속을 원인으로 한 소유권이전등기를 경료한 경우 공정증서원본부실기재죄가 성립한다.

[해설] ① (○) (大判 1997.07.25. 97도605). 〈주〉 허위 이전등기를 바탕으로 경료된 설정등기는 합의가 있었더라도 본죄가 성립한다.
② (×) 권리의무에 변동을 주는 효력이 없는 토지대장은 위에서 말하는 공정증서에 해당하지 아니한다(大判 1988.5.24. 87도2696).
③ (×) 조정조서는 공정증서원본에 해당하지 않으므로 공정증서원본불실기재죄가 성립하지 않는다(大判 2010.6.10. 2010도3232).
④ (×) 당시의 등기부상의 권리관계를 나타내는 것에 불과하므로 그와 같은 등기절차를 밟았다 하여 공정증서원본불실기재나 동행사죄가 성립할 수 없다(大判 1987.4.14. 85도2661).

[정답] ①

060 2024년 해경승진(경위)

다음 중 공문서부정행사죄에 대한 설명으로 가장 옳지 않은 것은? (다툼이 있는 경우 판례에 의함)

① 습득한 타인의 주민등록증을 자기 가족의 것이라고 제시하면서 그 주민등록증 상의 명의로 이동전화가입신청을 한 경우, 타인의 주민등록증을 본래의 사용용도인 신분확인용으로 사용한 것으로서 공문서부정행사죄가 성립한다.
② 자동차 등의 운전자가 경찰공무원에게 다른 사람의 운전면허증 자체가 아니라 이를 촬영한 이미지파일을 휴대전화 화면 등을 통하여 보여주는 행위는 공문서부정행사죄를 구성하지 아니한다.
③ 경찰공무원으로부터 신분증의 제시를 요구받고 자신의 인적사항을 속이기 위하여 다른 사람의 운전면허증을 제시한 경우, 운전면허증의 사용목적에 따른 행사로서 공문서부정행사죄가 성립한다.
④ 타인의 주민등록표등본을 그와 아무런 관련 없는 사람이 마치 자신의 것인 것처럼 행사하는 행위는 공문서부정행사죄를 구성하지 아니한다.

[해설] ① (×) 타인의 주민등록증을 본래의 사용용도인 신분확인용으로 사용한 것이라고 볼 수 없어 공문서부정행사죄가 성립하지 않는다(大判 2003.2.26. 2002도4935). 〈주〉 남의 것을 남의 것으로 사용하였다.
② (○) 도로교통법 제92조 제2항에서 제시의 객체로 규정한 운전면허증은 적법한 운전면허의 존재를 추단 내지 증명할 수 있는 운전면허증 그 자체를 가리키는 것이지, 그 이미지파일 형태는 여기에 해당하지 않는다(大判 2019.12.12. 2018도2560).
③ (○) 제3자로부터 신분확인을 위하여 신분증명서의 제시를 요구받고 다른 사람의 운전면허증을 제시한 행위는 그 사용목적에 따른 행사로서 공문서부정행사죄에 해당한다(大判 2001.4.19. 2000도1985 전합).
④ (○) 주민등록표등본은 그 사용권한자가 특정되어 있다고 할 수 없으므로, 공문서부정행사죄가 성립되지 아니한다(大判 1999.5.14. 99도206).

[정답] ①

16 성풍속, 도박복표에 관한 죄

061 2024년 경찰승진

도박과 복표에 관한 죄에 대한 설명으로 옳고 그름의 표시(O, X)가 바르게 된 것은? (다툼이 있는 경우 판례에 의함)

> ㉠ 도박은 '재물을 걸고 우연에 의하여 재물의 득실을 결정하는 것'을 의미하는 바, 당사자의 능력이 승패의 결과에 영향을 미친다면 다소간 우연성의 영향을 받는다고 하여도 도박죄는 성립하지 않는다.
> ㉡ 유료낚시터에서 입장료 명목으로 요금을 받은 후 낚인 물고기에 부착된 시상번호에 따라 경품을 지급한 경우 도박개장죄가 성립한다.
> ㉢ 국가 정책적 견지에서 도박죄의 보호법익보다 좀 더 높은 국가이익을 위하여 예외적으로 내국인의 출입을 허용하는 「폐광지역 개발 지원에 관한 특별법」 등에 따라 카지노에 출입하는 것은 법령에 의한 행위로 위법성이 조각되는 것처럼, 도박죄를 처벌하지 않는 외국 카지노에서 도박을 하였다면 그 위법성이 조각된다.
> ㉣ 피고인 등이 피해자들을 유인하여 사기도박을 하여 도금을 편취한 행위는 사회관념상 1개의 행위로 평가함이 상당하므로, 피해자들에 대한 각 사기죄는 상상적 경합의 관계에 있다.

① ㉠(×) ㉡(O) ㉢(×) ㉣(O)
② ㉠(×) ㉡(×) ㉢(O) ㉣(×)
③ ㉠(O) ㉡(×) ㉢(×) ㉣(O)
④ ㉠(×) ㉡(O) ㉢(×) ㉣(×)

해설
㉠ (×) 당사자의 능력이 승패의 결과에 영향을 미친다고 하더라도 다소라도 우연성의 사정에 의하여 영향을 받게 되는 때에는 도박죄가 성립할 수 있다(大判 2008.10.23. 2006도736).
㉡ (O) (大判 2009.2.26. 2008도10582).
㉢ (×) 도박죄를 처벌하지 않는 외국 카지노에서의 도박이라는 사정만으로 그 위법성이 조각된다고 할 수 없다(大判 2004.04.23. 2002도2518).
㉣ (O) (大判 2011.01.13. 2010도9330).

[정답] ①

17 직무유기, 직권남용죄

062 2024년 경찰승진

직무유기죄에 관한 설명으로 가장 적절하지 않은 것은? (다툼이 있는 경우 판례에 의함)

① 직무유기죄에서 '직무를 유기한 때'란 공무원이 법령, 내규 등에 의한 추상적 성실의무를 태만히 하는 일체의 경우에 성립하는 것이 아니라 직장의 무단이탈, 직무의 의식적인 포기 등과 같이 국가의 기능을 저해하고 국민에게 피해를 야기시킬 가능성이 있는 경우를 가리킨다.
② 공무원이 병가 중인 경우에는 구체적인 작위의무 내지 국가기능의 저해에 대한 구체적인 위험성이 있다고 할 수 없어 직무유기죄의 주체로 될 수 없다.
③ 경찰관이 압수물을 범죄 혐의의 입증에 사용하도록 하는 등의 조치를 취하지 않고 피압수자에게 돌려준 경우, 증거인멸죄와 직무유기죄가 모두 성립하고 양 죄는 상상적 경합관계에 있다.
④ 농지사무를 담당하고 있는 군직원이 농지불법전용 사실을 알고도 아무런 조치를 취하지 않다가 해당 농지의 농지전용허가를 내주기 위해 불법농지전용사실은 일체 기재하지 않은 허위의 출장복명서 및 심사의견서를 작성하여 결재권자에게 제출한 경우, 허위공문서작성죄, 동행사죄와 직무유기죄가 별도 성립하고 각 죄는 실체적 경합관계에 있다.

> [해설] ① (○) (大判 1997.4.22. 95도748).
> ② (○) (大判 1997.4.22. 95도748).
> ③ (✗) 부하직원에게 위와 같이 압수한 변조 기판을 돌려주라고 지시하여 오락실 업주에게 이를 돌려준 경우, 작위범인 증거인멸죄만이 성립하고 부작위범인 직무유기죄는 따로 성립하지 아니한다(大判 2006.10.19. 2005도3909 전합).
> ④ (○) (大判 1993.12.24. 92도3334).
>
> [정답] ③

063 2024년 경찰승진

직권남용권리행사방해죄에 관한 설명으로 가장 적절하지 않은 것은? (다툼이 있는 경우 판례에 의함)

① 직권남용권리행사방해죄에서 말하는 '권리'는 공법상의 권리인지 사법상의 권리인지를 묻지 않는다.
② 공무원이 자신의 직무권한에 속하는 사항에 관하여 실무 담당자로 하여금 그 직무집행을 보조하는 사실행위를 하도록 하더라도 이는 공무원 자신의 직무집행으로 귀결될 뿐이므로 원칙적으로 직권남용죄에서 말하는 '의무 없는 일을 하게 한 때'에 해당한다고 할 수 없다.
③ 직권남용권리행사방해죄는 추상적 위험범으로 공무원이 직권을 남용하는 행위를 하면 곧바로 성립하고, 직권을 남용하여 현실적으로 다른 사람이 법령상 의무 없는 일을 하게 하였거나 다른 사람의 구체적인 권리행사를 방해하는 결과가 발생하여야 하는 것은 아니다.
④ 직권남용권리행사방해죄에서 공무원이 직무와는 상관없이 단순히 개인적인 친분에 근거하여 문화예술 활동에 대한 지원을 권유하거나 협조를 의뢰한 것에 불과한 경우에는 직권남용에 해당하지 않는다.

해설
① (○) (大判 2010.1.28. 2008도7312).
② (○) (大判 2020.1.9. 2019도11698).
③ (×) 직권남용권리행사방해죄는 단순히 공무원이 직권을 남용하는 행위를 하였다는 것만으로 곧바로 성립하는 것이 아니라, 직권을 남용하여 현실적으로 다른 사람으로 하여금 법령상 의무 없는 일을 하게 하였거나 다른 사람의 구체적인 권리행사를 방해하는 결과가 발생하여야 하고, 그 결과의 발생은 직권남용 행위로 인한 것이어야 한다(大判 2022.10.27. 2020도15105)
④ (○) (大判 2009.1.30. 2008도6950).

정답 ③

064 2024년 경찰채용1차

공무원의 직무에 대한 죄에 관한 설명 중 옳고 그름의 표시(O, X)가 바르게 된 것은? (다툼이 있는 경우 판례에 의함)

> ㉠ 지방자치단체의 교육기관의 장이 수사기관으로부터 징계사유를 통보받고도 징계요구를 하지 아니하여 주무부장관으로부터 징계요구를 하라는 직무이행명령을 받았다 하더라도 그에 대한 이의의 소를 제기한 경우, 수사기관으로부터 통보받은 자료 등으로 보아 징계사유에 해당함이 객관적으로 명백한 경우 등 특별한 사정이 없는 한 징계사유를 통보받은 날로부터 1개월 내에 징계요구를 하지 않았다는 것만으로 곧바로 직무를 유기한 것에 해당하지 않는다.
> ㉡ 공무원이 수수·요구 또는 약속한 금품에 그 직무행위에 대한 대가로서의 성질과 직무 외의 행위에 대한 사례로서의 성질이 불가분적으로 결합되어 있는 경우, 그 수수·요구 또는 약속한 금품 전부가 불가분적으로 직무행위에 대한 대가로서의 성질을 가진다.
> ㉢ 법령에 기한 임명권자에 의하여 임용되어 공무에 종사하여 온 사람이 나중에 임용결격자임이 밝혀져 당초의 임용행위가 무효가 된 경우, 그가 임용행위라는 외관을 갖추어 실제로 공무를 수행하였다 하더라도 수뢰죄의 주체인 공무원이 될 수 없다.
> ㉣ 직무유기죄는 공무원이 법령·내규 등에 의한 추상적 충근의무를 태만히 하는 일체의 경우에 성립하는 것이 아니므로, 어떠한 형태로든 직무집행의 의사로 자신의 직무를 수행한 경우, 그 직무집행의 내용이 위법하다고 평가된다는 점만으로 직무유기죄의 성립을 인정할 수는 없다.

① ㉠(O) ㉡(O) ㉢(×) ㉣(O)
② ㉠(O) ㉡(×) ㉢(O) ㉣(×)
③ ㉠(×) ㉡(O) ㉢(×) ㉣(O)
④ ㉠(×) ㉡(×) ㉢(O) ㉣(O)

해설 ㉠ (O) (大判 2013.6.27. 2011도797).
㉡ (O) (大判 2012.1.12. 2011도12642).
㉢ (×) 그가 임용행위라는 외관을 갖추어 실제로 공무를 수행한 이상 공무 수행의 공정과 그에 대한 사회의 신뢰 및 직무행위의 불가매수성은 여전히 보호되어야 하므로 이러한 사람은 형법 제129조에서 규정한 공무원으로 봄이 타당하고, 그가 그 직무에 관하여 뇌물을 수수한 때에는 <u>수뢰죄로 처벌할 수 있다</u>(大判 2014.3.27. 2013도11357).
㉣ (O) (大判 2007.7.12. 2006도1390).

[정답] ①

18 뇌물죄

065 2024년 해경승진(경사)

다음 중 뇌물죄에 관한 설명으로 가장 옳은 것은? (다툼이 있으면 판례에 의함)

① 뇌물죄에 있어서 금품을 수수한 장소가 공개된 장소이고, 금품을 수수한 공무원이 이를 개인적 용도가 아닌 회식비나 직원들의 휴가비로 소비하였을 뿐 자신의 사리를 취한 바 없다 하더라도 뇌물죄가 성립한다.
② 뇌물수수죄와 뇌물공여죄는 필요적 공범관계에 있으므로, 뇌물공여죄가 성립되기 위해서는 반드시 상대방 측에서 뇌물수수죄가 성립되어야만 한다.
③ 뇌물죄가 성립하려면 직무에 관한 청탁이나 부정한 행위를 필요로 하기 때문에 수수된 금품의 뇌물성을 인정하기 위해서는 특별한 청탁이 있어야 하고, 나아가 개개의 직무행위와 대가적 관계가 있어야 한다.
④ 공무원이 직무와 관련하여 금품을 수수하였다 하여도 그것이 사교적 의례에 속하는 경우에는 뇌물이 되지 않는다.

[해설]
① (○) (大判 1985.5.14. 83도2050; 大判 1996.6.14. 96도865).
② (×) 뇌물공여죄의 성립에 반드시 상대방 측의 뇌물수수죄가 성립하여야만 하는 것은 아니다(大判 2006.2.24. 2005도4737).
③ (×) 뇌물죄는 직무에 관한 청탁이나 부정한 행위를 필요로 하는 것은 아니기 때문에 수수된 금품의 뇌물성을 인정하는 데 특별한 청탁이 있어야만 하는 것은 아니고, 또한 금품이 직무에 관하여 수수된 것으로 족하고 개개의 직무행위와 대가적 관계에 있을 필요는 없으며, 그 직무행위가 특정된 것일 필요도 없다(大判 2007.4.27. 2005도4204).
④ (×) 공무원의 직무와 관련하여 금품을 수수하였다면 비록 사교적 의례의 형식을 빌어 금품을 주고받았다 하더라도 그 수수한 금품은 뇌물이 되는 것이다(大判 2010.4.29. 2010도1082).

[정답] ①

066 2024년 해경승진(경위)

다음 중 뇌물의 죄에 대한 설명으로 가장 옳지 않은 것은? (다툼이 있으면 판례에 의함)

① 공무원이 직무집행의 의사 없이 타인을 공갈하여 재물을 교부하게 한 경우에는 재물의 교부자는 뇌물공여죄로 처벌하지 않는다.
② 뇌물공여죄의 성립에 반드시 상대방 측의 뇌물수수죄가 성립하여야만 하는 것은 아니다.
③ 뇌물죄에 있어서 금품을 수수한 장소가 공개된 장소이고, 금품을 수수한 공무원이 이를 개인적 용도가 아닌 회식비나 직원들의 휴가비로 소비하였을 뿐 자신의 사리를 취한 바 없다 하더라도 뇌물죄가 성립한다.
④ 뇌물죄가 성립하려면 직무에 관한 청탁이나 부정한 행위를 필요로 하기 때문에 수수된 금품의 뇌물성을 인정하기 위해서는 특별한 청탁이 있어야 하고, 나아가 개개의 직무행위와 대가적 관계가 있어야 한다.

> **해설** ① (O) 공무원이 직무집행의 의사 없이 또는 직무처리와 대가적 관계없이 타인을 공갈하여 재물을 교부하게 한 경우에는 공갈죄만이 성립한다(大判 1994.12.22. 94도2528).
> ② (O) (大判 2006.2.24. 2005도4737).
> ③ (O) (大判 1985.5.14. 83도2050; 大判 1996.6.14. 96도865).
> ④ (X) 뇌물죄는 직무에 관한 청탁이나 부정한 행위를 필요로 하는 것은 아니기 때문에 수수된 금품의 뇌물성을 인정하는 데 특별한 청탁이 있어야만 하는 것은 아니고, 또한 금품이 직무에 관하여 수수된 것으로 족하고 개개의 직무행위와 대가적 관계에 있을 필요는 없으며, 그 직무행위가 특정된 것일 필요도 없다(大判 2007.4.27. 2005도4204).
>
> [정답] ④

067 2024년 검찰9급

뇌물죄에 대한 설명으로 옳은 것만을 모두 고르면? (다툼이 있으면 판례에 의함)

> ㉠ 뇌물죄에서 뇌물의 내용인 이익이라 함은 금전, 물품 기타의 재산적 이익뿐만 아니라 사람의 수요·욕망을 충족시키기에 족한 일체의 유형·무형의 이익을 포함하며, 제공된 것이 성적 욕구의 충족이라고 하여 달리 볼 것이 아니다.
> ㉡ 법령에 기한 임명권자에 의하여 임용되어 공무에 종사하여 온 사람이 나중에 임용결격자이었음이 밝혀져 당초의 임용행위가 무효인 경우, 그가 임용행위라는 외관을 갖추어 실제로 공무를 수행하고 그 직무에 관하여 대가성 있는 재물을 수수하였다 하더라도 수뢰죄로 처벌할 수 없다.
> ㉢ 수의계약을 체결하는 공무원이 해당 공사업자와 적정한 금액 이상으로 계약금액을 부풀려서 계약하고 부풀린 금액을 자신이 되돌려받기로 사전에 약정한 다음 그에 따라 수수한 돈은 성격상 뇌물이 아니고 횡령금에 해당한다.
> ㉣ 「형법」 제130조의 제3자뇌물제공죄에 있어서 '부정한 청탁'은 묵시적 의사표시에 의해서도 가능하므로, 당사자 사이에 청탁에 대한 공통의 인식 없이 막연히 선처하여 줄 것이라는 기대로 제3자에게 금품을 공여한 경우에도 묵시적 의사표시에 의한 부정청탁이 있다고 보아야 한다.

① ㉠㉢
② ㉠㉣
③ ㉠㉡㉣
④ ㉡㉢㉣

[해설] ㉠ (O) (大判 2014.01.29. 2013도13937).
㉡ (X) 그가 임용행위라는 외관을 갖추어 실제로 공무를 수행한 이상 공무 수행의 공정과 그에 대한 사회의 신뢰 및 직무행위의 불가매수성은 여전히 보호되어야 하므로 이러한 사람은 형법 제129조에서 규정한 공무원으로 봄이 타당하고, 그가 그 직무에 관하여 뇌물을 수수한 때에는 수뢰죄로 처벌할 수 있다(大判 2014.3.27. 2013도11357).
㉢ (O) (大判 2007.10.12. 2005도7112).
㉣ (X) 묵시적 의사표시에 의한 부정한 청탁이 있다고 하기 위하여는 청탁의 대상이 되는 직무집행의 내용과 제3자에게 제공되는 금품이 그 직무집행에 대한 대가라는 점에 대하여 당사자 사이에 공통의 인식이나 양해가 있어야 한다. 따라서 그러한 인식이나 양해 없이 막연히 선처하여 줄 것이라는 기대나 직무집행과는 무관한 다른 동기에 의하여 제3자에게 금품을 공여한 경우에는 묵시적 의사표시에 의한 부정한 청탁이 있다고 볼 수 없다(大判 2011.4.14. 2010도12313).

[정답] ①

19 공무집행방해죄

068 2024년 해경승진(경사)

다음 중 공무방해에 관한 죄에 대한 설명으로 가장 옳지 않은 것은? (다툼이 있으면 판례에 의함)

① 위계를 행사하여 공무집행을 방해한 경우에 위계에 의한 공무집행방해죄 이외에 별도로 업무방해죄가 성립한다.
② 감척어선 입찰자격이 없는 자가 제3자와 공모하여 제3자의 대리인 자격으로 제3자 명의로 입찰에 참가하고 낙찰받은 후 자신의 자금으로 낙찰대금을 지급하여 감척어선에 대한 실질적 소유권을 취득한 경우 위계에 의한 공무집행방해죄가 성립한다.
③ 공무집행방해죄에 있어서의 공무집행이라 함은 그 행위가 공무원의 추상적 권한에 속할 뿐 아니라 구체적 직무집행에 관한 법률상 요건과 방식을 갖추어야 한다.
④ 특수공무집행방해치상죄는 원래 결과적가중범이기는 하지만, 이는 중한 결과에 대하여 예견가능성이 있었음에도 불구하고 예견하지 못한 경우뿐만 아니라 고의가 있는 경우까지도 포함하는 부진정결과적가중범이다.

[해설] ① (×) 공무원이 직무상 수행하는 공무를 방해하는 행위에 대해서는 업무방해죄로 의율할 수는 없다고 해석함이 상당하다(大判 2009.11.19. 2009도4166 전합).
② (○) (大判 2003.12.26. 2001도6349).
③ (○) (大判 2007.10.12. 2007도6088).
④ (○) (大判 1995.1.20 94도2842). 〈주〉특수공무집행방해치상죄에서 치상의 결과는 과실로 발생하는 경우뿐만 아니라 고의로 발생하는 경우도 가능하다. 이러한 부진정결과적 가중범으로는 특수공무집행방해치사상죄, 현주건조물방화치사상죄, 중손괴죄, 중상해죄, 중권리행사방해죄, 중유기죄 등이 있다.

[정답] ①

069 2024년 경찰채용1차

공무방해에 대한 죄에 관한 설명으로 가장 적절한 것은? (다툼이 있는 경우 판례에 의함)

① 위계로써 구체적인 공무집행을 저지하거나 현실적으로 곤란하게 하는 데까지 이르지 아니하였다 하더라도 위계에 의한 공무집행방해죄가 성립한다.
② 공무원 甲이 출원인이 어업허가를 받을 수 없는 자라는 사실을 알면서도 그 직무상의 의무에 따른 적절한 조치를 취하지 않고 오히려 부하직원으로 하여금 어업허가 처리기안문을 작성하게 한 다음 甲스스로 중간결재를 하는 등 위계로써 결재권자의 최종결재를 받은 경우, 甲에게는 작위범인 위계에 의한 공무집행방해죄만이 성립하고 부작위범인 직무유기죄는 따로 성립하지 아니한다.
③ 甲과 A가 주차문제로 언쟁을 벌이던 중 112 신고를 받고 출동한 경찰관 P가 A를 때리려는 甲을 제지하자, 甲이 자신만 제지를 당한 데 화가 나서 손으로 P의 가슴을 밀치고 계속 욕설을 하면서 자신을 현행범으로 체포하며 순찰차 뒷자석에 태우려는 P의 정강이 부분을 수 차례 걷어차는 등 폭행한 경우, 이는 공무집행방해죄의 '폭행'에 해당하지 않는다.
④ 「형법」제136조의 공무집행방해죄는 침해범으로서 현실적으로 직무집행이 방해되어야 기수에 이른다.

[해설] ① (×) 만약 범죄행위가 구체적인 공무집행을 저지하거나 현실적으로 곤란하게 하는 데까지는 이르지 아니하고 미수에 그친 경우에는 위계에 의한 공무집행방해죄로 처벌할 수 없다(大判 2021.4.29. 2018도18582).
② (〇) (大判 1997.2.28. 96도2825).
③ (×) 제반 사정을 종합하면 피고인 甲이 손으로 P의 가슴을 밀칠 당시 P는 112 신고처리에 관한 직무 내지 순찰근무를 수행하고 있었고, 이와 같이 공무를 집행하고 있는 P의 가슴을 밀치는 행위는 공무원에 대한 유형력의 행사로서 공무집행방해죄에서 정한 폭행에 해당한다(大判 2018.3.29. 2017도21537).
④ (×) 공무집행방해죄는 추상적 위험범으로서 구체적으로 직무집행의 방해라는 결과발생을 요하지 아니한다(大判 2018.3.29. 2017도21537).

[정답] ②

20 범인은닉, 증거인멸, 위증, 무고죄

070 2024년 경찰채용1차
국가의 기능에 대한 죄에 관한 설명으로 가장 적절하지 않은 것은? (다툼이 있는 경우 판례에 의함)

① 범인 스스로 도피하는 행위는 처벌되지 않으므로, 범인이 도피를 위하여 타인에게 도움을 요청하는 행위 역시 도피행위의 범주에 속하는 한 처벌되지 않고, 범인이 타인으로 하여금 허위의 자백을 하게 하는 등으로 범인도피죄를 범하게 하는 경우와 같이 그것이 방어권의 남용으로 볼 수 있을 때라 하더라도 범인도피교사죄로 처벌할 수 없다.

② 직권남용권리행사방해죄는 단순히 공무원이 직권을 남용하는 행위를 하였다는 것만으로 곧바로 성립하는 것이 아니라, 직권을 남용하여 현실적으로 다른 사람으로 하여금 법령상 의무 없는 일을 하게 하였거나 다른 사람의 구체적인 권리행사를 방해하는 결과가 발생하여야 하고, 그 결과의 발생은 직권남용 행위로 인한 것이어야 한다.

③ 「형법」 제151조 제1항의 범인도피죄에서 '죄를 범한 자'라 함은 범죄의 혐의를 받아 수사대상이 되어 있는 자를 포함하고, 나아가 벌금 이상의 형에 해당하는 죄를 범한 자라는 것을 인식하면서도 도피하게 한 경우에는 그 자가 당시에는 아직 수사대상이 되어 있지 않았다고 하더라도 범인도피죄가 성립한다.

④ 증인의 증언은 그 전부를 일체로 관찰·판단하는 것이므로 선서한 증인이 일단 기억에 반하는 허위의 진술을 하였더라도 그 신문이 끝나기 전에 그 진술을 철회·시정한 경우 위증이 되지 않는다.

> **해설** ① (✗) 범인 스스로 도피하는 행위는 처벌되지 않으므로, 범인이 도피를 위하여 타인에게 도움을 요청하는 행위 역시 도피행위의 범주에 속하는 한 처벌되지 않으며, 범인의 요청에 응하여 범인을 도운 타인의 행위가 범인도피죄에 해당하더라도 마찬가지이다. 다만 범인이 타인으로 하여금 허위의 자백을 하게 하는 등으로 범인도피죄를 범하게 하는 경우와 같이 방어권의 남용으로 볼 수 있을 때에는 범인도피교사죄에 해당할 수 있다(大判 2023.10.26. 2023도9560).
> ② (○) (大判 2022.10.27. 2020도15105)
> ③ (○) (大判 2003.12.12. 2003도4533).
> ④ (○) (大判 1985.2.8. 84도2215).
>
> [정답] ①

071 2024년 해경승진(경사)

다음 중 범인은닉·도피죄에 대한 설명으로 가장 옳지 않은 것은? (다툼이 있으면 판례에 의함)

① 범인도피죄는 그 자체로 도피시키는 것을 직접적인 목적으로 하였다고 보기 어려운 행위를 한 결과 간접적으로 범인이 안심하여 도피할 수 있게 한 경우도 포함된다.
② 주점 개업식날 찾아 온 범인에게 '도망다니면서 이렇게 와 주니 고맙다. 항상 몸조심하고 주의하여 다녀라. 열심히 살면서 건강에 조심해라.'고 말한 것은 단순히 안부를 묻거나 통상적인 인사말에 불과하므로 범인도피죄에 해당하지 않는다.
③ 범인이 타인으로 하여금 허위의 자백을 하게 하는 등으로 범인도피죄를 범하게 하는 경우와 같이 그것이 방어권의 남용으로 볼 수 있을 때에는 범인도피교사죄에 해당할 수 있다.
④ 범인도피죄는 범인을 도피하게 함으로써 기수에 이르지만 범인도피행위가 계속되는 동안에는 범죄행위도 계속되고 행위가 끝날 때 비로소 범죄행위가 종료되며, 공범자의 범인도피행위 도중에 그 범행을 인식하면서 그와 공동의 범의를 가지고 기왕의 범인도피상태를 이용하여 스스로 범인도피행위를 계속 한 자에 대하여는 범인도피죄의 공동정범이 성립한다.

> **해설** ① (×) 직접 범인을 도피시키는 행위 또는 도피를 직접적으로 용이하게 하는 행위에 한정되고, 그 자체로는 도피시키는 것을 직접적인 목적으로 하였다고 보기 어려운 어떤 행위의 결과 간접적으로 범인이 안심하고 도피할 수 있게 한 경우까지 포함하는 것은 아니다(大判 2008.12.24. 2007도11137).
> ② (○) 단순히 안부인사에 불과한 것으로 범인을 도피하게 한 것으로 볼 수 없다(大判 1992.6.12. 92도736).
> ③ (○) (大判 2006.12.7. 2005도3707)
> ④ (○) (大判 1995.9.5. 95도577).
>
> [정답] ①

072 2024년 해경승진(경위)

다음 중 증거인멸 등에 관한 죄의 설명으로 가장 옳지 않은 것은? (다툼이 있는 경우 판례에 의함)

① 참고인이 타인의 형사사건과 관련하여 수사기관에서 조사를 받기에 앞서서 허위의 내용을 담은 진술서를 작성하여 수사기관에 제출한 경우 증거위조죄가 성립한다.
② 피고인이 자기의 이익을 위하여 제3자와 공동하여 증거가 될 자료를 은닉하는 행위를 하였다면 증거은닉죄에 해당하지 않는다.
③ 피고인이 타인을 교사하여 자기의 형사사건에 관한 증거를 인멸하게 하였다면 증거인멸교사죄가 성립한다.
④ 증거위조죄에서 말하는 '증거'에는 범죄 또는 징계사유의 성립 여부에 관한 것뿐만 아니라 형 또는 징계의 경중에 관계있는 정상을 인정하는 데 도움이 될 자료까지도 포함된다.

해설 ① (✗) 증거위조죄를 구성하지 않는다(大判 2015.10.29. 2015도9010). 〈주〉 증거 자체의 위조가 아니라 단순 허위진술에 불과하다.
② (O) (大判 2018.10.25. 2015도1000).
③ (O) (大判 2011.2.10. 2010도15986).
④ (O) (大判 2021.1.28. 2020도2642).

정답 ①

073 2024년 경찰승진
위증죄에 관한 설명으로 가장 적절한 것은? (다툼이 있는 경우 판례에 의함)

① 자신의 범행을 일관되게 부인하였으나 유죄판결이 확정된 피고인이 별건으로 기소된 공범의 형사사건에서 증인으로 출석한 후 선서하고 증언함에 있어 자신의 기억에 반하는 허위의 진술을 한 경우 위증죄가 성립한다.
② 선서한 증인이 일단 기억에 반하는 허위의 진술을 하였다면 위증죄는 기수에 달하고 그 신문이 끝나기 전에 그 진술을 철회·시정한 경우에도 위증죄가 성립한다.
③ 피고인이 자기의 형사사건에 관하여 타인을 교사하여 위증죄를 범하게 한 경우 위증교사죄로 처벌할 수 없다.
④ 위증죄에 있어서 허위 진술의 내용은 요증사실에 관한 것이거나 판결에 영향을 미친 것에 한정된다.

해설 ① (O) (大判 2008.10.23. 2005도10101).
② (✗) 선서한 증인이 일단 기억에 반한 허위의 진술을 하였더라도 그 신문이 끝나기 전에 그 진술을 철회 시정한 경우에는 위증이 되지 아니한다고 봄이 상당하다(大判 1983.2.8. 81도967).
③ (✗) 피고인이 자기의 형사사건에 관하여 허위의 진술을 하는 행위는 피고인의 형사소송에 있어서의 방어권을 인정하는 취지에서 처벌의 대상이 되지 않으나, 법률에 의하여 선서한 증인이 타인의 형사사건에 관하여 위증을 하면 형법 제152조 제1항의 위증죄가 성립되므로 자기의 형사사건에 관하여 타인을 교사하여 위증죄를 범하게 하는 것은 이러한 방어권을 남용하는 것이라고 할 것이어서 교사범의 죄책을 부담케 함이 상당하다(大判 2004.1.27. 2003도5114).
④ (✗) 그 공술의 내용이 당해 사건의 요증사실에 관한 것인지의 여부나 판결에 영향을 미친 것인지의 여부는 위증죄의 성립과 아무런 관계가 없다(大判 1990.2.23. 89도1212).

정답 ①

074 2024년 해경승진(경위)

다음 중 위증과 무고의 죄에 대한 설명으로 가장 옳은 것은? (다툼이 있으면 판례에 의함)

① 유죄판결이 확정된 피고인이 별건으로 기소된 공범의 형사사건에서 자신의 범행사실을 부인하는 증언을 한 경우 피고인에게 사실대로 진술할 것이라는 기대가능성이 없으므로 위증죄가 성립하지 않는다.
② 별도의 증인신청 및 채택절차를 거쳐 그 증인이 다시 신문을 받는 과정에서 종전 신문절차에서 한 허위의 진술을 철회·시정한 경우 위증죄가 성립하지 아니한다.
③ 상대방의 범행에 공범으로 가담한 자가 자신의 범죄 가담사실을 숨기고 상대방인 공범자만을 고소하였다면 무고죄가 성립한다.
④ 위증은 법률에 의하여 적법하게 선서한 증인이 자신의 기억에 반하는 사실을 진술함으로써 성립되고, 그 증언이 객관적 사실과 합치하여도 위증죄의 성립에 영향이 없다.

해설
① (×) 피고인에게 사실대로 진술할 것이라는 기대가능성이 있으므로 위증죄가 성립한다(大判 2008.10.23., 2005도10101).
② (×) 위증죄가 기수에 달한 후, 별도의 증인 신청 및 채택 절차를 거쳐 그 증인이 다시 신문을 받는 과정에서 종전 신문절차에서의 진술을 철회·시정한다 하더라도 그러한 사정은 형법 제153조가 정한 형의 감면사유에 해당할 수 있을 뿐, 이미 종결된 종전 증인신문절차에서 행한 위증죄의 성립에 어떤 영향을 주는 것은 아니다. 위와 같은 법리는 증인이 별도의 증인신문절차에서 새로이 선서를 한 경우뿐만 아니라 종전 증인신문절차에서 한 선서의 효력이 유지됨을 고지 받고 진술한 경우에도 마찬가지로 적용된다(大判 2010.9.30, 2010도7525).
③ (×) 비록 신고내용에 일부 객관적 진실에 반하는 내용이 포함되었다 하더라도 그것이 독립하여 형사처분 등의 대상이 되지 아니하고 단지 신고사실의 정황을 과장하는 데 불과하거나 허위인 일부 사실의 존부가 전체적으로 보아 범죄사실의 성립 여부에 직접 영향을 줄 정도에 이르지 아니하는 내용에 관계되는 것이라면 무고죄가 성립하지 아니한다(大判 2008. 8. 21. 2008도3754)
④ (○) (大判 1985.3.12. 84도2918; 大判 1990.2.23. 89도1212).

정답 ④

075 2024년 해경승진(경사)

다음 중 무고죄에 대한 설명으로 가장 옳지 않은 것은? (다툼이 있는 경우 판례에 의함)

① 스스로 본인을 무고하는 자기 무고행위는 무고죄의 구성요건에 해당하지 않는다.
② 甲이 허위내용의 고소장을 경찰관에게 제출하여 허위사실의 신고가 수사기관에 도달하였다면, 그 후에 해당 고소장을 되돌려 받았다 하더라도 무고죄는 성립한다.
③ 외관상 타인 명의의 고소장을 대리하여 작성하고 제출하는 형식으로 고소가 이루어진 경우, 그 명의자는 고소 의사 없이 이름만 빌려준 것에 불과하고 명의자를 대리한 자가 실제 고소의 의사를 가지고 고소행위를 주도한 경우라면 그 명의자를 대리한 자를 신고자로 보아 무고죄의 주체로 인정하여야 한다.

④ 무고죄에 있어서 허위사실 적시의 정도는 수사관서 또는 감독관서에 대하여 수사권 또는 징계권의 발동을 촉구하는 정도로는 충분하지 않고, 범죄구성요건 사실이나 징계요건 사실을 구체적으로 명시하여야 한다.

> [해설] ① (O) (大判 2008.10.23. 2008도4852).
> ② (O) (大判 1985.2.8. 84도2215).
> ③ (O) (大判 2007.3.30. 2006도6017).
> ④ (×) 수사권 또는 징계권의 발동을 촉구하는 정도의 것이면 충분하고 반드시 범죄구성요건 사실이나 징계요건 사실을 구체적으로 명시하여야 하는 것은 아니다(大判 2006.5.25. 2005도4642).
>
> [정답] ④

076 2024년 경찰승진

무고죄에 관한 설명으로 옳지 않은 것을 모두 고른 것은? (다툼이 있는 경우 판례에 의함)

> ㉠ 무고죄에 있어 타인은 자연인은 물론 법인도 포함하므로 특정되지 않은 이름을 알 수 없는 사람(성명불상자)에 대한 무고죄는 성립한다.
> ㉡ 성폭행 등의 피해를 입었다는 신고사실에 관하여 불기소처분 내지 무죄판결이 내려졌다고 하여, 그 자체를 무고를 하였다는 적극적인 근거로 삼아 신고내용을 허위라고 단정하여서는 아니 된다.
> ㉢ 신고자가 알고 있는 객관적인 사실관계에 의하더라도 신고사실이 허위라거나 또는 허위일 가능성이 있다는 인식을 하지 못하였다면 무고의 고의를 부정할 수 있다.
> ㉣ 공동피고인 중 1인이 타범죄로 조사를 받는 과정에서 사법경찰관의 신문에 따라 다른 공동피고인의 범죄사실을 진술한 경우에 위 진술내용이 허위라면 이는 무고에 해당한다.

① ㉠㉢ ② ㉠㉣
③ ㉡㉢ ④ ㉢㉣

> [해설] ㉠ (×) 특정되지 아니한 '성명불상자'에 대한 무고죄는 성립하지 아니한다(大判 2022.9.29. 2020도11754).
> ㉡ (O) (大判 2019.7.11. 2018도2614).
> ㉢ (O) (大判 2006.9.22. 2006도4255).
> ㉣ (×) 공동피고인 중 1인이 타범죄로 조사를 받는 과정에서 사법경찰관 및 검사의 심문에 따라 다른 공동피고인의 범죄사실을 진술한 경우라면 가사 위 진술내용이 허위라 하더라도 이를 무고라고는 할 수 없다(大決 1985.7.26. 85모14).
>
> [정답] ②

김원욱 형법 최신기출 총정리
cafe.daum.net/policewon

제 3 부
형법 총론

01 형법서론

(1) 형법의 기본개념

001
23경찰1

형법은 형벌이라는 수단을 통하여 주로 '법익을 보호하는 기능'을 하며, '법익'이란 법률을 통해 보호할 가치 있는 이익을 의미한다.

> **해설** (O) 형법은 규제적, 보호적, 보장적 기능을 한다. 이 중에서 보호적 기능은 법익보호와 사회윤리적 가치보호기능으로 나뉜다. 이때 법익이란 법률로 보호할 가치가 있는 이익을 말한다. 따라서 도덕, 윤리 등의 개념은 포함되지 않는다.

002
23경찰1

형법은 법규범으로 법공동체의 평화를 유지하기 위하여 부과된 것으로서 강제력이 수반되기 때문에 신중하게 규정되어야 한다.

> **해설** (O) 형법은 형벌을 통한 규제를 하므로 꼭 필요한 때에만 적용되어야 한다. 보호할 법익이 없어서 형벌까지 필요하지 않은 경우에는 형법상 범죄로 규정하지 말아야 하는데, 이를 비범죄화 요청이라 한다.

003
23경찰1

형법은 일반 국민에게 일정한 행위를 금지하거나 일정한 행위를 명령함으로써 행위의 준칙을 제시하는 행위규범이며, 법관을 수명자로 하여 법관에게 형벌권 행사의 한계를 설정함으로써 사법(司法)작용을 규제하는 재판규범이기도 하다.

> **해설** (O) 행위규범은 국민들의 의사결정규범의 역할을 의미하고, 재판규범은 법원의 평가규범의 역할을 한다.

004
23경찰1

형법은 보호적 기능과 보장적 기능을 모두 가지며, 어느 한 기능을 강조하면 다른 한 기능도 함께 강화되는 상호 비례관계에 있다.

> **해설** (X) 형법의 보호적 기능과 보장적 기능은 반비례관계이다. 즉 법익보호를 강조하면 피고인의 인권보장이 약화되고, 피고인의 인권보장을 강화하면 법익보호가 약화된다.

(2) 법률주의와 명확성원칙

005
23검9

조례의 제정권자인 지방의회는 선거를 통해서 그 지역적인 민주적 정당성을 지니고 있는 주민의 대표기관이므로 지방의회가 조례로써 주민의 권리 또는 의무에 관한 사항이나 벌칙을 정할 때에 법률의 위임을 받지 않아도 된다.

> [해설] (×) 지방자치법 제28조 ① 지방자치단체는 법령의 범위에서 그 사무에 관하여 조례를 제정할 수 있다. 다만, 주민의 권리 제한 또는 의무 부과에 관한 사항이나 벌칙을 정할 때에는 법률의 위임이 있어야 한다.

006
23검9

「지방자치법」에 따르면, 지방자치단체는 조례를 위반한 행위에 대하여 조례로써 1천만 원 이하의 벌금을 정하여 부과할 수 있다.

> [해설] (×) 지방자치법 제34조 ① 지방자치단체는 조례를 위반한 행위에 대하여 조례로써 1천만원 이하의 과태료를 정할 수 있다. 〈주〉 벌금은 형벌이므로 법률의 위임이 있어야만 한다. 따라서 법률의 위임이 없다면 조례로 형벌을 부과할 수는 없고 질서벌인 과태료의 부과만 가능하다.

007
23검9

구 「결혼중개업의 관리에 관한 법률」이 형사처벌의 대상인 신상정보제공의무와 관련하여 단지 "신상정보의 제공 시기 및 절차, 입증방법 등에 필요한 사항은 대통령령으로 정한다."라고만 규정하고 있는데, 동법 시행령이 '이용자와 상대방의 만남 이전'에 신상정보를 제공할 의무를 부과하고 있다면 이는 위임입법의 한계를 일탈한 것이다.

> [해설] (×) 국제결혼중개업자를 통한 국제결혼의 특수성과 실태 등을 관련 법리에 비추어 살펴보면, 결혼중개업법 시행령 제3조의2 제3항이 결혼중개업법 제10조의2 제4항에서 위임한 범위를 일탈하여 위임입법의 한계를 벗어났다고 볼 수 없다(大判 2019.7.25. 2018도7989).

008
23경채

법률을 해석할 때 입법취지와 목적, 제·개정 연혁, 법질서 전체와의 조화, 다른 법령과의 관계 등을 고려하는 체계적·논리적 해석 방법을 사용할 수 있으나, 문언 자체가 비교적 명확한 개념으로 구성되어 있다면 원칙적으로 이러한 해석 방법은 활용할 필요가 없거나 제한되어야 한다.

> [해설] (○) (大判 2022.3.11. 2018도18872). 〈주〉 게임법상의 환전, 환전알선, 재매입 규정 사안이다.

009
23경찰1

구「근로기준법」에서 임금·퇴직금 청산기일의 연장합의의 한도에 관하여 아무런 제한을 두고 있지 아니함에도 불구하고, 같은 법시행령에서 기일연장을 3월 이내로 제한한 것은 죄형법정주의의 원칙에 위배된다.

해설 (○) (大判 1998.10.15. 98도1759 전합). 〈주〉 법에 없는 제한을 시행령에서 규정하였다.

(3) 소급입법금지, 유추해석금지, 적정성원칙

010
23경간

형벌을 신설하거나 가중하는 형법법규는 그 시행 이후에 이루어진 행위에 대하여만 적용되고 시행 이전의 행위에까지 소급하여 적용될 수 없다는 것이 소급효금지원칙인데, 이때 소급효는 형벌에 대해서 적용되며, 자유형이든, 벌금형이든, 주형이든, 부가형이든 묻지 않는다.

해설 (○) 자유형이든, 벌금형이든, 주형이든, 부가형이든 모두 형벌의 일종이므로 소급효금지원칙이 적용된다.

011
23경채

한의사가 진단용 의료기기를 사용하는 것이 한의사의 '면허된 것 이외의 의료행위'에 해당하는지에 관한 새로운 판단 기준에 따르면, 한의사가 초음파 진단기기를 사용하여 환자의 신체 내부를 촬영하여 화면에 나타난 모습을 보고 이를 한의학적 진단의 보조수단으로 사용하는 것은 한의사의 '면허된 것 이외의 의료행위'에 해당하지 않는다.

해설 (○) (大判 2022.12.22. 2016도21314).

012
23경채

환자가 사망한 경우 사망진단 전에 이루어지는 사망징후관찰은 구「의료법」제2조 제2항 제5호에서 간호사의 임무로 정한 '상병자 등의 요양을 위한 간호 또는 진료 보조'에 해당한다고 할 수 있다. 그리고 사망의 진단은 의사 등이 환자의 사망 당시 또는 사후에라도 현장에 입회해서 직접 환자를 대면하여 수행해야 하는 의료행위이지만, 간호사는 의사 등의 개별적 지도·감독이 있으면 사망의 진단을 할 수 있다.

해설 (×) 그러나 사망의 진단은 의사 등이 환자의 사망 당시 또는 사후에라도 현장에 입회해서 직접 환자를 대면하여 수행해야 하는 의료행위이고, 간호사는 의사 등의 개별적 지도·감독이 있더라도 사망의 진단을 할 수 없다(大判 2022.12.29. 2017도10007).

013
23경채

「군형법」제92조의6은 "제1조 제1항부터 제3항까지에 규정된 사람(이하 '군인 등'이라 한다)에 대하여 항문성교나 그 밖의 추행을 한 사람은 2년 이하의 징역에 처한다."고 규정하고 있는데, 전체 법질서의 변화를 종합적으로 고려하면 위 규정은 동성인 군인 사이의 항문성교나 그 밖에 이와 유사한 행위가 사적 공간에서 자발적 의사 합치에 따라 이루어지는 등 군이라는 공동사회의 건전한 생활과 군기를 직접적, 구체적으로 침해한 것으로 보기 어려운 경우에는 적용되지 않는다.

[해설] (○) (大判 2022.4.21. 2019도3047).
[참고판례] 군형법 제92조의6의 "제1조 제1항부터 제3항까지에 규정된 사람에 대하여 항문성교나 그 밖의 추행을 한 사람은 2년 이하의 징역에 처한다."에서 '그 밖의 추행'에 관한 부분은 헌법에 위반되지 아니한다. (헌재 2023. 10. 26. 2017헌가1) 〈주〉 합헌결정이다.

014
23법승5

어린이집 대표자를 변경하고도 변경인가를 받지 않은 채 어린이집을 운영한 행위에 대하여 설치인가를 받지 않고 사실상 어린이집의 형태로 운영한 행위 등을 처벌하는 규정인 영유아보육법 제54조 제4항 제1호를 적용하거나 유추적용할 수 없다.

[해설] (○) (大判 2022.12.1. 2021도6860). 〈주〉 변경인가에 설치인가 규정을 적용할 수는 없다.

015
23법승5

자동차관리법 제71조 제1항에 따라 부정사용이 금지되는 '폐차사실 증명서류'에 자동차해체 재활용업자가 자동차 소유자로부터 폐차요청을 받은 경우에 자동차를 인수하고 발급하는 폐차인수증명서를 포함시키는 해석은 죄형법정주의 원칙에 반하지 않는다.

[해설] (×) '폐차사실 증명서류'에 자동차해체재활용업자가 자동차 소유자로부터 폐차 요청을 받은 경우에 자동차를 인수하고 발급하는 폐차인수증명서까지 포함된다고 해석하는 것은 죄형법정주의 원칙상 허용되지 않는다(大判 2022.7.14. 2021도16578). 〈주〉 폐차사실증명에 인수증명 규정을 적용할 수는 없다.

016
23법승5

대통령기록물 관리에 관한 법률 제30조 제2항, 제14조에 의해 유출이 금지되는 대통령기록물에 원본 문서나 전자파일 이외에 그 사본이나 추가 출력물까지 포함된다고 해석하는 것은 죄형법정주의 원칙상 허용되지 않는다.

[해설] (O) (大判 2021.1.14. 2016도7104).

017
23군5

「군형법」 제28조 초병의 수소이탈죄에서 말하는 초병에는 실제로 수소에 배치되어 근무하는 자는 물론이고, 초병근무명령을 받아 경계근무감독자에게 신고하고 근무시간에 임박하여 경계근무의 복장을 갖춘 자도 포함된다.

[해설] (O) (大判 2006.6.30. 2005도8933).

018
23법행

'당한 자'라는 문언은 타인이 어떠한 행위를 하여 그로부터 위해 등을 입는 것을 뜻하고 스스로 어떠한 행위를 한 자를 포함하는 개념이 아니다. 형사법은 고의범과 과실범을 구분하여 구성요건을 정하고 있는데, 위와 같은 문언은 과실범을 처벌하는 경우에 사용하는 것으로 볼 수 있다.

[해설] (O) (大判 2022.3.17. 2019도9044). 〈주〉 어린이집 운영자가 폐쇄회로 영상정보는 훼손한 행위는 '과실'로 훼손 '당한' 자에 포함시킬 수 없다는 판례이다.

019
23군9

죄형법정주의 원칙 중 유추해석금지의 원칙은 특정 범죄자에 대한 위치추적 전자장치 부착명령의 요건을 해석할 때에도 적용된다.

[해설] (O) 따라서 피부착명령청구자가 소년법에 의한 보호처분을 받은 전력이 있다고 하더라도, 이는 유죄의 확정판결을 받은 경우에 해당하지 아니함이 명백하므로, 피부착명령청구자가 2회 이상 성폭력범죄를 범하였는지를 판단할 때 소년보호처분을 받은 전력을 고려할 것이 아니다(大判 2012.3.22. 2011도15057 전합). 〈주〉 전자장치는 보안처분이다 그러나 그 부착명령의 요건은 형사처벌받은 전력이므로 유추해석금지원칙이 적용된다.

020
23군5

구 「예비군법」제15조 제10항 전문 중 '제6조의2 제2항에 따라 소집통지서를 전달할 의무가 있는 사람 가운데 예비군대원 본인과 같은 세대 내의 가족 중 성년자가 정당한 사유없이 전달하지 아니하였을 때'에 형사처벌을 하는 부분은 책임과 형벌 간의 비례원칙에 위반되지 않는다.

[해설] (×) 예비군대원 본인의 부재시 예비군훈련 소집통지서를 수령한 같은 세대 내의 가족 중 성년자가 정당한 사유없이 소집통지서를 본인에게 전달하지 아니한 경우 형사처벌을 하는 예비군법 조항은 책임과 형벌 간의 비례원칙에 위반된다(헌재 2022. 5. 26. 2019헌가12).

(4) 형법의 시간적 적용범위

021
23법원 [조문]

범죄의 성립과 처벌은 행위시의 법률에 의한다고 할 때의 '행위시'라 함은 '범죄행위의 실행의 착수시'를 의미한다.

[해설] (×) 범죄의 성립과 처벌은 행위시의 법률에 의한다고 할 때의 "행위시"라 함은 범죄행위의 종료시를 의미한다(大判 1994.05.10. 94도563).

022
23경대편입

범죄 후 법률의 변경이 있더라도 법정형이 동일한 경우에는 구법을 적용하여야 하나, 신법을 적용하는 법령적용의 잘못이 있더라도 판결 결과에는 아무런 영향이 없다.

[해설] (○) 구법과 신법의 법정형이 동일하므로 구법을 적용하든 신법을 적용하든 판결 결과에는 아무런 영향이 없다.

023
23경대편입

범죄 후 법률의 변경으로 형이 구법보다 가벼워진 경우인지를 판단할 때, 형은 법정형을 의미하고, 형의 경중은 「형법」 제50조에 의거하되 주형이 동일한 경우에만 몰수와 같은 부가형까지도 비교하여 판단하여야 한다.

[해설] (○) 1차적으로 주형을 비교하고 주형이 동일한 경우에만 2차적으로 부가형을 비교한다.

024
23법행

대법원은 종래 형벌법규 제정의 이유가 된 법률이념의 변경에 따라 종래의 처벌 자체가 부당하였다거나 또는 과형이 과중하였다는 반성적 고려에서 법령을 변경하였을 경우가 아니라, 그때그때의 특수한 필요에 대처하기 위하여 법령을 변경한 것에 불과한 때에는 재판시법주의에 관한 형법 제1조 제2항을 적용하지 않는다는 태도를 취한 바 있다.

해설 (O) (大判 1997.12.9. 97도2682), (大判 2022.12.22. 2020도16420 전합). 〈주〉 위 지문의 내용은 종래 판례의 동기설 입장이다. 다만 현재는 전합 판결로 폐기되었다.

025
23경찰2차

범죄의 성립과 처벌에 관하여 규정한 형벌법규 자체 또는 그로부터 수권 내지 위임을 받은 법령의 변경에 따라 범죄를 구성하지 아니하게 되거나 형이 가벼워진 경우에는 종전 법령이 범죄로 정하여 처벌한 것이 부당하였다거나 과형이 과중하였다는 반성적 고려에 따라 변경된 것인지 여부를 따지지 않고 원칙적으로 「형법」 제1조 제2항이 적용된다.

해설 (O) (大判 2022.12.22. 2020도16420 전합).
[참고] 2020도16420 전합 판결의 요지
(1) 대법원은 종래 동기설을 폐지하여 법적변경 사실변경 구별없이 제1조 2항이 적용된다.
(2) 경과규정에 따라 구법이 적용되는 예외는 인정되므로 언제나 제1조 2항 적용은 아니다.
(3) 제1조 제2항의 법률변경에서 법률에는 법규명령, 행정규칙 등을 포함한 광의의 법률이다.
(4) 다른 법령이 변경된 경우 해당법규와 직접관련이 있어야만 제1조 제2항이 적용된다.
(5) 유효기간을 미리 명시한 한시법의 변경은 제1조 2항의 법률의 변경이 아니다.

026
23경채

범죄의 성립과 처벌에 관하여 규정한 형벌법규 자체 또는 그로부터 수권 내지 위임을 받은 법령의 변경에 따라 형이 가벼워진 경우에는, 종전 법령의 과형이 과중하였다는 반성적 고려에 따라 변경된 것인지 여부를 따지지 않고 원칙적으로 「형법」 제1조 제2항이 적용된다.

해설 (O) (大判 2022.12.22. 2020도16420 전합).

027
23법승5

범죄의 성립 및 처벌과 직접적인 관련이 있는 법령의 변경에 따라 범죄를 구성하지 않게 되거나 형이 가벼워진 경우에는, 종전 법령이 범죄로 정하여 처벌한 것이 부당하였다거나 과형이 과중하였다는 반성적 고려에 따라 변경된 것인지 여부를 따지지 않고 재판시법에 따라야 한다.

[해설] (O) (大判 2022.12.22. 2020도16420 전합).

028
23경찰2차

형벌법규가 대통령령, 총리령, 부령과 같은 법규명령이 아닌 고시 등 행정규칙·행정명령, 조례 등에 구성요건의 일부를 수권 내지 위임한 경우에도 이러한 고시 등 규정이 위임입법의 한계를 벗어나지 않는 한 형벌법규와 결합하여 법령을 보충하는 기능을 하는 것이므로, 그 변경에 따라 범죄를 구성하지 아니하게 되거나 형이 가벼워졌다면 「형법」 제1조 제2항이 적용된다.

[해설] (O) (大判 2022.12.22. 2020도16420 전합).

029
23검9

범죄 후 형벌법규의 위임을 받은 법령의 변경에 따라 범죄를 구성하지 아니하게 된 경우, 종전 법령이 범죄로 정하여 처벌한 것이 부당하였다는 반성적 고려에 따라 변경된 경우에 한하여 「형법」 제1조 제2항이 적용된다.

[해설] (×) 범죄의 성립과 처벌에 관하여 규정한 형벌법규 자체 또는 그로부터 수권 내지 위임을 받은 법령의 변경에 따라 범죄를 구성하지 아니하게 되거나 형이 가벼워진 경우에는, 종전 법령이 범죄로 정하여 처벌한 것이 부당하였다거나 과형이 과중하였다는 반성적 고려에 따라 변경된 것인지 여부를 따지지 않고 원칙적으로 형법 제1조 제2항과 형사소송법 제326조 제4호가 적용된다(大判 2022.12.22. 2020도16420 전합).

030
23검9

행위 시 양벌규정에는 법인에 대한 면책규정이 없었으나 법률 개정으로 면책규정이 추가된 경우, 법원은 「형법」 제1조 제2항에 따라 피고인에게 개정된 양벌규정을 적용해야 한다.

[해설] (O) 이는 범죄 후 법률의 변경에 의하여 그 행위가 범죄를 구성하지 아니하거나 형이 구법보다 경한 경우에 해당한다(大判 2012.05.09. 2011도11264). 〈주〉 제1조 제2항이 적용된다.

031

23법행

피고인에게 유리하게 형벌법규를 개정하면서 부칙에서 신법 시행 전의 범죄에 대하여는 종전 형벌법규를 적용하도록 규정한다고 하여 헌법상의 형벌불소급의 원칙이나 신법우선주의에 반한다고 할 수 없으므로, 범죄 후 피고인에게 유리하게 법령이 변경된 경우라도 입법자는 경과규정을 둠으로써 재판시법의 적용을 배제하고 행위시법을 적용하도록 할 수 있다.

> 해설 (○) (大判 2022.12.22. 2020도16420 전합).

032

23경채

형벌법규가 고시 등 행정규칙·행정명령, 조례 등(이하 '고시 등 규정'이라 한다)에 구성요건의 일부를 수권 내지 위임한 경우에 이러한 고시 등 규정이 위임입법의 한계를 벗어나지 않는 한 형벌법규와 결합하여 법령을 보충하는 기능을 하는 것이므로, 그 변경에 따라 형이 가벼워졌다면 「형법」 제1조 제2항이 적용된다.

> 해설 (○) (大判 2022.12.22. 2020도16420 전합).

033

23경찰2차

형벌법규 자체 또는 그로부터 수권 내지 위임을 받은 법령이 아닌 다른 법령이 변경된 경우 「형법」 제1조 제2항을 적용하려면, 해당 형벌법규에 따른 범죄의 성립 및 처벌과 직접적으로 관련된 형사법적 관점의 변화를 주된 근거로 하는 법령의 변경에 해당하여야 한다.

> 해설 (○) (大判 2022.12.22. 2020도16420 전합).

034

23경찰2차

법령이 개정 내지 폐지된 경우가 아니라, 스스로 유효기간을 구체적인 일자나 기간으로 특정하여 효력의 상실을 예정하고 있던 법령이 그 유효기간을 경과함으로써 더 이상 효력을 갖지 않게 된 경우도 「형법」 제1조 제2항에서 말하는 법령의 변경에 해당한다.

> 해설 (×) 형법 제1조 제2항과 형사소송법 제326조 제4호에서 말하는 법령의 변경에 해당한다고 볼 수 없다(大判 2022.12.22. 2020도16420 전합). 〈주〉 유효기간이 미리 정해진 법률을 한시법이라 한다. 한시법의 변경은 제1조 제2항의 법률의 변경이 아니라고 본다.

035
23법행

형법 제1조 제2항과 형사소송법 제326조 제4호에서 말하는 법령의 변경은 해당 형벌법규에 따른 범죄의 성립 및 처벌과 직접 관련된 것이어야 하고, 이는 결국 해당 형벌법규의 가벌성에 관한 형사법적 관점의 변화를 전제로 한 법령의 변경을 의미한다.

[해설] (○) (大判 2022.12.22. 2020도16420 전합).

036
23법승5

범죄의 성립 및 처벌과 직접적인 관련이 없는 법령의 변경으로 인하여 형벌법규의 가벌성에 영향을 미치게 된 경우에도, 피고인에게 유리하게 재판시법을 따르도록 한 형법 제1조 제2항이 적용되는 것이 원칙이다.

[해설] (×) 해당 형벌법규에 따른 범죄의 성립 및 처벌과 직접적으로 관련된 형사법적 관점의 변화를 주된 근거로 하는 법령의 변경에 해당하여야 하므로, 이와 관련이 없는 법령의 변경으로 인하여 해당 형벌법규의 가벌성에 영향을 미치게 되는 경우에는 형법 제1조 제2항과 형사소송법 제326조 제4호가 적용되지 않는다 (大判 2022.12.22. 2020도16420 전합).

037
23경채

법무사인 甲이 개인파산·회생사건 관련 법률사무를 위임받아 취급하여 비변호사의 법률사무취급을 금지하는 「변호사법」 제109조 제1호 위반으로 기소되었는데 범행 이후에 개정된 「법무사법」 제2조 제1항 제6호에 의하여 '개인의 파산사건 및 개인회생사건 신청의 대리'가 법무사의 업무로 추가되었다면, 위 「법무사법」 개정은 형사법적 관점의 변화를 주된 근거로 하는 법령의 변경에 해당하므로 「형법」 제1조 제2항이 적용된다.

[해설] (×) 법무사법 개정은 범죄사실의 해당 형벌법규 자체인 변호사법 제109조 제1호 또는 그로부터 수권 내지 위임을 받은 법령이 아닌 별개의 다른 법령의 개정에 불과하다는 점 등을 종합하면, 위 법무사법 개정은 형사법적 관점의 변화를 주된 근거로 하는 법령의 변경에 해당하지 않는다(大判 2023.2.23. 2022도4610).

038
23경채

스스로 유효기간을 구체적인 일자나 기간으로 특정하여 효력의 상실을 예정하고 있던 법령이 그 유효기간을 경과함으로써 더 이상 효력을 갖지 않게 된 경우는 「형법」 제1조 제2항과 「형사소송법」 제326조 제4호에서 말하는 법령의 변경에 해당 한다고 볼 수 없다.

해설 (○) (大判 2022.12.22. 2020도16420 전합).

039
23법행

스스로 유효기간을 구체적인 일자나 기간으로 특정하여 효력의 상실을 예정하고 있던 법령이 그 유효기간을 경과함으로써 더 이상 효력을 갖지 않게 된 경우나 형사처벌에 관한 규범적 가치판단의 요소가 배제된 극히 기술적인 규율의 변경 등에 따라 간접적인 영향을 받는 것에 불과한 경우에는 형법 제1조 제2항이나 형사소송법 제326조 제4호에서 말하는 법령의 변경에 해당한다고 볼 수 없다.

해설 (○) (大判 2022.12.22. 2020도16420 전합). 〈주〉 한시법의 변경은 법률의 변경이 아니다.

040
23해경2 [조문]

재판이 확정된 후 법률이 변경되어 그 행위가 범죄를 구성하지 아니하는 때에는 형의 선고를 무효로 한다.

해설 (×) 재판이 확정된 후 법률이 변경되어 그 행위가 범죄를 구성하지 아니하게 된 경우에는 형의 집행을 면제한다(형법 제1조 제3항).

(5) 형법의 장소적 인적 적용범위

041
23특공

대한민국 영역 외에서 외국인이 우리나라의 공문서를 위조한 경우, 그 행위가 행위지의 법률에 의하여 범죄를 구성하지 않는다면 우리나라 「형법」을 적용할 수 없다.

해설 (×) 제5조에 의해 국외에서 외국인에 의한 공문서위조죄의 경우 우리 형법이 적용된다.

042
23해경위

외국인 甲이 외국에서 장기적출을 목적으로 외국인 A를 매매한 경우 대한민국「형법」이 적용될 수 없다.

> [해설] (×) 세계주의는 형법 총칙에는 없지만, 형법 각칙의 약취유인죄와 인신매매죄에 규정되어 있다. 따라서 외국에서 죄를 범한 외국인에게도 우리 형법이 적용된다. (형법 제296조의2)

043
23법원

의료법은 '의료인이 아니면 누구든지 의료행위를 할 수 없다.'라고 규정하고 그 위반자를 처벌하도록 규정하고 있으므로, 보건복지부장관의 의사, 치과의사, 한의사, 조산사, 간호사에 관한 면허를 받지 아니한 내국인이 대한민국 영역 외에서 의료행위를 하는 경우에도 당연히 의료법위반죄로 처벌된다.

> [해설] (×) 의료법은 대한민국 영역 내에서 이루어지는 의료행위를 규율하기 위한 것이므로 대한민국 영역 외에서 이루어진 의료행위의 경우 의료법위반의 구성요건해당성이 없다(大判 2020.4.29. 2019도19130).

044
23군9

국회의원의 면책특권의 대상이 되는 행위는 직무상의 발언과 표결이라는 의사표현행위 자체에 국한된다.

> [해설] (×) 국회의원의 면책특권의 대상이 되는 행위는 직무상의 발언과 표결이라는 의사표현행위 자체에 국한되지 아니하고 이에 통상적으로 부수하여 행하여지는 행위까지 포함한다(大判 1992.9.22. 91도3317).

045
23해경2

「형법」의 총칙은 타법령에 정한 죄에 적용되지만, 그 법령에 특별한 규정이 있는 때에는 예외로 한다.

> [해설] (○) 형법 제8조. 〈주〉 특별법에 규정이 없는 경우에 한하여 형법이 보충적으로 적용된다는 의미이다.

02 구성요건론

(1) 범죄의 종류

046
23경간

「형법」제158조의 장례식방해죄는 장례식을 방해함으로써 성립하는 죄로 구체적 위험범에 해당한다.

해설 (×) 추상적 위험범에 해당한다(大判 2013.2.14. 2010도13450).

047
23경간

「형법」제185조의 일반교통방해죄는 육로, 수로 또는 교량을 손괴 또는 불통하게 하거나 기타 방법으로 교통을 방해함으로써 성립하는 죄로 구체적 위험범에 해당한다.

해설 (×) 일반교통방해죄는 이른바 추상적 위험범으로서 교통이 불가능하거나 또는 현저히 곤란한 상태가 발생하면 바로 기수가 되고 교통방해의 결과가 현실적으로 발생하여야 하는 것은 아니다(大判 2005.10.28. 2004도7545).

048
23경승

구「국가공무원법」제84조, 제65조 제1항에서 규정하는 공무원이 정당 그 밖의 정치단체에 가입한 죄는 공무원이 정당 등에 가입함으로써 즉시 성립하고 그와 동시에 완성되는 즉시범이므로 그 범죄성립과 동시에 공소시효가 진행한다.

해설 (○) (大判 2014.5.16. 2012도12867).

049
23해경사 [조문]

외교상기밀누설죄(제113조 제1항), 공무상비밀누설죄(제127조) 및 업무상비밀누설죄(제317조 제1항)는 신분범이다.

해설 (×) 업무상비밀누설죄, 공무상비밀누설죄는 진정신분범이지만, 외교상기밀누설죄는 신분이 필요하지 않은 일반범이다.

050
23해경사 [조문]

수뢰죄(제129조 제1항), 증뢰죄(제133조 제1항) 및 알선수뢰죄(제132조)는 뇌물을 약속한 때에도 성립한다.

> [해설] (O) 수뢰죄와 알선수뢰죄는 수수 약속 요구로 기수가 성립하고, 증뢰죄는 공여 약속 공여의사표시로 기수가 성립한다.

051
23해경사 [조문]

직권남용죄(제123조), 불법체포·감금죄(제124조) 및 폭행·가혹행위죄(제125조)의 행위 주체는 같다.

> [해설] (×) 직권남용죄의 행위 주체는 공무원이고, 불법체포·감금죄와 폭행·가혹행위죄의 행위 주체는 '재판, 검찰, 경찰 기타 인신구속에 관한 직무를 행하는 자 또는 이를 보조하는 자'이다. 따라서 주체가 다르다.

052
23해경사 [조문]

사전수뢰죄(제129조 제2항)와 사후수뢰죄(제131조 제3항)는 범죄의 성립에 '부정한 청탁'을 요구한다.

> [해설] (×) 사전수뢰죄와 사후수뢰죄는 '청탁'을 요건으로 한다.

053
23해경위

사자명예훼손죄, 업무상비밀누설죄, 비밀침해죄, 출판물명예훼손죄, 외국사절모욕죄는 친고죄이다.

> [해설] (×) 사자명예훼손죄, 업무상비밀누설죄, 비밀침해죄는 친고죄이지만, 출판물명예훼손죄, 외국사절모욕죄는 친고죄가 아니라 반의사불벌죄이다.
> [참고] 친고죄 - 사자명예훼손죄, 모욕죄, (개인적법익) 비밀침해죄, 업무상비밀누설죄
> [참고] 반의사불벌죄 - 과실치상죄, 폭행협박죄, 외국원수모욕죄, 외국사절모욕죄, 외국국기모독죄, 외국국장모독죄, 출판물명예훼손죄, 명예훼손죄 - 의사에 반하여 공소를 제기할 수 없다.
> 〈제외되는 범죄〉 상해죄, 업무상과실치상죄, 특수폭행협박죄, 상습폭행협박죄, 특별법상 공동폭행협박죄 - 반의사불벌죄 아님 - 의사에 반하여 공소를 제기할 수 있다.

054
23해경위

특수상해죄(「형법」 제258조의2)는 흉기를 휴대하거나 2인 이상이 합동하여 상해 또는 존속상해의 죄를 범한 경우를 처벌하는 규정이다.

> 해설 (×) 단체 또는 다중의 위력을 보이거나 위험한 물건을 휴대하여 제257조제1항 또는 제2항의 죄를 범한 때에는 1년 이상 10년 이하의 징역에 처한다(형법 제258조의2 제1항.). 〈주〉 흉기가 아니라 위험한 물건으로 규정되어 있고 합동상해죄는 규정이 없다.
> [참고] 단체다중위력 또는 위험한물건휴대 특수범 – 공무집행방해죄, 주거침입죄, 손괴죄, 체포감금죄, 폭행협박죄, 공갈죄, 상해죄, 강요죄
> [참고] 합동범으로서의 특수범 – 형법상 특수절도죄, 특수강도죄, 특수도주죄, 성폭력특별법상 특수강간죄

055
23경대편입

범죄의 기수와 종료를 구별하는 실익은 공소시효의 기산점은 범죄의 종료시점이고, 기수 이후에도 종료시점까지는 공범의 성립이 가능하며, 행위시법의 판단은 행위의 종료시점을 기준으로 한다는 점에 있다.

> 해설 (○) 범죄의 기수와 종료를 구별하는 실익과 관련하여 즉시범 또는 상태범과 계속범으로 구별된다. 즉시범 또는 상태범은 기수와 동시에 종료되어 기수시부터 공소시효가 진행되지만, 계속범은 기수 이후에 종료되어 기수시부터 공소시효가 진행되지 않는다는 차이가 있다.

056
23경찰1

구성요건적 실행행위에 의해 법익의 침해가 발생하여 범죄가 기수에 이르고 범죄행위도 종료되지만 법익침해 상태는 기수 이후에도 존속되는 범죄는 계속범이고, 범죄가 기수에 이른 후에도 범죄행위와 법익침해 상태가 범행 종료시까지 계속되는 범죄는 상태범이다.

> 해설 (×) 구성요건적 실행행위에 의해 법익의 침해가 발생하여 범죄가 기수에 이르고 범죄행위도 종료되지만 법익침해 상태는 기수 이후에도 존속되는 범죄는 상태범이고, 범죄가 기수에 이른 후에도 범죄행위와 법익침해 상태가 범행 종료시까지 계속되는 범죄는 계속범이다.

057
23경찰1

상태범은 기수 이후 법익침해 상태가 계속되는 시점에도 공범성립이 가능하다.

> 해설 (×) 상태범은 기수와 동시에 범죄가 종료되므로, 이후 공범성립과 정당방위가 불가능하다.

058

즉시범, 상태범, 계속범은 모두 기수시까지 정당방위가 가능하다.

> 해설 (×) 즉시범과 상태범은 기수와 동시에 범죄가 종료되므로 기수시까지만 정당방위가 가능하다. 그러나 계속범은 기수 이후에도 범죄종료시까지 정당방위가 가능하다.

(2) 법인의 범죄능력

059

구 「건축법(1991. 5. 31. 법률 제4381호로 개정되어 1992. 6. 1. 시행되기 전의 것)」 제54조 내지 제56조의 벌칙규정과 같이 법률의 벌칙규정에서 그 적용대상자를 일정한 업무주로 한정한 경우에 업무주가 아니면서 그 업무를 실제로 집행하는 자가 그 벌칙규정의 위반행위를 하였다면, 실제로 업무를 집행하는 자는 그 벌칙규정을 적용대상으로 하고 있는 양벌규정에 의해 처벌된다.

> 해설 (O) 그 적용대상자를 건축주, 공사감리자, 공사시공자 등 일정한 업무주(業務主)로 한정한 경우에 있어서, 같은 법 제57조의 양벌규정은 업무주가 아니면서 당해 업무를 실제로 집행하는 자가 있는 때에 위 벌칙규정의 실효성을 확보하기 위하여 그 적용대상자를 당해 업무를 실제로 집행하는 자에게까지 확장함으로써 그러한 자가 당해 업무집행과 관련하여 위 벌칙규정의 위반행위를 한 경우 위 양벌규정에 의하여 처벌할 수 있도록 한 행위자의 처벌규정임과 동시에 그 위반행위의 이익귀속주체인 업무주에 대한 처벌규정이라고 할 것이다.(大判 1999.7.15. 95도2870 전합).

060

양벌규정 중 법인 대표자의 법규위반행위에 대한 법인의 책임은 법인 자신의 법규위반행위로 평가될 수 있는 행위에 대한 법인의 직접책임이지만, 대표자의 고의·과실에 의한 위반행위에 대하여는 법인도 고의·과실책임을 부담하므로 법인의 처벌은 그 대표자의 처벌을 요건으로 한다.

> 해설 (×) 대표자의 고의에 의한 위반행위에 대하여는 법인 자신의 고의에 의한 책임을, 대표자의 과실에 의한 위반행위에 대하여는 법인 자신의 과실에 의한 책임을 져야 한다. 이처럼 양벌규정 중 법인의 대표자 관련 부분은 대표자의 책임을 요건으로 하여 법인을 처벌하는 것이지 그 대표자의 처벌까지 전제조건이 되는 것은 아니다(大判 2022.11.17. 2021도701).

(3) 부작위범

061
23경승

일정한 기간 내에 잘못된 상태를 바로잡으라는 행정청의 지시를 이행하지 않았다는 것을 구성요건으로 하는 범죄는 이른바 진정부작위범으로서 그 의무이행기간의 경과에 의하여 범행이 기수에 이른다.

> [해설] (O) 일정한 기간 내에 잘못된 상태를 바로잡으라는 행정청의 지시를 이행하지 않았다는 것을 구성요건으로 하는 범죄는 이른바 진정부작위범이다(大判 1994.4.26. 93도1731).

062
23해경사 [조문]

부진정부작위범을 작위범과 동일하게 평가하기 위해서는 보증인적 지위 외에 부작위와 작위의 동가치성(상응성)을 요하며, 이는 「형법」이 명문으로 규정하고 있다.

> [해설] (X) 제18조(부작위범) 위험의 발생을 방지할 의무가 있거나 자기의 행위로 인하여 위험발생의 원인을 야기한 자가 그 위험발생을 방지하지 아니한 때에는 그 발생된 결과에 의하여 처벌한다. 〈주〉 부진정부작위범의 구성요건은 작위의무, 이행가능성, 부작위, 동가치성, 고의 등이다. 이 중에서 이행가능성과 동가치성은 형법 제18조에 규정되어 있지 않다.

063
23해경위

부진정부작위범의 요건으로 행위태양의 동가치성을 요구하는 것은 부진정부작위범의 형사처벌을 확장하는 기능을 한다.

> [해설] (X) 동가치성이란 부작위범의 부작위가 작위범의 구성요건적 행위와 동가치성을 가질 때 부진정부작위범에 해당한다는 의미이다. 부진정부작위범의 요건으로 행위태양의 동가치성을 요구하는 것은 부진정부작위범의 형사처벌을 축소하는 기능을 한다. 예컨대 부작위로 재산을 침해한 경우가 모두 처벌되는 것이 아니라 적극적 기망과 같은 가치로 평가될 때에만 부작위에 의한 사기죄로 처벌된다.

064
23검7

부작위범의 작위의무는 공법상의 의무로 제한되므로 단순한 도덕상 또는 종교상의 의무는 포함되지 않으나 작위의무가 공법적인 의무인 한 성문법이건 불문법이건 상관이 없고 법령, 법률행위, 선행행위로 인한 경우는 물론이고 기타 신의성실의 원칙이나 사회상규 혹은 조리상 작위의무가 기대되는 경우에도 법적인 작위의무는 있다.

[해설] (×) 작위의무는 법적인 의무이어야 하므로 단순한 도덕상 또는 종교상의 의무는 포함되지 않으나 작위의무가 법적인 의무인 한 성문법이건 불문법이건 상관이 없고 또 공법이건 사법이건 불문하므로, 법령, 법률행위, 선행행위로 인한 경우는 물론이고 기타 신의성실의 원칙이나 사회상규 혹은 조리상 작위의무가 기대되는 경우에도 법적인 작위의무는 있다(大判 1996.9.6. 95도2551).

065
23군7

법률이 특정한 자에 일정한 신고의무를 부과하면서 이 규정에 의한 '신고를 하지 아니한 자'를 처벌하도록 규정하고 있는 경우, 이 범죄는 구성요건이 부작위에 의하여서는 물론 작위에 의하여서 실현될 수 있는 부진정부작위범에 해당한다.

[해설] (×) 그 규정 형식 및 취지에 비추어 신고의무 위반으로 인한 공중위생관리법 위반죄는 구성요건이 부작위에 의하여서만 실현될 수 있는 진정부작위범에 해당한다(大判 2008.3.27. 2008도89).

066
23경대편입

부진정 부작위범의 경우에는 보호법익의 주체가 법익에 대한 침해위협에 대처할 보호능력이 없고, 부작위행위자에게 침해위협으로부터 법익을 보호해 주어야 할 법적 작위의무가 있을 것을 요하나, 부작위행위자가 그러한 보호적 지위에서 법익침해를 일으키는 사태를 반드시 지배하고 있을 필요는 없다.

[해설] (×) 부진정 부작위범의 경우에는 보호법익의 주체가 법익에 대한 침해위협에 대처할 보호능력이 없고, 부작위행위자에게 침해위협으로부터 법익을 보호해 주어야 할 법적 작위의무가 있을 뿐 아니라, 부작위행위자가 그러한 보호적 지위에서 법익침해를 일으키는 사태를 지배하고 있어 작위의무의 이행으로 결과발생을 쉽게 방지할 수 있어야 부작위로 인한 법익침해가 작위에 의한 법익침해와 동등한 형법적 가치가 있는 것으로서 범죄의 실행행위로 평가될 수 있다(大判 2015.11.12. 2015도6809 전합). 〈주〉 사태를 지배하여 결과방지 가능성이 있어야 한다.

067
23군7

부작위에 의한 업무방해죄 성립을 인정하기 위하여서는 부작위가 작위에 의한 업무방해죄의 실행행위로서의 허위사실 유포, 위계, 위력과 동일시할 수 있을 것이 요구되지만, 부작위에 의한 살인죄 성립에 있어서는 부작위가 작위에 의한 법익침해와 동등한 형법적 가치가 있을 것이 요구되지 않는다.

해설 (×) [1] 업무방해죄와 같이 작위를 내용으로 하는 범죄를 부작위에 의하여 범하는 부진정 부작위범이 성립하기 위해서는 부작위를 실행행위로서의 작위와 동일시할 수 있어야 한다(大判 2017.12.22. 2017도13211). [2] 그 부작위가 작위에 의한 법익침해와 동등한 형법적 가치가 있는 것이어서 그 범죄의 실행행위로 평가될 만한 것이라면, 작위에 의한 실행행위와 동일하게 부작위범으로 처벌할 수 있다고 할 것이(大判 1992.2.11. 91도2951). 〈주〉 업무방해죄와 살인죄 모두 동가치성을 요구한다.

(4) 인과관계

068
23변시 [조문]

고의의 결과범에서 실행행위와 결과발생 간에 인과관계가 없는 경우 행위자를 기수범으로 처벌할 수 없다.

해설 (○) 형법 제17조(인과관계) 어떤 행위라도 죄의 요소되는 위험발생에 연결되지 아니한 때에는 그 결과로 인하여 벌하지 아니한다. 〈주〉 결과로 벌하지 않는다는 것은 기수로 벌하지 않는다는 뜻이다.

069
23경간

甲은 주식회사를 운영하면서 발주처로부터 공사완성의 대가로 공사대금을 지급받았으나, 법인 인수 과정에서 법인 등록요건 중 인력요건을 외형상 갖추기 위해 관련 자격증 소지자들로부터 자격증을 대여받은 사실을 발주처에 숨기는 행위를 하였다면, 그 기망행위와 공사대금 지급 사이에 상당인과관계가 인정된다.

해설 (×) 설령 피고인이 발주처에 대하여 기술자격증 대여 사실을 숨기는 등의 행위를 하였다고 하더라도 그 행위와 공사대금 지급 사이에 상당인과관계를 인정하기도 어렵다(大判 2022.7.14. 2017도20911).

070
23해경사

甲의 선행행위 후 피해자의 과실이 개입되어 결과가 발생한 경우, 그와 같은 사실이 통상 예견할 수 있는 것이라면 甲의 선행행위와 결과 사이에 인과관계가 인정된다.

[해설] (O) (大判 1994.03.22. 93도3612).

071
23법행

어로작업중인 항행유지선이라고 할지라도 피항선이 피항하지 않음으로써 충돌의 위험이 닥친 경우에 스스로 방향을 바꾸거나 감속 또는 정선함으로써 사고를 미연에 방지할 수 있다면 그 같은 조치를 취할 주의의무가 있으나, 만일 항행유지선 조선자가 견시의무를 다하여 미리 피항선의 근접을 발견하였더라도 충돌의 위험이 닥친 단계에서 스스로 방향변경 등의 방법으로 위험을 피할 도리가 없는 이상 항행유지선 조선자의 견시의무를 소홀히 한 과실은 사고발생과 상당인과관계가 있다고 볼 수 없다.

[해설] (O) (大判 1984.1.17. 83도2746).

072
23군5

인과관계 유무 판단과 관련하여, 객관적 귀속론은 자연과학적 인과관계를 인정하는 문제와 형사책임의 범위를 정하는 문제를 분리하여 판단하자는 입장이다.

[해설] (O) 인과관계는 합법칙적 조건설로 평가하고 인과관계가 인정되는 경우에 한해서 객관적 귀속은 위험창출실현이론으로 평가하자는 견해이다(통설).

073
23특공

수술주관의사 또는 마취담당의사가 할로테인을 사용한 전신마취에 의하여 난소종양절제수술을 함에 앞서 혈청의 생화학적 반응에 의한 간기능검사로 환자의 간 상태를 정확히 파악하지 아니한 채 개복수술을 시행하여 환자가 급성전격성간염으로 인하여 사망하였다면 위 의사들의 업무상과실과 환자의 사망 사이에 인과관계가 인정된다.

[해설] (X) 혈청에 의한 간기능검사를 시행하지 않거나 이를 확인하지 않은 피고인들의 과실과 피해자의 사망 간에 인과관계가 있다고 하려면 피고인들이 수술 전에 피해자에 대한 간기능검사를 하였더라면 피해자가 사망하지 않았을 것임이 입증되어야 할 것인데도 원심은 피해자가 수술당시에 이미 간손상이 있었다는 사실을 증거 없이 인정함으로써 인과관계에 관한 법리오해의 위법이 있다(大判 1990.12.11. 90도694). 〈주〉 피고인들의 업무상과실은 인정되나, 사망의 결과와의 사이에 상당인과관계가 없기 때문에 과실의 미수로서 무죄가 된다.

(5) 구성요건적 고의

074
23경간

고의는 객관적 구성요건요소에 관한 인식과 구성요건실현을 위한 의사를 의미하고, 「형법」 제13조에 의하면 고의가 인정되지 않은 경우 원칙적으로 처벌되지 않는다.

> [해설] (O) 형법 제13조 (고의) 죄의 성립요소인 사실을 인식하지 못한 행위는 벌하지 아니한다. 다만, 법률에 특별한 규정이 있는 경우에는 예외로 한다. 〈주〉 형법은 고의의 요건을 '인식'이라고 규정하였으나, 통설과 판례는 '인식과 의사'를 요건이라고 본다.

075
23변시

절도죄에 있어서 재물의 타인성은 고의의 인식대상이다.

> [해설] (O) 절도죄에 있어서 재물의 타인성을 오신하여 그 재물이 자기에게 취득(빌린 것)할 것이 허용된 동일한 물건으로 오인하고 가져온 경우에는 범죄사실에 대한 인식이 있다고 할 수 없으므로 범의가 조각되어 절도죄가 성립하지 아니한다(大判 1983.9.13. 83도1762,83감도315). 〈주〉 절도죄의 구성요건은 타인의 재물 절취이므로 이를 인식해야 고의가 인정된다.

076
23경간

임금 등 지급의무의 존부와 범위에 관하여 다툴 만한 근거가 있다면 사용자가 그 임금 등을 지급하지 않은 데에 상당한 이유가 있다고 보아야 하므로, 사용자에게 「근로기준법」 제109조 제1항, 제36조 위반의 고의가 있었다고 보기 어렵다.

> [해설] (O) (大判 2022.6.30. 2022도742).

077
23검9

"결과가 발생할지도 몰라. 하지만 그래도 할 수 없지."라고 생각했으면 미필적 고의가 인정되지만, "결과가 발생할지도 몰라. 그러나 괜찮을 거야."라고 생각한 경우는 인식 없는 과실에 해당한다.

> [해설] (X) "결과가 발생할지도 몰라. 그러나 괜찮을 거야."라고 생각한 경우도 인식 없는 과실에 해당한다고 할 수 없어 미필적 고의가 인정된다. 〈주〉 '그래도 할 수 없지' 또는 '그러나 괜찮을거야' 모두 결과를 용인하는 의사로서 미필적 고의가 인정된다.

078
23검9

행위자가 범죄사실이 발생할 가능성을 용인하고 있었는지는 행위자의 진술에 의존하지 않고 외부에 나타난 행위의 형태와 행위의 상황 등 구체적인 사정을 기초로 일반인이라면 범죄사실이 발생할 가능성을 어떻게 평가할 것인지를 고려하면서 객관적 제3자의 입장에서 그 심리상태를 추인하여야 한다.

> [해설] (×) 행위자의 진술에 의존하지 아니하고 외부에 나타난 행위의 형태와 행위의 상황 등 구체적인 사정을 기초로 하여 일반인이라면 당해 범죄사실이 발생할 가능성을 어떻게 평가할 것인가를 고려하면서 "행위자"의 입장에서 그 심리상태를 추인하여야 한다(大判 2004.5.14. 2004도74). 〈주〉 일반인이 평가하여 행위자의 심리상태를 추인한다.

079
23군5

자신이 흉기를 휴대한 사실을 알지 못하고 타인의 집에 들어가 절도한 경우에도 흉기휴대의 고의는 인정되므로 특수(흉기휴대)절도로 처벌할 수 있다.

> [해설] (×) 자신이 흉기를 휴대한 사실을 알지 못하고 타인의 집에 들어가 절도한 경우 흉기휴대의 고의가 인정되지 않으므로 특수절도(흉기휴대)죄가 성립하지 않는다(大判 1990.4.24. 90도401). 〈주〉 범죄와 무관하게 방안에 곡괭이 자루를 보관하고 있었던 경우는 위험한 물건의 휴대가 아니다.

(6) 구성요건적 착오

080
23해경위

객관적으로는 존재하지도 않는 구성요건적 사실을 행위자가 적극적으로 존재한다고 생각한 '반전된 구성요건적 착오'는 「형법」상 불가벌이다.

> [해설] (×) 존재하지 않는 구성요건적 사실을 존재한다고 오인한 경우로서 사실의 착오문제가 반전된 경우(반전된 구성요건적 착오)에 해당하여 제27조의 불능미수가 문제된다.

081
23경찰2차 [조문]

「형법」 제15조 제1항에 따르면 특별히 무거운 죄가 되는 사실을 인식하지 못한 행위는 그 오인에 정당한 이유가 있는 때에 한하여 벌하지 아니한다.

> [해설] (×) 특별히 무거운 죄가 되는 사실을 인식하지 못한 행위는 무거운 죄로 벌하지 아니한다(형법 제15조 제1항).

082
23경대편입

甲과 乙은 함께 투자한 사업에 실패하여 빈털터리가 되자, 부동산을 많이 보유하고 있는 乙의 아버지 丙을 사고로 위장하여 살해하고 상속금으로 동업을 하기로 공모하였다. 이에 따라 乙은 2023년 11월 10일 밤에 안방에 사람이 있는 것을 확인하고 몰래 집 내부의 가스배관에 흠집을 내어 마치 가스유출사고인 것처럼 위장하여 丙을 살해하기로 마음먹고 실행에 옮겼다. 이때 만일 사망한 자가 丙이 아니라 丙의 친구였던 경우, 乙은 구성요건 착오 중에서 객체의 착오 중 추상적 사실에 관한 착오를 일으킨 것이므로, 「형법」 제15조 제1항의 사실의 착오 규정을 적용하여야 한다.

> **해설** (×) 존속살해죄를 의도하였으나 보통살인죄가 발생한 경우로서 추상적 사실의 착오 중 객체의 착오이며, 형법 제15조 제1항이 '반전된' 형태의 착오이다. 해결방법으로 학설이 대립한다. 〈주〉 따라서 제15조 제1항을 적용한다는 표현이 틀렸다.

083
23경대편입

甲과 乙은 함께 乙의 아버지 丙을 사고로 위장하여 살해하기로 공모하고 가스배관에 흠집을 내어 마치 가스유출사고인 것처럼 위장하여 丙을 살해하기로 마음먹고 실행에 옮겼다. 이때 만일 사망한 자가 丙이 아니라 丙의 친구였던 경우, 법정적 부합설 중 죄질부합설에 따르면 乙에게는 「형법」 제250조 제1항의 보통살인죄가 성립한다.

> **해설** (○) 법정적 부합설은 구성요건부합설과 죄질부합설(다수설)로 나뉘는데, 죄질부합설이란 구성요건(죄명)이 달라도 유사한 범죄라면 인식과 실제의 부합을 인정하여 발생사실의 기수를 인정한다는 견해이다. 존속살해죄와 보통살인죄는 같은 살인죄로서 죄질이 부합하므로 발생사실의 기수를 인정한다. 따라서 보통살인죄가 성립한다.

084
23해경위

법정적 부합설은 사람을 살해할 의사로 사람을 살해했음에도 불구하고 살인미수라고 하는 것은 일반인의 법감정에 반한다는 비판을 받는다.

> **해설** (×) 이러한 비판을 받는 학설은 구체적 부합설이다. 즉 구체적 부합설은 A를 살해할 의사로 B를 살해한 경우 A에 대한 살인미수와 B에 대한 과실치사의 상상적 경합을 인정하므로, 이러한 결론은 잘못되었다고 법정적 부합설과 추상적 부합설이 구체적 부합설을 비판한다.

085
23해경위

「형법」에는 사실의 착오에 관한 규정이 없어, 사실의 착오문제를 해결하는 것은 오롯이 학설에 위임되어 있다.

[해설] (×) 형법에 사실의 착오에 관한 명문의 규정이 있다. 제13조, 제27조, 제15조 제1항 등이 있다.

086
23군7

구성요건적 착오의 해결에 대한 법정적 부합설은 규범적인 차원에서 부합하면 되기 때문에 객체의 착오와 방법의 착오를 구별할 필요가 없다고 본다.

[해설] (○) 법정적 부합설이 규범적인 차원의 부합을 요구한다는 것은 죄명이 부합할 것을 요구한다는 뜻이다. 죄명(구성요건 또는 죄질)이 부합하면 객체의 착오와 방법의 착오를 구별하지 않고 고의기수범이라는 동일한 결론이 도출된다.

087
23경대편입

甲은 乙을 살해하기 위해 돌멩이로 가슴과 머리를 여러 차례 내리쳐(제1행위) 사망한 것으로 오인하고 증거를 인멸할 목적으로 웅덩이를 파고 乙을 매장하였으나(제2행위) 실제로 乙은 웅덩이에서 질식사한 것으로 밝혀졌다. 이 경우는 구성요건 착오 중 객체의 착오에 해당하며 이에 관한 법정적 부합설에 따르면 甲이 인식한 객체와 결과가 발생한 객체가 일치하므로 언제나 살인죄 고의기수범이 성립한다.

[해설] (×) 구성요건적 착오 중 객체 또는 방법의 착오가 아니라 인과과정의 착오이다. 학설에서는 이를 개괄적 고의사례라고도 한다.

088
23경대편입

甲은 乙을 살해하기 위해 돌멩이로 가슴과 머리를 여러 차례 내리쳐(제1행위) 사망한 것으로 오인하고 증거를 인멸할 목적으로 웅덩이를 파고 乙을 매장하였으나(제2행위) 실제로 乙은 웅덩이에서 질식사한 것으로 밝혀졌다. 이 경우 제1행위와 제2행위를 각각 분리하여 판단하면, 제1행위는 살인미수죄가 되고 제2행위는 증거인멸죄가 되며, 양자는 실체적 경합이 된다.

[해설] (×) 1행위와 2행위의 독립적 성격을 강조하는 견해에 의하면, 1행위에 대해서는 미수를 인정하고 2행위시에는 고의가 없었으므로 경우에 따라서 2행위의 과실범과 실체적 경합을 인정한다. [2] 증거인멸죄는 타인의 형사사건 또는 징계사건에 관한 증거를 인멸하는 경우에 성립하는 것으로서, 피고인 자신이 직접 형사처분이나 징계처분을 받게 될 것을 두려워한 나머지 자기의 이익을 위하여 그 증거가 될 자료를 인멸하였다면, 이를 증거인멸죄로 다스릴 수 없다(大判 1995.9.29. 94도2608). 〈주〉 자기의 증거인멸은 증거인멸죄에 해당하지 않는다.

089
23검7

웅덩이매장 사례에서 인과과정의 착오 이론에 따르면, 사례의 경우 인과과정의 불일치를 본질적으로 보는 한 甲에게는 발생결과에 대한 고의기수범이 성립한다.

> 해설 (×) 개괄적 고의를 인과관계의 착오의 한 형태로 보는 인과관계착오설에 따르면 인과과정의 상위는 비본질적이기 때문에 발생한 결과의 고의기수범이 성립한다. 따라서 甲의 경우에는 살인기수죄가 인정된다.
> 〈주〉 착오가 본질적이라면 미수와 과실의 경합범이 된다.

090
23검7

웅덩이매장 사례에서 미수범과 과실범의 경합설에 따르면, 甲의 범행계획이 미실현된 것으로 평가되면 살인미수죄와 과실치사죄의 경합범이 성립하지만, 사례의 경우 甲의 범행계획이 실현되었으므로 甲에게는 살인의 고의기수범이 성립한다.

> 해설 (×) 1행위와 2행위의 독립적 성격을 강조하는 견해에 의하면, 1행위에 대해서는 미수를 인정하고 2행위시에는 고의가 없었으므로 경우에 따라서 2행위의 과실범과 실체적 경합을 인정한다.

091
23경대편입

甲은 피해자를 구타하여 상해를 입은 피해자가 정신을 잃고 빈사상태에 빠지자(제1행위) 사망한 것으로 오인하고, 자신의 행위를 은폐하고 피해자가 자살한 것처럼 가장하기 위하여 피해자를 베란다 아래의 바닥으로 떨어뜨려(제2행위) 사망케 하였다. 이 경우 제1행위와 제2행위를 각각 분리하여 판단하면, 제1행위는 상해죄가 되고 제2행위는 상해치사죄가 되며, 양자는 실체적 경합이 된다.

> 해설 (×) 1행위와 2행위를 분리하여 판단하면 1행위는 상해죄가 되고 2행위는 과실치사죄가 되며 양자는 실체적 경합이 된다.

092
23검9

甲이 6층 호텔방에서 상해의 의사로 A를 구타하여 A가 정신을 잃고 쓰러지자 사망한 것으로 착각하고, A가 자살한 것으로 위장하기 위해 6층 아래로 떨어뜨려 사망케 한 경우는 구성요건적 착오의 사례이다.

> 해설 (○) 피고인 甲의 행위는 포괄하여 단일의 상해치사죄에 해당한다(大判 1994.11.4. 94도2361). 〈주〉 개괄적 과실 사례로서 구성요건요소인 인과과정에 대한 착오이다.

093
23검7

甲이 주차된 자동차를 A의 소유인 줄 알고 손괴하였는데, 알고 보니 B의 소유인 경우는 주관적 정당화요소를 결한 사례이며, 판례에 따르면 甲은 재물손괴죄의 불능미수에 해당한다.

해설 (×) 주관적 정당화요소를 결한 우연방위 사례가 아니라 구성요건적 착오로서 구체적 사실의 착오 중 객체의 착오이다. 판례의 입장인 법정적 부합설은 발생사실에 대한 고의기수를 인정한다. 따라서 甲은 B의 자동차에 대한 손괴죄 기수가 성립한다.
[참고] ㉠ 구성요건적 착오 – 사실과 관련된 죄명에 대한 착오 – 광의의 사실의 착오(과실범) 반전된 사실의 착오(불능미수), 협의의 사실의 착오(제15조 1항의 착오, 구체적 또는 추상적 사실의 착오), 인과과정의 착오 등 ㉡ 정당화 상황에 대한 착오 – 오상방위(위법성조각사유 전제사실의 착오), 우연방위(주관적정당화의사를 결한 경우) ㉢ 위법성의 착오(금지착오, 법률의 착오) – 제16조가 적용되는 금지착오, 반전된 금지착오(환각범) – 모두 구별할 줄 알아야 한다.

094
23검7

丙이 C의 자동차를 맞히려고 돌을 던졌으나 빗나가 C가 돌에 맞아 다친 경우는 추상적 사실의 착오 중 방법의 착오로서 추상적 부합설에 의하면 丙에게는 손괴기수죄와 과실치상죄의 상상적 경합이 성립한다.

해설 (○) 추상적 사실의 착오 중 방법의 착오이다. 추상적 부합설에 의하면 경한 죄의 기수와 중한 죄의 과실의 상상적 경합범을 인정한다. 따라서 丙에게는 C의 자동차에 대한 손괴죄 기수와 C에 대한 과실치상죄의 상상적 경합이 성립한다.

095
23검7

유흥접객업소의 업주 乙이 청소년의 출입을 금지하는 관련 규정의 존재를 몰라 청소년을 자신의 유흥접객업소에 출입시킨 경우는 법률의 착오 사례이며, 판례에 의하면 乙은 그 오인에 정당한 이유가 있어 책임이 조각된다.

해설 (×) 단순한 법률의 부지에 불과하며 형법 제16조에 해당하는 법률의 착오라 볼 수 없다(大判 2000.8.18. 2000도2943). 〈주〉 법률의 부지는 정당한 이유를 불문하고 처벌된다. 따라서 乙은 책임이 조각되지 않고 처벌된다.

096

23검9

甲이 저작권 침해물 링크사이트를 운영하던 중 그러한 링크행위가 범죄에 해당하지 않는다는 대법원 판결이 선고되자 자신의 행위는 죄가 되지 않는다고 생각하고 계속 운영한 경우는 구성요건적 착오의 사례이다.

> 해설 (×) 피고인들이 이 사건 사이트를 운영하던 도중에 대법원 2015. 3. 12. 2012도13748 판결이 선고되었지만, 이 판결은 대법원 2021. 9. 9. 선고 2017도19025 전원합의체 판결로 변경되었다. 법률 위반 행위 중간에 일시적으로 판례에 따라 그 행위가 처벌대상이 되지 않는 것으로 해석되었던 적이 있었다고 하더라도 그것만으로 자신의 행위가 처벌되지 않는 것으로 믿은 데에 정당한 이유가 있다고 할 수 없다(大判 2021.11.25. 2021도10903). 〈주〉 책임 단계에서의 금지착오 사례이다.

(7) 과실범

097

23경찰2차 [조문]

「형법」 제14조에 따르면 정상적으로 기울여야 할 주의(注意)를 게을리하여 죄의 성립요소인 사실을 인식하지 못한 행위는 정당한 이유가 있는 때에 한하여 벌하지 아니한다.

> 해설 (×) 정상적으로 기울여야 할 주의(注意)를 게을리하여 죄의 성립요소인 사실을 인식하지 못한 행위는 법률에 특별한 규정이 있는 경우에만 처벌한다(형법 제14조).

098

23경대편입

과실범에 있어서의 비난가능성의 지적 요소란 결과발생의 가능성에 대한 인식으로서, 인식 있는 과실은 이와 같은 인식이 있고, 인식 없는 과실은 이에 대한 인식 자체도 없는 경우이나, 인식 없는 과실도 규범적 실재로서의 과실책임이 있음은 인식 있는 과실과 같다.

> 해설 (○) (大判 1984.2.28. 83도3007). 〈주〉 형법에서는 인식있는 과실과 인식없는 과실을 구별하지 않고 모두 과실범을 인정한다.

099
23경간

화물차주 甲이 화물차를 주차하고 적재함에 적재된 토마토 상자를 운반하던 중 적재된 상자 일부가 떨어지면서 지나가던 A에게 상해를 입힌 경우, 「교통사고처리특례법」에 정한 '교통사고'에 해당하여 업무상과실치상죄가 성립한다.

[해설] (×) 교통사고처리 특례법에 정한 '교통사고'에 해당하지 않아 업무상과실치상죄가 성립한다(大判 2009.7.9. 2009도2390).

100
23군9

공휴일에 소장을 대리하는 당직간부는 구치소에 수용된 수용자들의 생명·신체에 대한 위험을 방지할 법령상 내지 조리상의 의무를 지고 있고, 이와 같은 의무를 직무로서 수행하는 교도관들의 업무는 업무상과실치사죄에서의 업무에 해당한다.

[해설] (○) (大判 2007.5.31. 2006도3493).

101
23경채

수련병원의 전문의와 전공의 등의 관계처럼 의료기관 내의 직책상 주된 의사의 지위에서 지휘·감독 관계에 있는 다른 의사에게 특정 의료행위를 위임하는 수직적 분업의 경우에, 그 다른 의사에게 전적으로 위임된 것이 아닌 이상 주된 의사는 자신이 주로 담당하는 환자에 대하여 다른 의사가 하는 의료행위의 내용이 적절한 것인지 여부를 확인하고 감독하여야 할 업무상 주의의무가 있고, 만약 의사가 이와 같은 업무상 주의의무를 소홀히 하여 환자에게 위해가 발생하였다면 주된 의사는 그에 대한 과실 책임을 면할 수 없다.

[해설] (○) (大判 2022.12.1. 2022도1499).

102
23경채

수련병원의 전문의와 전공의 등의 관계처럼 의료기관 내의 직책상 주된 의사의 지위에서 지휘·감독 관계에 있는 다른 의사에게 특정 의료행위를 위임하는 수직적 분업의 경우에, 그 의료행위가 위임을 통해 분담 가능한 내용의 것이고 실제로도 그에 관한 위임이 있었다면, 그 위임 당시 구체적인 상황 하에서 위임의 합리성을 인정하기 어려운 사정이 존재하고 이를 인식하였거나 인식할 수 있었다고 볼 만한 다른 사정에 대한 증명이 없는 한, 위임한 의사는 위임받은 의사의 과실로 환자에게 발생한 결과에 대한 책임이 있다고 할 수 없다.

해설 (O) (大判 2022.12.1. 2022도1499).

103
23특공

골프와 같은 개인 운동경기에 참가하는 자는 자신의 행동으로 인해 다른 사람이 다칠 수도 있으므로, 경기 규칙을 준수하고 주위를 살펴 상해의 결과가 발생하는 것을 미연에 방지해야 할 주의의무가 있다.

해설 (O) (大判 2008.10.23. 2008도6940).

104
23군5

설치된 기계의 수리, 작업과정에 대한 공원의 훈련 및 감독, 신규 공원의 채용 등 공장운영 전반에 대한 실무적인 감독자가 따로 있는 경우에도 공장을 임차경영하고 있으면 그에게 피해자인 공원에 대한 사전 안전교육과 기계조작 및 작업방법 등에 관한 구체적이고 직접적인 감독책임이 있다.

해설 (×) 공장을 임차경영하고 있다 하여 그에게 피해자인 공원에 대한 사전안전교육과 기계조작 및 작업방법 등에 관한 구체적이고 직접적인 감독책임이 있다고 할 수 없다(大判 1984.11.27. 84도2025).

105
23군9

업무상과실치상죄의 '업무'에는 수행하는 직무자체가 위험성을 갖기 때문에 안전배려를 의무의 내용으로 하는 경우는 물론 사람의 생명·신체의 위험을 방지하는 것을 의무의 내용으로 하는 업무도 포함된다.

해설 (O) (大判 2022.12.1. 2022도11950). 〈주〉 골프 경기보조원의 과실로 참가자가 다친 사안이다.

106
23법행

업무상과실치사상죄에서의 업무는 허가받은 적법한 업무이어야 하므로 골재채취업무가 허가받은 적법한 업무가 아닐 경우에는 업무상과실치사상죄에 있어서의 업무에 해당하지 않는다.

> [해설] (×) 골재채취허가여부는 골재채취업무가 업무상과실치사상죄에 있어서의 업무에 해당하는 사실에 아무런 소장이 없다(大判 1985.6.11. 84도2527).

107
23경대편입

과실범은 주의의무의 존재를 전제로 한 과실행위를 의미하므로, 교통사고 사망사고를 낸 자가 신호준수의무라는 주의규정을 고의로 위반하였다면 사망의 결과에 대하여 과실범은 성립할 수 없다.

> [해설] (×) 신호준수 주의의무위반으로 과실이 인정된다. 이러한 과실과 결과 사이에 인과관계가 인정되면 과실범이 성립할 수 있다.

108
23경대편입

의료행위와 환자에게 발생한 상해·사망 등 결과 사이에 인과관계가 인정되는 경우에는, 업무상과실로 평가할 수 있는 행위의 존재 또는 그 업무상과실의 내용을 구체적으로 증명할 필요 없이 개연성만으로 족하다.

> [해설] (×) 의료행위와 환자에게 발생한 상해·사망 등 결과 사이에 인과관계가 인정되는 경우에도, 검사가 공소사실에 기재한 바와 같은 업무상과실로 평가할 수 있는 행위의 존재 또는 그 업무상과실의 내용을 구체적으로 증명하지 못하였다면, 의료행위로 인하여 환자에게 상해·사망 등 결과가 발생하였다는 사정만으로 의사의 업무상과실을 추정하거나 단순한 가능성·개연성 등 막연한 사정을 근거로 함부로 이를 인정할 수는 없다(大判 2023.1.12. 2022도11163).

(8) 결과적 가중범

109
23경대편입

중한 결과에 대해 과실이 있는 경우뿐만 아니라 고의가 있는 경우에도 성립하는 부진정 결과적 가중범 중 '치사죄'에 해당하는 경우로는 현행 「형법」상 제164조 제2항의 현주건조물방화치사죄가 유일하다.

> 해설 (O) 특수공무방해치사상과 같은 이른바 부진정결과적가중범은 예견가능한 결과를 예견하지 못한 경우뿐만 아니라 그 결과를 예견하거나 고의가 있는 경우까지도 포함하는 것이다. (대법원 1990. 6. 26. 90도765) 〈주〉 판례에 의할 때 부진정결과적 가중범에서 '치사죄'가 성립하는 경우는 현주건조물방화치사죄와 특수공무집행방해치사죄가 있다. 그러나 학설은 특수공무집행방해치사죄는 진정결과적 가중범이고 특수공무집행방해치상죄는 부진정결과적 가중범이라고 한다. 위 지문은 학설의 입장에 따라서 출제되어 이의 제기의 소지가 있다.

110
23해경위

「형법」제177조 제2항의 현주건조물일수치사죄의 법정형은 사형, 무기 또는 7년 이상의 징역이다.

> 해설 (X) 형법 제177조(현주건조물등에의 일수) ② 제1항의 죄를 범하여 사람을 상해에 이르게 한 때에는 무기 또는 5년 이상의 징역에 처한다. 사망에 이르게 한 때에는 무기 또는 7년 이상의 징역에 처한다. 〈주〉 현주건조물등방화치사죄에는 사형이 규정되어 있으나, 현주건조물등일수치사죄에는 사형이 규정되어 있지 않다.

111
23군7

중한 결과에 대한 과실이 있었으나 중한 결과가 발생하지 않은 경우에는 결과적 가중범의 미수가 아니라 기본범죄만 성립한다.

> 해설 (O) 중한결과에 대한 과실의 미수는 불가벌이므로 결과적 가중범이 아니라 기본범죄만 성립한다. 예컨대 강도로 인한 치상이 미수라면 치상의 미수는 불가벌이고 강도죄만 성립한다.

112
23경대편입

진정결과적 가중범의 미수 성립을 인정하는 견해에 의하면, 문리해석상 강도치상죄는 미수범 처벌규정이 존재하므로, 준강도죄가 미수에 그친 乙과 丙의 행위에 대하여는 강도치상 미수죄가 성립한다.

> **해설** (○) 진정결과적 가중범의 미수를 인정하는 소수설에 의하면 강도가 미수이면 치상결과가 기수이어도 강도치상죄의 미수범이 성립한다.

113
23경대편입

甲이 乙의 재물을 강취한 후 乙을 살해할 목적으로 현주건조물에 방화하여 사망에 이르게 한 경우, 甲은 강도죄와 현주건조물방화치사죄에 모두 해당하고 두 죄는 상상적 경합범 관계에 있다.

> **해설** (×) 피고인들의 행위는 강도살인죄와 현주건조물방화치사죄에 모두 해당하고 그 두 죄는 상상적 경합범 관계에 있다(大判 1998.12.8. 98도3416). 〈주〉 강도죄가 아니라 강도살인죄이다.

03 위법성론

(1) 위법성 일반이론

114
23해경사

일원적 인적 불법론에 의하면 구성요건적 행위는 주관적 정당화 요소가 있는 경우에만 행위반가치가 탈락하여 정당화될 수 있다.

> [해설] (O) 일원적 인적불법론(행위반가치 일원론)에 의하면 주관적 정당화요소가 있는 경우에만 행위반가치가 탈락하여 정당화될 수 있다.
> [참고]
> 구파(객관주의) – 결과반가치 일원론 – 주관적 정당화의사 필요없이 객관적정당화상황만 따짐
> 신파(주관주의) – 행위반가치 일원론 (일원적 인적불법론) – 주관적 정당화의사 있어야 위법성조각
> 현대학파(객관+주관주의) – 결과반가치 + 행위반가치 (이원적 인적불법론)

115
23검9

위법성조각을 위해 주관적 정당화요소가 필요하다고 보는 견해에 의하면,「형법」제21조 제1항에서 '방위하기 위하여 한'은 정당방위의 주관적 정당화요소를 규정한 것으로 해석된다.

> [해설] (O) 형법 제21조 제1항의 정당방위에서, 자기 또는 타인에 대한 현재의 부당한 침해상황이 객관적 정당화상황이고, 방위의사가 주관적 정당화의사이다.

116
23검9

판례는 위법성조각을 위해 방위의사나 피난의사와 같은 주관적 정당화요소가 요구된다고 본다.

> [해설] (O) 정당행위가 성립하기 위하여는 건전한 사회통념에 비추어 그 행위의 동기나 목적이 정당하여야 하고, 정당방위·과잉방위나 긴급피난·과잉피난이 성립하기 위하여는 방위의사 또는 피난의사가 있어야 한다고 할 것이다(大判 1997.4.17. 96도3376 전합). 〈주〉 판례는 현대학파로서 위법성이 조각되려면 객관적 정당화상황과 주관적 정당화의사가 모두 필요하다는 입장이다.

117
23해경사

우연방위 효과에 관한 불능미수범설은 기수범의 결과반가치는 배제되지만 행위반가치는 그대로 존재하므로 불능미수의 규정을 유추적용해야 한다는 견해이다.

> 해설 (O) 우연방위는 객관적 정당화상황이 존재하여 결과반가치는 배제되나, 주관적 정당화의사가 없어서 행위반가치는 존재한다. 불능미수설(다수설)은 구성요건단계의 불능미수와 유사한 구조를 가진다는 점에 착안하여 불능미수 규정을 유추적용해야 한다고 한다.
> [참고]
> 오상방위 – 주관적정당화의사 있음 (행위반가치 부정) + 객관적정당황상황 없음 (결과반가치 인정)
> 우연방위 – 주관적정당화의사 없음 (행위반가치 인정) + 객관적정당황상황 있음 (결과반가치 부정)

118
23검9

위법성조각을 위해 주관적 정당화요소가 필요없다고 보는 견해에 의하면, 행위자가 행위 당시 존재하는 객관적 정당화사정을 인식하지 못한 채 범죄의 고의만으로 행위를 한 경우 고의기수범이 성립한다.

> 해설 (×) 주관적 정당화요소 불요설은 구파(고전학파)의 순수한 결과반가치론과 동일한 견해이다. 이에 의하면 객관적 정당화상황만 있으면 위법성이 조각된다고 본다.

119
23검9

위법성 판단에 행위반가치와 결과반가치가 모두 요구된다고 보는 이원적·인적 불법론의 입장에서는 주관적 정당화요소가 결여된 경우 행위반가치가 부정되므로 불능미수가 된다고 본다.

> 해설 (×) 현대학파의 이원적·인적 불법론은 주관적 정당화요소가 결여된 경우는 행위반가치가 인정된다. 다만 우연방위처럼 객관적 정당화상황이 인정되어 결과반가치가 부정되면 불능미수가 된다고 본다.

120
23경대편입

평소에 술만 마시면 고성방가를 서슴치 않는 丙으로 인해 고통을 받던 이웃집 丁이 단순히 화가 나서 유리창을 깨는 바람에 집 안에 있던 자가 가스유출사고로 인한 사망의 결과를 면하게 된 경우, 주관적 정당화요소 불요설에 의하면 丁에게는 긴급피난이 성립한다.

> 해설 (O) 위 사례는 우연피난 사례이다. 주관적 정당화의사(피난의사) 불요설은 구파의 객관주의이다. 이에 따르면 피난의사가 있든 없든 상관없이 객관적 정당화상황(긴급피난상황)이 존재하므로 긴급피난으로서 위법성이 조각된다고 한다.

121
23경대편입

평소에 술만 마시면 고성방가를 서슴치 않는 丙으로 인해 고통을 받던 이웃집 丁이 단순히 화가 나서 유리창을 깨는 바람에 집 안에 있던 자가 가스유출사고로 인한 사망의 결과를 면하게 된 경우, 불능미수범설에 의하면 위법성조각사유의 객관적 정황으로서 정당화 상황이 존재하여 결과반가치가 평가되지 않으므로 재물손괴죄의 기수가 될 수 없다.

> 해설 (O) 우연피난 사례에서 불능미수범설은 현대학파의 다수설이다. 우연피난 사례는 주관적 정당화의사는 없고(=행위반가치가 있고), 객관적 정당황상황은 있으므로(=결과반가치가 없으므로) 불가벌이나 기수범이 아니라 불능미수범이 된다.

122
23군7

경찰관이 피의자 제압과정에서 권총을 발포하여 피의자에게 상해를 입힌 경우와 같이 공권력의 집행과정에서 수행하는 업무집행의 일환으로 이루어지는 행위에 대하여서는 자연법적 자기방위 원칙에 근거한 정당방위가 인정될 수 없다.

> 해설 (×) 상대파출소 근무자인 김재웅으로부터 '공소외 1이 술집에서 맥주병을 깨 다른 사람의 목을 찌르고 현재 자기집으로 도주하여 칼로 아들을 위협하고 있다.'는 상황을 고지받고 현장에 도착한 피고인으로서는, 공소외 1이 칼을 소지하고 있는 것으로 믿었고 또 그렇게 믿은 데에 정당한 이유가 있었다고 할 것이므로, 피고인에게 업무상과실치사의 죄책을 지울만한 행위라고 단정할 수는 없다(大判 2004.3.25. 2003도3842). 〈주〉 경찰관의 오상방위 상황에서 판례는 정당방위를 인정하여 위법성을 조각하였다.

123
23경대편입

위법성조각사유의 전제사실에 관한 착오를 해결하기 위한 소극적 구성요건표지론은 해당 착오는 총체적 불법구성요건의 소극적 표지에 관한 것이므로 구성요건착오에 관한 법리를 유추하여 적용한다.

> 해설 (×) 위법성조각사유의 전제사실에 관한 착오를 해결하기 위한 소극적 구성요건표지론은 해당 착오는 총체적 불법구성요건의 소극적 표지에 관한 것이므로 구성요건착오에 관한 법리를 직접 적용한다. 〈주〉 구성요건적 착오를 유추적용한다는 견해는 유추적용설이다.
> [참고] 오상방위 (주관적 정당화의사는 있지만 객관적 정당화상황이 없는 경우)
> 소극적구성요건표지이론 - 고의조각되어 과실범 성립 (공범 불가)
> 고의설 - 고의조각되어 과실범 성립 (공범 불가)
> 유추적용설 - 사실의 착오를 '유추' 적용하여 고의조각되어 과실범 성립 (공범 불가)
> 법효과제한적책임설 - 구성요건적 고의는 인정되나 책임고의 조각되어 과실범 성립 (공범 가능)
> 엄격책임설 - 금지착오로 취급 - 고의 인정되나 (정당한 이유 있으면) 책임 조각 (공범 가능)
> 판례 - 정당방위로 해결 - 착오에 상당한 이유 있으면 위법성 조각

124
23경찰2차

甲이 야간에 자신의 방에 들어오는 룸메이트를 강도로 오인하고 상해의 고의는 없이 방어할 의사로 그를 폭행하였는데 강도로 오인한 과실이 회피가능하였을 경우 엄격책임설에 의하면 甲에게 고의상해죄가 성립한다.

> **해설** (×) 상해고의 없이 폭행하였으므로 고의상해죄는 성립할 수 없다. 〈주〉 회피가능하였다면 착오에 정당한 이유가 없는 경우이므로 고의폭행죄가 성립하고, 회피불가능하였다면 착오에 정당한 이유가 있는 경우이므로 책임이 조각되어 불가벌이다.

125
23경찰2차

甲이 야간에 자신의 방에 들어오는 룸메이트를 강도로 오인하고 상해의 고의는 없이 방어할 의사로 그를 폭행하였는데 강도로 오인한 과실이 회피가능하였을 경우 소극적구성요건표지이론과 법효과제한적책임설에 의하면 甲은 처벌되지 않는다.

> **해설** (○) 소극적구성요건표지이론과 법효과제한적책임설에 의하면 과실폭행이므로 처벌규정이 없어서 불가벌이다.

126
23검7

甲이 밤에 연락 없이 자신의 집을 방문한 이웃을 강도로 오인하여 상해를 입힌 사례의 경우 구성요건 고의는 인정되지만, 책임 고의가 부정된다는 견해에 의하면 甲은 상해의 고의범으로 처벌되지만 그 책임이 감경된다.

> **해설** (×) 법효과제한적 책임설은 오상방위의 경우 구성요건적 고의는 조각되지 않으나, 책임고의가 조각되어 고의범의 성립을 부정하고, 과실범으로 처벌된다. 따라서 위 사례에서 甲은 과실치상죄로 처벌된다.

(2) 정당방위, 긴급피난

127
23해경위 [조문]

「형법」 제21조 제2항에 의하면 과잉방위의 경우에는 그 형을 감면할 수 있다.

> **해설** (○) 방위행위가 그 정도를 초과한 경우에는 정황에 따라 그 형을 감경하거나 면제할 수 있다(형법 제21조 제2항).

128
23경승 [조문]

방위행위가 그 정도를 초과한 경우에 야간이나 그 밖의 불안한 상태에서 공포를 느끼거나 경악하거나 흥분하거나 당황하였기 때문에 그 행위를 하였을 때에는 그 형을 감경하거나 면제할 수 있다.

[해설] (×) 형법 제21조(정당방위) ③ 제2항(과잉방위)의 경우에 야간이나 그 밖의 불안한 상태에서 공포를 느끼거나 경악하거나 흥분하거나 당황하였기 때문에 그 행위를 하였을 때에는 <u>벌하지 아니한다</u>.

129
23해경사 [조문]

「형법」의 규정에 의하면 우연방위가 야간 기타 불안스러운 상태 하에서 공포, 경악, 흥분 또는 당황으로 인한 때에는 벌하지 아니한다.

[해설] (×) 오상방위 또는 우연방위의 경우 형법 제21조 제3항과 같은 규정이 적용되지 않는다.

130
23경찰2차 [조문]

방위행위, 피난행위, 자구행위가 그 정도를 초과한 경우에는 정황(情況)에 따라 그 형을 감경하거나 면제한다.

[해설] (×) 방위행위(제21조 제2항), 피난행위(제22조 제3항), (제23조 제2항)의 경우 그 정도를 초과한 때에는 정황에 의하여 <u>형을 감경 또는 면제할 수 있다</u>.

131
23해경위

정당방위의 상당성 판단에는 상대적 최소침해의 원칙 이외에 보충성의 원칙이 필수적으로 요구된다.

[해설] (×) 정당방위의 상당성은 최소침해원칙, 적합성원칙을 갖추면 되고, <u>보충성원칙, 균형성원칙을 갖추지 않아도 된다</u>.
[참고] 긴급피난의 상당성은 최소침해, 적합성, 보충성, 균형성원칙을 모두 갖추어야 한다.

132
23경찰2차 [조문]

정당방위, 긴급피난, 자구행위의 성립요건으로 '상당한 이유가 있을 것'이 요구된다.

해설 (O) 제21조 제1항(정당방위), 제22조 제1항(긴급피난), 제23조 제1항(자구행위) 참조.

133
23경간

정당방위 상황을 이용할 목적으로 처음부터 공격자의 공격행위를 유발하는 의도적 도발의 경우라 하더라도 그 공격행위에 대해서는 방위행위를 인정할 수 있어 정당방위가 성립한다.

해설 (×) 피고인이 피해자를 살해하려고 먼저 가격한 이상 피해자의 반격이 있었더라도 피해자를 살해한 소위가 정당방위에 해당한다고 볼 수 없다(大判 1983.9.13. 83도1467).

134
23경간

정당방위에서 '침해의 현재성'이란 침해행위가 형식적으로 기수에 이르렀는지에 따라 결정되는 것이 아니라 자기 또는 타인의 법익에 대한 침해상황이 종료되기 전까지를 의미한다.

해설 (O) (大判 2023.4.27. 2020도6874).

135
23군7

갑이 을과 상당 시간 동안 다툼을 벌이며 을을 폭행한 후 자리를 피하려고 하자 을이 따라가 '도망가지 말라.'는 말을 하며 계단에서 여러 차례 갑을 붙잡으면서 갑을 밑으로 끌어내리기 위해 무게 중심을 잡고 있었는데 갑이 을을 거세게 뿌리치는 바람에 을이 넘어진 경우, 갑의 을에 대한 폭행행위가 이미 종료한 이상 갑이 을을 뿌리치는 행위를 싸움 과정에서 일어난 공격행위로 보아 정당방위나 과잉방위에 해당하지 않는다고 보는 것은 적절하지 않다.

해설 (×) 피고인이 미필적으로나마 상해의 고의를 가지고 피해자를 뿌리쳐 상해를 입혔고, 그러한 행위는 피해자의 부당한 공격을 방위하기 위한 것이라기보다는 싸움 과정에서 일어난 공격행위로서 정당방위나 과잉방위에 해당하지 않는다(大判 2021.5.7. 2020도15812).

(3) 자구행위, 피해자승낙

136   23경찰1

자구행위는 사후적 긴급행위이므로 과거의 침해에 대해서만 가능하다.

해설 (O) 정당방위와 긴급피난은 사전적 긴급행위이지만, 자구행위는 침해종료 이후의 사후적 긴급행위이다.

137   23경찰1 [조문]

자구행위란 법률에서 정한 절차에 따라서는 청구권을 보전(保全) 할 수 없는 경우에 그 청구권의 실행이 불가능해지거나 현저히 곤란해지는 상황을 피하기 위한 상당한 이유가 있는 행위를 말한다.

해설 (O) 형법 제23조 ① 법률에서 정한 절차에 따라서는 청구권을 보전(保全)할 수 없는 경우에 그 청구권의 실행이 불가능해지거나 현저히 곤란해지는 상황을 피하기 위하여 한 행위는 상당한 이유가 있는 때에는 벌하지 아니한다.

138   23경찰1

자구행위에서 청구권 보전의 불가능이란 시간적·장소적 관계로 국가기관의 구제를 기다릴 여유가 없거나 후일 공적수단에 의한다면 그 실효를 거두지 못할 긴급한 사정이 있는 경우를 말한다.

해설 (O) 청구권 보전의 불가능이란 상대방을 체포하지 못하여 도주하면 그 상대방을 보전할 수 없는 긴급한 사정을 의미한다.

139   23경찰1 [조문]

자구행위의 경우에도 야간이나 그 밖의 불안한 상태에서 공포를 느끼거나 경악하거나 흥분하거나 당황하였기 때문에 그 행위를 하였을 때 벌하지 아니하는 「형법」 제21조 제3항의 규정이 준용된다.

해설 (×) 자구행위는 불가벌적 과잉방위(제21조 제3항)나 불가벌적 과잉피난(제22조 제3항)과 같은 규정은 존재하지 않는다. 따라서 형법 제21조 제3항의 규정이 준용되지 않는다.

(4) 정당행위

140
23법원

통상의 일반적인 안수기도의 방식과 정도를 벗어나 환자의 신체에 비정상적이거나 과도한 유형력을 행사하고 신체의 자유를 과도하게 제압하여 그 결과 환자의 신체에 상해까지 입힌 경우라면, 그러한 유형력의 행사가 비록 안수기도의 명목과 방법으로 이루어졌다 해도 일반적으로 사회상규상 용인되는 정당행위라고 볼 수 없으나, 이를 치료행위로 보아 피해자 측이 승낙하였다면 이는 정당행위에 해당한다.

> **해설** (×) 그러한 유형력의 행사가 비록 안수기도의 명목과 방법으로 이루어졌다 해도 사회상규상 용인되는 정당행위라고 볼 수 없음은 물론이고, 이를 치료행위로 오인한 피해자 측의 승낙이 있었다 하여 달리 볼 수도 없다(大判 2008.8.21. 2008도2695). 〈주〉 폭행치상죄가 성립한다.

141
23법원

피고인들이 확성장치 사용, 연설회 개최, 불법행렬, 서명날인운동, 선거운동기간 전 집회 개최 등의 방법으로 특정 후 보자에 대한 낙선운동을 함으로써 공직선거 및 선거부정방지법에 의한 선거운동제한 규정을 위반한 피고인들의 같은 법 위반의 각 행위는 시민불복종운동으로서 헌법상의 기본권 행사 범위 내에 속하는 정당행위이거나 형법상 사회상규에 위반되지 아니하는 정당행위 또는 긴급피난의 요건을 갖춘 행위로 보아야 한다.

> **해설** (×) 피고인들의 위 각 행위가 시민불복종운동으로서 헌법상의 기본권 행사 범위 내에 속하는 정당행위이거나 형법상 사회상규에 위반되지 아니하는 정당행위 또는 긴급피난의 요건을 갖춘 행위로 볼 수는 없다(大判 2004.4.27. 2002도315).

142
23경찰2차

A 노동조합의 조합원 甲 등이 관계 법령에서 정하는 서면 신고의무에 따라 쟁의행위의 일시, 장소, 참가인원 및 그 방법에 관한 서면신고를 하지 않고 쟁의행위를 한 경우, 세부적·형식적 절차를 미준수한 것으로서 쟁의행위의 정당성이 부정된다.

> **해설** (×) 서면신고의무는 쟁의행위를 함에 있어 그 세부적·형식적 절차를 규정한 것으로서 쟁의행위에 적법성을 부여하기 위하여 필요한 본질적인 요소는 아니므로, 신고절차의 미준수만을 이유로 쟁의행위의 정당성을 부정할 수는 없다(大判 2007.12. 28. 2007도5204).

143
23경찰2차

A 아파트 입주자대표회의 회장인 甲이 자신의 승인 없이 동대표들이 관리소장과 함께 게시한 입주자대표회의의 소집 공고문을 뜯어내 제거한 경우, 해당 공고문을 손괴한 조치가 그에 선행하는 위법한 공고문 작성 및 게시에 따른 위법상태의 구체적 실현이 임박한 상황 하에서 그 위법성을 바로잡기 위한 것이라면 사회통념상 허용되는 범위를 크게 넘어서지 않는 것으로 볼 수 있다.

해설 (O) 그에 선행하는 위법한 공고문 작성 및 게시에 따른 위법상태의 구체적 실현이 임박한 상황하에서 그 위법성을 바로잡기 위한 것으로 사회통념상 허용되는 범위를 크게 넘어서지 않는 행위로 볼 수 있다(大判 2021.12.30. 2021도9680).

144
23경찰1

현역군인이 국군보안사령부의 민간인에 대한 정치사찰을 폭로한다는 명목으로 군무를 이탈한 행위는 정당방위나 정당행위에 해당하지 아니한다.

해설 (O) 정당방위나 정당행위에 해당하지 아니한다(大判 1993.6.8. 93도766).

145
23경찰1

노동조합이 주도한 쟁의행위 자체의 정당성과 이를 구성하거나 여기에 부수되는 개개 행위의 정당성은 구별하여야 하므로, 일부 소수의 근로자가 폭력행위 등의 위법행위를 하였더라도, 전체로서의 쟁의행위마저 당연히 위법하게 되는 것은 아니다.

해설 (O) (大判 2017.7.11. 2013도7896).

146
23해경위

기업 구조조정의 실시로 근로자들의 지위나 근로 조건의 변경이 필연적으로 수반되는 경우, 특별한 사정이 없더라도 이를 반대하는 쟁의행위의 정당성을 인정할 수 있다.

해설 (×) 노동조합이 실질적으로 구조조정 실시 자체를 반대하기 위하여 쟁의행위에 나아간다면, 비록 그 실시로 인하여 근로자들의 지위나 근로조건의 변경이 필연적으로 수반된다고 하더라도 그 쟁의행위는 목적의 정당성을 인정할 수 없다(大判 2011.1.27. 2010도11030).

147
23해경위

조합원의 민주적 의사결정이 실질적으로 확보된 때에는 쟁의행위의 개시에 앞서 「노동조합 및 노동관계조정법」 제41조 제1항에 의한 투표절차를 거치지 아니한 경우에도 쟁의행위의 정당성은 상실되지 않는다.

> 해설 (×) 쟁의행위의 정당성이 상실된다(大判 2001.10.25. 99도4837 전합). 〈주〉 반드시 형식적 찬반 투표절차를 거쳐야만 정당성이 인정된다.

148
23해경위

쟁의행위로서의 직장 또는 사업장시설 점거는 그 범위가 직장 또는 사업장시설 일부분에 그치고 사용자 측의 출입이나 관리지배를 배제하지 않는 병존적인 경우라도 이미 정당성의 한계를 벗어난 것이다.

> 해설 (×) 사업장시설의 부분적, 병존적인 점거로서 정당행위이다(大判 2007.12.28. 2007도5204).

149
23경찰1

구 「공직선거및선거부정방지법」상 선거비용지출죄는 회계책임자가 아닌 자가 선거비용을 지출한 경우에 성립되는 죄인바, 후보자가 그와 같은 행위가 죄가 되는지 몰랐다고 하더라도 회계책임자가 아닌 후보자가 선거비용을 지출한 이상 회계책임자가 후에 후보자의 선거비용 지출을 추인하였다 하더라도 그 위법성이 조각되지 않는다.

> 해설 (○) (大判 1999.10.12. 99도3335).

150
23변시

싸움의 상황에서 상대방의 공격을 피하기 위하여 소극적으로 방어를 하던 도중 그 상대방을 상해 또는 사망에 이르게 한 경우라 하더라도, 이는 사회통념상 허용될 만한 상당성이 있는 정당행위라고 할 수 없다.

> (×) 그 행위가 적극적인 반격이 아니라 소극적인 방어의 한도를 벗어나지 않는 한 그 행위에 이르게 된 경위와 그 목적수단 및 행위자의 의사 등 제반 사정에 비추어 볼 때 사회통념상 허용될 만한 상당성이 있는 행위로서 위법성이 조각된다고 보아야 할 것이다(大判 1999.10.12. 99도3377). 〈주〉 싸움이 아니기 때문에 정당방위가 가능하다.

151
23검9

음란물이 문학적·예술적·사상적·과학적·의학적·교육적 표현 등과 결합되어 음란 표현의 해악이 상당한 방법으로 해소되거나 다양한 의견과 사상의 경쟁메커니즘에 의해 해소될 수 있는 정도에 이르렀다면, 이러한 결합표현물에 의한 표현행위는 「형법」 제20조에 정하여진 '사회상규에 위배되지 않는 행위'에 해당한다.

해설 (○) (大判 2017.10.26. 2012도13352). 〈주〉 음란물에 해당하나, 위법성이 없다.

152
23군5

갑 주식회사 대표이사인 피고인이 주주총회 등에서 특정 의결권 행사방법을 독려하기 위한 방법으로 갑 회사의 주주총회 등에 참석하여 사전투표 또는 직접투표 방식으로 의결권을 행사한 주주들에게 갑 회사에서 발행한 상품교환권 등을 제공한 것은 사회통념상 허용되는 행위로서 상법상 주주의 권리행사에 관한 이익공여의 죄에 해당하지 않는다.

해설 (×) 사회통념상 허용되는 범위를 넘어서는 것이어서 상법상 주주의 권리행사에 관한 이익공여의 죄에 해당한다(大判 2018.2.8. 2015도7397).

153
23경찰2차

甲이 「가정폭력범죄의 처벌 등에 관한 특례법」상의 임시보호 명령을 위반하여 피해자인 A의 주거지에 접근하고 문자메시지를 보낸 경우, 이에 대하여 A의 양해 내지 승낙이 있었다면 甲의 행위가 사회상규에 위배되는 행위로 볼 것은 아니다.

해설 (×) 임시보호명령을 위반한 주거지 접근이나 문자메시지 송신을 피해자가 양해 내지 승낙했더라도 가정폭력범죄의 처벌 등에 관한 특례법 위반죄의 구성요건에 해당하고 형법 제20조의 정당행위로 볼 수 없다(大判 2022.1.4. 2021도14015).

154
23검9

문언송신금지를 명한 「가정폭력범죄의 처벌 등에 관한 특례법」상 임시보호명령을 위반하여 피고인이 피해자에게 문자메시지를 보낸 경우 문자메시지 송신을 피해자가 양해 내지 승낙하였다면 「형법」 제20조의 정당행위에 해당한다.

해설 (×) 임시보호명령을 위반한 주거지 접근이나 문자메시지 송신을 피해자가 양해 내지 승낙했더라도 가정폭력범죄의 처벌 등에 관한 특례법 위반죄의 구성요건에 해당하고 형법 제20조의 정당행위로 볼 수 없다(大判 2022.1.4. 2021도14015).

04 책임론

(1) 책임 일반이론

155
23경간

책임은 자유의사를 가진 자가 그 의사에 의하여 적법한 행위를 할 수 있었음에도 불구하고 위법한 행위를 선택하였으므로 이에 대해 윤리적 비난을 가하는 것이라는 견해는 심리적 책임론이다.

> [해설] (×) 자유의사를 강조하고 윤리적 도덕적 책임을 묻는 견해는 책임의 근거에 대한 구파의 도의적 책임론이다.
> [참고] 책임의 근거 - 도의적 책임론과 사회적 책임론
> 구파 (고전적 신고전적 범죄체계) - 도의적 책임론
> 신파 (목적적 범죄체계) - 사회적 책임론
> [참고] 책임의 본질(내용) - 심리적 책임론, 규범적 책임론
> 고전적 범죄체계 - 심리적 책임론
> 신고전적, 목적적, 합일태적 범죄체계 - 규범적 책임론

156
23경간

인간의 행위는 자유의사가 아니라 환경과 소질에 의해 결정되는 것으로 책임의 근거가 행위자의 반사회적 성격에 있다는 견해는 규범적 책임론이다.

> [해설] (×) 결정론과 반사회적 성격의 주관주의를 주장하는 것은 책임의 근거에 대한 신파의 사회적 책임론이다.

157
23경간

책임은 행위 당시 행위자가 가지고 있었던 고의·과실이라는 심리적 관계로 이해하여 심리적인 사실인 고의·과실이 있으면 책임이 있고, 그것이 없으면 책임도 없다는 견해는 도의적 책임론이다.

> [해설] (×) 책임의 내용을 고의·과실이라고 하면서 이를 심리적 요소로 보는 견해는 책임의 본질에 대한 심리적 책임론이다.

158
23경간

책임을 심리적 사실관계로 보지 않고 규범적 평가 관계로 이해하여 행위자가 적법행위를 할 수 있었음에도 위법행위를 한 것에 대한 규범적 비난이 책임이라는 견해는 사회적 책임론이다.

> 해설 (×) 책임의 내용을 적법행위의 기대가능성이라고 하면서 이를 규범적 평가라고 이해하는 견해는 책임의 본질에 대한 규범적 책임론이다.

159
23해간

도의적 책임론은 인간의 자유의사를 인정하여 개인의 위법한 의사형성에 대한 비난을 책임의 근거로 봄으로 형벌과 보안처분을 구분하지 않는다.

> 해설 (×) 구파의 도의적 책임론은 자유의사를 인정하고 형벌과 보안처분을 구별하는 '이원론'을 주장한다.

160
23해간

인식 없는 과실에 있어서는 결과에 대한 행위자의 심적 관계가 없기 때문에 심리적 책임개념에 의해서는 책임을 인정하기 어렵다.

> 해설 (○) 구파 중에서 고전적 범죄체계는 심리적 책임개념에 따라서 고의과실이 책임의 내용으로 인정된다. 다만 인식 있는 과실이 있으면 책임이 인정되지만 인식 없는 과실의 경우에는 책임을 인정하기 어렵다고 한다.

161
23경대편입

도의적 책임론은 인간에게 자유의사가 있다는 의사결정론을 전제로 하여, 책임이란 자유의사를 가진 자가 위법한 행위로 의사결정을 한 점에 대한 도의적 비난을 가하는 것이라고 본다.

> 해설 (×) 도의적 책임론은 인간에게 자유의사가 있다는 의사비결정론을 전제로 하여, 책임이란 자유의사를 가진 자가 위법한 행위로 의사결정을 한 점에 대한 도의적 비난을 가하는 것이라고 본다.

162
23경대편입

사회적 책임론은 개인의 유전적 소질과 사회적 환경에 의하여 결정된 반사회적 성격에 책임의 근거를 두고, 보안처분과 형벌의 목적을 달리 보는 이원론을 취한다.

> [해설] (×) 사회적 책임론은 개인의 유전적 소질과 사회적 환경에 의하여 결정된 반사회적 성격에 책임의 근거를 두고, 보안처분과 형벌의 목적을 동일하게 보는 일원론을 취한다.

163
23경대편입

목적적 범죄론체계는 위법성인식을 고의와 분리된 독자적인 책임요소로 본다는 점에 그 특징이 있다.

> [해설] (○) 고전적, 신고전적 범죄체계는 위법성인식을 고의에 포함된 것으로 파악한다(고의설). 그러나 목적적, 합일태적 범죄체계는 위법성인식을 고의와 분리된 독자적 책임요소로 파악한다(책임설).

(2) 책임능력

164
23해경위 [조문]

「소년법」 제4조 제1항의 '죄를 범한 소년'(범죄소년)은 형사처벌은 불가능하지만 보호처분은 가능한 책임무능력자이다.

> [해설] (×) 범죄소년은 죄를 범한 14세 이상 19세 미만의 소년으로 형사처벌과 보호처분이 모두 가능하다. 지문은 10세 이상 14세 미만의 촉법소년에 대한 설명으로 형사처벌은 안되고 보호처분만 가능하다.

165
23경찰1

「형법」은 책임능력의 평가방법에 있어서 제9조의 형사미성년자는 생물학적 방법을, 제10조의 심신장애인은 '심신장애'라는 생물학적 방법과 '사물변별능력·의사결정능력'이라는 심리적 방법의 혼합적 방법을 채택하고 있다.

> [해설] (○) 형법은 형사미성년자를 생물학적 방법으로, 심신장애자를 혼합적 방법으로 판단한다.

166
23경대편입 [조문]

책임조각요건인 심신상실을 판단하기 위해서는 사물변별능력 결여 또는 의사결정능력 결여라는 심리적 요소와 심신장애라는 생물학적 요소 중에 어느 하나만 인정되면 족하다.

해설 (×) 심신장애로 인하여 사물을 변별할 능력이 없거나 의사를 결정할 능력이 없는 자의 행위는 벌하지 아니한다(형법 제10조 제1항). 〈주〉 생물학적 요소와 심리적 요소를 '모두' 갖추어야 한다. 그러나 심리적 요소에서 변별능력결여 또는 결정능력결여는 어느 하나만 인정되면 족하므로 구별해야 한다.

167
23경찰1 [조문]

심신장애로 인하여 사물을 변별할 능력이 없거나 의사를 결정할 능력이 없는 자의 행위는 벌하지 아니하고, 심신장애로 인하여 위의 능력이 미약한 자의 행위는 형을 감경할 수 있다.

해설 (○) 형법 제10조 제1항, 제2항.

168
23경찰2차 [조문]

「형법」 제10조 제2항에 따르면 심신장애로 인하여 사물을 변별할 능력이나 의사를 결정할 능력이 미약한 사람의 행위는 형을 감경할 수 있다.

해설 (○) 심신장애로 인하여 전항의 능력이 미약한 자의 행위는 형을 감경할 수 있다(형법 제10조 제2항).

169
23해경위 [조문]

심신장애로 인하여 사물을 변별할 능력이나 의사를 결정할 능력이 미약한 자의 행위는 형을 감경한다.

해설 (×) 심신장애로 전항의 능력이 미약한 자의 행위는 형을 감경할 수 있다. (형법 제10조 제2항).

(3) 원인에 있어서 자유로운 행위

170
23해경사 [조문]

위험의 발생을 예견하고도 자의로 심신장애를 야기한 자의 행위에 대하여는 심신장애에 관한 「형법」 제10조 제1항 및 제2항의 적용이 배제된다.

[해설] (O) 형법 제10조 제3항.

171
23해간

원인에 있어서 자유로운 행위에 있어 행위와 책임의 동시존재원칙을 고수하는 구성요건모델설에 의하면 원인행위시를 기준으로 실행의 착수를 인정한다.

[해설] (O) 가벌성의 근거를 원인설정행위에 있다고 보는 견해인 원인행위시설(간접정범유사설)에 따르면 행위와 책임의 동시존재원칙에는 부합하지만, 구성요건의 정형성원칙에는 부합하지 않는다.

172
23검7

원인에 있어서 자유로운 행위에 있어 행위와 책임의 동시존재원칙을 고수하는 구성요건모델설에 의하면 원인행위시를 기준으로 실행의 착수를 인정한다.

[해설] (O) 동시존재원칙을 고수하는 구성요건모델은 원인행위시설을 말한다. 가벌성의 근거를 원인설정행위에 있다고 보는 견해인 원인행위시설(간접정범유사설)에 따르면 행위와 책임의 동시존재원칙에는 부합하지만, 구성요건의 정형성원칙에는 부합하지 않는다.

173
23경찰2차

원인에 있어서 자유로운 행위에 관한 「형법」 제10조 제3항은 원인행위시 심신장애 상태에서 위법행위로 나아갈 예견가능성이 없었던 경우에도 적용된다.

[해설] (×) 위험의 발생을 예견하고 자의로 심신장애를 야기한 자의 행위에는 전2항의 규정을 적용하지 아니한다(제10조 제3항). 〈주〉 예견가능성이 없었던 경우에는 적용되지 않는다.

174
23군7

甲은 A를 살해하기로 계획한 후, 범죄행위를 시작하기 전에 용기를 내기 위해 술을 마시고 심신미약 상태가 된 다음 A의 집을 찾아갔다. 이 경우 甲의 실행의 착수시기를 음주시로 보는 견해는 행위와 책임의 동시존재의 원칙을 유지할 수 없다는 단점을 가지고 있다.

> [해설] (×) 원인설정행위에서 실행착수를 찾는 견해는 원인행위시설이다. 이 견해는 술을 마시는 원인행위 당시에 책임능력을 인정하고 이 원인행위 자체를 실행착수로 본다. 행위와 책임의 동시존재원칙에는 부합하지만, 구성요건의 정형성원칙에는 부합하지 않는다.

175
23군7

甲은 A를 살해하기로 계획한 후, 범죄행위를 시작하기 전에 용기를 내기 위해 술을 마시고 심신미약 상태가 된 다음 A의 집을 찾아갔다. 이 경우 가벌성의 근거를 원인설정행위에서 찾는 견해에 따르면 甲이 만약 A의 집 앞에서 돌아온 경우에도 살인죄의 미수범이 성립한다.

> [해설] (○) 원인행위시설에 따르면 음주행위 자체를 살인죄의 실행착수로 본다. 따라서 음주를 한 뒤 집 앞에서 돌아온 경우에도 살인죄의 미수범이 성립한다.

(4) 법률의 착오 (위법성의 착오, 금지착오)

176
23경승

위법성의 인식에 필요한 노력의 정도는 행위자 개인의 인식능력과 행위자가 속한 사회집단에 따라 달리 평가되어서는 안되며, 사회 평균적 일반인의 입장에서 객관적으로 판단되어야 한다.

> [해설] (×) 위법성의 인식에 필요한 노력의 정도는 구체적인 행위정황과 행위자 개인의 인식능력 그리고 행위자가 속한 사회집단에 따라 "달리" 평가하여야 한다(大判 2012.1.26. 2010도9717; 大判 2011.10.27. 2011도9243; 大判 2009.5.14. 2008도8852).

177
23경승

법률 위반 행위 중간에 일시적으로 판례에 따라 그 행위가 처벌대상이 되지 않는 것으로 해석되었던 적이 있었다고 하더라도 그것만으로 자신의 행위가 처벌되지 않는 것으로 믿은 데에 정당한 이유가 있다고 할 수 없다.

> [해설] (○) (大判 2021.11.25. 2021도10903).

178
23경간

전송의 방법으로 공중송신권을 침해하는 게시물이나 그 게시물이 위치한 웹페이지 등에 연결되는 링크를 한 행위자가, 그 링크사이트 운영 도중에 일시적으로 판례에 따라 그 행위가 처벌대상이 되지 않는 것으로 해석되었던 적이 있었다 하더라도 그것만으로 자신의 행위가 처벌되지 않는 것으로 믿은 데에 정당한 이유가 없다.

[해설] (O) (大判 2021.11.25. 2021도10903).

(5) 기대가능성

179
23경찰1 [조문]

「형법」 제12조의 '협박'이란 자기 또는 친족의 생명, 신체에 대한 위해를 달리 막을 방법이 없는 협박을 말한다.

[해설] (O) 협박이란 자기 또는 친족의 생명, 신체에 대한 위해를 달리 막을 방법이 없는 협박을 말한다(大判 1983.12.13. 83도2276).

180
23검7 [조문]

「형법」 제12조 강요된 행위에 있어서 협박은 자기 또는 친족의 생명·신체·재산의 위해를 방어할 방법이 없는 협박을 의미한다.

[해설] (×) 자기 또는 친족의 <u>생명, 신체</u>에 대한 위해를 달리 막을 방법이 없는 협박을 말한다(大判 1983.12.13. 83도2276). 〈주〉 '재산'은 제12조에서 제외된다.

05 미수론

(1) 예비음모

181
23경채

예비죄는 형법상 독립된 구성요건에 해당하는 범죄가 아니라 기본범죄 실행행위의 전 단계의 행위, 즉 발현행위를 처벌하고 있는 것이다.

> 해설 (○) (大判 1976.5.25. 75도1549). 〈주〉예비죄는 기본범죄와 독립된 형태가 아니라 수정된 형태이다.

182
23경대편입

타인예비를 부정하는 견해에 의하면 타인예비는 정범이 실행에 착수하기 전에는 예비·음모죄에 불과하나, 정범이 실행의 착수에 이른 경우 비로소 공범이 성립한다.

> 해설 (×) 자기예비는 자기범죄에 대한 예비이고, 타인예비는 타인범죄에 대한 예비로서 예비에 대한 방조와 유사한 개념이다. 타인예비를 부정하는 통설에 의하면 타인예비는 불가벌이고, 정범이 실행에 착수한 경우에 한해서 정범에 대한 협의의 공범이 성립한다.

183
23경승

살인예비죄가 성립하기 위해서는 살인죄의 실현을 위한 준비행위가 있어야 하는데, 이때 준비행위는 객관적으로 보아 살인죄의 실현에 실질적으로 기여할 수 있는 외적 행위일 필요는 없고, 단순한 범행의 의사 또는 계획이면 족하다.

> 해설 (×) 단순히 범행의 의사 또는 계획만으로는 그것이 있다고 할 수 없고 객관적으로 보아서 살인죄의 실현에 실질적으로 기여할 수 있는 외적 행위를 필요로 한다(大判 2009.10.29. 2009도7150).

184
23검9

간첩이 불특정 다수인인 경찰관으로부터의 체포 기타 방해를 배제하기 위하여 무기를 휴대하였다면 살인예비죄가 성립한다.

> 해설 (×) 간첩에 당하여 불특정 다수인인 경찰관으로 부터 체포 기타 방해를 받을 경우에는 이를 배제하기 위하여 원판시 무기를 휴대한 것임이 명백한 바 이 경우에 있어서의 무기 소지는 법령 제5호 위반으로 문책함은 별론이라 할 것이나 살인 대상이 특정되지 아니한 한 살인 예비죄의 성립은 이를 인정할 수 없다고 해석함이 타당하다(大判 1959.7.31. 4292형상308).

185
23군7

갑, 을이 강도를 하기로 공모하고 역할을 분담한 후 범행에 사용할 마스크, 면장갑, 청테이프 등을 휴대하고 식칼을 승용차에 싣고 차량을 운전하여 범행대상을 물색하러 다닌 경우, 아직 범행대상이 확정되어 있지 않았어도 강도예비죄를 범한 것이다.

> 해설 (○) (大判 2007.9.6. 2007도4739).

186
23경대편입

단일의 고의로 예비·음모로부터 실행의 착수로 나아가는 일련의 행위에 있어서, 미수는 실행의 착수 전인 예비·음모에 대하여 법조경합 중 특별관계에 있다.

> 해설 (×) 미수는 실행의 착수 전인 예비·음모에 대하여 법조경합 중 보충관계에 있다. 따라서 미수범이 성립하지 않는 경우에 한해서 보충적으로 예비음모죄가 성립할 수 있다.

187
23경대편입

판례는 실행의 착수가 있기 전인 예비·음모의 행위를 처벌하는 경우에도, 이로 인해 처벌의 불균형이 발생하는 경우에는 「형법」 제26조의 중지미수 규정을 예비의 중지에도 적용하여야 한다고 본다.

> 해설 (×) 중지미수의 규정을 예비에 대하여도 준용할 수 있는지가 문제되는데, 판례는 이를 부정한다(大判 1991.6.25. 91도436). 〈주〉 위 지문의 내용은 다수설(제한적 긍정설)의 내용이다.

(2) 장애미수 - 실행착수

188
23경간

실행착수에 관한 형식적 객관설은 행위자가 구성요건에 해당하는 행위 또는 그 행위의 일부가 시작되었을 때 실행의 착수가 있다는 견해로 실행의 착수시기를 인정하는 시점이 너무 늦어져 미수의 범위가 좁아진다는 비판이 있다.

> [해설] (O) 주거침입하여 방에 들어가 금고문을 열고 돈을 취득하는 경우 주관설은 주거침입할 때, 주관적 객관설은 방문을 열 때, 실질적 객관설은 금고문을 열 때, 형식적 객관설은 돈에 손을 댈 때 절도죄의 실행착수가 있다고 본다.
> 여기서 형식적 객관설은 죄형법정주의에 가장 잘 부합하며, 실행착수를 가장 늦게 인정하기 때문에 예비의 범위가 늘어나고 미수의 범위는 좁아진다.

189
23경간

실행착수에 관한 실질적 객관설은 구성요건의 보호법익을 기준으로 하여 법익에 대한 직접적 위험을 발생시킨 객관적 행위시점에서 실행의 착수가 있다는 견해로 법익침해의 '직접적 위험'이라는 기준이 모호하다는 비판이 있다.

> [해설] (O) 실질적 객관설은 형식적 객관설을 직접적 위험이라는 기준으로 수정한 견해인데, 모호한 개념을 사용했다는 비판을 받는다.

190
23경간

실행착수에 관한 주관설은 범죄란 범죄적 의사의 표현이므로 범죄의사를 명백하게 인정할 수 있는 외부적 행위가 있을 때 또는 범의의 비약적 표동이 있을 때 실행의 착수가 있다는 견해로 가벌적 미수의 범위가 지나치게 확대될 수 있다.

> [해설] (O) 주관설은 범의가 외부로 표시된 때 실행착수를 인정하므로 죄형법정주의에 가장 부합하지 않는 견해이며, 실행착수를 가장 빨리 인정하므로 예비의 범위가 좁고 미수의 범위가 가장 넓다.

191
23경간

실행착수에 관한 주관적(개별적) 객관설은 행위자의 전체적 범행계획에 비추어 구성요건실현에 대한 직접적 행위가 있을 때 실행의 착수가 있다는 견해로 실행의 착수에 관한 객관설과 주관설의 단점을 제거하고 양설을 타협하기 위해 제시된 절충적인 견해이다.

> 해설 (O) 주관적 객관설은 절충설이라고도 하는데, 다수설의 견해이다. 참고로 판례는 사안에 따라 다른 입장을 취하고 있다.

192
23경찰1

甲이 乙로부터 국제우편을 통해 향정신성의약품을 수입하는 경우, 필로폰을 받을 국내 주소를 알려주었으나 乙이 필로폰이 들어 있는 우편물을 발신국의 우체국에 제출하지 않았다고 하더라도 甲의 이러한 행위는 향정신성의약품 수입행위의 실행에 착수하였다고 볼 수 있다.

> 해설 (×) 이 사건과 같이 국제우편 등을 통하여 향정신성의약품을 수입하는 경우에는 국내에 거주하는 사람이 수신인으로 명시되어 발신국의 우체국 등에 향정신성의약품이 들어 있는 우편물을 제출할 때에 범죄의 실행에 착수하였다고 볼 수 있다. 따라서 피고인이 공소외인에게 필로폰을 받을 국내 주소를 알려주었다고 하더라도 공소외인이 필로폰이 들어 있는 우편물을 발신국의 우체국 등에 제출하였다는 사실이 밝혀지지 않은 이상 피고인 등의 이러한 행위는 향정신성의약품 수입의 예비행위라고 볼 수 있을지언정 이를 가지고 향정신성의약품 수입행위의 실행에 착수하였다고 할 수는 없다(大判 2019.5.16. 2019도97).

(3) 불능미수 – 반전된 구성요건적 착오

193
23법원 [조문]

실행의 수단 또는 대상의 착오로 인하여 결과의 발생이 불가능하더라도 위험성이 있는 경우에는 처벌한다. 단, 그 경우 형을 감경 또는 면제하여야 한다.

> 해설 (×) 실행의 수단 또는 대상의 착오로 인하여 결과의 발생이 불가능하더라도 위험성이 있는 때에는 처벌한다. 단, 형을 감경 또는 면제할 수 있다(형법 제27조). 임의적 감면사유에 해당한다.

194
23경승

피고인은 피해자가 심신상실 또는 항거불능의 상태에 있다고 인식하고 그러한 상태를 이용하여 간음할 의사로 피해자를 간음하였으나 실제로는 피해자가 심신상실 또는 항거불능의 상태에 있지 않은 경우에는 준강간죄의 장애미수가 성립한다.

[해설] (×) 준강간죄의 불능미수가 성립한다(大判 2019.3.28. 2018도16002 전합).

195
23검9

피해자를 항거불능상태라고 인식하고 추행하였으나 피해자는 이미 사망한 상태였던 경우 준강제추행죄의 불능미수범이 성립한다.

[해설] (○) 피고인이 행위 당시에 인식한 사정을 놓고 일반인이 객관적으로 판단하여 보았을 때 준강간의 결과가 발생할 위험성이 있었으므로 준강간죄의 불능미수가 성립한다(大判 2019.3.28. 2018도16002 전합). 〈주〉 판례 변형문제이다. 항거불능 상태인 준강제추행죄의 객체라고 인식하였으나, 이미 사망하여 준강제추행죄의 객체가 아니었던 경우 준강제추행죄의 불능미수범이 성립할 수 있다.

196
23해경위

대법원은 불능미수의 판단 기준으로서 일관하여 위험성 판단은 피고인이 행위 당시에 인식한 사정을 놓고 이것이 객관적으로 일반인의 판단으로 보아 결과 발생의 가능성이 있느냐를 따져야 한다는 입장을 취하고 있다.

[해설] (×) [1] 판례는 피고인이 행위 당시에 인식한 사정을 놓고 이것이 객관적으로 일반인의 판단으로 보아 결과 발생의 가능성이 있느냐를 따지는 추상적 위험설을 취한다(大判 2005.12.8. 2005도8105). [2] 불능범은 범죄행위의 성질상 결과발생의 위험이 절대로 불능한 경우를 말한다라고 판시하여 구객관설의 입장을 취하기도 한다(大判 1985.3.26. 85도206). 〈주〉 "일관하여"가 틀렸다.

197
23검9

부동산을 편취할 의사로 이미 사망한 자에 대하여 소유권이전등기 청구의 소를 제기한 경우 사기죄의 불능미수범이 성립한다.

[해설] (×) 사망한 자에 대한 판결은 그 내용에 따른 효력이 생기지 아니하여 상속인에게 그 효력이 미치지 아니하고 따라서 사기죄를 구성한다고 할 수 없다(大判 2002.1.11. 2000도1881).

06 공범론

(1) 공범 일반이론

198
23해간

집합범은 다수의 행위자가 동일한 목표를 향하여 같은 방향에서 공동으로 작용하는 범죄이며, 모든 집합범은 참여한 모든 자에 대하여 동일한 법정형을 규정하고 있다.

> [해설] (×) 집합범의 법정형은 동일하지 않은 경우도 있다. 예컨대 내란죄에 참가한 경우 수괴, 중급, 하급에 따라서 법정형이 모두 다르다.

199
23해경위

각 가담자에 대해 동일한 법정형이 부과되는 범죄로는 도박죄, 아동혹사죄, 인신매매죄, 배임수·증재죄 등이 있다.

> [해설] (×) 도박죄와 아동혹사죄, 인신매매죄는 각 가담자를 모두 처벌하며 동일한 법정형이 규정되어 있으나, 배임수·증재죄는 각 가담자의 법정형이 다르다.

200
23법원

2인 이상의 서로 대향된 행위의 존재를 필요로 하는 대향범에 대하여 공범에 관한 형법 총칙 규정이 적용될 수 없는데, 이러한 법리는 해당 처벌규정의 구성요건 자체에서 2인 이상의 서로 대향적 행위의 존재를 필요로 하는 필요적 공범인 대향범에 적용됨은 물론, 구성요건상으로는 단독으로 실행할 수 있는 형식으로 되어 있더라도 그 구성요건이 대향범의 형태로 실행되는 경우에도 적용된다고 보아야 한다.

> [해설] (×) 이러한 법리는 해당 처벌규정의 구성요건 자체에서 2인 이상의 서로 대향적 행위의 존재를 필요로 하는 필요적 공범인 대향범을 전제로 한다. 구성요건상으로는 단독으로 실행할 수 있는 형식으로 되어 있는데 단지 구성요건이 대향범의 형태로 실행되는 경우에도 대향범에 관한 법리가 적용된다고 볼 수는 없다(大判 2022.6.30. 2020도7866). 〈주〉 불법수익은닉죄에 대하여 총칙상 공범을 적용한 사안이다.

201
23법원

형사소송법 제253조 제2항(공범의 1인에 대한 시효정지는 다른 공범자에 대하여 효력이 미친다)에서 말하는 '공범'에는 뇌물공여죄와 뇌물수수죄 사이와 같은 대향범 관계도 포함된다.

> 해설 (✕) 형사소송법은 공범 사이의 처벌에 형평을 기하기 위하여 공범 중 1인에 대한 공소의 제기로 다른 공범자에 대하여도 공소시효가 정지되도록 규정하고 있는데, 형사소송법 제253조 제2항에서 말하는 '공범'에는 뇌물공여죄와 뇌물수수죄 사이와 같은 대향범 관계에 있는 자는 포함되지 않는다(大判 2015.2.12, 2012도4842).

202
23경찰1

공범종속성설에 의하면 공범은 정범의 실행행위에 종속해서만 성립할 수 있고, 정범이 적어도 실행의 착수에 이르러야 공범이 성립할 수 있다.

> 해설 (○) 공범종속설에 의하면 공범이 성립하기 위해서는 정범의 실행행위가 있어야한다고 본다.
> [참고] 구파(객관주의) – 공범종속성설 / 신파(주관주의) – 공범독립성설
> 종속성의 정도 – 최소 (구) 제한 (구위) 극단 (구위책) 확장 (구위책처)

203
23경대편입

공범독립성설은 객관주의 범죄론의 입장에서 범죄의 실행행위를 이해하고, 공범종속성설은 범죄를 반사회적 징표라고 보는 주관주의 범죄론의 입장에서 범죄의 실행행위를 이해한다.

> 해설 (✕) 반대로 설명되었다. 구파인 공범종속성설은 객관주의 범죄론의 입장에서 범죄의 실행행위를 이해하고, 신파인 공범독립성설은 범죄를 반사회적 징표라고 보는 주관주의 범죄론의 입장에서 범죄의 실행행위를 이해한다.

204
23경찰1

공범종속성설 중 제한적 종속형식에 의하면 정범의 실행행위가 구성요건에 해당하고 위법하면 공범이 성립할 수 있고 유책할 것을 요하지 않는다는 것으로, 책임무능력자의 위법행위를 교사·방조한 경우에도 공범이 성립할 수 있다.

> 해설 (○) 책임무능력자의 위법행위는 구성요건에 해당하고 위법하지만 책임이 조각된다. 따라서 위법하면 공범의 성립을 인정하는 제한적 종속형식에 의하면 책임무능력자의 위법행위를 교사·방조한 경우에도 공범이 성립할 수 있다.

205
23경찰1

공범종속성설 중 극단적 종속형식에 의하면 정범의 행위가 구성요건에 해당하고 위법하며 유책할 뿐만 아니라 가벌성의 조건(처벌조건)까지 모두 갖추어야 공범이 성립할 수 있다.

> **해설** (×) 극단적 종속형식에 의하면 정범의 행위가 구성요건에 해당하고 위법하며, 유책하면 공범이 성립하고, 처벌조건까지 갖출 필요는 없다.

206
23경대편입

종속성의 정도에 관한 제한적 종속형식에 의하면 공범은 정범에 성립뿐만 아니라 처벌에 있어서도 종속한다.

> **해설** (×) 제한적 종속형식(통설, 판례)에 의하면 정범의 <u>구성요건해당성과 위법성</u>까지만 공범이 종속한다고 본다. 처벌까지 종속된다고 보는 견해는 확장적 종속형식이다.

207
23경찰1

공범독립성설에 의하면 공범은 독립된 범죄로서 교사·방조행위가 있으면 정범의 실행행위가 없더라도 공범이 성립할 수 있다.

> **해설** (○) 공범독립성설은 정범의 실행행위와 무관하게 공범이 성립한다고 본다. 따라서 정범의 실행행위가 없더라도 교사·방조행위가 있으면 공범이 성립할 수 있다.

208
23경대편입

공범독립성설은 미수의 교사와 교사의 미수를 모두 인정하지만, 공범종속성설은 미수의 교사는 인정하나 교사의 미수는 인정하지 않는다.

> **해설** (○) 미수의 교사는 정범의 행위가 미수에 그친 경우를 말하고, 교사의 미수는 기도된 교사(형법 제31조 제2항 및 제3항)를 말한다. 정범의 실행착수가 있는 미수의 교사는 공범종속성설(구파) 및 공범독립성설(신파) 모두 공범의 성립을 인정한다. 그러나 정범의 실행착수가 없는 교사의 미수는 공범종속성설(구파)은 공범의 성립을 부정하여 불가벌이라고 하지만, 공범독립성설(신파)은 공범의 성립을 인정하면서 미수로 처벌해야 한다고 본다.
> [참고]
> ㉠ 종속성설에 의하면 당연원칙규정 (독립성설에 의하면 예외특별규정)
>   - 제33조 본문 (진정신분범에 가담한 비신분자의 범죄성립)
> ㉡ 종속성설에 의하면 예외특별규정 (독립성설에 의하면 당연원칙규정)
>   - 교사의 미수(기도된 교사), 자살관여죄, 제33조 단서 (부진정신분범에 가담한 비신분자의 처벌)

(2) 공동정범, 동시범

209
23해경3차

공동정범의 본질을 행위공동설로 본다면 과실범의 공동정범은 당연히 인정된다.

> 해설 (O) 다수설인 기능적 (범죄)행위지배설에 의하면 과실범의 공동정범이 부정되지만, 판례인 (일상)행위공동설에 의하면 주의의무위반의 공동으로 과실범의 공동정범이 인정된다.

210
23경찰1 [조문]

시간적 차이가 있는 2인 이상의 독립된 상해행위가 경합하여 사망의 결과가 일어난 경우에 그 원인된 행위가 판명되지 아니한 때에는 공동정범의 예에 의하여야 한다.

> 해설 (O) [1] 형법 제19조(독립행위의 경합) 동시 또는 이시의 독립행위가 경합한 경우에 그 결과발생의 원인된 행위가 판명되지 아니한 때에는 각 행위를 미수범으로 처벌한다.
> [2] 형법 제263조.(동시범) 독립행위가 경합하여 상해의 결과를 발생하게 한 경우에 있어서 원인된 행위가 판명되지 아니한 때에는 공동정범의 예에 의한다.

211
23경대편입

수인이 각자 분리수거장 방향으로 담배꽁초를 던져 버리고 현장을 떠남으로써 공동의 과실이 경합되어 화재가 발생한 경우, 적어도 각 과실이 화재의 발생에 대하여 하나의 조건이 된 이상은 그 공동적 원인을 제공한 사람들은 실화죄의 공동정범의 책임을 면할 수 없다.

> (×) 실화죄에 있어서 공동의 과실이 경합되어 화재가 발생한 경우 적어도 각 과실이 화재의 발생에 대하여 하나의 조건이 된 이상은 그 공동적 원인을 제공한 사람들은 각자 실화죄의 책임을 면할 수 없다(大判 2023.3.9. 2022도16120). 〈주〉 공동정범이 아니라, 동시범으로서 각자 단독범이 된다.

(3) 교사범

212
23경승

교사자의 교사행위에도 불구하고 피교사자가 범행을 승낙하지 아니하거나 피교사자의 범행결의가 교사자의 교사행위에 의하여 생긴 것으로 보기 어려운 경우에는 이른바 효과 없는 교사로서 「형법」 제31조 제2항에 의하여 교사자와 피교사자 모두 음모 또는 예비에 준하여 처벌할 수 있다.

> 해설 (×) 이른바 실패한 교사로서 형법 제31조 제3항에 의하여 교사자를 음모 또는 예비에 준하여 처벌할 수 있을 뿐이다(大判 2013.9.12. 2012도2744).

213
23법행

교사범이란 정범으로 하여금 범죄를 결의하게 하여 그 죄를 범하게 한 때에 성립하는 것이고 피교사자는 교사범의 교사에 의하여 범죄실행을 결의하여야 하는 것이므로, 피교사자가 이미 범죄의 결의를 가지고 있거나, 범죄의 습벽이 있는 경우에는 교사범이 성립할 수 없다.

> 해설 (×) 교사범의 교사가 정범이 죄를 범한 유일한 조건일 필요는 없으므로, 교사행위에 의하여 정범이 실행을 결의하게 된 이상 비록 정범에게 범죄의 습벽이 있어 그 습벽과 함께 교사행위가 원인이 되어 정범이 범죄를 실행한 경우에도 교사범의 성립에 영향이 없다(大判 1991.5.14. 91도542).

214
23경간

甲이 乙에게 사기를 교사하였는데 乙이 공갈을 실행한 경우, 교사내용과 실행행위의 질적 차이가 본질적이지 않으므로 甲은 교사한 범죄에 대한 교사범의 책임을 지지 않는다.

> 해설 (×) 사기죄와 공갈죄는 모두 편취죄이며 법정형도 동일하다. 따라서 교사내용과 실행행위의 질적차이가 본질적이지 않다. 따라서 사기를 교사하여 공갈을 실행한 경우 교사자는 사기죄의 교사범이 성립한다.

215
23해경2

교사범이 피교사자에게 자신의 교사행위를 철회한다는 명시적인 의사표시를 하는 것만으로는 교사의 책임이 면제되지 않는다.

> 해설 (○) (大判 2012.11.15. 2012도7407).

(4) 방조범

216
23경찰1 [조문]

방조범이란 타인의 범죄실행을 방조함으로써 성립하는 범죄이며, 「형법」 제32조 제2항에 따라 방조범의 형은 정범의 형보다 감경한다.

해설 (O) 형법 제32조 제2항.

217
23경채

방조행위와 정범의 범죄 실현 사이에는 인과관계가 필요하고, 방조범이 성립하려면 방조행위가 정범의 범죄 실현과 밀접한 관련이 있고 정범으로 하여금 구체적 위험을 실현시키거나 범죄 결과를 발생시킬 기회를 높이는 등으로 정범의 범죄 실현에 현실적인 기여를 하였다고 평가할 수 있어야 한다.

해설 (O) (大判 2021.9.9. 2017도19025 전합). 〈주〉 현실적 기여가 인과관계를 의미한다.

218
23경승

방조범은 정범의 실행을 방조한다는 이른바 방조의 고의와 정범의 행위가 구성요건에 해당하는 행위인 점에 대한 정범의 고의가 있어야 하며, 정범의 고의는 범죄의 미필적 인식 또는 예견만으로는 부족하고 정범에 의하여 실현되는 범죄의 구체적 내용을 인식하여야 한다.

해설 (×) 방조범에 있어서 정범의 고의는 정범에 의하여 실현되는 범죄의 구체적 내용을 인식할 것을 요하는 것은 아니고 미필적 인식 또는 예견으로 충분하다(大判 2011.12.8. 2010도9500; 大判 2005.4.29. 2003도6056).

219
23경찰1

방조범은 정범의 실행행위를 방조한다는 '방조의 고의'와 정범의 행위가 구성요건에 해당하는 행위인 점에 대한 '정범의 고의'를 갖추어야 하며, 목적범의 경우 정범의 목적에 대한 구체적 내용까지 인식할 것을 요한다.

해설 (×) 방조범에 있어서 정범의 고의는 정범에 의하여 실현되는 범죄의 구체적 내용을 인식할 것을 요하는 것은 아니고 미필적 인식 또는 예견으로 충분하다(大判 2011.12.8. 2010도9500; 大判 2005.4.29. 2003도6056).

220
23경찰2차

甲은 2022. 12. 21. 경부터 보이스피싱 사기범행에 사용된다는 사정을 알면서도 유령법인 설립, 그 법인 명의 계좌 개설 후 그 접근매체를 채팅 애플리케이션을 통해 대화명 A에게 전달 유통하는 행위를 계속하였다. 그 후 2023. 1. 15. 경 보이스피싱 조직원의 제안에 따라 이른바 '전달책' 역할을 승낙하고, 2023. 1. 28.부터 '전달책'에 해당하는 실행행위를 하였다. 이 경우 甲은 '전달책'으로서의 행위를 한 때부터 비로소 피해자들에 대한 사기죄의 종범에 해당한다.

> [해설] (×) 피고인의 이러한 접근매체 전달·유통행위는 보이스피싱 사기 범행에 사용된다는 정을 알면서도 정범이 실행에 착수하기 이전부터 장래의 실행행위를 예상하고서 이를 용이하게 하는 유형적·물질적 방조행위이고, 이러한 상태에서 '전달책' 역할까지 승낙한 행위 역시 정범의 범행 결의를 강화시키는 무형적·정신적 방조행위이므로, 피고인은 '전달책'으로서 실행행위를 한 시기에 관계없이 피해자들에 대한 사기죄의 종범에 해당한다(大判 2022.4.14. 2022도649). 〈주〉 전달책의 행위를 하기 전, 접근매체의 전달유통행위를 할 때부터 사기죄의 종범이 성립한다.

(5) 공범과 신분

221
23경승

신분관계라 함은 널리 일정한 범죄행위에 관련된 범인의 인적관계인 특수한 지위 또는 상태를 지칭하는 것이므로, 고의나 목적과 같이 행위 관련적 요소는 이에 포함되지 않는다.

> [해설] (×) 형법 제152조 제1항과 제2항은 위증을 한 범인이 형사사건의 피고인 등을 '모해할 목적'을 가지고 있었는가 아니면 그러한 목적이 없었는가 하는 범인의 특수한 상태의 차이에 따라 범인에게 과할 형의 경중을 구별하고 있으므로, 이는 바로 형법 제33조 단서 소정의 "신분관계로 인하여 형의 경중이 있는 경우"에 해당한다고 봄이 상당하다(大判 1994.12.23. 93도1002).

222
23경대편입

부진정 부작위범의 보증인적 지위·의무를 구성요건요소라고 보는 견해에 의하면, 보증인 지위자만이 행할 수 있으므로 부진정 부작위범은 모두 진정신분범에 해당한다.

> [해설] (○) 보증인지위가 있어야만 부진정부작위범이 성립할 수 있으므로 진정신분범에 해당한다.

223
23군7

신분관계로 인하여 형의 경중이 있는 경우에 신분이 있는 자가 신분이 없는 자를 교사하여 죄를 범하게 한 때에는 신분이 있는 교사범에게 신분범이 성립하지만 과형에서는 비신분범의 법정형이 기준이 된다.

> [해설] (×) 신분관계로 인하여 형의 경중이 있는 경우에 신분이 있는 자가 신분이 없는 자를 교사하여 죄를 범하게 한 때에는 형법 제33조 단서가 형법 제31조 제1항에 우선하여 적용됨으로써 신분이 있는 교사범이 신분이 없는 정범보다 중하게 처벌된다(大判 1994.12.23. 93도1002). 〈주〉 신분범이 성립하고 신분범으로 처벌된다는 뜻이다.

224
23경대편입

甲과 乙은 함께 乙의 아버지 丙을 사고로 위장하여 살해하기로 공모하고 가스배관에 흠집을 내어 마치 가스유출사고인 것처럼 위장하여 丙을 살해한 경우, 판례에 따르면 甲은 「형법」 제250조 제2항의 존속살해죄의 공동정범이 된다.

> [해설] (O) 乙은 자신의 존속을 살해하였으므로 존속살해죄가 성립하고 존속살해죄로 처벌된다. 다만 비신분자인 甲은 제33조 본문에 의하여 존속살해죄(공동정범)이 성립하고 보통살인죄(공동정범)으로 처벌된다.

225
23경대편입

甲과 乙은 함께 乙의 아버지 丙을 사고로 위장하여 살해하기로 공모하고 가스배관에 흠집을 내어 마치 가스유출사고인 것처럼 위장하여 丙을 살해한 경우, 판례에 따르면 甲에게는 乙과 동일한 법정형이 적용된다.

> [해설] (×) 乙은 자신의 존속을 살해하였으므로 존속살해죄가 성립하고 존속살해죄로 처벌된다. 다만 비신분자인 甲은 제33조 본문에 의하여 존속살해죄(공동정범)이 성립하고 보통살인죄(공동정범)으로 처벌된다.

07 죄수론

(1) 포괄일죄

226
23경간

접속범은 동일한 법익에 대하여 수개의 구성요건적 행위가 불가분하게 접속하여 행하여지는 범행형태로 같은 기회에 하나의 행위로 여러 개의 영업비밀을 취득하였다면 이는 일죄로 평가된다.

> **해설** (O) 접속범은 접착되어 계속된 수회의 범죄를 포괄일죄로 취급하는 경우이다. 예컨대 하루에 접착되어 30가마의 쌀을 절도한 경우이다. 연속범과 구별하여야 한다.

227
23경간

연속범은 개별적인 행위가 범죄의 요소인 구성요건에 해당하고 위법·유책해야 하며, 동일한 법익의 침해가 있어야 성립되므로 피해법익의 동일성에 따라 보호법익을 같이 하는 횡령, 배임 등의 행위와 사기의 행위는 포괄일죄를 구성한다.

> **해설** (×) 포괄1죄라 함은 각기 따로 존재하는 수개의 행위가 한개의 구성요건을 한번 충족하는 경우를 말하므로 구성요건을 달리하고 있는 횡령, 배임 등의 행위와 사기의 행위는 포괄1죄를 구성할 수 없다. (대법원 1988. 2. 9. 선고 87도58 판결) 〈주〉 연속범은 연달아 계속된 수회의 범죄를 포괄일죄로 취급하는 경우이다. 예컨대 하루에 1가마씩 30일간 30가마의 쌀을 절도한 경우이다.

228
23경간

집합범은 다수의 동종의 행위가 동일한 의사에 의하여 반복될 것이 당해 구성요건에서 당연히 예상되는 범죄를 말하며, 집합법의 종류로는 영업범과 상습범이 있다.

> **해설** (O) 집합범은 수의 동종범죄를 모아서 포괄일죄로 취급하는 경우이며, 영업범과 상습범이 있다.

229
23경간

결합범은 개별적으로 독립된 범죄의 구성요건에 해당하는 수개의 행위가 결합하여 일죄를 구성하는 경우로 결합범 자체는 1개의 범죄완성을 위한 수개 행위의 결합이고, 수개 행위의 불법내용을 함께 평가하는 것이므로 포괄일죄가 된다.

> 해설 (O) 결합범은 서로 다른 죄를 결합하여 하나의 범죄로 보는 경우이다. 예컨대 폭행과 절도를 결합하여 강도죄 일죄로 취급하고, 강도와 강간을 결합하여 강도강간죄 일죄로 취급하는 경우 등이다.

230
23법행

상습도박죄에 있어서의 상습성이라 함은 반복하여 도박행위를 하는 습벽으로서 행위자의 속성을 말하는데, 이러한 습벽의 유무를 판단함에 있어서는 도박의 전과나 도박횟수 등이 중요한 판단자료가 되기 때문에 도박 전과가 없는 경우에는 도박의 습벽이 인정된다는 이유로 상습성을 인정할 수 없다.

> 해설 (×) 이러한 습벽의 유무를 판단함에 있어서는 도박의 전과나 도박횟수 등이 중요한 판단자료가 되나 도박전과가 없다 하더라도 도박의 성질과 방법, 도금의 규모, 도박에 가담하게 된 태양 등의 제반 사정을 참작하여 도박의 습벽이 인정되는 경우에는 상습성을 인정하여도 무방하다(大判 1995.7.11. 95도955).

231
23법행

피고인의 도박행위가 폭력행위 등 처벌에 관한 법률의 공동공갈 범행을 위한 수단적 역할에 불과한 경우 따로 도박죄를 구성하지 않는다.

> 해설 (×) 공갈죄와 도박죄는 그 구성요건과 보호법익을 달리하고 있고, 공갈죄의 성립에 일반적·전형적으로 도박행위를 수반하는 것은 아니므로, 도박행위가 공갈죄에 흡수되어 별도의 범죄를 구성하지 않는다고 할 수 없다(大判 2014.3.13. 2014도212). 〈주〉 도박이 공갈의 수단이 된 경우지만 보호법익이 다르므로 실체적 경합범을 인정하였다.

232
23해경사

동일한 저작권자의 여러 개의 저작물에 대한 침해행위가 단일하고 동일한 범의 아래 행하여졌다면 「저작권법」 위반의 포괄일죄가 성립한다.

> 해설 (×) 저작재산권 침해행위는 저작권자가 같더라도 저작물별로 침해되는 법익이 다르므로, 각각의 저작물에 대한 침해행위는 원칙적으로 각 별개의 죄를 구성한다(大判 2012.5.10. 2011도12131).

233
23경찰1

수개의 행위가 여러 개의 구성요건을 충족하는 경우에도 포괄일죄가 될 수 있으므로 횡령, 배임의 행위와 사기의 행위 사이에는 포괄일죄를 구성할 수 있다.

> [해설] (×) 포괄1죄라 함은 각기 따로 존재하는 수개의 행위가 한개의 구성요건을 한번 충족하는 경우를 말하므로 구성요건을 달리하고 있는 횡령, 배임 등의 행위와 사기의 행위는 포괄1죄를 구성할 수 없다(大判 1988.2.9. 87도58).

234
23법행

무면허운전으로 인한 도로교통법 위반죄는 운전한 날마다 무면허운전으로 인한 도로교통법 위반의 1죄가 성립한다고 할 것이지만, 같은 날 무면허운전 행위를 여러 차례 반복한 경우라도 그 범의의 단일성 내지 계속성이 인정되지 않거나 범행 방법 등이 동일하지 않은 경우 각 무면허운전 범행은 실체적 경합관계에 있다고 볼 수 있다.

> [해설] (○) (大判 2022. 2. 24. 2021도17110).
> [참고] 여러 날에 걸친 계속적인 무면허운전 - (일수에 비례하여) 경합범
> 여러 날에 걸쳤으나 일련의 무면허운전으로 평가 - 포괄일죄
> 같은 날 여러 차례의 무면허운전 - 포괄일죄
> 같은 날 여러 차례의 무면허운전이지만 범의 단일성 없거나 범행방법 동일성 없으면 - 경합범

235
23해간

건물제공행위와 성매매알선행위의 경우 성매매알선행위가 건물제공행위의 결과에 해당하고 반대로 건물제공행위는 성매매알선행위에 수반되는 수단으로 볼 수 있으므로 별개의 죄를 구성하지 않고 위 각 행위를 통틀어 법정형이 더 무거운 성매매알선행위의 포괄일죄를 구성한다.

> [해설] (×) '영업으로 성매매를 알선한 행위'와 '영업으로 성매매에 제공되는 건물을 제공하는 행위'는 당해 행위 사이에서 각각 포괄일죄를 구성할 뿐, 서로 독립된 가벌적 행위로서 별개의 죄를 구성한다(大判 2011. 5. 26. 2010도6090). 〈주〉 성매매알선 수회의 행위는 영업범으로 포괄일죄이고, 건물제공 수회의 행위도 영업범으로 포괄일죄이다. 그러나 성매매알선과 건물제공의 관계는 별죄의 관계이다.

236
23경찰2차

甲이 상습으로 A를 폭행하고, 자신의 어머니 B를 존속폭행 하였다는 내용으로 기소된 사안에서, 甲에게 폭행 범행을 반복하여 저지르는 습벽이 있고 이러한 습벽에 의하여 단순폭행, 존속폭행 범행을 저지른 사실이 인정된다면 단순폭행, 존속폭행의 각 죄별로 상습성을 판단하여야 한다.

> **해설** (×) 그 중 법정형이 더 중한 상습존속폭행죄에 나머지 행위를 포괄하여 하나의 죄만이 성립한다고 봄이 타당하다(大判 2003.2.28. 2002도7335). 〈주〉 포괄일죄이므로 상습성도 각죄별로 판단하지 않고 포괄적으로 판단한다.

(2) 상상적 경합범, 실체적 경합범

237
23법행

강도가 재물강취의 뜻을 재물의 부재로 이루지 못한 채 미수에 그쳤으나 그 자리에서 항거불능의 상태에 빠진 피해자를 간음할 것을 결의하고 실행에 착수했으나 역시 미수에 그쳤더라도 반항을 억압하기 위한 폭행으로 피해자에게 상해를 입힌 경우에는 강도강간미수죄와 강간치상죄가 성립되고 이들은 상상적 경합관계에 있다.

> **해설** (×) 강도강간미수죄와 강도치상죄는 상상적 경합범의 관계이다(大判 1988.6.28. 88도820).

238
23경찰2차

범죄단체 등에 소속된 조직원이 저지른 폭력행위 등 처벌에 관한 법률 위반(단체 등의 공동강요)죄 등의 개별적 범행과 동법 위반(단체 등의 활동)죄는 범행의 목적이나 행위 등 측면에서 일부 중첩되는 부분이 있고, 이에 특별한 사정이 없는 한 법률상 1개의 행위로 평가되어 실체적 경합이 아닌 상상적 경합관계에 있다고 보아야 한다.

> **해설** (×) 범행의 목적이나 행위 등 측면에서 일부 중첩되는 부분이 있더라도, 일반적으로 구성요건을 달리하는 별개의 범죄로서 범행의 상대방, 범행 수단 내지 방법, 결과 등이 다를 뿐만 아니라 그 보호법익이 일치한다고 볼 수 없다. 폭력행위처벌법 위반(단체 등의 구성·활동)죄와 위 개별적 범행은 특별한 사정이 없는 한 법률상 1개의 행위로 평가되는 경우로 보기 어려워 상상적 경합이 아닌 실체적 경합관계에 있다고 보아야 한다(大判 2022.9.7. 2022도6993).

239
23경승

甲이 A로부터 수수한 메스암페타민을 장소를 이동하여 투약하고서 잔량을 은닉하는 방법으로 소지한 행위는 그 소지의 경위나 태양에 비추어 볼 때 당초의 수수행위에 수반되는 필연적 결과로 볼 수 있으므로 향정신성의약품 수수죄만 성립하고 별도로 그 소지죄는 성립하지 않는다.

> **해설** (✕) 수수한 메스암페타민을 장소를 이동하여 투약하고서 잔량을 은닉하는 방법으로 소지한 행위는 그 소지의 경위나 태양에 비추어 볼 때 당초의 수수행위에 수반되는 필연적 결과로 볼 수는 없고, 사회통념상 수수행위와는 독립한 별개의 행위를 구성한다고 보아야 한다(大判 1999.8.20. 99도1744). 〈주〉 경합범이다.

240
23법행

수표금액의 지급 또는 거래정지처분을 면할 목적으로 금융기관에 거짓 신고를 한 자를 처벌하도록 규정하는 부정수표단속법위반죄와 타인으로 하여금 형사처분 또는 징계처분을 받게 할 목적으로 공무소 또는 공무원에 대하여 허위의 사실을 신고하는 때에 성립하는 무고죄는 서로 보호법익이 다르고, 사회관념상 행위가 사물자연의 상태로서 1개로 평가되는 것으로 보기도 어려워 상상적 경합관계에 있다고 볼 수 없다.

> **해설** (○) 두 죄는 상상적 경합관계가 아니라 실체적 경합관계로 보아야 한다(大判 2014.1.23. 2013도12064).
> [참고] 부정수표단속법위반죄와 사기죄는 실체적 경합범이고,
> 부정수표단속법위반죄와 업무상배임죄는 상상적 경합범이다.

241
23해경2

1심에서 별도로 판결된 수개의 죄가 항소심에서 병합심리된 경우 이들 범죄는 동시적 경합범의 관계에 있지 않다.

> **해설** (✕) 동일한 피고인에 대한 수 개의 범죄사실 중 일부에 대하여 먼저 공소가 제기되고 나머지 범죄사실에 대하여는 별도로 공소가 제기됨으로써 이를 심리한 각 제1심법원이 공소제기된 사건별로 별개의 형을 선고하였으나, 그 사건이 모두 항소되어 항소심법원이 이를 병합심리하게 되었고 또한 그 수 개의 범죄가 형법 제37조 전단의 경합범 관계에 있게 되는 경우라면 위 범죄 모두가 경합범에 관한 법률규정에 따라 처벌되어야 하는 것이(大判 1998.10.9. 98모89).
> [참고] 동시적 경합범으로 처리하지 않고 분리심리해야 하는 경우로서는 ㉠ 선거범과 명예훼손죄 등의 일반범, ㉡ 성폭력범과 업무방해죄 등의 일반범 등이 있다.

242
23해경2

판결이 확정된 죄와 그 판결확정 전에 범한 죄는 사후적 경합의 관계에 있다.

[해설] (✕) 판결이 확정되지 아니한 수개의 죄 또는 금고 이상의 형에 처한 판결이 확정된 죄와 그 판결확정전에 범한 죄를 경합범으로 한다(형법 제37조). 〈주〉 '금고 이상'이 빠져서 틀렸다.

243
23해경2

경합범에서 '확정판결'이란 '선고된 판결'을 말한다.

[해설] (✕) 경합범에서 확정판결은 불복절차가 종료되어 기판력이 발생하는 경우를 의미한다.

244
23검7

유죄의 확정판결을 받은 사람이 그 후 별개의 후행범죄를 저질렀는데 유죄의 확정판결에 대하여 재심이 개시된 경우, 후행범죄가 재심대상판결에 대한 재심판결 확정 전에 범하여졌다면 아직 판결을 받지 아니한 후행범죄와 재심판결이 확정된 선행범죄 사이에는 「형법」 제37조 후단에서 정한 경합범 관계가 성립한다.

[해설] (✕) 후행범죄와 선행범죄는 동시에 판결할 수 없는 경우에 해당하므로 후행범죄가 그 재심대상판결에 대한 재심판결 확정 전에 범하여졌다 하더라도 아직 판결을 받지 아니한 후행범죄와 재심판결이 확정된 선행범죄 사이에는 형법 제37조 후단 경합범이 성립하지 않는다(大判 2019.7.25 2016도5479). 〈주〉 선행범죄의 재심개시를 불문하고, 확정판결 후에 범한 후행범죄는 경합범이 아니라는 의미이다.

245
23해경2

경합범의 관계에 있는 횡령죄(법정형: 5년 이하의 징역 또는 1,500만원 이하의 벌금)와 학대죄(법정형: 2년 이하의 징역 또는 500만원 이하의 벌금)의 처단형은 징역 7년 이하이다.

[해설] (○) 형법 제38조(경합범과 처벌례) ① 경합범을 동시에 판결할 때에는 다음 각 호의 구분에 따라 처벌한다. 2. 각 죄에 대하여 정한 형이 사형, 무기징역, 무기금고 외의 같은 종류의 형인 경우에는 가장 무거운 죄에 대하여 정한 형의 장기 또는 다액(多額)에 그 2분의 1까지 가중하되 각 죄에 대하여 정한 형의 장기 또는 다액을 합산한 형기 또는 액수를 초과할 수 없다. 다만, 과료와 과료, 몰수와 몰수는 병과(併科)할 수 있다. 〈주〉 5년 이하의 1/2 가중은 7년 6개월 이하이고, 5년 이하와 2년 이하를 합산하면 7년 이하이다. 이 중 적은 형인 7년 이하를 처단형으로 한다.

246
23해경위

경합범 가중시 징역과 금고는 동종의 형으로 간주하여 징역형으로 처벌한다.

[해설] (○) 형법 제38조 제2항.

08 형벌론

(1) 몰수, 추징

247   23경승

몰수는 원칙적으로 타형에 부가하여 과하는 부가형이므로, 몰수의 요건이 있는 경우라도 행위자에게 유죄의 재판을 하지 아니할 때에는 몰수만을 선고할 수 없다.

> **해설** (×) 행위자에게 유죄의 재판을 하지 아니할 때에도 몰수의 요건이 있는 때에는 몰수만을 선고할 수 있다 (大判 1992.7.28. 92도700).

248   23해경2

추징의 가액산정은 재판선고시의 가격을 기준을 하므로 경우에 따라 추징하여야 할 가액이 몰수의 선고를 받았더라면 잃게 될 이득상당액을 초과하는 것도 가능하다.

> **해설** (×) 추징하여야 할 가액이 몰수의 선고를 받았더라면 잃게 될 이득상당액을 초과하여서는 아니 된다(大判 2017.9.21. 2017도8611).

249   23해경위

甲 주식회사 대표이사인 피고인이 금융기관에 청탁하여 乙 주식회사가 대출을 받을 수 있도록 알선행위를 하고 그 대가로 용역대금 명목의 수수료를 甲 회사 계좌를 통해 송금받아 「특정경제범죄 가중처벌 등에 관한 법률」 위반(알선수재)죄가 인정된 사안에서 甲 회사 계좌를 통해 받은 수수료는 피고인으로부터 몰수 또는 추징할 수 있다.

> **해설** (○) 피고인이 甲 회사의 대표이사로서 특경법 제7조에 해당하는 행위를 하고 당해 행위로 인한 대가로 수수료를 받았다면, 수수료에 대한 권리가 甲 회사에 귀속된다 하더라도 행위자인 피고인으로부터 수수료로 받은 금품을 몰수 또는 그 가액을 추징할 수 있으므로, 피고인이 개인적으로 실제 사용한 금품이 없더라도 마찬가지다(大判 2015.01.15. 2012도7571).

250
23해경위

압수한 밀수품이 멸실, 파손 또는 부패의 염려가 있어 「형사소송법」 제132조에 따라 이를 매각하고 취득한 대가금은 몰수할 수 있다.

해설 (O) 형사소송법 제132조의 규정에 따라 매각하여 그 대가를 보관하는 경우에는, 몰수와의 관계에서는 그 대가보관금을 몰수 대상인 압수물과 동일시할 수 있다(大判 1996.11.12. 96도2477).

251
23해경위

피고인이 신고 없이 외국환을 해외 계좌로 송금한 사실로 체포될 당시 미처 송금하지 못하고 소지하고 있던 각 자기앞수표 또는 현금은 몰수할 수 있다.

해설 (×) 체포될 당시에 미처 송금하지 못하고 소지하고 있던 자기앞수표나 현금은 장차 실행하려고 한 외국환거래법 위반의 범행에 제공하려는 물건일 뿐, 그 이전에 범해진 외국환거래법 위반의 '범죄행위에 제공하려고 한 물건'으로는 볼 수 없으므로 몰수할 수 없다(大判 2008.2.14. 2007도10034). 〈주〉 아직 범행을 하지 않은 사안이다.

252
23법원

피고인이 필로폰을 수수하여 그 중 일부를 직접 투약한 경우, 필로폰 수수죄와 필로폰 투약죄가 별도로 성립하므로 피고인이 수수한 필로폰의 가액에 피고인이 투약한 필로폰의 가액을 더하여 추징하여야 한다.

해설 (×) 히로뽕을 수수하여 그 중 일부를 직접 투약한 경우에는 수수한 히로뽕의 가액만을 추징할 수 있고 직접 투약한 부분에 대한 가액을 별도로 추징할 수 없다(大判 2000.9.8. 2000도546).

253
23법행

부패재산의 몰수 및 회복에 관한 특례법 제6조 제1항, 제3조 제1항, 제2조 제3호에서 정한 몰수·추징의 원인이 되는 범죄사실은 공소제기된 범죄사실에 한정되고, '범죄피해재산'은 그 공소제기된 범죄사실 피해자로부터 취득한 재산 또는 그 재산의 보유·처분에 의하여 얻은 재산에 한정되며, 그 피해자의 피해회복이 심히 곤란하다고 인정되는 경우에만 몰수·추징이 허용된다.

해설 (O) (大判 2022.11.17. 2022도8662).

254
23검7

피고인이 범죄행위에 이용한 웹사이트는 범죄행위에 제공된 무형의 재산에 해당하여 몰수할 수는 없지만, 범죄행위에 이용한 웹사이트 매각을 통하여 취득한 대가는 범죄행위로 인하여 생겼거나 이로 인하여 취득한 물건의 가액에 해당하므로 추징의 대상이 된다.

> **해설** (×) 이 사건 웹사이트는 이 사건 각 범죄행위에 제공된 무형의 재산에 해당할 뿐 형법 제48조 제1항 제2호에서 정한 '범죄행위로 인하여 생(生)하였거나 이로 인하여 취득한 물건'에 해당하지 않는다. 따라서 피고인이 이 사건 웹사이트 매각을 통해 취득한 대가는 형법 제48조 제1항 제2호, 제2항이 규정한 추징의 대상에 해당하지 않는다.(大判 2021.10.14. 2021도7168).
> [참고] 형법 총칙 제48조의 몰수추징 – 재물만 가능하고 재산상 이익은 불가
> 범죄수익은닉법 또는 배임수재죄의 몰수추징 – 재산상 이익도 가능

255
23법행

피고인이 개설한 웹사이트에 음란 사이트 링크 배너와 도박 사이트 홍보배너를 게시하는 등의 방식으로 운영하다가 성명불상자에게 이 사건 웹사이트를 50,000,000원에 매각하고 현금으로 위 돈을 지급받은 경우, 이 사건 웹사이트는 각 범죄행위에 제공된 무형의 재산에 해당할 뿐만 아니라 형법 제48조 제1항 제2호에서 정한 '범죄행위로 인하여 생(生)하였거나 이로 인하여 취득한 물건'에 해당한다.

> **해설** (×) 피고인이 범죄행위에 이용한 웹사이트 매각을 통해 취득한 대가를 형법 제48조에 따라 추징한 사안에서, 위 웹사이트는 범죄행위에 제공된 무형의 재산에 해당할 뿐 형법 제48조 제1항 제2호에서 정한 '범죄행위로 인하여 생(生)하였거나 이로 인하여 취득한 물건'에 해당하지 않는다(大判 2021.10.14. 2021도7168).
> 〈주〉 형법 총칙상 몰수는 재물에 대해서만 가능한데, 위 웹사이트는 재산상 이익이라서 형법 총칙상 몰수의 대상이 되지 못한다.

256
23법행

동영상과 같은 전자기록은 일정한 저장매체에 전자방식이나 자기방식에 의하여 저장된 기록에 불과하므로 형법 제48조 제1항 제2호가 정하는 '범죄행위로 인하여 생긴 물건'에 해당하지 않는다.

> (×) 이 사건 동영상은 이 사건 휴대전화기에 저장된 전자기록으로서 형법 제48조 제1항 제2호가 정하는 '범죄행위로 인하여 생긴 물건'에 해당한다(大判 2017.10.23. 2017도5905).

257
23법행

특별법에서 해당 법률의 입법 목적과 취지 등을 고려하여 몰수·추징의 성격이나 그 범위 등에 관하여 형법과 달리 정한 경우에는 특별법 우선의 원칙상 특별법 규정이 적용되는 한도에서 형법 제48조의 적용이 배제되므로, 특별법에 따른 몰수·추징 요건이 구비되지 않고 형법 제48조의 요건만 충족되는 경우에는 이에 따른 몰수·추징이 가능하지 않다.

> 해설 (×) 특별법에서 해당 법률의 입법 목적과 취지 등을 고려하여 몰수·추징의 성격이나 그 범위 등에 관하여 형법과 달리 정한 경우에는 특별법 우선의 원칙상 특별법 규정이 적용되는 한도에서 형법 제48조의 적용이 배제된다. 그러나 특별법에 따른 몰수·추징 요건이 구비되지 않고 형법 제48조의 요건이 충족되는 경우에는 이에 따른 몰수·추징이 가능하다(大判 2018.7.26. 2018도8194).

258
23법원

수뢰자가 뇌물로 받은 돈을 입금시켜 두었다가 뇌물공여자에게 같은 금액의 돈을 반환한 경우라면, 수뢰자가 뇌물을 그대로 보관하여 두었다가 뇌물공여자에게 반환한 것과 달리 볼 이유가 없으므로, 뇌물공여자로부터 그 가액을 추징하여야 한다.

> 해설 (×) 뇌물로 받은 돈을 은행에 예금한 경우 그 예금행위는 뇌물의 처분행위에 해당하므로 그 후 수뢰자가 같은 액수의 돈을 증뢰자에게 반환하였다 하더라도 이를 뇌물 그 자체의 반환으로 볼 수 없으니 이러한 경우에는 수뢰자로부터 그 가액을 추징하여야 한다(大判 1996. 10. 25. 96도2022).

(2) 형의 가중 감면

259
23검9 [조문]

형을 가중·감경할 사유가 경합하는 경우에는 각칙 조문에 따른 가중, 「형법」제34조 제2항에 따른 가중, 누범 가중, 경합범 가중, 법률상 감경, 정상참작감경의 순으로 한다.

> 해설 (×) 형법은 형의 가중·감경할 사유가 경합된 때에 그 적용 순서에 관하여 각칙 조문에 따른 가중, 제34조 제2항에 따른 가중, 누범 가중, 법률상 감경, 경합범 가중, 정상참작감경 순으로 규정하고 있다(大判 2021.1.21. 2018도5475 전합).

260
23해경2 [조문]

「형법」상 피해자의 의사에 반하여 처벌할 수 없는 죄에 있어서 피해자에게 자복한 경우에는 필요적 감면 사유에 해당한다.

해설 (×) 형법 제52조(자수, 자복) ② 피해자의 의사에 반하여 처벌할 수 없는 범죄의 경우에는 피해자에게 죄를 자복(自服)하였을 때에도 형을 감경하거나 면제할 수 있다.
[참고] [필요적 감경] 농아자(청각 및 언어장애인), 방조범
[필요적 감면] 내란 외환 폭발물사용 외국에대한사전 현주공용타인건조물방화, 가스전기방류공급방해, 폭발성물건파열죄에서 실행착수전 자수. 위증 무고 허위감정죄에서 재판확정전 자수자백, 장물범과 본범이 제328조 제1항의 가족관계, 중지미수
[임의적 감경] 장애미수, 범죄단체조직, 심신미약자, 약취유인, 인신매매, 인질강요, 인질상해치상죄
[임의적 감면] 사후적경합범, 과잉방위 과잉피난 과잉자구행위, 자수자복, 불능미수

261
23해경사 [조문]

강간하려고 피해자를 폭행하였으나 피해자가 다음에 친해지면 응해주겠다고 설득하여 그만둔 경우는 형의 필요적 감면사유에 해당한다.

해설 (○) 범인이 피해자를 강간하려다가 피해자가 다음 번에 만나 친해지면 응해주겠다고 간곡히 부탁하여 강간을 중지한 경우 중지미수가 성립한다(大判 1993.10.12, 93도1851). 〈주〉 중지미수로 필요적 감면사유에 해당한다.

262
23해경사 [조문]

장롱 안에 있는 옷가지에 불을 놓아 건물을 소훼하려고 했으나 불길이 치솟자 발각이 두려워서 불을 끈 경우는 형의 필요적 감면사유에 해당한다.

해설 (×) 이를 자의에 의한 중지미수라고는 볼 수 없다(大判 1997.6.13, 97도957). 〈주〉 장애미수로 임의적 감경사유에 해당한다.

263
23해경사 [조문]

요구르트에 농약을 섞어 마시게 했지만 그 농약이 치사량에 달하지 않아서 살해하지 못한 경우는 형의 필요적 감면사유에 해당한다.

해설 (×) 위 사안은 사망의 결과발생 가능성을 배제할 수는 없다고 할 것이다(大判 1984.2.28, 83도3331). 〈주〉 불능미수로서 임의적 감면사유에 해당한다.

264
23해경사 [조문]

살인범이 자수한 경우는 형의 필요적 감면사유에 해당한다.

해설 (×) 자수의 경우 임의적 감면사유에 해당한다.

265
23법행

처단형은 선고형의 최종적인 기준이 되므로 그 범위는 법률에 따라서 엄격하게 정하여야 하고, 별도의 명시적인 규정이 없는 이상 형법 제56조에서 열거하고 있는 가중·감경할 사유에 해당하지 않는 다른 성질의 감경사유를 인정할 수는 없다.

해설 (○) (大判 2021.1.21. 2018도5475 전합).

(3) 선고유예

266
23경찰1 [조문]

1년 이하의 징역이나 금고, 자격정지, 벌금 또는 구류의 형을 선고할 경우에 「형법」 제51조의 사항을 고려하여 뉘우치는 정상이 뚜렷할 때에는 그 형의 선고를 유예할 수 있지만, 자격정지 이상의 형을 받은 전과가 있는 사람에 대해서는 그러하지 아니하다.

해설 (×) 형법 제59조 ① 1년 이하의 징역이나 금고, 자격정지 또는 벌금의 형을 선고할 경우에 제51조의 사항을 고려하여 뉘우치는 정상이 뚜렷할 때에는 그 형의 선고를 유예할 수 있다. 다만, 자격정지 이상의 형을 받은 전과가 있는 사람에 대해서는 예외로 한다. 〈주〉 구류형에 대하여는 선고를 유예할 수 없다.

267
23해경위

주형에 대해 선고유예하지 않으면서 부가형에 대하여만 선고유예 할 수 있다.

해설 (×) 주형에 대하여 선고를 유예하지 아니하면서 이에 부가할 몰수·추징에 대하여서만 선고를 유예할 수는 없다(大判 1988.6.21. 88도551).

268
23검9 [조문]

형을 병과할 경우에도 형의 전부 또는 일부에 대하여 선고를 유예할 수 있다.

[해설] (O) 형법 제59조 제2항. 〈주〉 반면에 하나의 형선고에 대해서는 일부 선고유예를 할 수 없으므로 비교한다.

269
23검9 [조문]

형의 선고를 유예하는 경우에 재범방지를 위하여 지도 및 원호가 필요한 때에는 보호관찰을 받을 것을 명할 수 있다.

[해설] (O) 형법 제59조의2 제1항. 〈주〉 보호관찰 기간은 1년이고 선고유예기간은 2년이라는 점도 주의한다.

270
23해경위

형의 선고유예를 받은 날로부터 1년을 경과한 때에는 면소된 것으로 간주한다.

[해설] (X) 형의 선고유예를 받은 날로부터 2년을 경과한 때에는 면소된 것으로 간주한다(형법 제60조).

271
23해경위

형의 선고를 유예하는 경우 재범방지를 위하여 필요한 때에는 보호관찰을 받을 것을 명할 수 있고 그 기간은 법원이 「형법」 제51조의 사항을 참작하여 재량으로 한다.

[해설] (X) 형의 선고를 유예하는 경우에 재범방지를 위하여 지도 및 원호가 필요한 때에는 보호관찰을 받을 것을 명할 수 있다(제59조의2 제1항). 제1항의 규정에 의한 보호관찰의 기간은 1년으로 한다(제59조의2 제2항).

(4) 집행유예

272
23법원

500만 원의 벌금형을 선고할 경우 그 집행을 유예할 수 있다.

[해설] (O) 3년 이하의 징역이나 금고 또는 500만원 이하의 벌금의 형을 선고할 경우에 집행유예 할 수 있다(형법 제62조 제1항).

273
23해경사

3년 이하의 징역이나 금고의 형을 선고할 경우 집행유예를 선고할 수 있지만, 벌금형을 선고할 경우 집행유예를 선고할 수 없다.

> **해설** (×) 1년 이하의 징역이나 금고, 자격정지 또는 벌금형을 선고할 경우에 선고유예를 할 수 있고(형법 제59조 제1항). 3년 이하의 징역이나 금고 또는 500만원 이하의 벌금의 형을 선고할 경우에 집행유예 할 수 있다(형법 제62조 제1항).

274
23법원

집행유예가 실효되는 등의 사유로 인하여 두 개 이상의 금고형 내지 징역형을 선고받아 각 형을 연이어 집행받음에 있어 하나의 형의 집행을 마치고 또 다른 형의 집행을 받던 중 먼저 집행된 형의 집행종료일로부터 3년 내에 금고 이상에 해당하는 죄를 저지른 경우에, 집행 중인 형에 대한 관계에 있어서는 누범에 해당하지 않지만 앞서 집행을 마친 형에 대한 관계에 있어서는 누범에 해당한다.

> **해설** (○) (大判 2021.9.16. 2021도8764).

275
23경찰1

집행유예의 선고를 받은 후 그 선고의 실효 또는 취소됨이 없이 유예기간을 경과한 때에는 「형법」제65조가 정하는 바에 따라 형의 선고는 효력을 잃는 것이고, 그와 같이 유예기간이 경과 함으로써 형의 선고가 효력을 잃은 후에는 「형법」제62조 단행의 사유가 발각되었다고 하더라도 그와 같은 이유로 집행유예를 취소할 수 없고 그대로 유예기간 경과의 효과가 발생한다.

> **해설** (○) (大判 1999.1.12. 98모151).

276
23해경사

집행유예 선고를 받은 자가 유예기간 중 고의로 범한 죄로 금고 이상의 실형을 선고받아 그 판결이 확정된 때에는 집행유예의 선고를 취소할 수 있다.

> **해설** (×) 집행유예 선고를 받은 자가 "유예기간 중" "고의로" 범한 죄로 금고 이상의 "실형"을 선고받아 그 판결이 확정된 때에는 집행유예의 선고는 효력을 잃는다(형법 제63조). 〈주〉 취소사유가 아니라 실효사유이다.
> [참고] 요건과 효과 - 금고이상 고의범 유예기간중 범죄, 실형선고, 실효사유 (금고중실효)

277
23법원

집행유예의 선고를 받은 다음 집행유예의 선고가 실효되거나 취소되지 않고 유예기간이 지난 때에는 형의 선고는 효력을 잃으므로, 그 후 형법 제64조 제2항에서 정한 사유로 집행유예의 선고를 취소할 수 없다.

해설 (O) (大決 2022.8.31. 2022모1466).

278
23법원

집행유예 기간 중에 범한 죄에 대하여 공소가 제기된 후 그 재판 도중에 집행유예 기간이 경과한 경우 집행유예 기간 중에 범한 죄에 대하여 다시 집행유예를 선고할 수 있다.

해설 (O) (大判 2007.2.8. 2006도6196). 〈주〉법적전과는 말소되므로 집행유예를 할 수 있다.
[참고] 집행유예기간이 경과하면 선고사실(경력)은 유지되나, 선고효력(전과)는 말소된다. 따라서 집행유예기간 경과후 선고유예는 불가능하나 집행유예는 가능하다.

279
23법원

형의 집행을 유예하는 경우에는 보호관찰을 받을 것을 명할 수 있는데, 행위자의 사회복귀와 범죄예방을 위한 보안처분이라는 취지에 비추어, 보호관찰 기간은 법원의 판결에 따라 집행을 유예한 기간을 넘을 수 있다.

해설 (X) 제1항의 규정에 의한 보호관찰의 기간은 집행을 유예한 기간으로 한다. 다만, 법원은 유예기간의 범위 내에서 보호관찰기간을 정할 수 있다(형법 제62조의2 제2항).

280
23해경위

집행유예의 선고를 받은 자가 유예기간 중 고의 또는 과실로 범한 죄로 금고 이상의 실형을 선고받아 그 판결이 확정된 때에는 집행유예의 선고는 효력을 잃는다.

해설 (X) 집행유예의 선고를 받은 자가 유예기간 중 고의로 범한 죄로 금고 이상의 실형을 선고받아 그 판결이 확정된 때에는 집행유예의 선고는 효력을 잃는다(형법 제63조, 집행유예의 실효).

281

23경찰1

「형법」 제62조의2의 규정에 의하여 보호관찰이나 사회봉사 또는 수강을 명한 집행유예를 받은 자가 준수사항이나 명령을 위반한 경우에 그 위반사실이 동시에 범죄행위로 되더라도 그 기소나 재판의 확정 여부 등 형사절차와는 별도로 법원이 「보호관찰 등에 관한 법률」에 의한 검사의 청구에 의하여 「형법」 제64조 제2항에 규정된 집행유예 취소의 요건에 해당하는가를 심리하여 준수사항이나 명령 위반사실이 인정되고 위반의 정도가 무거운 때에는 집행유예를 취소할 수 있다.

해설 (○) 형법 제64조 제2항.

(5) 가석방, 기타

282

23군5 [조문]

징역 또는 금고의 집행 중에 있는 자가 그 행상이 양호하여 개전의 정이 현저한 때에는 무기에 있어서는 〈10년〉, 유기에 있어서는 형기의 〈3분의 1〉을 경과한 후 행정처분으로 가석방을 할 수 있다. 가석방의 기간은 무기형에 있어서는 〈20년〉으로 하고, 유기형에 있어서는 남은 형기로 하되, 그 기간은 〈20년〉을 초과할 수 없다.

해설 (×) [1] 형법 제72조(가석방의 요건) ① 징역이나 금고의 집행 중에 있는 사람이 행상(行狀)이 양호하여 뉘우침이 뚜렷한 때에는 무기형은 <u>20년</u>, 유기형은 형기의 <u>3분의 1</u>이 지난 후 행정처분으로 가석방을 할 수 있다.
[2] 형법 제73조의2(가석방의 기간 및 보호관찰) ① 가석방의 기간은 무기형에 있어서는 <u>10년</u>으로 하고, 유기형에 있어서는 남은 형기로 하되, 그 기간은 <u>10년</u>을 초과할 수 없다.

283

23경찰1

「형법」에 의하면 징역이나 금고의 집행 중에 있는 사람이 행상(行狀)이 양호하여 뉘우침이 뚜렷한 때에는 무기형은 20년, 유기형은 형기의 3분의 1이 지난 후 행정처분으로 가석방을 할 수 있다. 벌금·과료가 병과되어 있는 때에는 그 금액을 완납하여야 하며, 벌금이나 과료에 관한 노역장 유치기간에 산입된 판결선고 전 구금일수는 그에 해당하는 금액이 납입된 것으로 본다.

해설 (○) 형법 제72조 제1항 및 제2항.

284
23검9 [조문]

판결선고 전의 구금일수는 그 전부를 유기징역, 유기금고, 벌금이나 과료에 관한 유치 또는 구류에 산입한다.

해설 (O) 형법 제57조 제1항. 〈주〉 "또는 일부"는 위헌결정을 받고 현행 형법에서 삭제되었다.

285
형법개정

2023. 8. 8. 시행 형법 제77조는 "형(사형은 제외한다)을 선고받은 사람에 대해서는 시효가 완성되면 그 집행이 면제된다."고 개정하였다.

해설 (X) 개정형법 제77조(형의 시효의 효과) 형(사형은 제외한다)을 선고받은 자에 대해서는 시효가 완성되면 그 집행이 면제된다. 〈주〉 '사람'을 '자'로 개정하여 법인에 대한 벌금형에도 형의 시효가 적용된다는 점을 명백히 하였다.

286
형법개정

2023. 8. 8. 시행 형법 제80조는 "시효는 사형, 징역, 금고 및 구류의 경우에는 수형자를 체포한 때, 벌금, 과료, 몰수 및 추징의 경우에는 강제처분을 개시한 때에 중단된다."고 개정하였다.

해설 (X) 개정형법 제80조(형의 시효의 중단) 시효는 징역, 금고 및 구류의 경우에는 수형자를 체포한 때, 벌금, 과료, 몰수 및 추징의 경우에는 강제처분을 개시한 때에 중단된다. 〈주〉 '사형'이 삭제되어 사형의 경우에는 형의 시효가 중단되지 않는다.

287
23경간

3년 미만의 징역이나 금고 또는 5년 이상의 자격정지의 형을 선고하는 재판이 확정된 후 그 집행을 받지 아니하고 7년의 기간이 지나면 형의 시효는 완성된다.

해설 (O) 형법 제78조 제5호.

288
23경간

형의 시효는 형의 집행의 유예나 정지 또는 가석방 기타 집행할 수 없는 기간은 진행되지 아니한다.

해설 (O) 형법 제79조 제1항.

289
23경간

형의 시효는 형이 확정된 후 그 형의 집행을 받지 아니한 자가 형의 집행을 면할 목적으로 국외에 있는 기간 동안은 진행되지 아니한다.

[해설] (O) 형법 제79조 제2항.

290
23법행

여러 개의 형이 병과된 사람에 대하여 그 병과형 중 일부의 집행을 면제하거나 그에 대한 형의 선고의 효력을 상실케 하는 특별사면이 있는 경우, 그 특별사면의 효력이 병과된 나머지 형에까지 미치는 것은 아니다.

[해설] (O) (大決 1997.10.13. 96모33)

291
23법행

확정판결의 죄에 대하여 일반사면이 있다 하더라도 일사부재리의 효력 등은 여전히 계속 존속하는 것이고, 확정판결이 있었던 사실에 의하여 그 전의 죄와 후의 죄 등이 형법 제37조 후단의 경합범관계에 있었다고 하는 효과에도 영향이 있다고 할 수 없다.

[해설] (O) (大判 1995.12.22. 95도2446).

292
23법행

일반사면은 죄의 종류를 정하여 행해지는 것으로, 대통령령의 방식으로 실시하며, 형 선고의 효력이 상실되고, 형을 선고받지 아니한 자에 대하여는 공소권(公訴權)이 상실된다.

[해설] (O) [1] 사면법 제8조(일반사면 등의 실시) 일반사면, 죄 또는 형의 종류를 정하여 하는 감형 및 일반에 대한 복권은 대통령령으로 한다. 이 경우 일반사면은 죄의 종류를 정하여 한다. [2] 사면법 제5조(사면 등의 효과) ① 사면, 감형 및 복권의 효과는 다음 각 호와 같다. 1. 일반사면: 형 선고의 효력이 상실되며, 형을 선고받지 아니한 자에 대하여는 공소권(公訴權)이 상실된다. 다만, 특별한 규정이 있을 때에는 예외로 한다.

김원욱 형법 최신기출 총정리
cafe.daum.net/policewon

제 4 부
형법 각론

01 개인적 법익 - 비재산죄

(1) 살인죄, 상해죄, 폭행죄

001
형법개정

2023. 8. 8. 시행 개정형법은 영아살해죄 및 영아유기죄를 폐지하였다.

[해설] (O) 개정형법 제251조 및 제272조 삭제

002
23군9

甲이 교통사고를 가장하여 A를 살해하고 보험금을 수령하여 자신의 경제적 곤란을 해결하는 한편, 그 범행을 은폐할 목적으로 A를 승용차에 태운 후에 고의로 승용차를 저수지에 추락시켜 A를 사망하게 한 경우, 甲에게는 살인죄가 성립한다.

[해설] (O) (大判 2001.11.27. 2001도4392). 〈주〉 강도살인죄가 아니라 살인죄이다.

003
23해경2

낮에 직장상사에게 엄청난 꾸중을 들은 A는 퇴근 후 밤 늦은 시간에, 그 분풀이로 자신의 친구 B와 함께 길 가는 사람을 살해하기로 계획하고 지나가던 행인을 살해하였다. 다음 날 신문에 난 기사를 보고 자신이 살해한 사람이 자신의 아버지 C인 것을 알았다. 이 때 A와 B는 모두 존속살해죄로 처벌된다.

[해설] (×) A는 자신의 직계존속임을 몰랐으므로 형법 제15조 제1항에 의하여 중한 죄로 처벌하지 않으므로 보통살인죄가 성립한다. B는 객체가 자신의 존속이 아니기 때문에 보통살인죄가 성립한다.

004
23경찰1

자살의 의미를 이해할 능력이 없고 자신의 말은 무엇이나 복종하는 어린 자식을 권유하여 익사하게 하였다면, 물속에 직접 밀어서 빠뜨린 것이 아니더라도 「형법」 제253조의 위계에 의한 살인죄가 성립한다.

 (×) 자살의 의미를 이해할 능력이 없고 피고인의 말이라면 무엇이나 복종하는 어린 자식들을 권유하여 익사하게 한 이상 살인죄의 간접정범이 성립한다(大判 1987.1.20. 86도2395). 〈주〉 위계살인죄 또는 자살관여죄가 아니라 보통살인죄이다.

005
23해간

피고인이 7세, 3세 남짓된 어린 자식들에 대하여 함께 죽자고 권유하여 물속에 따라 들어오게 하여 결국 익사하게 하였다면 비록 피해자들을 물속에 직접 밀어서 빠뜨리지 않았다고 하더라도 자살의 의미를 이해할 능력이 없고 피고인의 말이라면 무엇이나 복종하는 어린 자식들을 권유하여 익사하게 한 이상 자살교사죄에 해당한다.

 (×) 자살의 의미를 이해할 능력이 없고 피고인의 말이라면 무엇이나 복종하는 어린 자식들을 권유하여 익사하게 한 이상 살인죄의 간접정범이 성립한다(大判 1987.1.20. 86도2395).

006
23경채

「폭력행위 등 처벌에 관한 법률」 제2조 제2항의 '2인 이상이 공동하여'라고 함은 수인이 동일 장소에서 동일 기회에 범행을 한 경우이면 족하고, 수인 상호 간에 범죄에 대한 공동가공의사가 있어야 하는 것은 아니다.

해설 (×) 수인이 동일 장소에서 동일기회에 상호 다른 자의 범행을 인식하고 이를 이용하여 범행을 한 경우임을 요하고, 형법 제30조의 소위 공동정범은 공범자 전원간에 범죄에 대한 공동가공의 의사가 있는 경우 즉 범행자 상호간에 범의의 연락이 있고 그 일부자가 범죄의 실행에 당한 경우에 성립한다(大判 1986.6.10. 85도119). 〈주〉 동일 장소, 동일 기회임을 요하고, 공동가동의사까지 있어야 한다.

007 23해경위

자살의 의미를 모르는 4세 유아에게 '함께 죽자'고 권유하여 익사하게 하였다면 위계에 의한 살인죄가 성립한다.

해설 (×) 살인죄의 간접정범이 성립한다(大判 1987.1.20. 86도2395). 〈주〉 위계에 의한 살인죄가 아니라 보통살인죄이다.

008 23해경위

혼인 외의 자(子)가 자신의 생모인 것을 알면서 그녀를 살해한 경우에는 존속살해죄가 성립하지 않는다.

해설 (×) 혼인 외의 출생자와 생모 간에는 생모의 인지나 출생신고를 기다리지 않고 자의 출생으로 당연히 법률상의 친족관계가 생기는 것이다(大判 1980.9.9. 80도1731).

009 23해경위

위계 또는 위력으로써 자신의 직계존속의 승낙을 받아 그를 살해한 때에는 존속살해죄의 예에 의해 처벌한다.

해설 (○) 형법 제253조. 위계에 의한 살인죄는 보통살인죄 또는 존속살해죄의 예에 의하여 처벌된다.

(2) 협박죄, 강요죄, 유기죄, 학대죄, 약취유인죄

010 23해간

협박죄의 해악고지는 해악고지자의 의사에 의하여 좌우될 수 있는 것으로 상대방이 인식한 경우로 한정된다.

해설 (○) 협박이라고 하기 위해서는 해악의 발생이 직접·간접적으로 행위자에 의하여 좌우될 수 있는 것이어야 한다(大判 2002.2.8. 2000도3245).

011

23경찰2차

甲을 비롯한 직원들의 임금이 체불되고 사무실 임대료를 내지 못할 정도로 재정상태가 좋지 않는 등 회사의 경영상황이 우려되고 대표이사 겸 최대주주인 A의 경영능력이 의심받던 상황에서, 甲이 동료 직원들과 함께 A를 만나 사임제안서만을 전달한 행위는 협박죄에서의 '협박'에 해당한다.

> **해설** (×) '사임제안서'의 전달 행위가 당시 상황에 비추어 피해자와 이해관계가 대립되는 피고인들 및 주요 투자자들의 권리 실현·행사의 내용으로 피해자가 통상적으로 수용할 수 있는 범위를 현저히 벗어난 정도에 이르렀다고 보기 어렵다(大判 2022.12.15. 2022도9187).

012

23해경사

甲은 乙의 처와 통화하기 위하여 야간에 전화를 하였는데 남편 乙이 받자 20분 내지 30분 동안 아무 말도 하지 않고 있다가 전화를 끊어버리거나 어떤 때에는 "한번 만나자, 나한테 자신 있나."라고 말한 경우

> (×) 사안의 경우, 피해자로 하여금 의구심을 가지게 하여 심적인 고통을 가하거나 분노를 일으키는 등 감정을 자극하는 폭언을 한 정도에 그칠 뿐 피해자의 생명이나 신체 등에 대하여 일정한 해악을 고지한 협박에 이른다고 볼 수 없다(大判 1985.7.5. 85도638).

013

23해경사

같은 집에 세들어 사는 20세의 미혼의 처녀가 자신의 남편과 불륜관계에 있다는 사실을 알고 피고인이 그 처녀의 아버지와 언니에게 "빨리 일을 해결해야 할 것 아닌가, 그렇지 않으면 처녀를 간통죄로 고소하겠다. 당신 딸이 가정파괴범이다. 시집을 보내려고 하느냐 안보내려고 하느냐."고 말한 경우

> **해설** (×) 협박죄에 있어서의 협박이라 함은 사람으로 하여금 공포심을 일으킬 수 있을 정도의 해악을 고지하는 것을 의미하고, 협박죄가 성립하기 위하여는 적어도 발생 가능한 것으로 생각될 수 있는 정도의 구체적인 해악의 고지가 있어야 한다. 또한 해악의 고지가 있다 하더라도 그것이 사회의 관습이나 윤리관념 등에 비추어 볼 때에 사회통념상 용인할 수 있을 정도의 것이라면 협박죄는 성립하지 아니한다(大判 1998.3.10. 98도70).

014
23경찰2차

甲은 A로 하여금 주차장을 이용하지 못하게 할 의도로 乙과 공모하여 乙의 차량을 A의 주택 앞에 주차하였으나, 주차 당시 甲과 A 사이에 물리적 접촉이 있거나 甲이 A에게 어떠한 유형력을 행사했다고 볼만한 사정이 없고, 甲의 행위로 A 본인의 차량을 주택 내부의 주차장에 출입시키지 못하는 불편은 발생하였으나 A는 차량을 용법에 따라 정상적으로 사용할 수 있었다면 甲은 A를 폭행하여 차량 운행에 관한 권리행사를 방해하였다고 평가하기는 어렵다.

[해설] (○) (大判 2021.11.25. 2018도1346). 〈주〉 폭행에 의한 권리행사방해죄는 강요죄를 의미한다.

015
23경찰1

미국인이 프랑스에서 일본인 미성년자를 약취한 경우, 우리 형법을 적용할 수는 없다.

[해설] (×) 세계주의는 형법 총칙에는 없지만, 형법 각칙의 약취유인죄와 인신매매죄에 규정되어 있다. 따라서 외국에서 죄를 범한 외국인에게도 우리 형법이 적용된다. (형법 제296조의2)

(3) 강간죄, 강제추행죄, 성폭력특별법

016
23군9수정

강제추행죄가 성립하기 위한 폭행 또는 협박은 피해자의 항거를 곤란하게 할 정도에 이를 것을 요하지 아니한다. 따라서 유부녀에 대하여 혼인 외 성관계 사실을 폭로하겠다는 등의 내용을 고지하고 추행하였다면 강제추행죄가 성립한다.

[해설] (○) 강제추행죄의 '폭행 또는 협박'은 상대방의 항거를 곤란하게 할 정도로 강력할 것이 요구되지 아니하고, 상대방의 신체에 대하여 불법한 유형력을 행사(폭행)하거나 일반적으로 보아 상대방으로 하여금 공포심을 일으킬 수 있는 정도의 해악을 고지(협박)하는 것이라고 보아야 한다(大判 2023. 9. 21. 2018도13877) 〈주〉 항거를 곤란케 할 정도의 폭행을 요구한다는 기존의 판결은 폐기되었다.

017
23경채

강제추행죄는 상대방에 대하여 폭행 또는 협박을 가하여 추행행위를 하는 경우뿐만 아니라 폭행행위 자체가 추행행위라고 인정되는 이른바 기습추행의 경우도 포함된다.

[해설] (○) (大判 2020.3.26. 2019도15994).

018
23경승

피고인이 놀이터 의자에 앉아서 통화 중이던 피해자의 뒤로 몰래 접근하여 성기를 드러내고 피해자의 등 쪽에 소변을 본 경우 행위 당시에 피해자가 이를 인식하지 못하였더라도 추행에 해당할 수 있다.

[해설] (O) 피고인의 행위가 객관적으로 추행행위에 해당한다면 그로써 행위의 대상이 된 피해자의 성적 자기결정권은 침해되었다고 보아야 할 것이고, 행위 당시에 피해자가 이를 인식하지 못하였다고 하여 추행에 해당하지 않는다고 볼 것은 아니다(大判 2021.10.28. 2021도7538).

019
23군5

강제추행죄가 성립하기 위해서는 객관적으로 보아 일반인에게 성적 수치심이나 혐오감을 일으키게 하고 선량한 성적 도덕관념에 반하는 행위에 해당되어야 하므로 회식장소에서 부하 여직원에게 '헤드락'을 한 정도는 이에 미치지 못한다.

[해설] (×) 여성에 대한 추행에 있어 신체부위에 따라 본질적 차이가 있다고 볼 수 없을 뿐 아니라, 피고인의 첫 번째 행위로 인하여 피고인의 팔과 피해자의 목 부분이 접촉되었고 피해자의 머리가 피고인의 가슴에 닿았는바, 그 접촉부위 및 방법에 비추어 객관적으로 일반인에게 성적 수치심을 일으키게 할 수 있는 행위이다. 또한 피고인에게 성욕의 자극 등 주관적 동기나 목적이 없었다거나 피해자의 이직을 막고 싶은 마음에서 비롯된 동기가 있었다고 하더라도 추행의 고의를 인정하는 데 방해가 되지 않는다(大判 2020.12.24. 2020도7981).

020
23군7

유사강간죄는 사람에 대하여 구강, 항문 등 신체의 내부에 성기를 넣거나 성기, 항문에 손가락 등 신체의 일부 또는 도구를 넣는 행위가 시작되어야 그 실행의 착수가 있다.

[해설] (×) 폭행 또는 협박으로 사람에 대하여 구강, 항문 등 신체(성기는 제외한다)의 내부에 성기를 넣거나 성기, 항문에 손가락 등 신체(성기는 제외한다)의 일부 또는 도구를 넣는 행위를 한 사람은 2년 이상의 유기징역에 처한다(형법 제297조의2).

021
23검7 [조문]

형법 제305조 제2항에 의하면 13세 이상 16세 미만의 사람에 대하여 간음 또는 추행을 한 19세 이상의 자는 상대방의 동의 유무를 불문하고 「형법」 제297조(강간), 제297조의2(유사강간), 제298조(강제추행), 제301조(강간등상해·치상) 또는 제301조의2(강간등살인·치사)의 예에 의하여 처벌된다.

[해설] (O) [1] 형법 제305조에 규정된 13세미만 부녀에 대한 의제강간, 추행죄는 그 성립에 있어 위계 또는 위력이나 폭행 또는 협박의 방법에 의함을 요하지 아니하며 피해자의 동의가 있었다고 하여도 성립하는 것이다(大判 1982.10.12. 82도2183). [2] 형법 제305조 ② 13세 이상 16세 미만의 사람에 대하여 간음 또는 추행을 한 19세 이상의 자는 제297조, 제297조의2, 제298조, 제301조 또는 제301조의2의 예에 의한다.

022
23경찰2차

「형법」 제299조의 준강제추행죄는 정신적·신체적 사정으로 인하여 성적인 자기방어를 할 수 없는 사람의 성적 자기결정권을 보호해 주는 것을 보호법익으로 하며, 그 성적 자기결정권은 원치 않는 성적 관계를 거부할 권리라는 소극적 측면을 말한다.

[해설] (O) (大判 2021.2.4. 2018도9781).

023
23군7

알코올의 최면진정작용으로 인하여 수면에 빠지는 의식상실에는 이르지 아니하였으나 알코올이 기억형성의 실패를 야기한 알코올 블랙아웃 상태에 있는 자를 간음하면 준강간죄가 성립하지 않는다.

[해설] (O) (大判 2021.2.4. 2018도9781).

024
23경채

피해자가 의식상실 상태에 빠져 있지는 않지만 알코올의 영향으로 의사를 형성할 능력이나 성적 자기결정권 침해행위에 맞서려는 저항력이 현저하게 저하된 상태였다면 준강간죄 또는 준강제추행죄에서의 항거불능 상태에 해당한다.

[해설] (O) (大判 2021.2.4. 2018도9781).

025
23법승5

피해자가 알코올의 영향으로 의사를 형성할 능력이나 성적자기결정권 침해행위에 맞서려는 저항력이 현저하게 저하된 상태였다면 '항거불능'에 해당하므로, 이러한 피해자에 대한 성적 행위는 준강간죄를 구성할 수 있다.

> **해설** (○) 피해자가 의식상실 상태에 빠져 있지는 않지만 알코올의 영향으로 의사를 형성할 능력이나 성적 자기결정권 침해행위에 맞서려는 <u>저항력이 현저하게 저하된 상태였다면</u> '항거불능'에 해당하여, 이러한 피해자에 대한 성적 행위 역시 준강간죄 또는 준강제추행죄를 구성할 수 있다(大判 2021.2.4. 2018도9781).

026
23해경사

배우자가 경영하는 미장원에 고용된 부녀에게 성교 요구를 불응하면 해고한다고 위협하여 간음하고 이로 인하여 피해자의 처녀막이 파열되었다면, 업무상 위력에 의한 간음치상죄가 성립한다.

> **해설** (×) '업무상 위력에 의한 간음치상죄'라는 것은 형법상 없는 죄명이다. 〈주〉 업무상위력간음죄와 과실치상죄의 상상적 경합범으로 처리된다.

027
23경찰2차

범인이 피해자를 촬영하기 위하여 육안 또는 캠코더의 줌 기능을 이용하여 피해자가 있는지 여부를 탐색하다가 피해자를 발견하지 못하고 촬영을 포기하였더라도 이는 촬영을 위한 준비행위를 한 것으로 성폭력범죄의 처벌 등에 관한 특례법 위반(카메라등이용촬영)죄의 실행에 착수한 것이다.

> **해설** (×) 촬영을 위한 준비행위에 불과하여 성폭력처벌법위반(카메라등이용촬영)죄의 <u>실행에 착수한 것으로 볼 수 없다</u>(大判 2021.8.12. 2021도7035).

028
23법행

카메라 기타 이와 유사한 기능을 갖춘 기계장치 속에 들어 있는 필름이나 저장장치에 피사체에 대한 영상정보가 입력되었을 뿐 전자파일 등의 형태로 영구저장되지 않은 채 사용자에 의해 강제 종료되었다면, 구 성폭력범죄의 처벌 및 피해자보호 등에 관한 법률 제14조의2 제1항에서 정한 '카메라 등 이용촬영죄'는 미수에 그친 것으로 보아야 할 것이다.

> **해설** (×) 피고인이 휴대폰을 이용하여 동영상 촬영을 시작하여 일정한 시간이 경과하였다면 설령 촬영 중 경찰관에게 발각되어 저장버튼을 누르지 않고 촬영을 종료하였더라도 카메라 등 이용 촬영 범행은 이미 '기수'에 이르렀다(大判 2011.6.9. 2010도10677).

029
23검7

피고인이 타인의 주거에 침입하여 피해자를 강제추행한 경우, 「성폭력범죄의 처벌 등에 관한 특례법」 제3조 제1항에 따라 주거침입강제추행죄로 가중처벌된다.

해설 (×) 헌법재판소는 2023. 2. 23. 성폭력처벌법(2020. 5. 19. 법률 제17264호로 개정된 것) 제3조 제1항 중 '형법 제319조 제1항(주거침입)의 죄를 범한 사람이 같은 법 제298조(강제추행), 제299조(준강제추행) 가운데 제298조의 예에 의하는 부분의 죄를 범한 경우에는 무기징역 또는 7년 이상의 징역에 처한다.'는 부분에 대하여 위헌결정을 선고하였으므로, 위 법률조항 부분은 헌법재판소법 제47조 제3항 본문에 따라 소급하여 그 효력을 상실하였다(大判 2023.4.13. 2023도162).

030
23군7

성폭력처벌법상의 주거침입강제추행죄 및 주거침입강간죄 등은 사람의 주거 등을 침입한 자가 피해자를 간음, 강제추행 등 성폭력을 행사한 경우에 성립하는 것으로서, 주거침입죄를 범한 자가 범할 수 있는 신분범이다.

해설 (O) 주거침입강제추행죄 및 주거침입강간죄 등은 사람의 주거 등을 침입한 자가 피해자를 간음, 강제추행 등 성폭력을 행사한 경우에 성립하는 것으로서, 주거침입죄를 범한 후에 사람을 강간하는 등의 행위를 하여야 하는 일종의 신분범이다(大判 2021.8.12. 2020도17796). 〈주〉 주거침입강제추행죄가 신분범이라는 논리는 옳은 지문으로 풀고, 위헌결정이 나왔으므로 주거침입강제추행죄로 처벌된다는 표현은 틀린 지문으로 푼다.

031
23군5

친족관계에 의한 성범죄를 당하였다는 피해자의 진술은 피고인에 대한 이중적인 감정, 가족들의 계속되는 회유와 압박 등으로 인하여 번복되거나 불분명해질 수 있는 특수성이 있다는 점을 고려해야 한다.

해설 (O) (大判 2020. 8. 20. 2020도6965).

032
23군7

갑이 노래연습장에서 직장동료 을을 자신의 무릎에 앉힌 상태에서 을의 가슴을 만지고 을을 끌어안고 입맞춤한 경우, 갑이 을로 하여금 자신의 무릎에 앉도록 한 것이 단순한 직장동료 사이로는 매우 이례적인 신체접촉 상태에 해당하고 그것이 강제성 없는 행위라고 하여 곧바로 끌어안고 입을 맞추는 행위까지 '강제성 없는 행위'가 되는 것은 아니다.

해설 (O) (大判 2022.9.29. 2020도11185).

(4) 명예훼손죄

033
23경승

적시된 사실이 허위의 사실인 경우 행위자에게 허위성에 대한 인식이 없다면 「형법」 제307조 제1항의 명예훼손죄가 성립할 수 없다.

[해설] (×) 제307조 제1항의 명예훼손죄는 적시된 사실이 진실한 사실인 경우이든 허위의 사실인 경우이든 모두 성립될 수 있고, 특히 적시된 사실이 허위의 사실이라고 하더라도 행위자에게 허위성에 대한 인식이 없는 경우에는 제307조 제2항의 명예훼손죄가 아니라 제307조 제1항의 명예훼손죄가 성립될 수 있다(大判 2017. 4. 26. 2016도18024).

034
23법원

작업장의 책임자인 피고인이 甲으로부터 작업장에서 발생한 성추행 사건에 대해 보고받은 사실이 있음에도, 직원 5명이 있는 회의 자리에서 상급자로부터 경과보고를 요구받으면서 과태료 처분에 관한 책임을 추궁받자 이에 대답하는 과정에서 '甲은 성추행 사건에 대해 애초에 보고한 사실이 없다. 그런데도 이를 수사기관 등에 신고하지 않았다고 과태료 처분을 받는 것은 억울하다.'는 취지로 발언한 경우 피고인에게 명예훼손의 고의를 인정하기 어렵다.

[해설] (○) (大判 2022.4.14. 2021도17744).

035
23법원

동장인 피고인이 동 주민자치위원에게 전화를 걸어 '어제 열린 당산제(마을제사) 행사에 남편과 이혼한 甲도 참석을 하여, 이에 대해 행사에 참여한 사람들 사이에 안 좋게 평가하는 말이 많았다.'는 취지로 말하고, 동 주민들과 함께한 저녁식사 모임에서 '甲은 이혼했다는 사람이 왜 당산제에 왔는지 모르겠다.'는 취지로 말한 경우, 피고인의 위 발언은 甲의 사회적 가치나 평가를 침해하는 구체적인 사실의 적시에 해당한다.

[해설] (×) 피고인의 위 발언은 甲의 사회적 가치나 평가를 침해하는 구체적인 사실의 적시에 해당하지 않고 甲의 당산제 참여에 관한 의견표현에 지나지 않는다(大判 2022.5.13. 2020도15642).

036
23법원

회사에서 징계 업무를 담당하는 직원인 피고인이 피해자에 대한 징계절차 회부 사실이 기재된 문서를 근무현장 방재실, 기계실, 관리사무실의 각 게시판에 게시한 경우, 위 행위는 회사 내부의 원활하고 능률적인 운영의 도모라는 공공의 이익에 관한 것으로 볼 수 없다.

> [해설] (○) (大判 2021.8.26. 2021도6416).

037
23법원

피고인이 피해자 집 뒷길에서 피고인의 남편 및 피해자의 친척이 듣는 가운데 피해자에게 '저것이 징역 살다온 전과자다.' 등으로 큰 소리로 말한 경우 공연성이 인정된다.

> [해설] (○) (大判 2020.11.19. 2020도5813 전합). 〈주〉 친척에게 말했더라도 다른 사람들이 들을 수 있을 정도였으므로 공연성이 인정된다.

038
23검7

발언 상대방이 직무상 비밀유지의무가 있는 경우에는 그러한 관계나 신분으로 인하여 비밀의 보장이 상당히 높은 정도로 기대되는 경우로서 공연성이 부정되고, 공연성을 인정하기 위해서는 그러한 관계나 신분에도 불구하고 불특정 또는 다수인에게 전파될 수 있다고 볼 만한 특별한 사정이 존재하여야 한다.

> [해설] (○) (大判 2021.4.29. 2021도1677)

(5) 모욕죄

039
23군5

피고인들이 소속 노동조합 위원장 갑을 '어용', '앞잡이' 등으로 지칭하여 표현한 현수막, 피켓 등을 장기간 반복하여 일반인의 왕래가 잦은 도로변 등에 게시하였다 하더라도 이는 사회상규에 위배되지 않는 행위이다.

> [해설] (×) 피고인들의 위 행위는 갑에 대한 모욕적 표현으로서 사회상규에 위배되지 않는 행위로 보기 어렵다 (大判 2021.9.9. 2016도88).

040
23경채

甲이 인터넷 포털사이트 뉴스 댓글난에 연예인 A를 '국민호텔녀'로 지칭하는 댓글을 게시한 행위는 A를 성적 대상화하는 방법으로 비하하는 것으로서 A의 사회적 평가를 저하시킬 만한 모멸적인 표현으로 평가할 수 있지만, 정당한 비판의 범위를 벗어나지 않은 것으로서 정당행위에 해당한다.

해설 (×) 여성 연예인인 피해자의 사회적 평가를 저하시킬 만한 모멸적인 표현으로 평가할 수 있고, 정당한 비판의 범위를 벗어난 것으로서 정당행위로 보기도 어렵다(大判 2022.12.15. 2017도19229).

041
23특공

"아무것도 아닌 똥꼬다리 같은 놈이 들어와서 잘 운영되어 가는 어촌계를 파괴하려는데 주민들은 이에 동조 현혹되지 말라"라고 말한 것은 명예훼손에 해당한다.

해설 (×) 구체적 사실이라기 보다는 피해자의 도덕성에 관하여 가지고 있는 추상적 판단이나 경멸적인 감정표현을 과장되게 강조한 욕설에 지나지 아니하여 형법 제311조의 모욕에 해당할지언정, 형법 제307조 제1항의 명예훼손에 해당한다고 보기 어렵다(大判 1985.10.22. 85도1629).

042
23법원

어떠한 표현이 모욕죄의 모욕에 해당하는지는 상대방 개인의 주관적 감정이나 정서상 어떠한 표현을 듣고 기분이 나쁜지 등 명예감정을 침해할 만한 표현인지를 기준으로 판단할 것이 아니라 당사자들의 관계, 해당 표현에 이르게 된 경위, 표현방법, 당시 상황 등 객관적인 제반 사정에 비추어 상대방의 외부적 명예를 침해할 만한 표현인지를 기준으로 엄격하게 판단하여야 한다.

해설 (○) (大判 2022.8.31. 2019도7370).

043
23법승5

피고인이 인터넷 포털사이트의 카페에 접속하여 '자칭 타칭 공소외인 하면 떠오르는 키워드!!!'라는 제목의 게시글에 '공황장애 ㅋ'라는 댓글을 게시한 경우 모욕죄가 성립한다.

해설 (×) 무례한 표현이기는 하나, 상대방의 인격적 가치에 대한 사회적 평가를 저하시킬 만한 표현에 해당한다고 보기는 어렵다(大判 2018.5.30. 2016도20890).

044
23법원

언어적 수단이 아닌 비언어적·시각적 수단만을 사용하여 표현을 한 경우라면, 그것이 사람의 사회적 평가를 저하시킬 만한 추상적 판단이나 경멸적 감정을 전달하는 것이라 하더라도 모욕죄가 성립할 수 없다.

[해설] (×) 모욕의 수단과 방법에는 제한이 없으므로 언어적 수단이 아닌 비언어적·시각적 수단만을 사용하여 표현을 하더라도 그것이 사람의 사회적 평가를 저하시킬 만한 추상적 판단이나 경멸적 감정을 전달하는 것이라면 모욕죄가 성립한다(大判 2023.2.2. 2022도4719).

045
23경찰2차

甲은 자신의 인터넷 채널에 A의 방송 영상을 게시하면서 A의 얼굴에 '개' 얼굴을 합성하는 방법을 사용하였는바, 그 영상의 전체적인 내용을 살펴볼 때 A의 얼굴을 가리는 용도로 동물 그림을 사용하면서 A에 대한 부정적인 감정을 다소 해학적으로 표현하려 한 것에 불과한 경우라도 이러한 행위는 모욕적 표현에 해당한다.

[해설] (×) 해당 영상이 A를 불쾌하게 할 수 있는 표현이기는 하지만 객관적으로 A의 인격적 가치에 대한 사회적 평가를 저하시킬 만한 모욕적 표현을 한 경우에 해당한다고 단정하기 어렵다(大判 2023.2.2. 2022도4719).

046
23법행

사업소 소장인 甲이 직원들에게 A가 관리하는 다른 사업소의 문제를 지적하는 내용의 카카오톡 문자메시지를 발송하면서 "A는 정말 야비한 사람인 것 같습니다."라고 표현하였더라도 이를 A의 외부적 명예를 침해할 만한 표현이라고 단정하기 어렵다.

[해설] (○) (大判 2022.8.31. 2019도7370).

047
23법행

자동차 정보 관련 인터넷 신문사 소속 기자 A가 작성한 기사가 인터넷 포털 사이트의 자동차 뉴스 '핫이슈' 난에 게재되자, 甲이 "이런걸 기레기라고 하죠?"라는 댓글을 게시한 경우, '기레기'는 기자인 A의 사회적 평가를 저하시킬 만한 추상적 판단이나 경멸적 감정을 표현한 모욕적 표현에 해당한다.

[해설] (○) (大判 2021.3.25. 2017도17643). 〈주〉 기레기는 기자와 쓰레기의 합성어로 쓰레기자라고도 한다. 판례는 모욕죄의 구성요건해당성을 인정하고 위법성을 조각하였다.

048
23경간

인터넷 신문사 소속 기자 A가 인터넷 포털 사이트의 '핫이슈'난에 제품의 안정성에 관한 논란이 되고 있는 제품을 옹호하는 기사를 게재하자, 그 기사를 읽은 상당수의 독자들이 '네티즌 댓글'난에 A를 비판하는 댓글을 달고 있는 상황에서 甲이 "이런걸 기레기라고 하죠?"라는 댓글을 게시한 경우, 이는 모욕적 표현에 해당하나 사회상규에 위배되지 않는 행위로서 「형법」 제20조에 의하여 위법성이 조각된다.

[해설] (O) '기레기'는 모욕적 표현에 해당하나, 위 댓글의 내용, 작성 시기와 위치, 위 댓글 전후로 게시된 다른 댓글의 내용과 흐름 등을 종합하면, 위 댓글을 작성한 행위는 사회상규에 위배되지 않는 행위로서 형법 제20조에 의하여 위법성이 조각된다(大判 2021.3.25. 2017도17643). 〈주〉 구성요건해당성은 인정되나 형법 제20조에 의하여 정당행위로서 위법성이 조각된다.

049
23군5

피고인이 자신의 페이스북에 갑에 대한 비판적인 글을 게시하면서 "철면피, 파렴치, 양두구육, 극우부패세력"이라는 표현을 사용하였다 하더라도 갑의 공적 활동과 관련한 자신의 의견을 담은 게시글을 작성하면서 위 표현을 한 것은 사회상규에 위배되지 않는 행위이다.

[해설] (O) (大判 2022.8.25. 2020도16897).

050
23법행

甲이 방송국 시사프로그램을 시청한 후 방송국 홈페이지의 시청자 의견란에 출연자 A에 대해 "그렇게 소중한 자식을 범법행위의 변명의 방패로 쓰시다니 정말 대단하십니다."는 등의 글을 작성·게시한 경우, 甲의 표현은 그 출연자인 A의 사회적 평가를 훼손할 만한 모욕적 언사에 해당하지 않는다.

[해설] (×) 피해자에 대한 사회적 평가를 훼손할 만한 모욕적 언사라고 볼 수 있으나 사회상규에 위배되지 않는다(大判 2003.11.28. 2003도3972).

(6) 업무방해죄

051
23경간

학칙에 따라 입학에 관한 업무가 총장 甲의 권한에 속한다고 하더라도 그 중 면접업무가 면접위원 A에게 위임되었다면, 그 위임된 업무는 A의 독립된 업무에 속하므로 甲과의 관계에서도 업무방해죄의 객체인 타인의 업무에 해당한다.

> [해설] (○) (大判 2018.5.15. 2017도19499).

052
23경간

甲이 무자격자에 의해 개설된 의료기관에 고용된 의료인 A의 진료업무를 방해한 경우, A의 진료업무가 업무방해죄의 보호대상이 되는 업무에 해당하여 甲을 업무방해죄로 처벌하기 위해서는 의료기관의 개설·운영 형태, 해당 의료기관에서 이루어지는 진료의 내용과 방식, 甲의 행위로 인하여 방해되는 업무의 내용 등 사정을 종합적으로 고려하여 판단해야 한다.

> [해설] (○) 의료인이나 의료법인이 아닌 자가 의료기관을 개설하여 운영하는 행위는 업무방해죄의 보호대상이 되는 업무에 해당하지 않는다. 그러나 <u>무자격자에 의해 개설된 의료기관에 고용된 의료인이 환자를 진료한다고 하여 그 진료행위 또한 당연히 반사회성을 띠는 행위라고 볼 수는 없다</u>. 이때 의료인의 진료 업무가 업무방해죄의 보호대상이 되는 업무인지는 의료기관의 개설·운영 형태, 해당 의료기관에서 이루어지는 진료의 내용과 방식, 피고인의 행위로 인하여 방해되는 업무의 내용 등 사정을 종합적으로 고려하여 판단해야 한다(大判 2023.3.16. 2021도16482).

053
23군5

의료인이나 의료법인이 아닌 자가 의료기관을 개설하여 운영하는 행위는 업무방해죄의 보호대상이 되는 업무에 해당하지 않는다. 따라서 무자격자에 의해 개설된 의료기관에 고용된 의료인의 진료 업무는 업무방해죄의 보호대상이 되는 업무에 해당하지 않는다.

> [해설] (×) 의료인이나 의료법인이 아닌 자가 의료기관을 개설하여 운영하는 행위는 업무방해죄의 보호대상이 되는 업무에 해당하지 않는다. 그러나 <u>무자격자에 의해 개설된 의료기관에 고용된 의료인이 환자를 진료한다고 하여 그 진료행위 또한 당연히 반사회성을 띠는 행위라고 볼 수는 없다</u>(大判 2023.3.16. 2021도16482).

054
23해경사

파업은 그 자체로 부작위가 아니라 작위적 행위이다.

해설 (O) (大判 2011.3.17. 2007도482 전합). 〈주〉 파업을 '작위'에 의한 위력을 보았다.

055
23경채

성화고 교장인 甲이 신입생 입학 사정회의 과정에서 면접위원들에게 "참 선생님들이 말을 안 듣네. 중학교는 이 정도면 교장 선생님한테 권한을 줘서 끝내는데. 왜 그러는 거죠?" 등 특정 학생을 합격시키라는 취지의 발언을 하여 특정 학생의 면접 점수를 상향시켜 신입생으로 선발되도록 한 것은 甲이 학교 교장이자 학교입학전형위원회 위원장으로서 사정회의에 참석하여 자신의 의견을 밝힌 후 계속하여 논의가 길어지자 발언을 한 것이라도 위력으로 면접위원들의 신입생 면접 업무를 방해한 것이다.

해설 (×) 피고인은 학교 교장이자 학교입학전형위원회 위원장으로서 위 사정회의에 참석하여 자신의 의견을 밝힌 후 계속하여 논의가 길어지자 발언을 한 것인바, 그 발언에 다소 과도한 표현이 사용되었더라도 위력을 행사하였다고 단정하기 어렵고, 그로 인하여 피해자들의 신입생 면접 업무가 방해될 위험이 발생하였다고 보기도 어렵다(大判 2023.3.30. 2019도7446).

056
23법원

업무방해죄의 수단인 위력은 사람의 자유의사를 제압·혼란하게 할 만한 일체의 억압적 방법을 말하고 이는 제3자를 통하여 간접적으로 행사하는 것도 포함될 수 있다. 그러나 어떤 행위의 결과 상대방의 업무에 지장이 초래되었다 하더라도 행위자가 가지는 정당한 권한을 행사한 것으로 볼 수 있는 경우에는, 그 행위의 내용이나 수단 등이 사회통념상 허용될 수 없는 등 특별한 사정이 없는 한 업무방해죄를 구성하는 위력을 행사한 것이라고 할 수 없다. 따라서 제3자로 하여금 상대방에게 어떤 조치를 취하게 하는 등으로 상대방의 업무에 곤란을 야기하거나 그러한 위험이 초래되게 하였더라도, 행위자가 그 제3자의 의사결정에 관여할 수 있는 권한을 가지고 있거나 그에 대하여 업무상의 지시를 할 수 있는 지위에 있는 경우에는 특별한 사정이 없는 한 업무방해죄를 구성하지 아니한다.

해설 (O) (大判 2013.02.28. 2011도16718). 〈주〉 조합의 영향력 하에 있기 때문에 조합은 금고 측에 정당한 권한을 행사할 수 있다고 본 사안이다.

057
23해경사

입찰방해죄는 입찰참가자들 중 일부와의 사이에만 담합이 이루어진 경우에도 성립할 수 있지만, 입찰 자체가 실시되지 않은 경우에는 성립하지 않는다.

> [해설] (O) (大判 2006.6.9. 2005도8498; 大判 2005.9.9. 2005도3857).
> [참고] 입찰 자체가 실시되지 않은 경우로는 수의계약 또는 임의계약을 맺은 경우, 경쟁입찰이 아니니 추첨으로 선발한 경우 등이 있다.

(7) 비밀침해죄

058
23경찰2차

「형법」 제316조 제2항 소정의 전자기록등내용탐지죄의 객체인 '전자기록 등 특수매체기록'이 되기 위해서는 특정인의 의사가 표시되어야 하는바, 인터넷 계정 등에 접속하는 과정에서 입력하는 아이디 및 비밀번호 등 자체는 특정인의 의사를 표시한 것으로 보기 어려워 '전자기록 등 특수매체기록'이라 할 수 없다.

> [해설] (×) 이 사건 아이디 등은 전자방식에 의하여 피해자의 노트북 컴퓨터에 저장된 기록으로서 형법 제316조 제2항의 '전자기록 등 특수매체기록'에 해당한다(大判 2022.3.31. 2021도8900).

059
23경찰2차

「형법」 제316조 제2항 소정의 전자기록등내용탐지죄는 봉함 기타 비밀장치한 전자기록 등 특수매체기록을 기술적 수단을 이용하여 그 내용을 알아낸 자를 처벌하는 규정인바, 전자기록 등 특수매체기록에 해당하더라도 봉함 기타 비밀장치가 되어 있지 아니한 것은 이를 기술적 수단을 동원해서 알아냈더라도 전자기록등내용탐지죄가 성립하지 않는다.

> [해설] (O) (大判 2022.3.31. 2021도8900).

(8) 주거침입죄

060
23군9

외부인이 공동거주자의 일부가 부재중에 주거 내에 현재하는 거주자의 현실적인 승낙을 받아 통상적인 출입방법에 따라 공동주거에 들어갔더라도 그것이 부재중인 다른 거주자의 추정적 의사에 반하는 경우라면 주거침입죄가 성립한다.

> 해설 (×) 거주자의 현실적인 승낙을 받아 통상적인 출입방법에 따라 들어갔다면, 설령 그것이 부재중인 다른 거주자의 의사에 반하는 것으로 추정되더라도 주거침입죄의 보호법익인 사실상 주거의 평온을 깨트렸다고 볼 수 없다(大判 2021.9.9. 2020도12630 전합).

061
23검9

일반인의 출입이 허용된 음식점에 영업주의 승낙을 받아 통상적인 출입방법으로 들어갔다면 설령 행위자가 범죄 등을 목적으로 음식점에 출입하였거나 영업주가 행위자의 실제 출입목적을 알았더라면 출입을 승낙하지 않았을 것이라는 사정이 인정되더라도 주거침입죄에서 규정하는 침입행위에 해당하지 않는다.

> 해설 (○) 거주자의 승낙을 받아 **통상적인 출입방법**에 따라 주거에 들어간 경우에는 거주자의 추정적 의사에 반한다는 사정만으로 주거의 사실상 평온상태가 침해되었다고 볼 수 없으므로 주거침입죄가 성립하지 않는다(大判 2022.3.24. 2017도18272 전합).

062
23군9

일반인의 출입이 허용된 음식점에 영업주의 승낙을 받아 통상적인 출입방법으로 들어갔더라도 행위자가 범죄 등을 목적으로 음식점에 출입하였거나 영업주가 행위자의 실제 출입목적을 알았더라면 출입을 승낙하지 않았을 것이라는 사정이 인정되는 경우에는 주거침입죄가 성립한다.

> 해설 (×) 거주자의 승낙을 받아 **통상적인 출입방법**에 따라 주거에 들어간 경우에는 거주자의 추정적 의사에 반한다는 사정만으로 주거의 사실상 평온상태가 침해되었다고 볼 수 없으므로 주거침입죄가 성립하지 않는다(大判 2022.3.24. 2017도18272 전합).

063
23검9

관리자의 현실적인 승낙을 받아 건조물에 통상적인 출입방법으로 들어간 경우에도 관리자의 가정적·추정적 의사는 고려되어야 하며, 그 승낙의 동기에 착오가 있었던 경우 승낙의 유효성에 영향을 미쳐 건조물침입죄가 성립할 수 있다.

> 해설 (×) 관리자에 의해 출입이 통제되는 건조물에 관리자의 승낙을 받아 건조물에 통상적인 출입방법으로 들어갔다면, 이러한 승낙의 의사표시에 기망이나 착오 등의 하자가 있더라도 특별한 사정이 없는 한 형법 제319조 제1항에서 정한 건조물침입죄가 성립하지 않는다. 이러한 경우 관리자의 현실적인 승낙이 있었으므로 가정적·추정적 의사는 고려할 필요가 없다. 단순히 승낙의 동기에 착오가 있다고 해서 승낙의 유효성에 영향을 미치지 않는다(大判 2022.3.31. 2018도15213).

064
23경대편입

노동조합원 150여명이 일반적으로 출입이 허용되어 개방된 시청사를 통상적인 출입방법으로 들어가 1층 로비 바닥에 앉아 구호를 외치면서 소란을 피운 행위는, 시청 건물관리자의 의사에 반한 침입행위로서 건조물침입죄에 해당한다.

> 해설 (×) 일반적으로 출입이 허용되어 개방된 시청사 로비에 관리자의 출입 제한이나 제지가 없는 상태에서 통상적인 방법으로 들어간 이상 사실상의 평온상태를 해치는 행위 태양으로 로비에 들어갔다고 볼 수 없으므로 침입행위에 해당하지 않는다. 또한 시청 건물관리자의 추정적 의사에 반하였더라도, 그러한 사정만으로는 사실상의 평온상태를 해치는 행위 태양으로 시청 로비에 출입하였다고 평가할 수 없어 건조물침입죄가 성립하지 않는다(大判 2022.6.16. 2021도7087).

065
23군9

주거침입죄의 구성요건적 행위인 침입은 주거침입죄의 보호법익과의 관계에서 해석하여야 하므로 단순히 주거에 들어가는 행위 자체가 거주자의 의사에 반한다는 주관적 사정만으로는 바로 침입에 해당한다고 볼 수 없다.

> 해설 (○) (大判 2023.6.29. 2023도3351).

066
23군7

갑이 근처 편의점에서 처음 마주친 을의 뒤를 계속하여 따라가다가 을이 자신이 거주하는 아파트에 이르러 비밀번호를 입력하여 공동출입문을 열고 엘리베이터에 탑승하자 을과 함께 엘리베이터에 탑승하였는데 위 아파트는 거주자와 관리자에게만 부여된 비밀번호를 출입문에 입력하여야만 출입할 수 있는 곳이었던 경우, 갑에게 주거침입죄가 성립한다.

[해설] (○) (大判 2022.1.27. 2021도15507).

067
23해경사

출입문이 열려 있으면 안으로 들어가겠다는 의사 아래 출입문을 당겨보는 행위는 바로 주거의 사실상의 평온을 침해할 객관적인 위험성을 포함하는 행위를 한 것으로 볼 수 있어 그것으로 주거침입의 실행에 착수가 인정된다.

[해설] (○) (大判 2008.4.10. 2008도1464).
[참고] 주거침입의 실행착수는 구성요건 실현의 위험성이고, (예컨대 문을 열어보는 행위) 주거침입의 기수시기는 구성요건의 실현이므로 구별한다. (예컨대 신체의 침입)

068
23군9

주거침입죄는 사실상의 주거의 평온을 보호법익으로 하는 것이므로, 행위자의 신체의 전부가 범행의 목적인 타인의 주거 안으로 들어가야만 기수가 된다.

[해설] (×) 신체의 일부만이 집 안으로 들어갔다고 하더라도 사실상 주거의 평온을 해하였다면 주거침입죄는 기수에 이르렀다(大判 1995.9.15. 94도2561). 〈주〉 주거의 평온을 해하였다면 주거침입죄 기수이다.

02 개인적 법익 - 재산죄

(1) 재산죄 일반이론, 절도죄, 강도죄

069
23해경3차

甲이 마치 귀금속을 구입할 것처럼 가장하여 금은방 주인으로부터 순금목걸이를 건네받은 다음 화장실에 갔다 오겠다는 핑계를 대고 도주하는 경우, 그 목걸이는 도주하기 전부터 이미 甲의 점유 하에 있다.

 (×) 위 순금목걸이 등은 도주하기 전까지는 아직 피해자의 점유하에 있었다고 할 것이므로 이를 절도죄로 의율 처단한 것은 정당하다(大判 1994.8.12. 94도1487).

070
23경찰1

절도죄의 성립에 필요한 불법영득의 의사는 물건의 가치만을 영득할 의사만으로는 부족하고, 재물의 소유권 또는 이에 준하는 본권을 영구적으로 보유할 의사를 필요로 한다.

 (×) 단순히 타인의 점유만을 침해하였다고 하여 그로써 곧 절도죄가 성립하는 것은 아니나, 재물의 소유권 또는 이에 준하는 본권을 침해하는 의사가 있으면 되고 반드시 영구적으로 보유할 의사가 필요한 것은 아니며, 그것이 물건 자체를 영득할 의사인지 물건의 가치만을 영득할 의사인지를 불문한다(大判 2014.02.21. 2013도14139).

071
23해경위

甲이 A의 영업점 내에 있는 A 소유의 휴대전화를 허락 없이 가지고 나와 이를 이용하여 통화를 하고 문자메시지를 주고받은 다음 약 1~2시간 후 A에게 아무런 말을 하지 않고 위 영업점 정문 옆 화분에 놓아 두고 간 경우, 甲의 사용으로 인하여 물건 자체가 가지는 경제적 가치가 상당한 정도로 소모된 것은 아니므로 甲에게 불법영득의 의사가 있다고 할 수 없다.

해설 (×) 일시 사용의 목적으로 타인의 점유를 침탈한 경우에도 사용으로 인하여 물건 자체가 가지는 경제적 가치가 상당한 정도로 소모되거나 또는 상당한 장시간 점유하고 있거나 본래의 장소와 다른 곳에 유기하는 경우에는 이를 일시 사용하는 경우라고는 볼 수 없으므로 영득의 의사가 없다고 할 수 없다(大判 2012.7.12. 2012도1132). 〈주〉 경제가치가 소모된 것은 아니지만 '다른 곳에 유기'하여 불법영득의사가 인정되었다.

072
23변시

甲과 乙은 소위 날치기 범행을 공모한 후 함께 차를 타고 물색하던 중, 은행에서 나와 거리를 걷고 있는 A를 발견하고 A 소유의 손가방을 갑자기 잡아당겼는데, A는 빼앗기지 않으려고 버티다가 바닥에 넘어진 상태로 약 5미터 가량을 끌려가다 힘이 빠져 손가방을 놓쳤다. 이 경우 甲과 乙에게 「특정경제범죄 가중처벌 등에 관한 법률」 제3조를 적용하여 가중처벌할 수 있다.

> 해설 (×) 특경법 제3조(특정재산범죄의 가중처벌) ① 「형법」 제347조(사기), 제347조의2(컴퓨터등 사용사기), 제350조(공갈), 제350조의2(특수공갈), 제351조(제347조, 제347조의2, 제350조 및 제350조의2의 상습범만 해당한다), 제355조(횡령·배임) 또는 제356조(업무상의 횡령과 배임)의 죄를 범한 사람은 그 범죄행위로 인하여 취득하거나 제3자로 하여금 취득하게 한 재물 또는 재산상 이익의 가액(이하 이 조에서 "이득액"이라 한다)이 5억원 이상일 때에는 다음 각 호의 구분에 따라 가중처벌한다. 〈주〉 특경법은 절도강도에는 적용되지 않고, 사기공갈과 횡령배임에만 적용된다.

073
23특공

甲이 자신의 명의로 등록된 자동차를 A에게 증여하여 A만이 이를 운행·관리하여 오다가 A가 이를 소유하기로 당사자 사이에 약정한 경우, 甲이 불법영득의사를 가지고 그 자동차를 임의로 운전해 갔다면 자동차 등록명의와 관계없이 절도죄가 성립한다.

> 해설 (○) (大判 2007.1.11. 2006도4498).

074
23해경2

야간주거침입절도죄는 야간에 타인의 재물을 절취함으로서 성립한다.

> 해설 (×) 야간에 타인의 재물을 절취할 목적으로 사람의 주거에 침입한 경우에는 주거에 침입한 단계에서 이미 형법 제330조에서 규정한 야간주거침입절도죄라는 범죄행위의 실행에 착수한 것이라고 보아야 한다 (大判 2003.10.24. 2003도4417).

075
23해경위

주간에 절도의 목적으로 타인의 주거에 침입하였다가 실행의 착수 이전에 발각되어 체포를 면탈하고자 폭행을 가한 경우에는 단순 주거침입죄와 폭행죄의 경합범만이 성립한다.

> 해설 (○) 주거침입죄만 성립할 뿐 절도죄의 실행에 착수한 것으로 볼 수 없는 것이어서 절도미수죄는 성립하지 않는다(大判 1992.9.8. 92도1650).

076
23군7

갑 등이 처음부터 성매매를 할 의사 없이 성매매를 할 것처럼 을을 기망하여 성매매 대금을 받은 후 이를 돌려달라고 요구하는 을을 폭행하여 을이 성매매대금의 반환청구를 포기한 경우, 폭행죄가 성립할 수 있음은 별론으로 하고 성매매라는 불법한 원인에 기인하여 금전을 취득한 갑을 강도죄로 처벌할 수 없다.

> [해설] (×) 피고인과 그 공범들이 피해자를 속여 그로부터 성매매대금 명목의 돈을 받고 뒤이어 그 반환을 요구하는 피해자를 폭행·협박한 후 돈을 가지고 현장을 이탈함으로써 외견상 위 돈의 반환을 면하게 되는 재산상의 이익을 취득하였다면 특수강도죄가 성립한다(大判 2020. 10. 15. 2020도7218).

077
23군7

강도죄와 준강도죄의 구성요건인 재물탈취와 폭행·협박 사이에는 시간적 순서상 전후의 차이가 있을 뿐 실질적으로 위법성은 같다.

> [해설] (○) (大判 2004.11.18. 2004도5074 전합).
> [참고] 강도죄와 준강도죄는 조문이 다르기 때문에 구별해야 한다.
> 구성요건은 다르지만, 실질적 위법성은 같고, 또한 그 법정형에서도 동일하게 처벌한다.

078
23경찰1

강도살인죄의 주체인 '강도'에는 준강도죄의 강도범인이 포함되지 않는다.

> [해설] (×) 강도살인죄의 주체인 강도는 준강도죄의 강도범인을 포함한다고 할 것이므로 절도가 체포를 면탈할 목적으로 사람을 살해한 때에는 강도살인죄가 성립한다(大判 1987.9.22. 87도1592)

079
23해경위

합동하여 절도를 한 경우 범인 중 1인이 체포를 면탈할 목적으로 폭행을 하여 상해를 가한 때에는 나머지 범인이 이를 예기할 수 있었는가를 가리지 않고 그 나머지 범인 역시 준강도상해죄의 죄책을 면할 수 없다.

> [해설] (×) 합동하여 절도를 한 경우 범인 중 1인이 체포를 면탈할 목적으로 폭행을 하여 상해를 가한 때에는 나머지 범인도 이를 예기하지 못한 것으로 볼 수 없으면 준강도상해죄의 죄책을 면할 수 없다(大判 1982.7.13. 82도1352). 〈주〉 나머지 범인이 상해를 예견해야만 (준)강도상해죄가 성립한다.

(2) 사기죄, 공갈죄

080
23경찰2차

사기죄의 보호법익은 재산권이므로 도급계약이나 물품구매 조달계약 체결 당시 관련 영업 또는 업무를 규제하는 행정법규나 입찰 참가자격, 계약절차 등에 관한 규정을 위반한 사정이 있더라도 그러한 사정만으로 도급계약을 체결한 행위가 기망행위에 해당한다고 단정해서는 안 된다.

[해설] (O) (大判 2023.1.12. 2017도14104).
[참고] 조세포탈, 부담금면탈 또는 자격증대여 등의 행정법 위반처럼 국가적 공공적 법익 침해만으로는 사기죄가 아니다.

081
23법원

형법상 절취란 타인이 점유하고 있는 자기 이외의 자의 소유물을 점유자의 의사에 반하여 점유를 배제하고 자기 또는 제3자의 점유로 옮기는 것이므로, 기망의 방법으로 타인으로 하여금 처분행위를 하도록 하여 재물 또는 재산상 이익을 취득한 경우에는 절도죄가 아니라 사기죄가 성립한다.

[해설] (O) (大判 2022.12.29. 2022도12494).
[참고] 절도 강도는 탈취죄이고, 사기 공갈은 편취죄이다.

082
23법원

사기죄에서 처분행위는 착오에 빠진 피해자의 행위를 이용하여 재산을 취득하는 것을 본질적 특성으로 하는 사기죄와 피해자의 행위에 의하지 아니하고 행위자가 탈취의 방법으로 재물을 취득하는 절도죄를 구분하는 역할을 한다.

[해설] (O) (大判 2022.12.29. 2022도12494).

083
23법원

피기망자의 의사에 기초한 어떤 행위를 통해 행위자 등이 재물 또는 재산상의 이익을 취득하였다고 평가할 수 있는 경우라면, 사기죄에서 말하는 처분행위가 인정된다.

[해설] (O) (大判 2022.12.29. 2022도12494).

084
23군7

처분행위는 하자 있는 의사라 하더라도 피기망자의 의사에 의한 것이어야 하므로 의사무능력자의 행위나 무의식 상태에서 이루어진 행위는 처분행위가 될 수 없다.

[해설] (O) 처분행위는 피기망자의 행위에 의한 것이어야 할 뿐만 아니라 하자 있는 의사라 하더라도 피기망자의 의사에 의한 것이어야 하므로, 의사무능력자의 행위나 무의식 상태에서 이루어진 행위는 처분행위가 될 수 없다(大判 2017.2.16. 2016도13362 전합).

085
23경채

상해보험계약 체결 당시에 이미 발생한 교통사고로 생긴 질환으로 입·통원치료를 받고 있었을 뿐 아니라 기왕증으로 인해 향후 추가 입원치료를 받게 될 개연성이 농후함을 인식하고 있었음에도 자신의 과거 병력과 치료이력을 묵비하고 그 보험계약을 체결하였다면, 부작위에 의한 기망행위가 인정된다.

[해설] (O) (大判 2017.4.26. 2017도1405).
[참고] 보험계약은 사기 실행착수가 부정되지만, 사고가 발생하였거나 사고를 발생시킬 고의가 있었던 경우에 한해서 사기 실행착수가 인정된다.

086
23경채

甲이 토지의 소유자이자 매도인인 A에게 토지거래허가에 필요한 서류라고 속여 근저당권설정계약서에 서명·날인하게 하고 인감증명서를 교부받은 다음, 이를 이용하여 A의 소유 토지에 甲을 채무자로 한 근저당권을 B에게 설정하여 주고 돈을 차용하는 방법으로 재산상 이익을 취득하였다면, A에게 그 소유 토지들에 근저당권 등을 설정하여 줄 의사가 없었다는 점에서 A의 처분행위가 없으므로 사기죄가 성립하지 않는다.

[해설] (×) 피해자의 행위는 사기죄에서 말하는 처분행위에 해당한다(大判 2017.2.16. 2016도13362 전합). 〈주〉 근저당설정계약서임을 알고 서명하여 처분의사가 인정된다.
[참고] 피기망자에게 서명행위에 대한 인식만 있으면 되고 결과에 대한 인식은 필요하지 않다.

087
23경찰2차

A는 드라이버를 구매하기 위해 특정 매장에 방문하였다가 자신의 지갑을 떨어뜨렸는데, 10분쯤 후 甲이 같은 매장에서 우산을 구매하고 계산을 마친 뒤, 그 지갑을 발견하여 습득한 매장 주인 B로부터 "이 지갑이 선생님 지갑이 맞느냐?"라는 질문을 받자 "내 것이 맞다."라고 대답한 후 이를 교부받아 가지고 갔다면 甲에게는 절도죄가 아니라 사기죄가 성립한다.

해설 (O) 甲의 행위는 사기죄에서 말하는 처분행위에 해당하고, 피고인의 행위를 절취행위로 평가할 수 없다 (大判 2022.12.29. 2022도12494).

088
23경채

편의점 주인 A는 다른 사람이 떨어뜨리고 간 지갑을 매장에서 우산을 구매한 甲의 것으로 착각하여 甲에게 "이 지갑이 선생님 지갑이 맞느냐?"라는 질문을 하였고, 이에 甲이 "내 것이 맞다." 라고 대답하고 甲이 이를 교부받아 가지고 간 것은 절도죄가 성립한다.

해설 (X) 甲의 행위는 사기죄에서 말하는 처분행위에 해당하고, 피고인의 행위를 절취행위로 평가할 수 없다 (大判 2022.12.29. 2022도12494).

089
23특공

상대방을 기망하여 재물을 교부받으면서 시가 상당의 대금을 지급하였다면, 피해자의 전체 재산상 손해가 발생한 바 없으므로 사기죄가 성립하지 않는다.

해설 (X) 기망수단을 써서 상대방을 착오에 빠뜨리고 재물의 교부를 받아 편취하면 그 재물의 가치에 상당한 대가를 제공하여 피기망자에게 재산상의 손해를 주지 아니하였다 해도 사기죄의 성립에는 영향이 없는 것이다(大判 1985.11.26. 85도490).

090
23법승5

주식회사의 대표이사인 피고인이 피해자의 가압류로 인하여 회사의 분양사업이 무산될 위험에 처하자, 피해자에게 "당신이 가압류를 해 놓아 아파트 분양을 하지 못하게 되었으니 가압류를 해제해 달라. 그러면 1,000만 원을 지급하겠다."라고 거짓말하여 이에 속은 피해자로부터 가압류 해제신청에 필요한 서류를 교부받아 가압류를 해제한 경우 사기죄가 성립한다.

해설 (O) (大判 2007.9.20. 2007도5507). 〈주〉 가압류 해제로 피기망자의 처분행위가 인정되므로, 채권 없음이 밝혀졌더라도 재산상 이익 취득으로 볼 수 있다.

091
23법승5

피고인이 피해자에게 부동산매도용인감증명 및 등기의무자 본인확인서면의 진실한 용도를 속이고 그 서류들을 교부받아 피고인 명의로 피해자 소유의 부동산에 관한 소유권이전등기를 경료한 경우 사기죄가 성립한다.

> [해설] (×) 피해자의 위 부동산에 관한 처분행위가 있었다고 할 수 없을 것이고 따라서 사기죄를 구성하지 않는다(大判 2001.7.13. 2001도1289). 〈주〉 소유권이전에 필요한 매매계약서에 서명한 적 없기 때문에 부동산에 대한 처분행위가 부정된다.
> [참고] 피해자를 기망하여 인감증명서와 등기서류 등을 교부받은 경우 그 서류에 대한 사기죄가 성립한다. 그러나 등기서류 등을 교부받아서 소유권이전등기를 한 경우에는 부동산에 대한 처분이 없었으므로 부동산에 대한 사기죄는 성립하지 않는다.

092
23경승

비의료인이 개설한 의료기관이 「의료법」에 의하여 적법하게 개설된 요양기관인 것처럼 국민건강보험공단에 요양급여비용의 지급을 청구하였더라도 명의를 빌려준 의료인으로 하여금 환자들에게 요양급여를 제공하도록 했다면 사기죄가 성립하지 않는다.

> [해설] (×) 사기죄의 기망행위에 해당한다(大判 2015.7.9. 2014도11843).
> [참고] 의료인이 타인 명의로 요양기관 개설하여 비용청구한 경우 사기죄 불성립
> 비의료인이 의료인의 명의로 요양기관 개설하여 비용청구한 경우 사기죄 성립
> 비의료인이 개설한 요양기관에서 면허 있는 의사가 진찰하고 비용청구하면 사기죄 불성립이다.

093
23해경3차

의료인으로서 자격과 면허를 보유한 사람이 의료법에 따라 의료기관을 개설하여 건강보험의 가입자 또는 피부양자에게 국민건강보험법에서 정한 요양급여를 실시하고 국민건강보험공단으로부터 요양급여비용을 지급받았다고 하더라도, 그 의료기관이 다른 의료인의 명의로 개설·운영되어 「의료법」 제4조 제2항을 위반하였다면, 국민건강보험공단을 피해자로 하는 사기죄를 구성한다.

> (×) 그 자체만으로는 국민건강보험법상 요양급여비용을 청구할 수 있는 요양기관에서 제외되지 아니하므로, 달리 요양급여비용을 적법하게 지급받을 수 없는 자격 내지 요건이 흠결되지 않는 한 국민건강보험공단을 피해자로 하는 사기죄를 구성한다고 할 수 없다(大判 2019.5.30. 2019도1839).

094
23법원

사기죄가 성립되려면 피기망자가 착오에 빠져 어떠한 재산상의 처분행위를 하도록 유발하여 재산적 이득을 얻을 것을 요하나, 피기망자와 재산상의 피해자가 같은 사람이 아닌 경우에는 피기망자가 피해자를 위하여 그 재산을 처분할 수 있는 권능을 갖거나 그 지위에 있을 것을 요하지는 않는다.

해설 (×) 사기죄가 성립되려면 피기망자가 착오에 빠져 어떠한 재산상의 처분행위를 하도록 유발하여 재산적 이득을 얻을 것을 요하고, 피기망자와 재산상의 피해자가 같은 사람이 아닌 경우에는 피기망자가 피해자를 위하여 그 재산을 처분할 수 있는 권능을 갖거나 그 지위에 있어야 한다(大判 2022.12.29. 2022도12494). [참고] 삼각사기죄의 요건 - ① 피기망자와 처분행위자가 일치할 것, ② 처분행위자가 피해자의 재산에 대하여 처분할 법적 권한 또는 사실상 지위가 있을 것 - 이런 경우로서 등기 또는 등기서류를 보관하는 경우 또는 법원을 기망하는 소송사기가 대표적이다.

095
23검9

피고인이 허위의 채권으로 법원에 지급명령을 신청하였으나 이에 대해 상대방이 이의신청을 하면 지급명령은 이의의 범위 안에서 그 효력을 잃게 되므로 사기죄의 실행의 착수는 인정되지 아니한다.

해설 (×) 지급명령신청에 대해 상대방이 이의신청을 하면 지급명령은 이의의 범위 안에서 그 효력을 잃게 되고 지급명령을 신청한 때에 소를 제기한 것으로 보게 되는 것이지만 이로써 이미 실행에 착수한 사기의 범행 자체가 없었던 것으로 되는 것은 아니다(大判 2004.6.24. 2002도4151). 〈주〉 허위채권으로 지급명령신청을 하면 허위의 소제기와 동일하게 취급되어 소송사기죄의 실행착수가 인정된다.

096
23경찰2차

甲은 PC방에 게임을 하러 온 A로부터 20,000원을 인출해 오라는 부탁과 함께 현금카드를 건네받게 되자, 위법하게 이득할 의사로 권한 없이 그 위임받은 금액을 초과한 50,000원을 인출한 후 그 중 20,000원만 A에게 건네주고 30,000원을 취득하였다면, 甲의 행위는 그 차액 상당액에 관하여 컴퓨터등사용사기죄에 해당한다.

해설 (○) 인출한 현금 총액 중 인출을 위임받은 금액을 넘는 부분의 비율에 상당하는 재산상 이익을 취득한 것으로 볼 수 있으므로 컴퓨터 등 사용사기죄에 해당된다(大判 2006.3.24. 2005도3516).

097
23경채

甲은 A로부터 현금 2만 원을 인출해 오라는 부탁을 받으면서 A 소유의 현금카드를 건네받았는데, 이를 기화로 현금자동인출기에서 인출금액을 5만 원으로 입력하여 인출한 후 2만 원만 A에게 건네주고 나머지 3만 원을 취득한 경우, 甲은 인출한 5만 원 전부에 대하여 컴퓨터등 사용사기죄가 성립한다.

해설 (×) 인출한 현금 총액 중 인출을 위임받은 금액을 넘는 부분의 비율에 상당하는 재산상 이익을 취득한 것으로 볼 수 있으므로 컴퓨터 등 사용사기죄에 해당된다(大判 2006.3.24. 2005도3516).

098
23법행

피고인이 장시간에 걸쳐 피해자의 건물건축공사 현장 사무실에서 일행 3인과 합세하여 과격한 언사와 함께 집기를 손괴하고 건물 창문에 피해자의 신용을 해치는 불온한 내용을 기재하거나, 같은 취지의 현수막을 건물 외벽에 게시할 듯한 태도를 보인 것은 점포임대차계약의 해제에 따른 원상회복 및 손해배상청구권이라는 권리를 실현할 목적으로 이루어졌더라도 사회통념상 허용될 수 있는 범위를 넘어서 공갈죄를 구성한다.

해설 (○) (大判 1995.3.10. 94도2422).

(3) 카드범죄

099
23군7

카드발급시에는 변제할 의사나 능력이 있었지만 추후에 카드대금을 결제할 능력이 없게 되었음에도 그러한 상태에서 신용카드를 사용하였다면 사기죄에 해당한다.

해설 (○) 카드회원이 일시적인 자금궁색 등의 이유로 그 채무를 일시적으로 이행하지 못하게 되는 상황이 아니라 이미 과다한 부채의 누적 등으로 신용카드 사용으로 인한 대출금채무를 변제할 의사나 능력이 없는 상황에 처하였음에도 불구하고 신용카드를 사용하였다면 사기죄에 있어서 기망행위 내지 편취의 범의를 인정할 수 있다(大判 2005.8.19. 2004도6859).

100

23검7

강취한 현금카드를 사용하여 현금자동지급기에서 예금을 인출한 행위에 대해서는 강도죄와 별도로 현금에 대한 절도죄가 성립하지 않지만, 갈취한 현금카드를 사용하여 현금자동지급기에서 예금을 인출한 행위는 공갈죄와 별도로 절도죄를 구성한다.

해설 (×) [1] 강취한 현금카드를 사용하여 현금자동지급기에서 예금을 인출한 행위는 피해자의 승낙에 기한 것이라고 할 수 없으므로, 현금자동지급기 관리자의 의사에 반하여 그의 지배를 배제하고 그 현금을 자기의 지배하에 옮겨 놓는 것이 되어서 강도죄와는 별도로 절도죄를 구성한다. [2] 현금카드 소유자를 협박하여 그 카드를 갈취한 다음 피해자의 승낙에 의하여 현금카드를 사용할 권한을 부여받아 이를 이용하여 현금자동지급기에서 현금을 인출한 행위는 모두 피해자의 예금을 갈취하고자 하는 피고인의 단일하고 계속된 범의 아래에서 이루어진 일련의 행위로서 포괄하여 하나의 공갈죄를 구성하므로, 현금자동지급기에서 피해자의 예금을 인출한 행위를 현금카드 갈취행위와 분리하여 따로 절도죄로 처단할 수는 없다(大判 2007.5.10. 2007도1375).

101

23경찰2차

예금주인 현금카드 소유자를 협박하여 그 카드를 갈취한 다음 피해자의 승낙에 의하여 현금카드를 사용할 권한을 부여받아 이를 이용하여 현금자동지급기에서 현금을 인출한 행위는 현금카드 갈취행위와 분리하여 따로 절도죄로 처단할 수는 없다.

해설 (○) 피해자의 예금을 갈취하고자 하는 피고인의 단일하고 계속된 범의 아래에서 이루어진 일련의 행위로서 포괄하여 하나의 공갈죄를 구성하므로, 현금자동지급기에서 피해자의 예금을 인출한 행위를 현금카드 갈취행위와 분리하여 따로 절도죄로 처단할 수는 없다(大判 2007.5.10. 2007도1375).

102

23법행

타인의 명의를 모용하여 발급받은 신용카드를 이용하여 현금자동지급기에서 현금서비스 방법으로 현금을 인출하고, 인터넷을 통하여 신용대출을 받았다면 포괄하여 1개의 컴퓨터등사용사기죄를 구성하고, 그 피해자는 카드회사가 된다.

해설 (×) 피고인이 공소외인의 명의를 모용하여 신용카드를 발급받았다고 하더라도 카드회사가 피고인에게 공소외인 명의의 신용카드를 사용할 권한을 주었다고 볼 수 없는 이상, 피고인이 각 신용카드를 사용하여 현금자동지급기에서 현금을 인출한 행위는 현금자동지급기의 관리자에 대한 절도죄가, ARS 전화서비스 등을 이용하여 신용대출을 받은 행위에 관하여는 대출금융기관에 대한 컴퓨터등사용사기죄가 각 성립할 뿐이며, 이를 카드회사에 대한 사기죄가 된다고 볼 수는 없다(大判 2006.7.27. 2006도3126).

(4) 횡령죄

103
23변시

甲은 2018. 5.경 저금리 대출을 해주겠다고 전화로 거짓말을 하여 금원을 편취하는 소위 보이스피싱 범죄단체에 가입한 후 실제로 위와 같이 보이스피싱 범행을 하였다. 乙은 2019. 7.경 甲으로부터 적법한 사업운영에 필요하니 은행계좌, 현금카드, 비밀번호를 빌려달라는 부탁을 받고 甲이 이를 보이스피싱 범행에 사용할 것을 알지 못한 채 乙 명의의 은행계좌 등을 甲에게 건네주었다. A는 甲으로부터 보이스피싱 기망을 당해 乙 명의의 은행계좌에 1,000만 원을 입금하였다. 乙은 1,000만 원이 입금된 사실을 우연히 알게 되자 순간적으로 욕심이 나 이를 임의로 인출하여 사용하였다. 이때 甲에게는 형법상 범죄단체활동죄와 별개로 사기죄가 성립하고, 乙에게는 횡령죄가 성립하지 않는다.

[해설] (×) [1] 범죄단체 가입행위 또는 범죄단체 구성원으로서 활동하는 행위와 사기행위는 각각 별개의 범죄구성요건을 충족하는 독립된 행위이고 서로 보호법익도 달라 법조경합 관계로 목적된 범죄인 사기죄만 성립하는 것은 아니다(大判 2017.10.26. 2017도8600). 〈주〉 범죄단체가입죄와 별개로 사기죄가 성립하고 경합범이다. [2] 사기범행에 이용되리라는 사정을 알지 못한 채 단순히 자신 명의 계좌의 접근매체를 양도하였을 뿐이어서 사기의 공범에 해당하지 않는 경우에는 피고인이 이를 임의로 인출한 행위는 횡령죄를 구성한다(大判 2018.8.1. 2018도5255). 〈주〉 甲은 맞는데, 乙이 틀렸다.

104
23해경3차

甲이 자신의 명의로 개설된 예금계좌가 보이스피싱 범행에 이용될 것임을 인식하지 못하고 그 접근매체를 보이스피싱 조직원 乙에게 양도한 후 피해자 A가 乙에게 속아 위 계좌로 피해금 1,000만원을 송금하였다. 이후 甲이 1,000만 원 중 500만원을 별도의 접근매체를 이용하여 임의로 인출한 경우 보이스피싱 조직원 乙에 대한 횡령죄가 성립한다.

[해설] (×) 계좌명의인이 그 돈을 영득할 의사로 인출하면 피해자에 대한 횡령죄가 성립한다(大判 2018. 7. 19. 2017도17494 전합). 〈주〉 보이스피싱에 이용될 것을 인식하지 못했으므로 사기죄 공범은 성립하지 않는다. 횡령죄가 성립하는데, 그 피해자는 乙이 아니라 A이다.

105
23경찰2차

주류회사 이사인 甲은 A를 상대로 주류대금 청구소송을 제기한 민사분쟁 중에 A의 착오로 위 주류회사 명의 계좌로 송금된 4,700,000원을 보관하게 되었고, 이후 A로부터 해당 금원이 착오 송금된 것이라는 사정을 문자메시지를 통해 고지받았음에도 불구하고, 甲 본인이 주장하는 채권액인 1,108,310원을 임의로 상계 정산하여 반환을 거부하였다면, 설령 나머지 금액을 반환하고 상계권 행사의 의사를 충분히 밝혔다 하더라도 甲에게는 횡령죄가 성립한다.

> 해설 (×) 피고인이 피해자의 착오로 회사 명의 계좌로 송금된 금원 중 회사의 피해자에 대한 채권액에 상응하는 부분에 관하여 반환을 거부한 행위는 정당한 상계권의 행사로 볼 여지가 있으므로, 피고인의 반환거부 행위가 횡령행위와 같다고 보아 불법영득의사를 인정한 원심판결에 법리오해의 잘못이 있다(大判 2022.12.29. 2021도2088).

106
23경찰2차

건물의 임차인인 甲이 임대인 A에 대한 임대차보증금반환채권을 B에게 양도하였는데도 A에게 채권양도 통지를 하지 않고 A로부터 남아 있던 임대차보증금을 반환받아 보관하던 중 개인적인 용도로 사용하였다면 甲에게는 횡령죄가 성립한다.

> 해설 (×) 임대차보증금으로 받은 금전의 소유권은 피고인 甲에게 귀속하고, 피고인이 B를 위한 보관자 지위가 인정될 수 있는 신임관계에 있다고 볼 수 없어 횡령죄가 성립하지 않는다(大判 2022.6.23. 2017도3829 전합).

107
23경간

건물의 임차인 甲이 임대인 A에 대한 임대차 보증금반환채권을 B에게 양도하고, 이를 A에게 통지하지 않고, A로부터 남아있던 임대차보증금을 반환받아 甲이 소비한 경우 횡령죄가 성립하지 않는다.

> 해설 (○) 채권양도인이 위와 같이 양도한 채권을 추심하여 수령한 금전에 관하여 채권양수인을 위해 보관하는 자의 지위에 있다고 볼 수 없으므로, 채권양도인이 위 금전을 임의로 처분하더라도 횡령죄는 성립하지 않는다(大判 2022. 6. 23. 2017도3829 전합).

108
23경간

甲이 범죄수익 등의 은닉을 위해 乙로부터 교부받은 무기명 양도성예금증서를 현금으로 교환하여 임의로 소비하였다면 횡령죄가 성립한다.

> 해설 (×) 甲이 乙로부터 범죄수익 등의 은닉을 위해 교부받은 무기명 양도성예금증서는 불법의 원인으로 급여한 물건에 해당하여 소유권이 피고인에게 귀속되므로, 피고인이 무기명 양도성예금증서를 교환한 현금을 임의로 소비하였더라도 횡령죄가 성립하지 않는다(大判 2017.10.26. 2017도9254).

109
23해경위

「국민연금법」제64조 등의 규정에 의하여 사용자는 매월 임금에서 국민연금보험료 중 근로자가 부담할 기여금을 원천공제하여 근로자를 위하여 보관하고, 국민연금관리공단에 위 보험료를 납부하여야 할 업무상 임무를 부담하게 되며, 사용자가 이에 위배하여 근로자의 임금에서 원천공제한 기여금을 위 공단에 납부하지 아니하고, 나아가 이를 개인적 용도로 소비하였다면 업무상횡령죄에 해당한다.

> 해설 (○) 사안의 경우, 원천공제의 취지상 사용자가 근로자에게 위 기여금을 공제한 임금을 지급하면 그 즉시 사용자는 공제된 기여금을 근로자를 위하여 보관하는 것으로 보아야 하므로 횡령죄가 성립한다(大判 2011.2.10. 2010도13284).

110
23해경위

보관자의 지위에 있는 공동명의 예금채권자가 피해자 조합원들이 제기한 소송으로 인하여 조합이 입게 되는 손해에 대한 구상금 채권의 집행 확보를 위하여 피해자 조합원들에 대하여 예금계좌에 초과로 입금된 개발부담금의 반환을 거부한 경우에는 불법영득의사가 인정되어 횡령죄가 성립한다.

> (×) 피고인들이 피해자 조합원들에 대하여 이 사건 예금계좌에 초과로 입금된 개발부담금의 반환을 거부한 것은 피해자 조합원들이 제기한 소송으로 인하여 조합이 입게 되는 손해에 대한 구상금채권의 집행 확보를 위한 것에 불과하고, 위 개발부담금을 영득하기 위한 것이라고 볼 수 없으므로 횡령죄가 성립하지 않는다(大判 2008.12.11. 2008도8279).

111
23해경위

아파트 입주자대표회의 회장이 아파트 특별수선충당금을 구조진단 견적비 및 손해배상청구소송의 변호사 선임료로 사용하였으나, 당시에는 특별수선충당금의 용도외 사용이 관리규약에 의해서만 제한되고 있어서 구분소유자들 또는 입주민들로부터 포괄적인 동의를 얻어 특별수선충당금을 위탁의 취지에 부합하는 용도에 사용한 것으로 볼 수 있다면 업무상횡령죄에 해당하지 않는다.

해설 (○) (大判 2017.2.15. 2013도14777). 〈주〉 입주민들의 포괄적 동의를 얻어 위탁의 취지에 부합하게 사용하여 불법영득의사가 부정된다.

112
23법행

A와 甲이 당구장을 동업하기로 약정하였다가 공동으로 운영하지 못한 채 A가 동업조건에 불만을 갖고 약정투자금의 일부만을 지급한 후 동업계약을 해지하고 탈퇴해버린 경우, 甲이 위 당구장을 단독처분하였다 하더라도 횡령죄를 구성하지 아니한다.

해설 (○) (大判 1983.2.22. 82도3236).

113
23법행

채무의 담보로 하기 위하여 매매의 형식을 취하여 동산을 담보로 제공하고 이를 계속 사용하고 있다가 채권자의 승낙을 받고 이를 매각한 후 그 매각대금을 채무자가 소비하였다 하더라도 횡령죄는 성립하지 아니한다.

해설 (○) (大判 1977.11.8. 77도1715).

114
23법행

소개인인 甲이 매매잔대금조로 교부받아 보관하던 약속어음을 현금으로 할인한 자체가 불법영득의사의 실현인 경우, 횡령액은 횡령한 약속어음의 액면금 상당액이 아니라 어음을 할인한 현금액이다.

해설 (×) 횡령액은 어음을 할인한 현금액이 아니라 횡령한 약속어음의 액면금 상당액인 것이다(大判 1983.11.8. 83도2346)

115
23법행

부동산 매수인이 매매대금의 완납 전에 그 매매목적물을 담보로 하여 금전을 차용함에 있어 매도인의 승낙을 받는 한편 매도인과 사이에 그 차용금액의 일부는 매도인에게 매매대금으로 우선 교부하여 주기로 약정한 다음, 금전을 차용하여 이를 전부 임의로 소비한 경우라 하더라도 횡령죄는 성립하지 아니한다.

해설 (O) (大判 2005.9.29. 2005도4809).

116
23검7

乙이 범죄수익 등의 은닉을 위해 甲에게 교부한 무기명 양도성예금증서가 불법원인급여물에 해당한다면, 甲이 이를 현금으로 교환하여 임의로 소비한 행위에 대해서는 횡령죄가 성립하지 않는다.

해설 (O) 甲이 乙로부터 범죄수익 등의 은닉을 위해 교부받은 무기명 양도성예금증서는 불법의 원인으로 급여한 물건에 해당하여 소유권이 피고인에게 귀속되므로, 피고인이 무기명 양도성예금증서를 교환한 현금을 임의로 소비하였더라도 횡령죄가 성립하지 않는다(大判 2017.10.26. 2017도9254).

(5) 배임죄

117
23경찰2차

업무상배임죄에 있어 '재산상 이익 취득'과 '재산상 손해 발생'은 대등한 범죄성립요건이고, 따라서 임무위배행위로 인하여 여러 재산상 이익과 손해가 발생하더라도 재산상 이익과 손해 사이에 서로 대응하는 관계에 있는 등 일정한 관련성이 인정되어야 업무상배임죄가 성립한다.

해설 (O) (大判 2021.11.25. 2016도3452).

118
23해간

금융기관 임직원이 대출상대방과 공모하여 임무에 위배하여 담보가치를 초과하는 금원을 대출하여주고 대출금 중 일부를 되돌려 받기로 한 다음 그에 따라 약정된 금품을 수수하는 경우, 부실대출로 인한 업무상배임죄 외에 별도로 특정경제범죄 가중처벌 등에 관한 법률 위반(수재등)죄가 성립한다.

해설 (×) 업무상배임죄의 공동정범들 사이의 내부적인 이익분배에 불과한 것이고, 별도로 그러한 금품 수수행위에 관하여 특경법 위반(수재등)죄가 성립하는 것은 아니다(大判 2013.10.24. 2013도7201).

119
23해경3차

자동차의 매도인이 매수인에게 소유권이전등록을 하지 아니하고 다른 사람에게 처분하였다 하더라도 배임죄는 성립하지 않는다.

> **해설** (○) (大判 2020.10.22. 2020도6258 전합). 〈주〉 동산 이중매매는 배임죄가 성립하지 않는다.
> [참고] ① 타인재산 관리자 - 대행자 - 회사 직원의 배임행위
> ② 자기재산 관리자 - 협력자 - ㉠ 부동산 이중매매 또는 서면증여에서 등기의무위반, ㉡ 지입회사의 자동차 임의판매, ㉢ 계주의 계금 지급거절, ㉣ 공법상채권의 이중양도 (주류면허권, 토석채취권, 다방영업권 등) - 등지계공(주토다)
> ③ 담보관련 - ㉠ 채무자(담보설정자, 담보제공자)의 담보제공의무 위반 - 무죄, ㉡ 채권자(담보권자)의 부동산 처분 - 배임죄, ㉢ 채권자의 동산 처분 - 횡령죄, ㉣ 채권자의 동산 취거 - 절도죄, ㉤ 채권자의 변제기 후 담보권실행 처분 - 무죄

120
23해간

채무자가 A로부터 투자를 받으면서 투자금 반환채무의 변제를 위하여 아울렛 의류매장에 관한 임차인 명의와 판매대금의 입금계좌 명의를 A 앞으로 변경해주었음에도 제3자에게 위 임차인의 지위 등 권리 일체를 양도하였다면 배임죄가 성립한다.

> **해설** (×) 채무자가 투자금반환채무의 변제를 위하여 담보로 제공한 임차권 등의 권리를 그대로 유지할 계약상 의무가 배임죄에서 말하는 타인의 사무에 해당한다고 할 수 없다(大判 2015.03.26. 2015도1301). 〈주〉 채권인 임차권 유지의무는 민사채무일 뿐이다.

121
23법행

음식점 임대차계약에 의한 임차인의 지위를 양도한 자는 양도사실을 임대인에게 통지하고 양수인이 갖는 임차인의 지위를 상실하지 않게 할 의무가 있고, 이러한 임무는 자기의 사무임과 동시에 양수인의 권리취득을 위한 사무의 일부를 이룬다고 할 것이다.

> **해설** (×) 이러한 임무는 임차권 양도인으로서 부담하는 채무로서 양도인 자신의 의무일 뿐이지 자기의 사무임과 동시에 양수인의 권리취득을 위한 사무의 일부를 이룬다고 볼 수 없으므로 양도인을 배임죄의 주체인 타인의 사무를 처리하는 자로 볼 수 없다(大判 1991.12.10. 91도2184).

122

23군7

X 새마을금고 임원 갑이 새마을금고의 여유자금 운용에 관한 규정을 위반하여 Y 증권사로부터 원금손실의 위험이 있는 금융상품을 매입하여 업무상 배임으로 기소된 경우, 금융기관이 용역제공의 대가로 지급받은 수수료 상당액이 배임죄에서의 재산상 이익에 해당한다.

[해설] (×) 금융기관이 제공한 용역에 비하여 지나치게 과도한 수수료를 지급받았거나, 고객의 이익을 무시하고 금융기관의 수수료 수익만을 증대시키기 위하여 과당매매 등의 방법으로 고액 수수료를 지급받았다는 등의 특별한 사정이 인정되지 않는 한, 금융기관이 용역 제공의 대가로 정당하게 지급받은 위 수수료가 피고인의 임무위배행위로 인하여 취득한 재산상 이익에 해당한다고 단정하기 어렵다(大判 2021.11.25. 2016도3452). 〈주〉 배임죄 성립을 부정하였다.

123

23법행

타인을 위하여 도급계약을 체결할 임무가 있는 자가 부당하게 높은 가격으로 도급계약을 체결하여 타인에게 부당하게 많은 채무를 부담하게 하였다면 그로써 곧바로 업무상배임죄가 성립하고, 그 경우 배임액은 도급계약의 도급금액 전액에서 정당한 도급금액을 공제한 금액으로 보아야 한다.

[해설] (○) (大判 1999.4.27. 99도883).

124

23군7

X 회사의 대표이사 갑이 그 임무에 위배하여 X 회사로 하여금 Y 회사의 주식을 고가로 매수하게 한 경우, 그 주식의 매매대금이 배임죄에서의 재산상 이익 및 손해에 해당한다.

[해설] (×) 회사의 대표이사 등이 그 임무에 위배하여 회사로 하여금 다른 회사의 주식을 고가로 매수하게 함으로써 회사에 가한 손해액은 통상 그 주식의 매매대금과 시가의 차액 상당으로 볼 수 있다(大判 2010.5.27. 2010도369).

(6) 배임수재죄

125
23해간

배임수재죄에서 말하는 '재산상 이익의 취득'이라 함은 현실적인 취득만이 아니고 단순히 요구 또는 약속만을 한 경우도 이에 포함된다.

> [해설] (✕) 배임수재죄에서 말하는 '재산상 이익의 취득'이라 함은 현실적인 취득만을 의미하므로 단순한 요구 또는 약속만을 한 경우에는 배임수재죄의 기수로 처벌하지 못한다(大判 1999.1.29. 98도4182).
> [참고] ㉠ 배임수재죄 - 재산 취득해야만 기수
> ㉡ 뇌물수수죄 - 뇌물 수수, 약속, 요구 모두 기수

126
23법행

甲이 A로부터 골프장 회원권 제공의 의사표시를 받고 이를 승낙한 후 골프장 회원권의 입회신청서를 제출한 경우, 그 골프장 회원권에 관하여 甲 명의로 명의변경이 이루어지지 아니하였더라도 甲에게 배임수재죄가 성립한다.

> [해설] (✕) 골프장 회원권에 관하여 피고인 명의로 명의변경이 이루어지지 아니한 이상 피고인이 현실적으로 재산상 이익을 취득하였다고 할 수 없어 배임수재죄가 성립하지 않는다(大判 1999.1.29. 98도4182)

127
23군7

신문사 기자 갑이 홍보성 기사를 게재하는 대가로 을로 하여금 자신이 소속된 신문사의 계좌로 5백만 원을 송금하게 한 경우, 갑에게 배임수재죄가 성립한다.

> [해설] (✕) 피고인들이 속한 각 소속 언론사는 사무처리를 위임한 자에 해당하고, 위 금원이 피고인들 본인 또는 사무처리를 위임한 자가 아닌 제3자에게 사실상 귀속되었다고 평가할 만한 사정이 없으므로 무죄이다(大判 2021. 9. 30. 2019도17102).

128
23법행

甲이 자기소유로 믿고 있는 부동산을 제3자에게 처분하기 위하여 매매계약을 하였는데 종중에서 그 부동산에 대한 권리를 주장하면서 처분금지가처분결정까지 받아 이를 집행하자, 甲이 종중의 대표자에게 가처분의 부당성을 지적하면서 가처분 비용을 지급하고 그 신청을 취하하도록 하였다면, 설사 종중대표자에게 부정한 점이 있다고 하더라도 甲을 배임증재죄로 처벌할 수 없다.

> [해설] (〇) (大判 1980.8.26. 80도19).

(7) 장물죄

129
23해경사 [조문]

장물죄는 재산범인 본범이 영득한 재물에 사후적으로 관여하는 사후종범적 성격을 가지고 있으므로 절도죄보다 법정형을 가볍게 규정하고 있다.

> [해설] (×) 장물죄는 사후종범적 성격을 가지지만, 절도죄보다 중하게 처벌한다. 절도죄는 6년 이하의 징역이고, 장물죄는 7년 이하의 징역이다.

130
23법원

장물이라 함은 재산범죄로 인하여 취득한 물건 그 자체를 말하고, 그 장물의 처분대가는 장물성을 상실하는 것이다. 따라서 본범이 사기 범행으로 교부받은 자기앞수표를 그의 명의의 예금계좌에 예치하였다가 현금으로 인출한 경우, 그 현금은 이미 장물성을 상실한 것이어서 그 현금을 보관 또는 취득하였다고 하더라도 장물죄가 성립할 수 없다.

> [해설] (×) 장물인 현금 또는 수표를 금융기관에 예금의 형태로 보관하였다가 이를 반환받기 위하여 동일한 액수의 현금 또는 수표를 인출한 경우에 예금계약의 성질상 그 인출된 현금 또는 수표는 당초의 현금 또는 수표와 물리적인 동일성은 상실되었지만 액수에 의하여 표시되는 금전적 가치에는 아무런 변동이 없으므로 장물로서의 성질은 그대로 유지된다(大判 2000.3.10. 98도2579; 大判 2004.4.16. 2004도353). 〈주〉 물리적 동일성은 없지만 가치의 동일성이 유지된다.

131
23검9

甲은 (ㄱ) 권한 없이 A회사의 아이디와 패스워드를 입력하여 인터넷뱅킹에 접속한 다음 A회사의 예금계좌로부터 자신의 예금계좌로 합계 180,500,000원을 이체하는 내용의 정보를 입력하여 자신의 예금액을 증액시켰고, (ㄴ) 이후 자신의 해당 계좌에 연결된 자신의 현금카드를 사용하여 현금자동지급기에서 현금을 인출하였다. 이 경우 甲이 (ㄴ)행위로 인출한 현금은 (ㄱ)행위로 취득한 예금채권에 기초한 것으로서 당초의 현금과 물리적인 동일성은 상실되었지만 액수에 의하여 표시되는 금전적 가치에는 아무런 변동이 없으므로 장물로서의 성질이 그대로 유지된다.

> [해설] (×) 컴퓨터등사용사기죄의 범행으로 예금채권을 취득한 다음 자기의 현금카드를 사용하여 현금자동지급기에서 현금을 인출한 경우, 현금카드 사용권한 있는 자의 정당한 사용에 의한 것으로서 현금자동지급기 관리자의 의사에 반하거나 기망행위 및 그에 따른 처분행위도 없었으므로, 별도로 절도죄나 사기죄의 구성요건에 해당하지 않는다 할 것이고, 그 결과 그 인출된 현금은 재산범죄에 의하여 취득한 재물이 아니므로 장물이 될 수 없다(大判 2004.4.16. 2004도353). 〈주〉 절도 등으로 취득한 장물인 현금을 은행에 입금하였다가 인출하면 가치의 동일성이 인정되어 장물성이 인정된다. 그러나 위 사안은 인출한 현금 자체가 장물이 아닌 사안이므로 구별해야 한다.

132

23검9

본범 이외의 자인 피고인이 본범이 절취한 차량이라는 정을 알면서도 본범의 강도행위를 위하여 그 차량을 운전해 준 경우, 강도예비죄의 고의는 별론으로 장물운반의 고의는 인정되지 않는다고 봄이 상당하다.

> **해설** (×) 강도예비죄 외에 장물운반죄도 성립한다(大判 1999.3.26., 98도3030).
> [참고] 갑이 절취한 차량을 갑이 운전하고 을은 편승 – 갑 을 모두 장물운반죄 불성립
> 갑이 절취한 차량을 갑은 편승하고 을이 운전 – 을만 장물운반죄 성립

(8) 손괴죄

133

23경승 [조문]

「형법」 제366조의 재물손괴죄는 타인의 재물, 문서 또는 전자기록 등 특수매체기록을 손괴 또는 은닉 기타 방법으로 그 효용을 해하였을 때 성립할 수 있다.

> **해설** (○) 재물손괴죄는 타인의 재물, 문서 또는 전자기록 등 특수매체기록을 손괴 또는 은닉 기타 방법으로 그 효용을 해한 경우에 성립한다(大判 2016. 11. 25. 선고 2016도9219)

134

23법행

포도주 원액이 부패하여 포도주 원료로서의 효용가치는 상실되었으나, 그 산도가 1.8도 내지 6.2도에 이르고 있어 식초의 제조등 다른 용도에 사용할 수 있는 경우에는 재물손괴죄의 객체가 될 수 있다.

> **해설** (○) 포도주 원액이 부패하여 포도주 원료로서의 효용가치는 상실되었으나, 식초의 제조 등 다른 용도에 사용할 수 있는 경우에는 재물손괴죄의 객체가 될 수 있다(大判 1979.07.24. 78도2138).

135

23경승

손괴죄에서 재물의 효용을 해한다고 함은 물건 등을 본래의 목적에 사용할 수 없는 상태로 만드는 경우뿐만 아니라 일시적으로 물건 등이 구체적 역할을 할 수 없는 상태로 만들어 그 효용을 떨어뜨리는 경우도 포함한다.

> **해설** (○) (大判 2021.5.7. 2019도13764).

136
23검9

경리직원이 회사의 기존 장부를 새로운 장부로 이기하는 과정에서 누계 등을 잘못 기재하자 그 부분을 찢어버리고 계속하여 종전장부의 기재내용을 모두 이기한 경우, 특별한 사정이 없는 한 그 찢어버린 부분은 손괴죄의 객체인 재물로 볼 수 없다.

> 해설 (○) 당시 새로운 경리장부는 아직 작성 중에 있어서 손괴죄의 객체가 되는 문서로서의 경리장부가 아니라 할 것이다(大判 1989.10.24. 88도1296).

137
23경찰1

다른 사람의 소유물을 본래의 용법에 따라 무단으로 사용·수익하는 행위는 소유자를 배제한 채 물건의 이용가치를 영득하는 것이고, 그 때문에 소유자가 물건의 효용을 누리지 못하게 되었다면 그 효용 자체가 침해된 것으로 볼 수 있어 재물손괴죄를 구성한다.

> 해설 (×) 다른 사람의 소유물을 본래의 용법에 따라 무단으로 사용·수익하는 행위는 소유자를 배제한 채 물건의 이용가치를 영득하는 것이고, 그 때문에 소유자가 물건의 효용을 누리지 못하게 되었더라도 효용 자체가 침해된 것이 아니므로 재물손괴죄에 해당하지 않는다(大判 2022.11.30. 2022도1410).

138
23법원

재물손괴죄(형법 제366조)는 다른 사람의 재물을 손괴 또는 은닉하거나 그 밖의 방법으로 그 효용을 해한 경우에 성립하는 범죄로, 행위자에게 다른 사람의 재물을 자기 소유물처럼 그 경제적 용법에 따라 이용·처분할 의사(불법영득의사)가 없다는 점에서 절도, 강도, 사기, 공갈, 횡령 등 영득죄와 구별된다. 다른 사람의 소유물을 본래의 용법에 따라 무단으로 사용·수익하는 행위는 소유자를 배제한 채 물건의 이용가치를 영득하는 것이고, 그 때문에 소유자가 물건의 효용을 누리지 못하게 되었더라도 효용 자체가 침해된 것이 아니므로 재물손괴죄에 해당하지 않는다.

> 해설 (○) (大判 2022.11.30. 2022도1410).

139
23군7

갑은 X토지의 소유권 지분 일부를 소유하고 있으며 실질적으로 위 토지를 점유하고 있던 중 다른 공유자가 동의하지 않음에도 불구하고 위 토지 위에 건물을 새로 지어 사용하였으며 이로 인하여 다른 공유자들은 건물 철거시점까지 위 토지를 사용할 수 없었다면 갑에게 손괴죄가 성립한다.

[해설] (×) 피고인의 행위는 이미 대지화된 토지에 건물을 새로 지어 부지로서 사용·수익함으로써 그 소유자로 하여금 효용을 누리지 못하게 한 것일 뿐 토지의 효용을 해하지 않았으므로, 재물손괴죄가 성립하지 않는다(大判 2022.11.30. 2022도1410).

140
23경찰2차

甲이 타인 소유 토지의 이용을 방해할 목적으로 권한 없이 건물을 신축하였다면, 이는 다른 사람의 소유물을 본래의 용법에 따라 무단으로 사용·수익하는 행위로 소유자를 배제한 채 물건의 이용가치를 영득하는 것이고 그 결과 소유자가 물건의 효용을 누리지 못하게 된 것으로 볼 수 있어 이와 같은 甲의 행위는 재물손괴죄에 해당한다.

[해설] (×) 다른 사람의 소유물을 본래의 용법에 따라 무단으로 사용·수익하는 행위는 소유자를 배제한 채 물건의 이용가치를 영득하는 것이고, 그 때문에 소유자가 물건의 효용을 누리지 못하게 되었더라도 효용 자체가 침해된 것이 아니므로 재물손괴죄에 해당하지 않는다(大判 2022.11.30. 2022도1410).

141
23검9

아파트 입주자대표회의 회장이 자신의 승인 없이 동대표들이 관리소장과 함께 게시한 입주자대표회의 소집공고문을 손괴한 행위는 임박한 위법상태를 바로잡기 위한 목적이라 할지라도 사회통념상 허용되지 않는 행위이다.

[해설] (×) 그에 선행하는 위법한 공고문 작성 및 게시에 따른 위법상태의 구체적 실현이 임박한 상황하에서 그 위법성을 바로잡기 위한 것으로 사회통념상 허용되는 범위를 크게 넘어서지 않는 행위로 볼 수 있다(大判 2021.12.30. 2021도9680).
[참고] 소유자 의사에 반하여 문서를 손괴하는 행위는 유죄이고, 종래 소유자 의사에 반하는 문서를 손괴하는 것은 무죄이다.

142
23군7

갑이 평소 자신이 굴삭기를 주차하는 장소에 을의 승용차가 주차되어 있는 것을 발견하고 이 승용차 앞에는 철근콘크리트 구조물을 가져다 놓고 뒤에는 굴삭기를 바짝 붙여놓고 자신의 연락처를 남겨놓지 않았으며, 이로 인하여 을은 20시간 정도 자신의 승용차를 이용하지 못하였다면 갑에게 손괴죄가 성립한다.

> [해설] (O) 위 구조물로 인해 차량을 운행할 수 없게 됨으로써 일시적으로 본래의 사용목적에 이용할 수 없게 된 이상 차량 본래의 효용을 해한 경우에 해당하여 재물손괴죄가 성립한다(大判 2021.5.7. 2019도13764).

143
23군7

갑이 을 소유 개가 자신 소유인 개를 물어뜯는 등 공격을 하자 소지하고 있던 기계톱으로 을 소유 개를 내리쳐 등 부분을 절개하여 죽였다면 갑에게 손괴죄가 성립한다.

> [해설] (O) 형법 제22조 제1항에서 정한 긴급피난의 요건을 갖춘 행위로 보기 어려울 뿐 아니라, 형법 제22조 제3항에서 정한 책임조각적 과잉피난에도 해당하지 아니한다(大判 2016.1.28. 2014도2477).

(9) 권리행사방해죄, 강제집행면탈죄

144
23경찰2차

甲은 건물의 소유자로, 해당 건물을 매입하기 위한 소요자금을 대납하는 조건으로 해당 건물에서 약 2개월 동안 거주하고 있던 A가 위 금액을 입금하지 않자, A를 내쫓을 목적으로 아들인 乙에게 A가 거주하는 곳의 현관문에 설치된 디지털 도어락의 비밀번호를 변경할 것을 지시하고, 이에 따라 乙이 그 도어락의 비밀번호를 변경하였다면 甲에게는 권리행사방해교사죄가 성립한다.

> [해설] (X) 아들인 乙이 자기의 물건이 아닌 이 사건 도어락의 비밀번호를 변경하였다고 하더라도 권리행사방해죄가 성립할 수 없고, 이와 같이 정범인 아들 乙의 권리행사방해죄가 인정되지 않는 이상 교사자인 피고인 甲에 대하여 권리행사방해교사죄도 성립할 수 없다(大判 2022.9.15. 2022도5827).

145
23법행

채권자가 동산 양도담보 목적물에 관한 반환청구권을 양도하는 방법으로 제3자에게 처분하여 그 목적물의 소유권을 취득하게 한 다음 그 제3자로 하여금 그 목적물을 취거하게 한 경우, 사안에 따라 권리행사방해죄를 구성할 여지가 있음은 별론으로 하고, 절도죄를 구성할 여지는 없다.

[해설] (O) (大判 2008.11.27. 2006도4263). 〈주〉 소유자로 하여금 재물을 취거하게 하였으므로 권리행사방해죄는 가능하지만 절도죄는 성립하지 않는다.

146
23법행

甲이 A와 공모하여, A의 B에 대한 채무를 면탈하기 위하여 A 소유의 부동산에 대하여 甲 앞으로 근저당권설정등기를 하였다고 하더라도, A의 B에 대한 채무가 존재하지 아니한다는 판결이 확정된 경우에는 강제집행면탈죄가 성립하지 않는다.

[해설] (O) 강제집행면탈죄는 채권자의 권리보호를 그 주된 보호법익으로 하고 있는 것이므로 강제집행의 기본이 되는 채권자의 권리 즉 채권의 존재는 강제집행면탈죄의 성립요건이라 할 것이며 따라서 그 채권의 존재가 인정되지 않을 때에는 강제집행면탈죄는 성립하지 않는다(大判 1988.4.12. 88도48).
[참고] 채권의 존부 - 조건부채권에서 조건불성취 (O) 면탈행위 이후의 상계 (×) 면탈행위 이후에 채권채무 없다는 판결확정 (×)

147
23경승

채권자들이 피고인을 상대로 법적 절차를 취하기 위한 준비를 하고 있지 않았으나, 피고인이 어음의 지급기일 도래 전에 강제집행을 면탈하기 위해 자신의 형에게 허위채무를 부담하고 가등기를 해주었다면 강제집행면탈죄가 성립한다.

[해설] (×) 강제집행면탈죄가 성립되려면 행위자의 주관적인 강제집행을 면탈하려는 의도가 객관적으로 강제집행을 당할 급박한 상태 하에서 나타나야 한다(大判 1979.9.11. 79도436). 〈주〉 위 사안은 채권자들의 객관적 강제집행상황이 아니므로 위 죄가 성립하지 않는다.
[참고] 어음 지급기일이 도래하여 부도가 난 후에 면탈행위를 하였다면 유죄이나, 어음 지급기일이 도래하지 않아서 부도나기 전이므로 면탈행위를 해도 무죄이다.

148

23법원

형법 제327조는 "강제집행을 면할 목적으로 재산을 은닉, 손괴, 허위양도 또는 허위의 채무를 부담하여 채권자를 해한 자"를 처벌함으로써 강제집행이 임박한 채권자의 권리를 보호하기 위한 것이므로, 채무자의 재산이라면 채권자가 민사집행법상 강제집행 또는 보전처분의 대상으로 삼을 수 있는 것인지를 불문하고 강제집행면탈죄의 객체가 될 수 있다. 따라서 계약명의신탁의 방식으로 명의수탁자가 당사자가 되어 소유자와 부동산에 관한 매매계약을 체결하고 그 명의로 소유권이전등기를 마친 경우, 명의신탁자가 그 매매계약에 의하여 당해 부동산의 소유권을 취득하지 못하게 된다고 하더라도, 그 부동산은 실질적으로 명의신탁자의 재산이므로 명의신탁자에 대한 강제집행이나 보전처분의 대상이 될 수 있어 강제집행면탈죄의 객체가 될 수 있다.

[해설] (×) [1] 강제집행면탈죄의 객체는 채무자의 재산 중에서 채권자가 민사집행법상 강제집행 또는 보전처분의 대상으로 삼을 수 있는 것이어야 한다. [2] 명의신탁자는 그 매매계약에 의해서는 당해 부동산의 소유권을 취득하지 못하게 되어, 결국 그 부동산은 명의신탁자에 대한 강제집행이나 보전처분의 대상이 될 수 없다(大判 2009.5.14. 2007도2168).
[참고] 강제집행면탈죄의 객체가 아닌 경우 – ㉠ 강제집행 대상 재산이 아닌 경우 – 채권자의 지위, 공사중단, ㉡ 채무자 소유가 아닌 경우 – 계약명의신탁에서 채무자가 신탁자인 경우, 제3자 명의 재산, 다른 계좌로 송금된 금전, 불법의료기관 등

03 사회적 법익

(1) 범죄단체조직죄

149
23경승 [조문]

사형, 무기 또는 장기 4년 이상의 징역에 해당하는 범죄를 목적으로 하는 단체 또는 집단을 조직하거나 이에 가입 또는 그 구성원으로 활동한 사람은 그 목적한 죄에 정한 형으로만 처벌하고, 그 형을 감경할 수 없다.

> [해설] (×) 제114조(범죄단체 등의 조직) 사형, 무기 또는 장기 4년 이상의 징역에 해당하는 범죄를 목적으로 하는 단체 또는 집단을 조직하거나 이에 가입 또는 그 구성원으로 활동한 사람은 그 목적한 죄에 정한 형으로 처벌한다. 다만, 형을 감경할 수 있다.

150
23경승

피고인들이 소매치기를 범할 목적으로 그 실행행위를 분담하기로 약정한 경우에 「형법」 제114조에서 정한 '범죄를 목적으로 하는 단체'로 인정되기 위해서는 계속적인 결합체로서 그 단체를 주도하거나 내부의 질서를 유지하는 최소한의 통솔체계를 갖추어야 한다.

> [해설] (○) (大判 1985.10.8. 85도1515; 大判 2020.8.20. 2019도16263). 〈주〉 다만 위 사안에서는 실행행위를 분담한 약정만으로는 통솔체계를 갖추지 못하였으므로 범죄단체로 인정되지 않는다고 보았다.
> [참고] 단체 - 조직 (○) 통솔체계 (○) - 보이스피싱 조직 판례 있음
> 집단 - 조직 (○) 통솔체계 (×) - 중고차 판매 외부사무실 판례 있음

151
23경승

사기범죄를 목적으로 구성된 다수인의 계속적인 결합체로서 총책을 중심으로 간부급 조직원들과 상담원들, 현금인출책 등으로 구성되어 내부의 위계질서가 유지되고 조직원의 역할 분담이 이루어지는 최소한의 통솔체계를 갖추고 있는 보이스피싱 사기조직은 「형법」상 범죄단체에 해당한다.

> [해설] (○) 피고인들의 보이스피싱 조직에 의한 사기범죄 행위가 범죄단체 활동에 해당한다(大判 2017.10.26. 2017도8600).

(2) 공공의 안전에 대한 죄

152
23해경사 [조문]

방화와 실화의 죄 중에는 구체적 위험범을 규정하고 있고, 구체적 위험의 내용으로는 '공공의 위험'만을 규정하고 있다.

> [해설] (×) 형법 제13장 방화와 실화의 죄에는 방화죄와 실화죄 외에 폭발성물건파열죄와 가스전기등방류죄도 규정되어 있는데, 이들 죄에는 '공공의 위험'이 아니라 '생명, 신체 또는 재산에 대한 위험'이 규정되어 있다. 따라서 형법 제13장 방화와 실화의 죄 중에서 구체적 위험범이 모두 '공공의 위험'만을 규정한 것은 아니다.

153
23해경사 [조문]

자기소유물에 대한 방화죄는 모두 구체적 위험범의 형태로 규정되어 있으며, 구체적 위험의 발생은 구성요건요소로서 고의의 인식대상이 된다.

> [해설] (○) 자기소유물에 대한 방화죄는 자기소유 일반건조물방화죄와 자기소유 일반물건방화죄가 있는데, 모두 '공공의 위험'을 요건으로 규정되어 있으며, 이는 구성요건이므로 고의의 인식대상이 된다.

154
23해경사 [조문]

연소죄는 자기소유물에 대한 방화가 확대되어 타인소유물 또는 현주건조물 등의 소훼라는 중한 결과를 야기한 경우를 처벌하기 위한 결과적 가중범이다

> [해설] (○) 형법 제168조 등 참조. → 진정결과적 가중범이므로, 고의의 기본범죄와 과실의 중한 결과의 결합범이다.

155
23경찰1 [조문]

공용건조물방화죄를 범할 목적으로 예비·음모한 후 목적한 죄의 실행에 이른 후에 수사기관에 자수한 경우 형을 감경하거나 면제할 수 있다.

> [해설] (○) [1] 형법 제175조(예비, 음모) 제164조 제1항, 제165조(공용건조물방화죄), 제166조 제1항, 제172조 제1항, 제172조의2 제1항, 제173조 제1항과 제2항의 죄를 범할 목적으로 예비 또는 음모한 자는 5년 이하의 징역에 처한다. 단 그 목적한 죄의 실행에 이르기 전에 자수한 때에는 형을 감경 또는 면제한다.
> [2] 형법 제52조(자수, 자복) ① 죄를 지은 후 수사기관에 자수한 경우에는 형을 감경하거나 면제할 수 있다.
> 〈주〉 실행착수 전에 자수하면 각칙상 필요적 감면이지만, 실행착수 후에 자수하면 총칙상 임의적 감면이다.

156
23군5 [조문]

자기의 소유에 속하는 물건이라도 압류 기타 강제처분을 받거나 타인의 권리 또는 보험의 목적물이 된 때에는 방화죄 적용에 있어서 타인의 물건으로 간주한다.

> 해설 (O) 자기 소유에 속하는 건조물 등이라도 보험 또는 압류 기타 강제처분을 받으면 타인의 건조물 등으로 간주된다(형법 제176조).

157
23경승 [조문]

사람이 현존하는 자동차에 방화한 경우에는 일반건조물등방화죄가 성립한다.

> 해설 (X) 현주건조물등방화죄의 객체는 주거로 사용하거나 사람이 현존하는 건조물, 기차, 전차, 자동차, 선박, 항공기 또는 광갱이다(제164조 제1항). 〈주〉 따라서 위 사안에서는 현주 "자동차" 방화죄 또는 현주건조물 "등" 방화죄가 성립한다.

158
23경찰1 [조문]

주거로 사용하지 않고 사람이 현존하지도 않는 타인 소유의 자동차를 불태웠으나 공공의 위험이 발생하지 않았다면 방화죄를 구성하지 않는다.

> 해설 (X) 타인소유 일반건조물 '등' 방화죄(형법 제166조 제1항)는 소훼의 결과만 있으면 족하고 공공의 위험의 발생을 요구하지 않는 추상적 위험범이다. 따라서 공공의 위험이 발생하지 않았더라도 방화죄를 구성한다.

159
23경찰1 [조문]

甲이 A를 살해할 의사로 A가 혼자 있는 건조물에 방화하였으나 A가 사망하지 않은 경우 현존건조물방화치사미수죄를 구성한다.

> 해설 (X) 부진정결과적가중범인 현주건조물방화치사죄의 경우 미수범처벌규정이 없다. 〈주〉 따라서 현주건조물방화죄와 살인미수죄의 상상적 경합범이다.

160
23군5

불이 매개물을 떠나 목적물에 옮겨 붙어 독립하여 연소할 수 있는 상태에 이르고서, 완전연소에 이르지 못하고 도중에 진화되었다면 방화죄는 미수가 된다.

> 해설 (×) 판례는 독립연소설의 입장으로서, 이에 의하면 불이 방화의 매개물을 떠나서 목적물에 옮겨 붙어 독립하여 연소를 계속할 수 있는 상태에 이르렀을 때 소훼가 있고 방화죄는 기수가 된다(大判 1983.1.18. 82도2341 등).

161
23군7

「집회 및 시위에 관한 법률」에 의하여 적법한 신고를 마치고 도로에서 집회나 시위를 하였다면, 당초 신고된 범위를 현저히 일탈하거나 집회조건을 중대하게 위반하여 도로교통을 방해함으로써 통행을 불가능하게 하거나 현저하게 곤란하게 하였더라도 도로교통법 위반죄 등이 성립할 수는 있으나 일반교통방해죄가 성립하지는 않는다.

> 해설 (×) 그 집회 또는 시위가 당초 신고된 범위를 현저히 일탈하거나 집시법 제12조에 의한 조건을 중대하게 위반하여 도로 교통을 방해함으로써 통행을 불가능하게 하거나 현저하게 곤란하게 하는 경우에는 일반교통방해죄가 성립한다(大判 2021.7.15. 2018도11349).

(3) 문서에 관한 죄

162
23법원

신탁자에게 아무런 부담이 지워지지 않은 채 재산이 수탁자에게 명의신탁된 경우에는 특별한 사정이 없는 한 재산의 처분 기타 권한행사에 관해서 수탁자가 자신의 명의사용을 포괄적으로 신탁자에게 허용하였다고 보아야 하므로, 신탁자가 수탁자 명의로 신탁재산의 처분에 필요한 서류를 작성할 때에 수탁자로부터 개별적인 승낙을 받지 않았더라도 사문서위조·동행사죄가 성립하지 않는다.

> 해설 (○) (大判 2022.3.31. 2021도17197).

163
23경찰2차

작성자가 '행사할 목적'으로 타인의 자격을 모용하여 문서를 작성하였다 하더라도, 문서행사의 상대방이 자격모용 사실을 알았다거나, 작성자가 그 문서에 모용한 자격과 무관한 직인을 날인하였다는 등의 사정이 있었다면 자격모용에 의한 사문서 작성죄의 범의와 행사의 목적은 인정되지 않는다.

[해설] (×) 자격모용사문서작성죄에서의 '행사할 목적'이라 함은 그 문서가 정당한 권한에 기하여 작성된 것처럼 다른 사람으로 하여금 오신하도록 하게 할 목적을 말한다고 할 것이다. 따라서 작성자가 '행사할 목적'으로 자격을 모용하여 문서를 작성한 이상 문서행사의 상대방이 자격모용 사실을 알았다거나, 작성자가 그 문서에 모용한 자격과 무관한 직인을 날인하였다는 등의 사정이 있다고 하여 달리 볼 것은 아니다(大判 2022. 6. 30. 2021도17712).
[참고] 행사할 목적으로 자격모용작성한 문서를 행사할 경우 – 문서행사의 상대방이 자격모용 사실을 알았던 경우 – 행사할 목적은 인정, 행사죄는 부정 〈구별을 요한다〉

164
23경채

사법경찰관 甲이 검사로부터 '교통사고 피해자들로부터 사고 경위에 대해 구체적인 진술을 청취하여 운전자 A의 도주 여부에 대해 재수사할 것'을 요청받고, 재수사 결과서의 '재수사 결과'란에 피해자들로부터 진술을 청취하지 않았음에도 진술을 듣고 그 진술내용을 적은 것처럼 기재한 행위는 허위공문서작성죄에 해당한다.

[해설] (○) (大判 2023.3.30. 2022도6886).

165
23법행

이사회를 개최함에 있어 공소외 이사들이 그 참석 및 의결권의 행사에 관한 권한을 甲에게 위임하였다면, 그 이사들이 실제로 이사회에 참석하지도 않았는데 마치 참석하여 의결권을 행사한 것처럼 甲이 이사회 회의록에 기재하였다 하더라도 甲에게 사문서위조 및 동행사죄가 성립하지 않는다.

[해설] (○) (大判 1985.10.22. 85도1732)

166
23경찰1

주식회사의 대표이사로부터 포괄적인 권한 행사를 위임받은 사람은 주식회사 명의의 문서 작성에 관하여 개별적·구체적으로 위임 또는 승낙을 받지 않더라도 주식회사 명의로 문서를 작성할 수 있으므로, 이를 두고 자격모용사문서작성 또는 위조에 해당하는 것으로 볼 수는 없다.

> **해설** (×) 대표이사로부터 포괄적으로 권한 행사를 위임받은 사람이 주식회사 명의로 문서를 작성하는 행위는 원칙적으로 권한 없는 사람의 문서 작성행위로서 자격모용사문서작성 또는 위조에 해당하고, 대표이사로부터 개별적·구체적으로 주식회사 명의의 문서 작성에 관하여 위임 또는 승낙을 받은 경우에만 예외적으로 적법하게 주식회사 명의로 문서를 작성할 수 있다(大判 2008.11.27. 2006도2016).

167
23해경위

「금융위원회의 설치 등에 관한 법률」 제29조, 제69조 제1항에서 정한 금융감독원 집행간부인 금융감독원장 명의의 문서를 위조, 행사한 행위는 사문서위조죄, 위조사문서행사죄에 해당한다.

> **해설** (×) 금융위원회법 제29조, 제69조 제1항에서 정한 금융감독원 집행간부인 금융감독원장 명의의 문서를 위조, 행사한 행위는 사문서위조죄, 위조사문서행사죄에 해당하는 것이 아니라 공문서위조죄, 위조공문서행사죄에 해당한다(大判 2021.3.11. 2020도14666).

168
23검7

인터넷을 통하여 열람·출력한 등기사항전부증명서 하단의 열람 일시 부분을 수정테이프로 지우고 복사한 행위는 등기사항전부증명서가 나타내는 권리·사실관계와 다른 새로운 증명력을 가진 문서를 만든 것에 해당하므로 공문서위조죄가 성립한다.

> **해설** (×) 인터넷을 통하여 열람 출력한 등기사항전부증명서 하단의 열람 일시 부분을 수정 테이프로 지우고 복사한 행위는 공문서 변조에 해당한다(大判 2021.2.25. 2018도19043).

169
23군5

문서의 작성 권한이 없는 甲이 문서에 타인의 서명을 기재한 경우, 일단 서명 등이 완성되었더라도 문서가 완성되지 않았다면 甲에게 서명 등의 위조죄는 성립하지 않는다.

> **해설** (×) 일단 서명 등이 완성된 이상 문서가 완성되지 아니한 경우에도 서명 등의 위조죄는 성립한다(大判 2011.3.10. 2011도503).

170
23법행

甲이 주민등록 담당공무원에게 행방불명된 A인 것처럼 허위신고하여 甲의 사진과 지문이 찍힌 A명의의 주민등록증을 발급받은 후, 이를 검문경찰관에게 제시한 경우에는 공문서부정행사죄를 구성한다.

해설 (O) 타인인 양 허위신고하여 자신의 사진과 지문이 찍힌 타인명의의 주민등록증을 발급받아 소지하다가 이를 검문경찰관에게 제시한 경우 공문서부정행사죄가 성립한다(大判 1982.9.28. 82도1297).

171
23경승

장애인사용자동차표지를 사용할 권한이 없는 사람이 실효된 '장애인전용주차구역 주차표지가 있는 장애인사용자동차표지'를 자신의 자동차에 단순히 비치하였으나 장애인전용주차구역이 아닌 장소에 주차한 경우 장애인사용자동차표지를 본래의 용도에 따라 사용했다고 볼 수 없으므로 공문서부정행사죄가 성립하지 않는다.

해설 (O) 사용권한자와 용도가 특정되어 있는 공문서를 사용권한 없는 자가 사용한 경우에도 그 공문서 본래의 용도에 따른 사용이 아닌 경우에는 공문서부정행사죄가 성립되지 아니한다(大判 2022.9.29. 2021도14514).

172
23법행

장애인사용자동차표지를 사용할 권한이 없는 사람이 장애인사용자동차에 대한 지원을 받을 것으로 합리적으로 기대되는 상황이 아니라 하더라도, 이를 자동차에 비치하여 마치 장애인이 사용하는 자동차인 것처럼 외부적으로 표시한 경우에는 공문서인 장애인사용자동차 표지를 부정행사한 것으로 보아야 할 것이다.

해설 (×) 장애인사용자동차표지를 사용할 권한이 없는 사람이 장애인전용주차구역에 주차하는 등 장애인사용자동차에 대한 지원을 받을 것으로 합리적으로 기대되는 상황이 아니라면 단순히 이를 자동차에 비치하였더라도 장애인사용자동차표지를 본래의 용도에 따라 사용했다고 볼 수 없어 공문서부정행사죄가 성립하지 않는다(大判 2022.9.29. 2021도14514).

173
23군7

전자적 방식에 의한 정보의 생성·처리·저장·출력을 목적으로 구축하여 설치·운영하는 시스템에 권한 없이 전자정보 처리사무를 방해하기에 적합한 허위의 정보를 입력하게 되면 특별한 사정이 없는 한 사전자기록위작·변작죄의 "사무처리를 그르치게 할 목적"이 인정된다.

> **해설** (×) 피고인이 비록 위 카페에 허위내용의 전자기록을 작성하여 게시하였다고 하여 그러한 점만으로 피고인에게 위 카페나 위 사이트의 설치·운영 주체의 사무처리를 그르치게 할 목적이 있었다고 단정하기도 어렵다(大判 2008.4.24, 2008도294).

174
23군7

'전자기록 등 특수매체기록'은 그 자체로서 객관적·고정적 의미를 가지면서 독립적으로 쓰이는 것을 의미한다.

> **해설** (×) 그 자체로서 객관적·고정적 의미를 가지면서 독립적으로 쓰이는 것이 아니라 개인 또는 법인이 전자적 방식에 의한 정보의 생성·처리·저장·출력을 목적으로 구축하여 설치·운영하는 시스템에서 쓰임으로써 예정된 증명적 기능을 수행하는 것은 전자기록에 포함된다(大判 2022.3.31, 2021도8900).

175
23법승5

피고인이 허위내용이 적힌 차용증을 바탕으로 제3자 소유 토지에 관한 가압류신청을 하여 등기소 직원으로 하여금 제3자를 채무자로 한 가압류등기를 마치게 한 경우, 토지등기부에 불실의 사실을 기록하게 한 것이므로 공전자기록 등 불실기재죄가 성립한다.

> **해설** (×) [1] 공전자기록 등 불실기재죄의 구성요건인 '불실의 사실기재'는 당사자의 허위신고에 의하여 이루어져야 하므로, 법원의 촉탁에 의하여 등기를 마친 경우에는 그 전제절차에 허위적 요소가 있더라도 위 죄가 성립하지 않는다. [2] 부동산가압류는 가압류재판에 관한 사항을 등기부에 기재하는 방법으로 법원이 집행하고 법원사무관 등이 등기를 촉탁한다(민사집행법 제293조). 피고인과 공모한 자가 허위 소명자료를 첨부하여 가압류신청을 함에 따라 제3자 소유 토지에 가압류결정이 내려졌더라도, 그에 따른 가압류등기는 법원이 하는 집행절차의 일환일 뿐 허위신고에 의하여 이루어진 것이 아니므로 토지등기부에 불실의 사실이 기재되었다고 볼 수 없다(大判 2022.1.13, 2021도11257).

176
23법승5

유한회사의 사원이 상법 등 법령에 정한 회사설립의 요건과 절차에 따라 회사설립등기를 함으로써 회사가 성립하였다고 볼 수 있는 경우, 회사로서의 인적·물적 조직 등 영업의 실질을 갖추지 않았다고 하더라도 법인등기부에 불실의 사실을 기록하게 한 것으로 볼 수 없으므로 공전자기록 등 불실기재죄가 성립하지 않는다.

해설 (○) (大判 2020.3.26. 2019도7729).

(4) 도박죄, 도박개장죄

177
23군7

도박에 해당하기 위하여서는 객관적으로 승패가 불확실할 것이 요구되는바, 승패 여부가 우연성의 사정에 의하여 영향을 받게 되지만 당사자의 능력이 승패의 결과에 영향을 미치는 때에는 도박죄가 성립할 수 없다.

해설 (×) 당사자의 능력이 승패의 결과에 영향을 미친다고 하더라도 다소라도 우연성의 사정에 의하여 영향을 받게 되는 때에는 도박죄가 성립할 수 있다(大判 2008.10.23. 2006도736).

178
23군7

도박공간을 개설한 자가 도박에 참가한 경우, 포괄하여 도박개장죄가 성립한다.

해설 (×) 형법 제247조의 도박개장죄는 영리의 목적으로 스스로 주재자가 되어 그 지배하에 도박장소를 개설함으로써 성립하는 것으로 도박죄와는 별개의 독립된 범죄이다(大判 2008.10.22. 2008도3970). 〈주〉 도박죄와 도박개장죄는 별죄가 된다.

04 국가적 법익

(1) 직무유기죄, 직권남용죄

179
23군7

공무원이 일단 직무집행의 의사로 직무를 수행하였더라도 직무집행의 내용이 위법한 경우에는 직무유기죄가 성립한다.

> 해설 (×) 직무집행의 의사로 자신의 직무를 수행한 경우에는 그 직무집행의 내용이 위법한 것으로 평가된다는 점만으로 직무유기죄의 성립을 인정할 것은 아니다(大判 2013.4.26. 2012도15257).

180
23경승

교육기관의 장이 징계의결을 집행하지 못할 법률상·사실상 장애가 없는데도 징계의결서를 통보받은 날로부터 법정 시한이 지나도록 집행을 유보하는 것이 직무에 관한 의식적인 방임이나 포기에 해당한다고 볼 수 있는 경우 직무유기죄가 성립하지 않는다.

> 해설 (×) 그러한 유보가 직무에 관한 의식적인 방임이나 포기에 해당한다고 볼 수 있는 경우에 한하여 직무유기죄가 성립한다고 보아야 한다(大判 2014.04.10. 2013도229).

181
23법행

직무유기죄는 공무원이 법령·내규 등에 의한 추상적 충근의무를 태만히 하는 일체의 경우에 성립하는 것이 아니라, 직무의 의식적인 포기 등과 같이 국가의 기능을 저해하고 국민에게 피해를 야기시킬 구체적 위험성이 있고 불법과 책임비난의 정도가 높은 법익침해의 경우에 한하여 성립한다.

> 해설 (○) (大判 2007.7.12. 2006도1390).

182

23법행

무단이탈로 인한 직무유기죄 성립 여부는 결근 사유와 기간, 담당하는 직무의 내용과 적시 수행 필요성, 결근으로 직무수행이 불가능한지, 결근 기간에 국가기능의 저해에 대한 구체적인 위험이 발생하였는지 등을 종합적으로 고려하여 신중하게 판단해야 한다.

[해설] (○) (大判 2022.6.30. 2021도8361).

183

23검7

직무집행의 기준과 절차가 법령에 구체적으로 명시되어 있고 실무 담당자에게도 직무집행의 기준을 적용하고 절차에 관여할 고유한 권한과 역할이 부여되어 있다면 공무원이 실무 담당자로 하여금 그러한 기준과 절차를 위반하여 직무집행을 보조하게 한 경우에는 '의무 없는 일을 하게 한 때'에 해당한다고 할 수 없으나, 공무원이 자신의 직무권한에 속하는 사항에 관하여 실무 담당자로 하여금 그 직무집행을 보조하는 사실행위를 하도록 하였다면 원칙적으로 '의무 없는 일을 하게 한 때'에 해당한다.

[해설] (×) 공무원이 자신의 직무권한에 속하는 사항에 관하여 실무 담당자로 하여금 그 직무집행을 보조하는 사실행위를 하도록 하더라도 이는 공무원 자신의 직무집행으로 귀결될 뿐이므로 원칙적으로 의무 없는 일을 하게 한 때에 해당한다고 할 수 없다. 그러나 직무집행의 기준과 절차가 법령에 구체적으로 명시되어 있고 실무 담당자에게도 직무집행의 기준을 적용하고 절차에 관여할 고유한 권한과 역할이 부여되어 있다면 실무 담당자로 하여금 그러한 기준과 절차를 위반하여 직무집행을 보조하게 한 경우에는 '의무 없는 일을 하게 한 때'에 해당한다(大判 2020.1.9. 2019도11698).

184

23해경위

직무유기교사죄는 피교사자인 공무원이 수인이라고 하더라도 1개의 직무유기교사죄만 성립한다.

[해설] (×) 직무유기교사죄는 피교사자인 공무원별로 1개의 죄가 성립되는 것이므로 피교사자인 공무원별로 사실을 특정할 수 있도록 공소사실을 기재하여야 한다(大判 1997.8.22. 95도984).
[참고] 보호법익이 아니라 사람 수로 죄수를 판단하는 경우 – 문서 또는 서명위조죄, 공무집행방해죄, 직무유기교사죄

(2) 뇌물죄

185
23경찰2차

공무원이 직무집행을 빙자하여 타인의 재물을 갈취한 경우 뇌물공여죄가 성립하지 않는다.

> **해설** (O) 공무원이 직무집행을 빙자하여 타인을 공갈하여 재산을 교부케한 경우에는 공갈죄만이 성립하고 금품제공자에 대하여 증뢰죄가 성립될 수 없다(大判 1969.7.22, 65도1166).
> [참고] 공무원이 공갈죄를 범한 경우 - 직무관련성 있으면 수뢰죄와 공갈죄의 상상적 경합범이고, 직무관련성이 없으면 공갈죄만 성립한다. - 직무를 '빙자'하였다는 것은 직무관련성이 없다는 뜻이다.

186
23경채

뇌물죄는 공여자의 출연에 의한 수뢰자의 영득의사의 실현으로서, 공여자의 특정은 직무행위와 관련이 있는 이익의 부담 주체라는 관점에서 파악하여야 할 것이므로, 금품이나 재산상 이익 등이 반드시 공여자와 수뢰자 사이에 직접 수수될 필요는 없다.

> **해설** (O) (大判 2020.9.24, 2017도12389). 〈주〉 새우젓을 공무원 명의로 발송한 사안이다.

187
23군9

뇌물죄는 공여자의 출연에 의한 수뢰자의 영득의사의 실현으로서 공여자의 특정은 직무행위와 관련이 있는 이익의 부담주체라는 관점에서 파악하여야 할 것이므로, 금품이나 재산상 이익 등이 반드시 공여자와 수뢰자의 사이에 직접 수수될 필요는 없다.

> **해설** (O) (大判 2020.9.24, 2017도12389). 〈주〉 공무원 명의로 새우젓을 배송하여 증뢰죄가 성립한 사안이다.

188
23군7

뇌물죄는 공여자의 출연에 의한 수뢰자의 영득의사의 실현으로서 공여자의 특정은 직무행위와 관련이 있는 이익의 부담주체라는 관점에서 파악하여야 할 것이므로, 금품이나 재산상 이익 등이 공여자와 수뢰자 사이에 직접 수수되지 아니하였다면 제3자뇌물수수죄가 성립할 수 있음을 별론으로 하고 특별한 사정이 없는 한 뇌물공여죄 및 뇌물수수죄는 성립하지 않는다.

> **해설** (×) [1] 뇌물죄는 공여자의 출연에 의한 수뢰자의 영득의사의 실현으로서, 공여자의 특정은 직무행위와 관련이 있는 이익의 부담 주체라는 관점에서 파악하여야 할 것이므로, 금품이나 재산상 이익 등이 반드시 공여자와 수뢰자 사이에 직접 수수될 필요는 없다. [2] 피고인 乙의 새우젓 출연에 의한 피고인 甲의 영득의사가 실현되어 형법 제129조 제1항의 뇌물공여죄 및 뇌물수수죄가 성립하고, 공여자와 수뢰자 사이에 직접 금품이 수수되지 않았다는 사정만으로 이와 달리 볼 수 없다(大判 2020.9.24, 2017도12389).

189

23경승

제3자뇌물수수죄에서 제3자란 행위자와 공동정범 및 교사범 이외의 사람을 말하고, 종범은 제3자에 포함될 수 있다.

[해설] (×) 제3자뇌물수수죄에서 제3자란 행위자와 공동정범 이외의 사람을 말하고, 교사자나 방조자도 포함될 수 있다. 그러므로 방조범에 관한 형법총칙의 규정이 적용되어 제3자뇌물수수방조죄가 인정될 수 있다(大判 2017.3.15. 2016도19659).
[참고] 증뢰자(갑), 수뢰자(을)과 다른 병이 있을 경우 - 병이 갑과 공동정범이면 갑과 병은 증뢰죄의 공동정범이고, 병이 갑에 대한 교사방조범이면 병은 제3자이므로 갑과 병은 증뢰물전달죄가 된다. 한편 병이 을과 공동정범이면 을과 병은 수뢰죄의 공동정범이고, 병이 을에 대한 교사방조범이면 병은 제3자이므로 을과 병은 제3자뇌물수수죄가 된다.

190

23해간

수뢰 후 부정처사죄는 반드시 뇌물수수 등의 행위가 완료된 이후에 부정한 행위가 이루어져야 함을 의미하는 것은 아니고, 결합범 또는 결과적 가중범 등에서의 기본행위와 마찬가지로 뇌물수수 등의 행위를 하는 중에 부정한 행위를 한 경우도 포함한다.

[해설] (○) '형법 제129조 및 제130조의 죄를 범하여'란 반드시 뇌물수수 등의 행위가 완료된 이후에 부정한 행위가 이루어져야 함을 의미하는 것은 아니고, 결합범 또는 결과적 가중범 등에서의 기본행위와 마찬가지로 뇌물수수 등의 행위를 하는 중에 부정한 행위를 한 경우도 포함하는 것으로 보아야 한다(大判 2021.2.4. 2020도12103).
[참고] 따라서 수뢰후 부정처사후 수뢰하면 수뢰후부정처사죄가 되고, 부정처사후 수뢰한 경우에만 부정처사후수뢰죄가 성립한다.

191

23법행

공무원 甲이 시의 도시과 구획정리계 측량기술원으로 근무하면서 다년간 환지측량업무에 종사하게 된 결과 얻은 지식과 경험을 기초로 체비지에 관한 공개경쟁 입찰에서 입찰예정가격이 대략 어느 정도 될 것이라고 추측한 내용을 乙에게 알려준 경우, 甲이 그 대가로 乙로부터 이익을 받기로 약속하였다고 하더라도 그 이익을 뇌물죄에서 말하는 직무에 관련된 대가라고 보기 어렵다.

[해설] (○) (大判 1983.3.22. 82도1922).

192
23법행

경찰공무원이 슬롯머신 영업에 5천만 원을 투자하여 매월 3백만 원을 배당받기로 약속한 후 35회에 걸쳐 1억 5백만 원을 교부받은 경우, 1억 5백만 원은 그 자체가 뇌물이 되는데, 다만 실제의 뇌물의 액수는 5천만 원을 투자함으로써 얻을 수 있는 통상적인 이익을 초과한 금액이라고 보아야 한다.

[해설] (O) (大判 1995.6.30. 94도993). 〈주〉 원금과 이자 상당을 초과한 금액이 실제 뇌물액수이다.

193
23군7

공무원이 그 직무의 대상이 되는 사람으로부터 금품 기타 이익을 받았다면 설령 그것이 사회상규에 비추어 볼 때에 의례상의 대가에 불과한 것이라고 여겨지거나 개인적인 친분관계가 있어서 교분상의 필요에 의한 것이라고 인정할 수 있더라도 직무관련성이 인정된다.

[해설] (×) 공무원이 그 직무의 대상이 되는 사람으로부터 금품 기타 이익을 받은 때에는 사회상규에 비추어 볼 때에 의례상의 대가에 불과한 것이라고 여겨지거나, 개인적인 친분관계가 있어서 교분상의 필요에 의한 것이라고 명백하게 인정할 수 있는 경우 등 특별한 사정이 없는 한 직무와의 관련성이 없는 것으로 볼 수 없다(大判 2001.10.12. 2001도3579).

194
23군7

「형법」제131조 제1항이 규정한 수뢰후부정처사죄의 구성요건 중 "공무원 또는 중재인이 「형법」제129조 및 제130조의 죄를 범하여 부정한 행위"를 하는 것에는 뇌물수수 등의 행위를 하는 중에 부정한 행위를 한 경우는 포함되지 않는다.

[해설] (×) '형법 제129조 및 제130조의 죄를 범하여'란 반드시 뇌물수수 등의 행위가 완료된 이후에 부정한 행위가 이루어져야 함을 의미하는 것은 아니고, 결합범 또는 결과적 가중범 등에서의 기본행위와 마찬가지로 뇌물수수 등의 행위를 하는 중에 부정한 행위를 한 경우도 포함하는 것으로 보아야 한다(大判 2021.2.4. 2020도12103).

195
23군7

공무원 갑이 비공무원 을과 공동으로 뇌물을 수수하기로 공모한 후 공모 내용에 따라 을이 금품이나 이익을 수수하였는데 뇌물의 성질상 을이 이를 사용하거나 소비할 것이고 갑이 금품이나 이익의 규모나 정도 등에 대하여 알지 못하고 있었던 경우, 갑은 그 금품이나 이익 전부에 관하여 뇌물수수죄의 공동정범으로 처벌된다.

> [해설] (O) 뇌물수수죄의 공범들 사이에 직무와 관련하여 금품이나 이익을 수수하기로 하는 명시적 또는 암묵적 공모관계가 성립하고 공모 내용에 따라 공범 중 1인이 금품이나 이익을 주고받았다면, 특별한 사정이 없는 한 이를 주고받은 때 그 금품이나 이익 전부에 관하여 뇌물수수죄의 공동정범이 성립하고, 금품이나 이익의 규모나 정도 등에 대하여 사전에 서로 의사의 연락이 있거나 금품 등의 구체적 금액을 공범이 알아야 공동정범이 성립하는 것은 아니다(大判 2019. 8. 29. 2018도13792 전합).

196
23군9

피고인이 택시를 타고 떠나려는 순간 뒤쫓아 와서 돈뭉치를 창문으로 던져넣고 가버려 의족을 한 불구의 몸인 피고인으로서는 도저히 뒤따라가 돌려줄 방법이 없어 부득이 그대로 귀가하였다가 다음날 바로 사람을 시켜 이를 반환한 경우 피고인에게는 뇌물을 수수할 의사가 있었다고는 볼 수 없다.

> [해설] (O) (大判 1979.7.10. 79도1124).

(3) 공무집행방해죄

197
23해간 [조문]

단순히 장래의 직무집행을 예상하여 폭행·협박을 가하는 행위는 공무집행방해죄에 해당하지 않는다.

> [해설] (O) 직무를 집행하는 공무원에 대하여 폭행 또는 협박한 자는 5년 이하의 징역 또는 1천만원 이하의 벌금에 처한다(형법 제136조 제1항).

198
23해간

민원상담 시도 종료 이후 소란을 피우고 있는 민원인을 사무실에서 퇴거시키는 등의 후속조치는 민원안내 업무와 관련된 직무수행이라고 할 수 없다.

해설 (×) 피고인의 욕설과 소란으로 인해 정상적인 민원 상담이 이루어지지 아니하고 다른 민원 업무 처리에 장애가 발생하는 상황이 지속되자 피고인을 사무실 밖으로 데리고 나간 행위는 민원 안내 업무와 관련된 일련의 직무수행으로 포괄하여 파악함이 상당하다(大判 2022.3.17. 2021도13883). 〈주〉 시청 청사에서 소란을 피우던 피고인을 제지하며 밖으로 데리고 나가려는데 폭행한 사안으로 공무집행방해죄가 성립한다.

199
23해경위

경찰관이 도로를 순찰하던 중 벌금 미납으로 수배된 피고인과 조우(遭遇)하여 형집행장을 소지하지 아니한 채 급속을 요하여 그에게 형집행 사유와 더불어 형집행장이 발부되어 있는 사실을 고지하고 벌금 미납으로 인한 노역장 유치의 집행을 위해 구인하려 하였는데, 피고인이 이에 저항하여 그 경찰관을 폭행한 경우 공무집행방해죄가 성립한다.

해설 (○) (大判 2017.9.26. 2017도9458). 〈주〉 형집행장 발부 사실을 고지하지 않은 경우에는 위법한 직무집행이 되고 고지한 경우라면 적법한 공무집행이 된다.

200
23해경위

피고인이 지구대 내에서 약 1시간 이상 경찰관에게 큰소리로 욕을 하고 의자에 드러눕거나 다른 사람들에게 시비를 걸고, 경찰관들이 피고인을 내보낸 뒤 문을 잠그자 다시 들어오기 위해 출입문을 계속해서 두드리는 등 소란을 피운 경우 공무원에 대한 간접적인 유형력의 행사로 볼 수 있어 공무집행방해죄가 성립할 수 있다

해설 (○) (大判 2013.12.26. 2013도11050). 〈주〉 심리적 간접적 폭행이다.

201
23검7

경찰관의 체포행위가 적법한 공무집행을 벗어나 불법하게 체포한 것으로 볼 수밖에 없다면, 피의자가 그 체포를 면하려고 반항하는 과정에서 경찰관을 폭행한 것은 불법체포로 인한 신체에 대한 현재의 부당한 침해에서 벗어나기 위한 행위이므로, 그 피의자의 공무집행방해는 정당방위로서 위법성이 조각된다.

> [해설] (×) 피고인을 체포한 행위는 현행범인 체포의 요건을 갖추지 못하여 적법한 공무집행이라고 볼 수 없으므로 공무집행방해죄의 구성요건을 충족하지 아니한다(大判 2011.5.26. 2011도3682).
> [참고] 공무를 방해하는 폭행으로 상해를 입힌 경우 – 공무집행방해상해죄는 규정이 없으므로 공무집행방해죄와 상해죄의 상상적 경합범이 성립한다.
> 이때 공무가 위법한 경우라면 – 공무집행방해죄는 구성요건해당성이 조각되고, 상해죄는 정당방위로서 위법성이 조각된다.

202
23군5

미결수용자 甲이 변호사 6명을 고용하여 총 51회에 걸쳐 변호인접견을 가장해 변호사들로 하여금 甲의 개인적 업무와 심부름을 하도록 하고, 소송서류 외의 문서를 수수한 경우 변호인접견업무 담당 교도관의 직무집행을 대상으로 한 위계에 의한 공무집행방해죄가 성립한다.

> [해설] (×) 미결수용자와 변호인 간의 서신은 교정시설에서 상대방이 변호인임을 확인할 수 없는 경우를 제외하고는 검열할 수 없고, 변호인이 접견에서 미결수용자와 어떤 '내용'의 서류를 주고받는지 또는 어떤 대화를 나누는지는 교도관의 감시, 단속의 대상이 아니다. 따라서 이러한 행위들만으로는 교도관들에 대한 위계에 해당한다거나 그로 인해 교도관의 직무집행이 구체적이고 현실적으로 방해되었다고 할 수 없다(大判 2022. 6. 30. 2021도244).
> [참고] 위계공무방해죄가 성립하는 경우로는 ① 공무원이 주체인 경우, ② 공적증명서를 사용한 경우(호구부, 관청승인서, 여권 등), ③ 변호사접견을 이용한 휴대폰 사용, ④ 공적 시험에서 부정행위를 한 경우, ⑤ 타인의 혈액, 소변, 진단서를 제출하여 충분한 심사로도 잘못된 처분이 나온 경우, ⑥ 입찰, 계약 등의 사경제활동을 침해한 경우 등이 있다.
> ㉠ 변호인접견을 이용하여 휴대폰을 사용하게 한 경우는 위계 공무방해죄가 성립하나,
> ㉡ 변호인접견을 이용하여 교정시설 밖에서의 심부름을 시킨 경우에는 죄가 성립하지 않는다.

203
23군7

변호사 갑이 피의자 A에 대한 사건을 변호할 것처럼 가장하여 접견허가를 받아 접견했는데 갑의 접견이 변호인에 의한 변호활동이라는 외관만을 갖추었을 뿐 실질적으로는 형사사건의 방어권 행사가 아닌 다른 주된 목적이나 의도를 위한 행위로서 접견교통권 행사의 한계를 일탈한 것에 해당하는 경우, 갑은 위계로써 교도관의 변호인 접견 관리 등에 관한 직무집행을 방해한 것이다.

[해설] (×) 피고인의 변호인 접견교통권 행사가 한계를 일탈한 규율위반행위에 해당하더라도 그러한 행위가 구체적인 직무집행을 저지하거나 현실적으로 곤란하게 하는 데까지는 이르지 않은 경우에는 위계에 의한 공무집행방해죄로 처벌할 수 없다(大判 2022. 6. 30. 2021도244).

204
23군7

법령이 교정시설에 녹음·녹화 등을 할 수 있는 전자장비의 반입을 금지하고 있고 교도관에게 그러한 금지물품의 반입 등을 방지하기 위하여 물품을 검사·단속할 일반적인 직무상 권한과 의무가 인정되는데 수용자가 아닌 갑이 녹음·녹화장비를 교도관 몰래 교정시설 내로 반입한 경우, 갑은 교도관의 검사·단속업무를 위계로써 방해한 것이다.

[해설] (×) 수용자가 아닌 사람이 위와 같은 금지물품을 교정시설 내로 반입하였다면 교도관의 검사·단속을 피하여 단순히 금지규정을 위반하는 행위를 한 것일 뿐 이로써 위계에 의한 공무집행방해죄가 성립한다고 할 수는 없다(大判 2022. 4. 28. 2020도8030).

205
23군7

지방의회 의원 갑 등이 A를 의회 의장으로 추대하기로 합의하고 투표용지에 가상의 구획을 설정하고 각 의원별로 기표할 위치를 미리 정하여 합의대로 투표하지 않은 의원이 누구인지 사후적으로 확인할 수 있도록 한 후 무기명 비밀투표의 형식으로 이루어지는 의장 투표에 참여하였는데 합의에 반하는 투표를 한 의원이 누구이고 어떻게 이를 확인하고 어떠한 제재를 가할 것인지 등에 대한 합의는 없었던 경우, 갑은 투표를 관리한 임시의장의 무기명 투표 관리에 관한 직무집행을 방해한 것이다.

[해설] (×) 구 의회 임시의장의 무기명투표 관리에 관한 직무집행을 방해한 것으로 평가할 수는 없다(大判 2021. 4. 29. 2018도18582). 〈주〉 서로 합의한 방식대로 투표를 한 것만으로는 무기명투표 원칙 위반이 아니고, 지방자치법상 처벌규정도 없으므로 공무방해결과가 부정되었다.

206
23군9

공무원들이 행정대집행법이 정한 계고 및 대집행영장에 의한 통지절차를 거치지 아니한 채 서울 광장에 무단설치된 천막의 철거대집행에 착수하였고, 이에 피고인들이 몸싸움을 하거나 천막을 붙잡고 이를 방해한 경우, 위 철거 대집행은 구체적 직무집행에 관한 법률상 요건과 방식을 갖추지 못한 것으로서 적법성이 결여되었으므로 특수공무집행방해죄는 성립되지 않는다.

해설 (○) (大判 2010.11.11. 2009도11523).

207
23경찰1

공용서류등무효죄의 '공무소에서 사용하는 서류 기타 전자기록'에는 공문서로서의 효력이 생기기 이전의 서류, 정식의 접수 및 결재 절차를 거치지 않은 문서, 결재 상신 과정에서 반려된 문서도 포함된다.

해설 (○) (大判 2020.12.10. 2015도19296).

208
23경찰1

공무상표시무효죄는 공무원이 그 직무에 관하여 실시한 봉인 또는 압류 기타 강제처분의 표시를 적극적으로 손상·은닉하거나 기타 방법으로 그 효용을 해하는 것을 요건으로 하므로, 부작위에 의한 방법으로는 공무상표시무효죄를 범할 수 없다.

해설 (×) 부작위에 의한 공무상표시무효죄의 성립을 인정할 수 있다(大判 2005.7.22. 2005도3034). 〈주〉 훼손하면 작위범이고 훼손되는 것을 방치하면 부작위범이다. 따라서 부진정부작위범이다.

209
23해경3차

항만청 직원 甲과 乙은 선박침몰사건과 관련하여 검찰로부터 관련서류의 제출을 요구받자, 선장으로부터 정원초과 운항확인서를 받았으면서도 아무런 조치를 취하지 않은 사실과 관련하여 처벌을 받을 것을 두려워한 나머지 그 정원초과 운항확인서를 몰래 빼내어 소각한 후 선박의 안전점검을 실시하지 아니한 채, 이를 실시한 것처럼 여객안전점검표를 작성하여 사무실에 비치하였다. 이때 甲과 乙은 공용서류무효죄의 죄책과 더불어 허위공문서작성죄와 동행사죄가 성립할 수 있다.

해설 (○) (大判 1995.9.29. 94도2608).

(4) 도주죄, 범인은닉죄, 증거인멸죄

210
23해경사

범인도피죄는 범인을 도피하게 함으로써 기수에 이름과 동시에 범죄행위도 종료되는 즉시범이다.

> [해설] (×) 범인도피죄는 범인을 도피하게 함으로써 기수에 이르지만 범인도피행위가 계속되는 동안에는 범죄행위도 계속되고 행위가 끝날 때 비로소 범죄행위가 종료된다(大判 1995.9.5. 95도577). 〈주〉 범인도피죄는 계속범이라는 뜻이다.

211
23해경위

사실혼관계에 있는 자가 범인 본인을 위하여 증거를 인멸한 경우, 친족간의 특례(「형법」제155조 제4항)가 적용되지 않아 증거인멸죄로 처벌된다.

> [해설] (○) 사실혼관계에 있는 자는 민법 소정의 친족이라 할 수 없어 위 조항에서 말하는 친족에 해당하지 않는다(大判 2003.12.12.. 2003도4533).
> [참고] 사실상 친족을 친족에 포함시키는 경우는 유기죄, 강간죄, 강요된 행위가 있다.

212
23법원

형법 제155조 제1항의 증거위조죄에서 말하는 '증거'란 타인의 형사사건 또는 징계사건에 관하여 수사기관이나 법원 또는 징계기관이 국가의 형벌권 또는 징계권의 유무를 확인하는 데 관계있다고 인정되는 일체의 자료를 뜻한다. 따라서 범죄 또는 징계사유의 성립 여부에 관한 것뿐만 아니라 형 또는 징계의 경중에 관계있는 정상을 인정하는 데 도움이 될 자료까지도 본조가 규정한 증거에 포함된다.

> [해설] (○) (大判 2021.1.28. 2020도2642).

213
23검7

'도피하게 하는 행위'란 은닉을 포함하여 범인에 대한 수사, 재판, 형의 집행 등 형사사법의 작용을 곤란하게 하거나 불가능하게 하는 일체의 행위를 말한다.

> [해설] (×) 범인도피죄에서 '도피하게 하는 행위'는 은닉 이외의 방법으로 범인에 대한 수사, 재판 및 형의 집행 등 형사사법 작용을 곤란 또는 불가능하게 하는 일체의 행위로서 그 수단과 방법에는 아무런 제한이 없다(大判 2011.04.28. 2009도3642).

214
23법승5

형법 제155조 제4항은 "친족 또는 동거의 가족이 본인을 위하여 증거인멸죄를 범한 때에는 처벌하지 아니한다."고 규정하고 있는데, 친족이나 동거의 가족이 본인을 위하여 증거인멸을 한 경우에는 그것이 동시에 제3자의 형사사건과 관계가 있고 그 제3자를 위하여 한 것이기도 하더라도 위 친족간의 특례조항이 적용되어 증거인멸죄가 성립하지 않는다.

> [해설] (×) 친족이 범인을 위하여 증거인멸한 경우에는 친족간특례가 적용되어 책임이 조각된다. 그러나 제3자를 위한 증거인멸은 친족간특례가 적용되지 않기 때문에 책임이 조각되지 않고 증거인멸죄가 성립한다.

(5) 위증죄, 무고죄

215
23경간

증인신문절차에서 법률에 규정된 증인 보호를 위한 규정이 지켜진 것으로 인정되지 않은 경우라도, 당해 사건에서 증인보호에 사실상 장애가 초래되었다고 볼 수 없는 경우에까지 예외 없이 위증죄의 성립이 부정되는 것은 아니다.

> [해설] (○) (大判 2010.1.21. 2008도942 전합).
> [참고] 형사재판에서 증언거부권을 고지하지 않은 경우 – ㉠ 증언거부권행사에 사실상 장애가 초래되었다면 위증죄가 부정되고, ㉡ 증언거부권행사에 사실상 장애가 초래되지 않았다면 위증죄가 인정된다.

216
23해경사

민사소송절차에서 증인이 선서 후 증인진술서에 기재된 구체적인 내용에 관하여 진술함이 없이 단지 그 증인진술서에 기재된 내용이 사실대로라는 취지의 진술만을 한 경우, 그것이 증인진술서에 기재된 내용 중 특정 사항을 구체적으로 진술한 것과 같이 볼 수 있는 등의 특별한 사정이 없는 한 기재된 내용에 일부 허위가 있다고 하더라도 위증죄가 성립하지 아니한다.

> [해설] (○) (大判 2010.5.13. 2007도1397).

217
23경간

성폭행 등의 피해를 입었다는 신고사실에 관하여 불기소처분 내지 무죄판결이 내려졌다고 하여, 그 자체를 무고를 하였다는 적극적인 근거로 삼아 신고내용을 허위라고 단정하여서는 아니 된다.

> [해설] (○) (大判 2019.7.11. 2018도2614).

218
23해경위

무고의 고의로 신고내용이 허위라고 믿고 신고하였으나 우연히 그 신고내용이 객관적 진실에 부합하는 경우, 무고죄가 성립하지 않는다.

> 해설 (○) 신고자가 그 신고내용을 허위라고 믿었다 하더라도 그것이 객관적으로 진실한 사실에 부합할 때에는 허위사실의 신고에 해당하지 않아 무고죄는 성립하지 않는다(大判 1991.10.11. 91도1950). 〈주〉 무고죄의 허위는 객관설에 따라서 평가한다.

219
23군7

수사기관에 특정되지 않은 성명불상자를 처벌할 것을 요구하는 취지의 고소장을 제출한 경우, 공무원에게 무익한 수고를 끼치는 일은 있어도 심판 자체를 그르치게 할 염려가 없으며 피무고자를 해할 수도 없어서 무고죄가 성립하지 않는다.

> 해설 (○) (大判 2022.9.29. 2020도11754).

220
23군7 [조문]

허위사실을 신고하여 타인을 무고한 자가 자신이 신고한 사건을 다루는 기관에 출석하거나 그 사건을 다루는 재판부에 증인으로 출석하여 자신의 신고가 허위의 사실이었음을 고백을 하는 경우는 물론 무고사건의 피고인 또는 피의자로서 법원이나 수사기관에서의 신문에 의한 고백을 하는 경우에도 「형법」 제157조, 제153조를 적용하여 그에 대하여 무고죄의 형을 감경 또는 면제한다.

> 해설 (○) 무고 사건의 피고인 또는 피의자로서 법원이나 수사기관에서의 신문에 의한 고백 또한 자백의 개념에 포함된다(大判 2023.3.16. 2022도15197). 〈주〉 무고죄는 재판확정 전 자수 또는 자백을 한 경우 형이 필요적 감면된다.

221
23군7

갑이 을을 형사처분 받도록 하기 위하여 허위고소를 하였으나 애초부터 수사기관의 고소인 출석 요구에 응하지 않아서 그 단계에서 수사가 중지되고 고소가 각하되도록 할 의도였던 경우, 갑에게 무고죄가 성립한다.

> [해설] (O) 그러한 허위 사실이 기재된 고소장을 수사기관에 제출하도록 한 이상 피고인들에게는 그 피고소인들이 그로 인하여 형사처분을 받게 될 수도 있다는 점에 대한 인식이 있었다고 보아야 하고, 또 그 고소장 접수 당시에 이미 국가의 형사사법권의 적정한 행사가 저해될 위험도 발생하였다고 보아야 한다(大判 2006.8.25. 2006도3631).

222
23군9

군인에 대한 무고죄의 경우 공무소 또는 공무원에 대한 신고는 반드시 해당 군인에 대하여 징계처분 또는 형사처분을 심사 결행할 직권 있는 소속 상관에게 직접 하여야 하는 것은 아니지만, 지휘명령 계통이나 수사관할 이첩을 통하여 그런 권한 있는 상관에게 도달되어야 무고죄가 성립한다.

> [해설] (O) 피고인이 군인에 관한 '쌀군납 사건 및 진급로비 사건'을 포항지청에 알린 행위가 무고죄에 해당하기 위해서는 그 자료가 수사관할 이첩 등을 통하여 무고의 대상인 군인에 대하여 수사권한이 있는 국방부 조사본부 등에 도달한 사실이 인정되어야 한다(大判 2014.12.24. 2012도4531).

김원욱 형법 최신기출 총정리

cafe.daum.net/policewon

제1부
부록
2024 법원행시

001 2024년 법원행시

손괴의 죄에 관한 다음 설명 중 가장 옳지 않은 것은? (다툼이 있는 경우 판례에 의함)

① 재건축조합이 조합원들을 상대로 재건축사업 대상 아파트에 관한 소유권이전등기 및 인도 청구 소송을 제기하여 제1심에서 가집행선고부 승소판결이 선고되었고, 위 조합의 조합장 등이 제1심 판결에 기하여 위 아파트에 관한 부동산 인도집행을 완료한 후 이를 철거한 경우 그 철거 전에 관할구청장에게 신고를 하지 않았다고 하더라도 이는 형법 제20조에서 정한 정당행위로서 재물손괴의 공소사실은 범죄로 되지 아니하는 경우에 해당한다.
② 甲이 乙로부터 전세금을 받고 영수증을 작성·교부한 다음 乙에게 위 전세금을 반환하겠다고 말하여 乙로부터 위 영수증을 교부받고 나서 전세금을 반환하기 전에 이를 찢어버렸다고 하더라도 위 영수증은 甲의 점유 하에 있었으므로, 문서손괴죄가 성립하지 않는다.
③ 재건축사업으로 철거 예정이고 입주자들이 모두 이사하여 아무도 거주하지 않은 채 비어 있는 아파트라고 하더라도, 그 객관적 성상이 본래 사용 목적인 주거용으로 쓰일 수 없는 상태라거나 재물로서의 이용가치나 효용이 없는 물건이라고 할 수 없는 이상 재물손괴죄의 객체가 될 수 있다.
④ 형법 제370조에서 말하는 경계는 반드시 법률상의 정당한 경계를 말하는 것이 아니고 비록 법률상의 정당한 경계에 부합되지 아니하는 경계라고 하더라도 이해관계인들의 명시적 또는 묵시적 합의에 의하여 정하여진 것이면 이는 이 법조에서 말하는 경계라고 할 것이다.
⑤ 자동문을 자동으로 작동하지 않고 수동으로만 개폐가 가능하게 하여 자동잠금장치로서 역할을 할 수 없도록 한 경우에도 재물손괴죄가 성립한다.

해설 ① (○) (大判 2010.2.25. 2009도8473) 〈주〉 법원 판결에 의한 철거는 정당행위이다.
② (×) 문서손괴죄의 객체는 타인소유의 문서이며 피고인 자신의 점유하에 있는 문서라 할지라도 타인소유인 이상 이를 손괴하는 행위는 문서손괴죄에 해당한다(大判 1984.12.26. 84도2290).
③ (○) (大判 2007.9.20. 2007도5207).
④ (○) (大判 1999.4.9. 99도480).
⑤ (○) (大判 2016.11.25. 2016도9219).

정답 ②

002 2024년 법원행시

다음 설명 중 가장 옳지 않은 것은? (다툼이 있는 경우 판례에 의함)

① 일반교통방해죄는 일반 공중의 교통안전을 보호법익으로 하는 범죄로서 육로 등을 손괴 또는 불통하게 하는 경우뿐만 아니라 그 밖의 방법으로 교통을 방해하여 통행을 불가능하게 하거나 현저하게 곤란하게 하는 일체의 행위를 처벌하는 것을 목적으로 하는데, 여기에서 '육로'라 함은 일반 공중의 왕래에 공용된 장소, 즉 특정인에 한하지 않고 불특정 다수인 또는 차마가 자유롭게 통행할 수 있는 공공성을 지닌 장소를 말한다.

② 집회와 시위의 자유는 헌법상 보장된 국민의 기본권이므로 형법상 일반교통방해죄를 집회와 시위의 참석자에게 적용할 경우에는 집회와 시위의 자유를 부당하게 제한하는 결과가 발생할 우려가 있으므로, 도로에서 집회와 시위를 하는 과정에서 일반 공중의 교통안전을 침해하는 등 교통방해행위를 수반하였더라도 일반교통방해죄는 성립할 수 없다.

③ 일반교통방해죄는 이른바 추상적 위험범으로서 교통이 불가능 하거나 또는 현저히 곤란한 상태가 발생하면 바로 기수가 되고 교통방해의 결과가 현실적으로 발생하여야 하는 것은 아니다.

④ 현주건조물방화죄는 화력이 매개물을 떠나 목적물인 건조물 스스로 연소할 수 있는 상태에 이름으로써 기수가 된다.

⑤ 피고인들이 피해자들의 재물을 강취한 후 그들을 살해할 목적으로 현주건조물에 방화하여 사망에 이르게 한 경우 피고인들의 위 행위는 강도살인죄와 현주건조물방화치사죄에 모두 해당하고 그 두 죄는 상상적 경합범관계에 있다.

해설
① (○) (大判 2019.4.23. 2017도1056).
② (×) 집회나 시위의 경우에도 교통방해 행위를 수반한다면 특별한 사정이 없는 한 일반교통방해죄가 성립할 수 있다(大判 2018.5.11. 2017도9146).
③ (○) (大判 2018.5.11. 2017도9146).
④ (○) (大判 1970.3.24. 70도330).
⑤ (○) 강도살인죄와 현주건조물방화치사죄의 상상적 경합범이다(大判 1998.12.8. 98도3416).

정답 ②

003 2024년 법원행시

간접정범에 관한 다음 설명 중 가장 옳지 않은 것은? (다툼이 있는 경우 판례에 의함)

① 자기에게 유리한 판결을 얻기 위하여 소송상의 주장이 사실과 다름이 객관적으로 명백하거나 증거가 조작되어 있다는 정을 인식하지 못하는 제3자를 이용하여 그로 하여금 소송의 당사자가 되게 하고 법원을 기망하여 소송 상대방의 재물 또는 재산상 이익을 취득하고자 하여 그 승소판결을 확정 받게 한 경우, 간접정범의 형태에 의한 소송사기죄가 성립할 수 있다.
② 강제추행에 관한 간접정범의 의사를 실현하는 도구로서의 타인에는 피해자도 포함될 수 있으므로, 피해자를 도구로 삼아 피해자의 신체를 이용하여 추행행위를 한 경우에도 강제추행죄의 간접정범에 해당할 수 있다.
③ 공무원 아닌 자가 관공서에 허위 내용의 증명원을 제출하여 그 내용이 허위인 정을 모르는 담당공무원으로부터 그 증명원 내용과 같은 증명서를 발급받은 경우 공문서위조죄의 간접정범이 성립한다.
④ 공문서의 작성권한이 있는 공무원의 직무를 보좌하는 자가 그 직위를 이용하여 행사할 목적으로 허위의 내용이 기재된 문서 초안을 그 정을 모르는 상사에게 제출하여 결재하도록 하는 등의 방법으로 작성권한이 있는 공무원으로 하여금 허위의 공문서를 작성하게 한 경우에는 허위공문서작성죄의 간접정범이 성립하고, 이와 공모한 자 역시 그 간접정범의 공범으로서의 죄책을 진다.
⑤ 수표의 발행인 아닌 자는 부정수표단속법 제4조가 정한 거짓신고죄의 주체가 될 수 없고, 거짓신고의 고의 없는 발행인을 이용하여 간접정범의 형태로 거짓신고죄를 범할 수도 없다.

해설
① (O) (大判 2007.9.6. 2006도3591).
② (O) (大判 2018.2.8. 2016도17733).
③ (×) 공문서위조죄의 간접정범으로 의율할 수는 없다(大判 2001.3.9. 2000도938). 〈주〉권한 있는 공무원 명의로 공문서가 발급되었으므로 위조죄는 성립할 수 없다.
④ (O) (大判 1986.8.19. 85도2728).
⑤ (O) (大判 1992.11.10. 92도1342).

[정답] ③

004 2024년 법원행시

다음 설명 중 가장 옳지 않은 것은? (다툼이 있는 경우 판례에 의함)

① 형의 선고유예를 받은 날로부터 2년을 경과한 때에는 면소된 것으로 간주한다.
② 형의 선고를 유예하는 경우 보호관찰을 받을 것을 명할 수 있는데, 그 경우 보호관찰의 기간은 2년 이하의 범위에서 법원이 재량에 따라 정할 수 있다.
③ 형법 제59조 제1항은 "1년 이하의 징역이나 금고, 자격정지 또는 벌금의 형을 선고할 경우에 제51조의 사항을 고려하여 뉘우치는 정상이 뚜렷할 때에는 그 형의 선고를 유예할 수 있다. 다만, 자격정지 이상의 형을 받은 전과가 있는 사람에 대해서는 예외로 한다."라고 규정하고 있는데, 형법 제39조 제1항에 따라 형법 제37조 후단 경합범 중 판결을 받지 아니한 죄에 대하여 형을 선고하는 경우 형법 제37조 후단에 규정된 '금고 이상의 형에 처한 판결이 확정된 죄'의 형도 형법 제59조 제1항 단서에서 규정한 '자격정지 이상의 형을 받은 전과'에 포함된다.
④ 형의 집행유예를 선고받은 사람이 형법 제65조에 의하여 그 선고가 실효 또는 취소됨이 없이 정해진 유예기간을 무사히 경과하여 형의 선고가 효력을 잃게 되었더라도, 이는 형의 선고의 법적 효과가 없어질 뿐이고 형의 선고가 있었다는 기왕의 사실 자체까지 없어지는 것은 아니므로, 그는 형법 제59조 제1항 단서에서 정한 선고유예 결격사유인 '자격정지 이상의 형을 받은 전과가 있는 사람'에 해당한다고 보아야 한다.
⑤ 형의 선고유예를 받은 자가 유예기간 중 자격정지 이상의 형에 처한 판결이 확정되거나 자격정지 이상의 형에 처한 전과가 발견된 때에는 유예한 형을 선고한다.

[해설] ① (O) 형법 제60조.
② (×) 형법 제59조의2(보호관찰) ① 형의 선고를 유예하는 경우에 재범방지를 위하여 지도 및 원호가 필요한 때에는 보호관찰을 받을 것을 명할 수 있다. ② 제1항의 규정에 의한 보호관찰의 기간은 <u>1년</u>으로 한다.
③ (O) (大判 2010.7.8. 2010도931).
④ (O) (大判 2003.12.26. 2003도3768; 大判 2010.9.9. 2010도8021). 〈주〉 형의 선고사실(경력)은 유지되고, 형의 선고효력(전과)는 말소된다는 뜻이다.
⑤ (O) 형법 제61조 제1항.

[정답] ②

005 2024년 법원행시

범인도피죄에 관한 다음 설명 중 가장 옳지 않은 것은? (다툼이 있는 경우 판례에 의함)

① 범인도피죄는 범인을 도피하게 함으로써 기수에 이르지만, 범인도피행위가 계속되는 동안에는 범죄행위도 계속되고 행위가 끝날 때 비로소 범죄행위가 종료되므로, 공범자의 범인 도피행위 도중에 그 범행을 인식하면서 그와 공동의 범의를 가지고 기왕의 범인도피상태를 이용하여 스스로 범인도피행위를 계속한 경우에는 범인도피죄의 공동정범이 성립한다.

② 범인이 자신을 위하여 형법 제151조 제2항에 의하여 처벌을 받지 아니하는 친족 등으로 하여금 허위의 자백을 하게 하여 범인도피죄를 범하게 하는 경우 범인도피교사죄가 성립한다.

③ 피고인이 검사로부터 범인을 검거하라는 지시를 받고서도 그 직무상의 의무에 따른 적절한 조치를 취하지 아니하고 오히려 범인에게 전화로 도피하라고 권유하여 그를 도피하게 한 경우 범인도피죄만이 성립하고 부작위범인 직무유기죄는 따로 성립하지 않는다.

④ 공범 중 1인이 그 범행에 관한 수사절차에서 참고인 또는 피의자로 조사받으면서 자기의 범행을 구성하는 사실관계에 관하여 허위로 진술하고 허위 자료를 제출하는 것은 자신의 범행에 대한 방어권 행사의 범위를 벗어난 것으로 볼 수 없으므로, 이러한 행위가 다른 공범을 도피하게 하는 결과가 된다고 하더라도 범인도피죄로 처벌할 수 없다.

⑤ 도로교통법위반으로 체포된 범인이 타인의 성명을 모용한다는 정을 알면서 신원보증인으로서 신원보증서를 작성하여 수사기관에 제출하면서 피의자의 인적 사항을 허위로 기재하였다면 수사기관에 대한 적극적 기망의사나 범인을 석방시킬 의도가 없었다고 하더라도 범인도피죄가 성립한다.

|해설| ① (O) (大判 1995.9.5. 95도577).
② (O) 범인이 자신을 위하여 타인으로 하여금 허위의 자백을 하게 하여 범인도피죄를 범하게 하는 행위는 방어권의 남용으로 범인도피교사죄에 해당하는바, 이 경우 그 타인이 형법 제151조 제2항에 의하여 처벌을 받지 아니하는 친족, 호주 또는 동거 가족에 해당한다 하여 달리 볼 것은 아니다(大判 2006.12.7. 2005도3707). 〈주〉 친족은 책임이 조각되나 구성요건해당성과 위법성을 갖추었으므로 제한종속형식에 의하여 이에 대한 공범이 성립할 수 있다.
③ (O) (大判 1996.5.10. 96도51).
④ (O) (大判 2018.08.03. 2015도20396).
⑤ (X) 신원보증서를 작성하여 수사기관에 제출하는 보증인이 피의자의 인적 사항을 허위로 기재하였다고 하더라도, 그로써 적극적으로 수사기관을 기망한 결과 피의자를 석방하게 하였다는 등 특별한 사정이 없는 한, 그 행위만으로 범인도피죄가 성립되지 않는다(大判 2003.2.14. 2002도5374).

[정답] ⑤

006 2024년 법원행시

명예에 관한 죄에 관한 다음 설명 중 가장 옳지 않은 것은? (다툼이 있는 경우 판례에 의함)

① 甲이 乙에 대한 징계절차 회부 사실이 기재된 문서를 근무현장 방재실, 기계실, 관리사무실의 각 게시판에 게시한 경우 위 문서의 내용은 회사 내부의 원활하고 능률적인 운영의 도모라는 공공의 이익에 관한 것이라고 볼 수 있어 위법성이 조각되는 경우에 해당한다.
② 사자명예훼손죄는 고소가 있어야 공소를 제기할 수 있고, 출판물에 의한 명예훼손죄는 피해자의 명시한 의사에 반하여 공소를 제기할 수 없다.
③ 다른 특별한 사정이 없는 한, 그 진실이 무엇인지 확인할 수 없는 과거의 역사적 사실관계 등에 대하여 민사판결을 통하여 어떠한 사실인정이 있었다는 이유만으로, 이후 그와 반대되는 사실의 주장이나 견해의 개진 등을 형법상 명예훼손죄 등에 있어서 '허위의 사실 적시'라는 구성요건에 해당한다고 쉽게 단정하여서는 아니 된다.
④ 모욕의 수단과 방법에는 제한이 없으므로 언어적 수단이 아닌 비언어적·시각적 수단만을 사용하여 표현을 하더라도 그것이 사람의 사회적 평가를 저하시킬 만한 추상적 판단이나 경멸적 감정을 전달하는 것이라면 모욕죄가 성립한다.
⑤ 사실적시의 내용이 사회 일반의 일부 이익에만 관련된 사항이라도 다른 일반인과 공동생활에 관계된 사항이라면 공익성을 지니고, 나아가 개인에 관한 사항이더라도 공공의 이익과 관련되어 있고 사회적인 관심을 획득하거나 획득할 수 있는 경우라면 직접적으로 국가·사회 일반의 이익이나 특정한 사회집단에 관한 것이 아니라는 이유만으로 형법 제310조의 적용을 배제할 것은 아니다.

해설 ① (×) 피해자에 대한 징계절차 회부 사실을 공지하는 것이 회사 내부의 원활하고 능률적인 운영의 도모라는 공공의 이익에 관한 것으로 볼 수 없다(大判 2021.8.26. 2021도6416) 〈주〉 징계혐의가 확정되기 전에 게시한 점에서 위법하다.
② (○) 형법 제312조 제1항 및 제2항.
③ (○) (大判 2017.12.5. 2017도15628).
④ (○) (大判 2023.2.2. 2022도4719) 〈주〉 다만 해학적 표현에 불과하다면 모욕죄에 해당하지 않는다.
⑤ (○) (大判 2020.11.19. 2020도5813 전합).

[정답] ①

007 2024년 법원행시

다음 설명 중 가장 옳지 않은 것은? (다툼이 있는 경우 판례에 의함)

① 상습범과 같은 포괄일죄는 그 중간에 별종의 범죄에 대한 확정판결이 끼어 있어도 그 때문에 포괄적 범죄가 둘로 나뉘는 것은 아니라 할 것이고, 또 이 경우에는 그 확정판결 후의 범죄로서 다루어야 할 것이므로, 그 포괄일죄와 판결이 확정된 죄는 형법 제37조 후단에서 정한 경합범 관계에 있다고 할 수 없다.
② 유죄의 확정판결을 받은 사람이 그 후 별개의 후행범죄를 저질렀는데 유죄의 확정판결에 대하여 재심이 개시된 경우, 후행범죄가 그 재심대상판결에 대한 재심판결 확정 전에 범하여졌다 하더라도 아직 판결을 받지 아니한 후행범죄와 재심판결이 확정된 선행범죄 사이에는 형법 제37조 후단 경합범이 성립하지 않는다.
③ 포괄일죄로 되는 개개의 범죄행위가 법 개정의 전후에 걸쳐서 행하여진 경우 신·구법의 법정형에 대한 경중을 비교하여 그 중 가장 피고인에게 유리한 법을 적용하여 포괄일죄로 처단하여야 한다.
④ 동일 죄명에 해당하는 수 개의 행위를 단일하고 계속된 범의 하에 일정기간 계속하여 행하고 그 피해법익도 동일한 경우에는 이들 각 행위를 통틀어 포괄일죄로 처단하여야 한다.
⑤ 포괄일죄 관계인 범행의 일부에 대하여 판결이 확정된 경우에는 사실심 판결선고 시를 기준으로, 약식명령이 확정된 경우에는 약식명령 발령 시를 기준으로, 그 이전에 이루어진 범행에 대하여는 확정판결의 기판력이 미친다.

해설
① (○) (大判 1986.2.25. 85도2767).
② (○) (大判 2019.7.25. 2016도5479) 〈주〉 경합범의 기준판결은 재심확정판결이 아니라 유죄확정판결이다.
③ (×) 포괄일죄로 되는 개개의 범죄행위가 법 개정의 전후에 걸쳐서 행하여진 경우에는 신·구법의 법정형에 대한 경중을 비교하여 볼 필요도 없이 범죄 실행 종료시의 법이라고 할 수 있는 신법을 적용하여 포괄일죄로 처단하여야 한다(大判 1998.2.24. 97도183).
④ (○) (大判 2005.9.30. 2005도4051).
⑤ (○) (大判 2023.6.29. 2020도3705).

정답 ③

008 2024년 법원행시

공정증서원본부실기재죄 또는 공전자기록 등 부실기재죄에 관한 다음 설명 중 가장 옳지 <u>않은</u> 것은? (다툼이 있는 경우 판례에 의함)

① 주식회사의 발기인 등이 상법 등 법령에 정한 회사설립의 요건과 절차에 따라 회사설립등기를 함으로써 회사가 성립하였다고 볼 수 있는 경우 회사설립등기와 그 기재 내용은 특별한 사정이 없는 한 공정증서원본부실기재죄나 공전자기록 등 부실기재죄에서 말하는 부실의 사실에 해당하지 않는다.

② 공전자기록 등 부실기재죄(형법 제228조 제1항)의 구성요건인 '부실의 사실기재'는 당사자의 허위신고에 의하여 이루어져야 하므로, 법원의 촉탁에 의하여 등기를 마친 경우에는 그 전제 절차에 허위적 요소가 있더라도 위 죄가 성립하지 않는다.

③ 재건축조합 임시총회의 소집절차나 결의방법이 법령이나 정관에 위반되어 임원개임결의가 사법상 무효라고 하더라도, 실제로 재건축조합의 조합총회에서 그와 같은 내용의 임원개임결의가 이루어졌고 그 결의에 따라 임원변경등기를 마쳤다면 공정증서원본부실기재죄 또는 공전자기록 등 부실기재죄가 성립하지 않는다.

④ 부동산의 거래당사자가 거래가액을 시장 등에게 거짓으로 신고하여 신고필증을 받은 뒤 이를 기초로 사실과 다른 내용의 거래가액이 부동산등기부에 등재되도록 한 경우 공정증서원본부실기재죄 또는 공전자기록 등 부실기재죄가 성립한다.

⑤ 부동산 매수인이 매도인과 사이에 부동산의 소유권이전에 관한 물권적 합의가 없는 상태에서, 소유권이전등기신청에 관한 대리권이 없이 단지 소유권이전등기에 필요한 서류를 보관하고 있을 뿐인 법무사를 기망하여 매수인 명의의 소유권이전등기를 신청하게 하여 그 등기를 마친 경우 공정증서원본부실기재죄 또는 공전자기록 등 부실기재죄가 성립한다.

해설
① (○) (大判 2020.3.26. 2019도16592).
② (○) (大判 1983.12.27. 83도2442).
③ (○) (大判 2004.10.15. 2004도3584).
④ (✕) '공인중개사의 업무 및 부동산 거래신고에 관한 법률'에 따른 과태료의 제재를 받게 됨은 별론으로 하고, 형법상의 공전자기록등불실기재죄 및 불실기재공전자기록등행사죄가 성립하지는 아니한다(大判 2013.01.24. 2012도12363). 〈주〉거래가액은 권리의무사항이 아니다.
⑤ (○) (大判 2006.3.10. 2005도9402). 〈주〉물권적 합의가 없었다.

정답 ④

009 2024년 법원행시

다음 설명 중 옳지 않은 것은 모두 몇 개인가? (다툼이 있는 경우 판례에 의함)

> ㉠ 듣거나 말하는 데 모두 장애가 있는 사람의 행위에 대하여는 그 형을 감경 또는 면제할 수 있다.
> ㉡ 10세 미만의 자는 범죄행위를 하더라도 어떠한 형사적인 처분이나 소년법상 제재로부터도 면책된다.
> ㉢ 피고인에게 적법행위를 기대할 가능성이 있는지 여부를 판단하기 위하여는 행위 당시의 구체적인 상황 하에 행위자 대신 사회적 평균인을 두고 이 평균인의 관점에서 그 기대가능성 유무를 판단하여야 하므로, 기자가 취재원과 하던 전화통화를 끊지 않던 중 전화기 너머로 들리는 다른 대화를 녹음한 경우에 불법녹음을 하지 아니할 기대가능성이 있다고 볼 수 있다.
> ㉣ 병원 중환자실에 입원해 있던 부친이 피고인을 찾아서 급히 가야한다는 사유만으로 피고인이 음주·무면허 운전을 하지 않을 기대가능성이 없었다고 볼 수 없다.
> ㉤ 소년에 대한 형의 임의적 감경을 규정한 소년법 제60조 제2항의 소년이라 함은 특별한 정함이 없는 한 소년법 제2조에서 말하는 소년을 의미한다고 할 것이고, 이는 심판의 조건이므로 범행 시뿐만 아니라 심판 시까지 계속되어야 한다고 보아야 하므로, 피고인이 범행 시에 소년이었다고 하더라도 사실심 판결 선고 당시 이미 성년이 되었다면 소년법 제60조 제2항이 적용될 수 없다.

① 없음 ② 1개
③ 2개 ④ 3개
⑤ 4개

[해설] * 옳지 않은 것은 ㉠ 1개이다.
㉠ (×) 듣거나 말하는 데 모두 장애가 있는 사람의 행위에 대해서는 <u>형을 감경한다</u>(형법 제11조).
㉡ (○) 10세 미만인 자에 대해서는 형법상 형벌 또는 소년법상 보호처분 등의 일체의 형사제재를 부과할 수 없다(형법 제9조, 소년법 제4조 참조).
㉢ (○) (大判 2016.5.12. 2013도15616).
㉣ (○) (판례검색안됨)
㉤ (○) (大判 1991. 12. 10. 91도2393).

[정답] ②

010 2024년 법원행시

추행의 죄에 관한 다음 설명 중 가장 옳지 않은 것은? (다툼이 있는 경우 판례에 의함)

① 수면제와 같은 약물을 투약하여 피해자를 일시적으로 수면 또는 의식불명 상태에 이르게 한 경우에도 약물로 인하여 피해자의 건강상태가 불량하게 변경되고 생활기능에 장애가 초래되었다면 자연적으로 의식을 회복하거나 외부적으로 드러난 상처가 없더라도 이는 강간치상죄나 강제추행치상죄에서 말하는 상해에 해당한다.
② 강제추행죄의 '폭행 또는 협박'은 상대방의 항거를 곤란하게 할 정도로 강력할 것이 요구되지 아니하고, 상대방의 신체에 대하여 불법한 유형력을 행사(폭행)하거나 일반적으로 보아 상대방으로 하여금 공포심을 일으킬 수 있는 정도의 해악을 고지(협박)하는 것이다.
③ 강제추행치상죄에서 상해의 결과는 강제추행의 수단으로 사용한 폭행이나 추행행위 그 자체 또는 강제추행에 수반하는 행위로부터 발생한 것이어야 한다. 따라서 상해를 가한 부분을 고의범인 상해죄로 처벌하면서 이를 다시 결과적 가중범인 강제추행치상죄의 상해로 인정하여 이중으로 처벌할 수는 없다.
④ 동성인 군인 사이의 항문성교나 그 밖에 이와 유사한 행위가 사적 공간에서 자발적 의사 합치에 따라 이루어지는 등 군이라는 공동사회의 건전한 생활과 군기를 직접적·구체적으로 침해한 것으로 보기 어려운 경우, 군형법 제92조의6의 추행죄에 해당하지 않는다.
⑤ 성폭력범죄의 처벌 등에 관한 특례법 제11조의 공중 밀집 장소에서의 추행죄의 추행행위에 해당하기 위해서는 객관적으로 일반인에게 성적 수치심이나 혐오감을 일으키게 할 만한 행위여야 하므로, 행위자가 대상자를 상대로 그러한 행위를 실행하여야 하고, 그 행위로 말미암아 대상자가 성적 수치심이나 혐오감을 반드시 실제로 느끼는 경우여야 한다.

[해설] ① (○) (大判 2017.6.29. 2017도3196).
② (○) (大判 2023.9.21. 2018도13877 전합).
③ (○) (大判 2009.7.23. 2009도1934). 〈주〉 상해죄와 강제추행죄를 인정하였다.
④ (○) (大判 2022.4.21. 2019도3047).
⑤ (×) 위 죄가 기수에 이르기 위해서는 객관적으로 일반인에게 성적 수치심이나 혐오감을 일으키게 할 만한 행위로서 선량한 성적 도덕관념에 반하는 행위를 행위자가 대상자를 상대로 실행하는 것으로 충분하고, 행위자의 행위로 말미암아 대상자가 성적 수치심이나 혐오감을 반드시 실제로 느껴야 하는 것은 아니다(大判 2020.6.25. 2015도7102).

[정답] ⑤

011 2024년 법원행시

다음 설명 중 옳지 않은 것은 모두 몇 개인가? (다툼이 있는 경우 판례에 의함)

> ㉠ 대한민국 국적의 甲이 일본에서 안마시술업소를 운영하면서 안마사 자격 인정을 받지 아니한 종업원들을 고용하여 안마를 하게 한 경우 그 종업원들의 안마행위가 의료법 제88조 제4호, 제82조 제1항의 구성요건에 해당한다고 볼 수 없으므로 이들을 고용한 甲도 양벌규정에 따라 처벌할 수 없다.
> ㉡ 필리핀에서 카지노의 외국인 출입이 허용되어 있으므로, 필리핀에서 도박을 한 대한민국 국적의 乙에게 대한민국 형법이 당연히 적용된다고 볼 수는 없다.
> ㉢ 중국 국적자가 중국에서 대한민국 국적 주식회사의 인장을 위조한 경우 형법 제5조(외국인의 국외범)의 규정에 따라 사인위조죄로 처벌된다.
> ㉣ 내국 법인의 대표자인 외국인이 외국에서 내국 법인이 그 외국에 설립한 특수목적법인에 위탁해 둔 자금을 정해진 목적과 용도 외에 임의로 사용한 경우, 그 행위가 행위지의 법률에 의하여 범죄를 구성하지 아니하거나 소추 또는 형의 집행을 면제할 경우가 아니라면 그 외국인에 대하여도 대한민국 법원에 재판권이 있다.
> ㉤ 형법 제5조에서 외국인의 국외범으로 규정한 죄는 내란의 죄, 외환의 죄, 국기에 관한 죄, 통화에 관한 죄, 유가증권, 우표와 인지에 관한 죄, 문서에 관한 죄 중 제225조 내지 제230조, 인장에 관한 죄 중 제238조뿐이다.

① 없음
② 1개
③ 2개
④ 3개
⑤ 4개

[해설] * 옳지 않은 것은 ㉡㉢ 2개이다.
㉠ (○) (大判 2018.2.8. 2014도10051).
㉡ (×) 형법 제3조는 '본법은 대한민국 영역 외에서 죄를 범한 내국인에게 적용한다.'고 하여 형법의 적용범위에 관한 속인주의를 규정하고 있는바, 필리핀국에서 카지노의 외국인 출입이 허용되어 있다 하여도, 형법 제3조에 따라, 필리핀국에서 도박을 한 피고인에게 우리나라 형법이 당연히 적용된다(大判 2001.9.25. 99도3337). 〈주〉 속인주의가 적용된다.
㉢ (×) 형법 제239조 제1항의 사인위조죄는 형법 제6조의 대한민국 또는 대한민국국민에 대하여 범한 죄에 해당하지 아니하므로 중국 국적자가 중국에서 대한민국 국적 주식회사의 인장을 위조한 경우에는 외국인의 국외범으로서 그에 대하여 재판권이 없다(大判 2002.11.26. 2002도4929).
㉣ (○) (大判 2017.3.22. 2016도17465).
㉤ (○) 형법 제5조 참조.

[정답] ③

012 2024년 법원행시

공범에 관한 다음 설명 중 가장 옳지 않은 것은? (다툼이 있는 경우 판례에 의함)

① 공무원이 아닌 사람이 공무원과 공동가공의 의사와 이를 기초로 한 기능적 행위지배를 통하여 공무원의 직무에 관하여 뇌물을 수수하는 범죄를 실행하였다면 공무원과 비공무원에게 형법 제129조 제1항에서 정한 뇌물수수죄의 공동정범이 성립한다.
② 2인 이상의 서로 대향된 행위의 존재를 필요로 하는 대향범에 대하여 공범에 관한 형법 총칙 규정이 적용될 수 없는데, 이러한 법리는 해당 처벌규정의 구성요건 자체에서 2인 이상의 서로 대향적 행위의 존재를 필요로 하는 필요적 공범인 대향범을 전제로 하고, 구성요건상으로는 단독으로 실행할 수 있는 형식으로 되어 있는데 단지 구성요건이 대향범의 형태로 실행되는 경우에도 대향범에 관한 법리가 적용된다고 볼 수는 없다.
③ 피고인이 공문서 위조행위 자체에는 관여한 바 없다고 하더라도 타인에게 위조를 부탁하여 의사연락이 되고 그로 하여금 범행을 하게 하였다면 공모공동정범에 의한 공문서위조죄가 성립된다.
④ 여러 사람이 함께 폭행의 범행을 공모하고 그 중 1인이 범행 장소에서 범죄를 실행하였다면 범행 장소에 없었던 나머지 공모자에게도 폭력행위 등 처벌에 관한 법률 제2조 제2항 제1호의 공동폭행죄의 공모공동정범이 성립한다.
⑤ 간접정범을 통한 범행에서 피이용자는 간접정범의 의사를 실현하는 수단으로서의 지위를 가질 뿐이므로 피해자에 대한 사기범행을 실현하는 수단으로서 타인을 기망하여 그를 피해자로부터 편취한 재물이나 재산상 이익을 전달하는 도구로서만 이용한 경우에는 편취의 대상인 재물 또는 재산상 이익에 관하여 피해자에 대한 사기죄가 성립할 뿐 도구로 이용된 타인에 대한 사기죄가 별도로 성립한다고 할 수 없다.

해설 ① (○) (大判 2019.8.29. 2018도2738 전합). 〈주〉 제33조(공범과 신분) 본문이 적용된다.
② (○) (大判 2022.6.30. 2020도7866).
③ (○) (大判 1980.5.27. 80도907).
④ (×) 여러 사람이 공동하여 범행을 공모하였다면 그 중 2인 이상이 범행장소에서 실제 범죄의 실행에 이르렀어야 나머지 공모자에게도 공모공동정범이 성립할 수 있을 뿐이다(大判 2023.8.31. 2023도6355).
⑤ (○) (大判 2017.5.31. 2017도3894). 〈주〉 도구로 이용된 자로부터 재산을 취득한 바 없다.

정답 ④

013 2024년 법원행시

다음 설명 중 가장 옳지 않은 것은? (다툼이 있는 경우 판례에 의함)

① 형법 제21조 제1항은 "현재의 부당한 침해로부터 자기 또는 타인의 법익을 방위하기 위하여 한 행위는 상당한 이유가 있는 경우에는 벌하지 아니한다."라고 규정하여 정당방위를 위법성조각사유로 인정하고 있는데, 이때 '침해의 현재성'이란 침해행위가 형식적으로 기수에 이르렀는지에 따라 결정되는 것이 아니라 자기 또는 타인의 법익에 대한 침해상황이 종료되기 전까지를 의미하는 것이므로, 일련의 연속되는 행위로 인해 침해상황이 중단되지 아니하거나 일시 중단되더라도 추가 침해가 곧바로 발생할 객관적인 사유가 있는 경우에는 그중 일부 행위가 범죄의 기수에 이르렀더라도 전체적으로 침해상황이 종료되지 않은 것으로 볼 수 있다.

② 정당방위의 성립 요건으로서의 방어행위에는 순수한 수비적 방어의 형태만이 포함되므로, 적극적 반격을 포함하는 반격방어의 형태는 자기 또는 타인의 법익침해를 방어하기 위한 행위로서 상당한 이유가 있더라도 정당방위가 성립할 수 없다.

③ 어떠한 행위가 정당방위로 인정되려면 그 행위가 자기 또는 타인의 법익에 대한 현재의 부당한 침해를 방어하기 위한 것으로서 상당성이 있어야 하므로, 위법하지 않은 정당한 침해에 대한 정당방위는 인정되지 않는다.

④ 경찰관이 현행범인 체포의 요건을 갖추지 못하였음에도 실력으로 현행범인으로 체포하려고 하였다면 적법한 공무집행이라고 할 수 없고, 현행범인 체포행위가 적법한 공무집행을 벗어나 불법하게 체포한 것으로 볼 수밖에 없다면, 현행범인의 체포를 면하려고 반항하는 과정에서 경찰관에게 폭행을 가한 것은 불법체포로 인한 신체에 대한 현재의 부당한 침해에서 벗어나기 위한 행위로서 정당방위에 해당하여 위법성이 조각된다.

⑤ 과잉방위란 자기 또는 타인의 법익에 대한 현재의 부당한 침해라는 정당방위의 객관적 전제조건 하에서 그 침해를 방위하기 위한 행위가 있었으나 그 행위가 지나쳐 상당한 이유가 없는 경우를 말하므로, 가해자의 행위가 피해자의 부당한 공격을 방위하기 위한 것이라기보다는 서로 공격할 의사로 싸우다가 먼저 공격을 받고 이에 대항하여 가해를 한 경우라면 가해행위는 방어행위인 동시에 공격행위의 성격을 가지므로 과잉방위행위라고 볼 수 없다.

[해설] ① (○) (大判 2023.4.27. 2020도6874).
② (×) 정당방위의 성립요건으로서 방어행위는 순수한 수비적 방어뿐만 아니라 <u>적극적 반격을 포함하는 반격방어의 형태도 포함되나</u>, 그 방어행위는 자기 또는 타인의 법익침해를 방위하기 위한 행위로서 상당한 이유가 있어야 한다(大判 1992.12.22. 92도2540).
③ (○) (大判 2021.6.10. 2021도4278).
④ (○) (大判 2011.5.26. 2011도3682).
⑤ (○) (大判 2000.3.28. 2000도228).

[정답] ②

014 2024년 법원행시

예비, 음모에 관한 다음 설명 중 가장 옳지 않은 것은? (다툼이 있는 경우 판례에 의함)

① 은행강도 범행으로 강취할 돈을 송금받을 계좌를 개설한 것만으로는 범죄수익은닉의 규제 및 처벌 등에 관한 법률 제3조 제1항 제3호에서 정한 범죄수익 등의 은닉에 관한 죄의 실행에 착수한 것으로 볼 수 없다.
② 도주원조의 죄를 범할 목적으로 예비 또는 음모한 자는 3년 이하의 징역에 처한다.
③ 타인의 사망을 보험사고로 하는 생명보험계약을 체결함에 있어 제3자가 피보험자인 것처럼 가장하여 체결하는 등으로 그 유효요건이 갖추어지지 못한 경우에도, 특별한 사정이 없는 한, 그와 같이 하자 있는 보험계약을 체결한 행위만으로는 미필적으로라도 보험금을 편취하려는 의사에 의한 기망행위의 실행에 착수한 것으로 볼 것은 아니다.
④ 준강제추행의 죄를 범할 목적으로 예비 또는 음모한 사람은 3년 이하의 징역에 처한다.
⑤ 중지범은 범죄의 실행에 착수한 후 자의로 그 행위를 중지한 때를 말하는 것이고 실행의 착수가 있기 전인 예비음모의 행위를 처벌하는 경우에 있어서 중지범의 관념은 인정할 수 없다.

[해설] ① (○) (大判 2007.1.11. 2006도5288).
② (○) 형법 제150조.
③ (○) (大判 2013.11.14. 2013도7494).
④ (×) 형법 제305조의3(예비, 음모) 제297조, 제297조의2, 제299조(준강간죄에 한정한다), 제301조(강간 등 상해죄에 한정한다) 및 제305조의 죄를 범할 목적으로 예비 또는 음모한 사람은 3년 이하의 징역에 처한다. 〈주〉 (준)강제추행죄는 예비음모 처벌규정이 없다.
⑤ (○) (大判 1991.6.25. 91도436).

[정답] ④

015 2024년 법원행시

다음 설명 중 가장 옳지 않은 것은? (다툼이 있는 경우 판례에 의함)

① 증거위조죄에서 말하는 '증거'라 함은 타인의 형사사건 또는 징계사건에 관하여 수사기관이나 법원 또는 징계기관이 국가의 형벌권 또는 징계권의 유무를 확인하는 데 관계있다고 인정되는 일체의 자료를 뜻하나, 범죄 또는 징계사유의 성립 여부에 관한 것만이 이에 해당할 뿐, 형 또는 징계의 경중에 관계있는 정상을 인정하는 데 도움이 될 자료는 이에 포함되지 않는다.
② 증거위조죄의 '위조'란 문서에 관한 죄의 위조 개념과는 달리 새로운 증거의 창조를 의미하나, 사실의 증명을 위해 작성된 문서가 그 사실에 관한 내용이나 작성명의 등에 아무런 허위가 없다면 '증거위조'에 해당한다고 볼 수 없다.
③ 참고인이 수사기관에서 허위의 진술을 하는 것은 증거위조죄의 위조에 해당하지 않는다.
④ 증거가 문서의 형식을 갖는 경우 증거위조죄에 있어서의 증거에 해당하는지 여부가 그 작성권한의 유무나 내용의 진실성에 좌우되는 것은 아니다.
⑤ 증거위조죄에서 타인의 형사사건이란 증거위조 행위시에 아직 수사절차가 개시되기 전이라도 장차 형사사건이 될 수 있는 것까지 포함하고, 그 형사사건이 기소되지 아니하거나 무죄가 선고되더라도 증거위조죄의 성립에 영향이 없다.

> [해설] ① (×) 범죄 또는 징계사유의 성립 여부에 관한 것뿐만 아니라 형 또는 징계의 경중에 관계있는 정상을 인정하는 데 도움이 될 자료까지도 본조가 규정한 증거에 포함된다(大判 2021.1.28. 2020도2642).
> ② (○) (大判 2021.1.28. 2020도2642).
> ③ (○) (大判 1995.4.7. 94도3412; 大判 1998.2.10. 97도2961).
> ④ (○) (大判 2021.1.28. 2020도2642).
> ⑤ (○) (大判 2011.2.10. 2010도15986).
>
> [정답] ①

016 2024년 법원행시

형법 또는 특정경제범죄 가중처벌 등에 관한 법률상 사기죄에 관한 다음 설명 중 옳지 않은 것은 모두 몇 개인가? (다툼이 있는 경우 판례에 의함)

> ㉠ 적법하게 개설되지 아니한 의료기관의 실질 개설·운영자가 적법하게 개설된 의료기관인 것처럼 의료급여비용 지급을 청구하여 이에 속은 국민건강보험공단으로부터 의료급여비용 명목의 금원을 지급받아 편취한 경우 국민건강보험공단을 피해자로 보아야 하고, 의료급여비용이 시·도에 설치된 의료급여기금을 재원으로 지급된다거나, 의료급여비용 편취 범행으로 인한 재산상 손해가 최종적으로 국민건강보험공단에 귀속되지 않는다고 하여 달리 볼 것은 아니다.
> ㉡ 재물을 편취한 후 현실적인 자금의 수수 없이 형식적으로 기왕에 편취한 금원을 새로이 장부상으로만 재투자하는 것으로 처리한 경우 그 재투자금액도 편취액의 합산에 포함시켜야 한다.
> ㉢ 기망행위에 의하여 조세를 포탈하거나 조세의 환급·공제를 받은 경우 조세범 처벌법 위반죄와 형법상 사기죄가 별개로 성립한다.
> ㉣ 도급계약에서 편취에 의한 사기죄의 성립 여부는 계약 당시를 기준으로 피고인에게 일을 완성할 의사나 능력이 없음에도 피해자에게 일을 완성할 것처럼 거짓말을 하여 피해자로부터 일의 대가 등을 편취할 고의가 있었는지 여부에 의하여 판단하여야 하고, 이때 법원으로서는 도급계약의 내용, 그 체결 경위 및 계약의 이행과정이나 그 결과 등을 종합하여 판단하여야 한다.
> ㉤ 피고인의 제소가 사망한 자를 상대로 한 것이라면 이와 같은 사망한 자에 대한 판결은 그 내용에 따른 효력이 생기지 아니하여 상속인에게 그 효력이 미치지 아니하므로, 사기죄를 구성한다고 할 수 없다.

① 없음   ② 1개
③ 2개   ④ 3개
⑤ 4개

해설 * 옳지 않은 것은 ㉡㉢ 2개이다.
㉠ (O) (大判 2023.10.26. 2022도90). 〈주〉 지자체가 아니라 보험공단이 피해자이다.
㉡ (×) 재물을 편취한 후 현실적인 자금의 수수 없이 형식적으로 기왕에 편취한 금원을 새로이 장부상으로만 재투자하는 것으로 처리한 경우, 그 재투자금액은 이를 편취액의 합산에서 제외하여야 한다(大判 2007.1.25. 2006도7470).
㉢ (×) 조세범처벌법 제9조에서 이러한 행위를 처벌하는 규정을 별도로 두고 있을 뿐만 아니라, 조세를 강제적으로 징수하는 국가 또는 지방자치단체의 직접적인 권력작용을 사기죄의 보호법익인 재산권과 동일하게 평가할 수 없는 것이므로 조세범처벌법 위반죄가 성립함은 별론으로 하고, 형법상 사기죄는 성립하지 않는다(大判 2008.11.27. 2008도7303).
㉣ (O) (大判 2022.7.14. 2017도20911).
㉤ (O) (大判 1997.7.8. 97도632). 〈주〉 다수설은 사기죄의 불능미수라고 하지만, 판례는 불가벌로 본다.

정답 ③

017 2024년 법원행시

상해와 폭행의 죄에 관한 다음 설명 중 가장 옳지 않은 것은? (다툼이 있는 경우 판례에 의함)

① 직계존속인 피해자를 폭행하고, 상해를 가한 것이 존속에 대한 동일한 폭력 습벽의 발현에 의한 것으로 인정되는 경우, 그중 법정형이 더 중한 상습존속상해죄에 나머지 행위들을 포괄시켜 하나의 죄만이 성립한다.
② 군인 등이 대한민국의 국군이 군사작전을 수행하기 위한 근거지에서 군인 등을 폭행했다면 그곳이 대한민국의 영토 내인지, 외국군의 군사기지인지 등과 관계없이 군형법 제60조의6 제1호에 따라 형법 제260조 제3항이 적용되지 않는다.
③ 특수폭행치상의 경우 형법 제258조의2(특수상해)의 신설에도 불구하고 종전과 같이 상해를 규율한 형법 제257조 제1항의 예에 의하여 처벌하는 것으로 해석함이 타당하다.
④ 형법 제263조의 동시범 규정은 강간치상죄에는 적용할 수 없으나, 상해치사죄에는 적용된다.
⑤ 피고인이 상습으로 甲을 단순폭행하고, 어머니인 乙을 존속폭행한 경우 각 범행이 동일한 폭행 습벽의 발현에 의한 것으로 인정되는 경우, 그중 법정형이 더 중한 상습존속폭행죄에 나머지 행위를 포괄하여 하나의 죄만이 성립한다고 봄이 타당하나, 만일 乙이 제1심판결 선고 전에 처벌을 원하지 않는다는 의사를 밝힌 경우에는 상습존속폭행죄에 대하여 공소기각 판결을 선고하여야 한다.

해설
① (O) (大判 2003.2.28. 2002도7335).
② (O) (大判 2023.6.15. 2020도927). 〈주〉 반의사불벌죄가 적용되지 않는다.
③ (O) (大判 2018.07.27. 2018도3443).
④ (O) [1] 형법 제263조의 동시범은 상해와 폭행죄에 관한 특별규정으로서 동 규정은 그 보호법익을 달리하는 강간치상죄에는 적용할 수 없다(大判 1984.4.24. 84도372). [2] 동시범의 특례를 규정한 형법 제263조는 상해치사죄에도 적용된다(大判 1985.5.14. 84도2118).
⑤ (✗) 피해자의 명시한 의사에 반하여도 공소를 제기할 수 있다(大判 2018.4.24. 2017도10956). 〈주〉 상습존속폭행죄는 반의사불벌죄가 아니다.

[정답] ⑤

018 2024년 법원행시

형벌에 관한 다음 설명 중 옳은 것을 모두 고른 것은? (다툼이 있는 경우 판례에 의함)

㉠ 형법이 집행유예 기간의 시기에 관하여 명문의 규정을 두고 있지는 않으므로, 형의 집행유예를 할 때 집행유예 기간의 시기(始期)는 법원이 재량으로 정할 수 있다.
㉡ 집행유예 기간 중에 범한 범죄라고 할지라도 집행유예가 실효, 취소됨이 없이 그 유예기간이 경과한 경우에는 이에 대해 다시 집행유예의 선고가 가능하다.
㉢ 법관이 임의적 감경사유의 존재에 따라 징역형에 대해 법률상 감경을 하는 경우 형법 제55조 제1항 제3호에 따라 법정형의 상한은 그대로 둔 채 하한만 2분의 1로 감경한 형의 범위가 임의적 처단형의 범위가 된다.
㉣ 법정형인 징역형과 벌금형 가운데서 벌금형을 선택하여 선고하면서 그에 대한 노역장유치기간을 환산한 결과 선택형의 하나로 되어 있는 징역형의 장기보다 유치기간이 더 길 수 있게 되었다 하더라도 위법하다고 볼 수 없다.
㉤ 형의 선고를 유예하는 경우에 재범방지를 위하여 지도 및 원호가 필요한 때에는 보호관찰을 받을 것을 명할 수 있다.

① ㉠㉡㉢
② ㉡㉢㉤
③ ㉠㉣㉤
④ ㉡㉣㉤
⑤ ㉠㉢㉣

해설 ㉠ (×) 집행유예를 함에 있어 그 집행유예기간의 시기는 집행유예를 선고한 판결 확정일로 하여야 하고 법원이 판결 확정일 이후의 시점을 <u>임의로 선택할 수는 없다</u>(大判 2002.2.26. 2000도4637).
㉡ (○) (大判 2007.7.27. 2007도768; 大判 2007.2.8. 2006도6196).
㉢ (×) 임의적 감경의 경우에는 감경사유의 존재가 인정되더라도 법관이 형법 제55조 제1항에 따른 법률상 감경을 할 수도 있고 하지 않을 수도 있다. 나아가 임의적 감경사유의 존재가 인정되고 법관이 그에 따라 징역형에 대해 법률상 감경을 하는 이상 형법 제55조 제1항 제3호에 따라 <u>상한과 하한을 모두 2분의 1로 감경한다</u>(大判 2021.1.21. 2018도5475 전합).
㉣ (○) 노역장 유치기간을 환산한 결과 징역형의 장기보다 유치기간이 더 길게 되더라도 위법한 것은 아니다(大判 2000.11.24. 2000도3945).
㉤ (○) 형법 제59조의2 제1항.

정답 ④

019 2024년 법원행시

다음 중 고의 외에 별도로 목적을 요구하는 목적범에 해당하는 범죄를 모두 고른 것은? (다툼이 있는 경우 판례에 의함)

┌───┐
│ ㉠ 모해위증죄   ㉡ 위계에 의한 업무방해죄   │
│ ㉢ 무고죄   ㉣ 허위사실 적시에 의한 명예훼손죄 │
│ ㉤ 유가증권위조죄   │
└───┘

① ㉠㉡㉢   ② ㉠㉢㉣
③ ㉡㉢㉤   ④ ㉠㉢㉤
⑤ ㉡㉣㉤

[해설] * 목적범에 해당하는 범죄는 ㉠㉢㉤ 3개이다.
* ㉠ 모해위증죄(제152조 제2항)는 모해할 목적, ㉢ 무고죄(제156조)는 타인으로 하여금 형사처분 또는 징계처분을 받게 할 목적, ㉤ 유가증권위조죄(제214조)는 행사할 목적이 필요하다.

[정답] ④

020 2024년 법원행시

과실범에 관한 다음 설명 중 가장 옳지 <u>않은</u> 것은? (다툼이 있는 경우 판례에 의함)

① 과실범은 법률에 특별한 규정이 있는 경우에 한하여 처벌되며 형벌법규의 성질상 과실범을 처벌하는 특별규정은 그 명문에 의하여 명백, 명료하여야 한다.
② 군형법 제74조에 규정된 군용물분실죄는 같은 조에서 정한 군용에 공하는 물건을 보관할 책임이 있는 자가 선량한 보관자로서의 주의의무를 게을리 하여 그의 의사에 의하지 않고 물건의 소지를 상실하는 소위 과실범을 말한다.
③ 과실범에 있어서의 비난가능성의 지적 요소란 결과발생의 가능성에 대한 인식으로서 인식 있는 과실에는 이와 같은 인식이 있고, 인식 없는 과실에는 이에 대한 인식 자체도 없는 경우인데, 과실책임이 발생하는 것은 전자이고, 후자에 대하여는 그 결과발생을 인식하지 못하였다는 데에 대한 부주의가 있다고 하더라도 과실책임을 물을 수 없다.
④ 행정상의 단속을 주안으로 하는 법규라 하더라도 명문규정이 있거나 해석상 과실범도 벌할 뜻이 명확한 경우를 제외하고는 형법의 원칙에 따라 고의가 있어야만 벌할 수 있다.
⑤ 2인 이상이 서로의 의사연락 아래 과실행위를 하여 범죄되는 결과를 발생하게 하면 과실범의 공동정범이 성립한다.

[해설] ① (○) (大判 1983.12.13. 83도2467).
② (○) (大判 1999.7.9. 98도1719).
③ (×) 과실범에 있어서의 비난가능성의 지적 요소란 결과발생의 가능성에 대한 인식으로서 인식있는 과실에는 이와 같은 인식이 있고, 인식 없는 과실에는 이에 대한 인식자체도 없는 경우이나, 전자에 있어서 책임이 발생함은 물론, 후자에 있어서도 그 결과발생을 인식하지 못하였다는 데에 대한 부주의 즉, 규범적 실재로서의 과실책임이 있다고 할 것이다(大判 1984.02.28. 83도3007).
④ (○) (大判 2010.2.11. 2009도9807). 〈주〉 고의는 처벌이 원칙이고 과실은 불가벌이 원칙이다.
⑤ (○) (大判 1979.8.21. 79도1249).

[정답] ③

021 2024년 법원행시

결과적 가중범에 관한 다음 설명 중 가장 옳지 않은 것은? (다툼이 있는 경우 판례에 의함)

① 기본범죄를 통하여 고의로 중한 결과를 발생하게 한 경우에 가중 처벌하는 부진정결과적 가중범에서, 고의로 중한 결과를 발생하게 한 행위가 별도의 구성요건에 해당하고 그 고의범에 대하여 결과적 가중범에 정한 형보다 더 무겁게 처벌하는 규정이 있는 경우에는 그 고의범과 결과적 가중범이 상상적 경합관계에 있다.
② 여러 사람이 상해의 범의로 범행 중 한 사람이 중한 상해를 가하여 피해자가 사망에 이르게 된 경우 나머지 사람들은 사망의 결과를 예견할 수 없는 때가 아닌 한 상해치사의 죄책을 진다.
③ 결과적 가중범의 공동정범이 성립하기 위해서는 기본행위를 공동으로 할 의사와 그 결과를 공동으로 할 의사가 필요하다.
④ 직무를 집행하는 공무원에 대하여 위험한 물건을 휴대하여 고의로 상해를 가한 경우에는 특수공무집행방해치상죄만 성립할 뿐, 이와는 별도로 폭력행위 등 처벌에 관한 법률 위반(집단·흉기 등 상해)죄를 구성한다고 볼 수 없다.
⑤ 강간이 미수에 그친 경우라도 그 수단이 된 폭행에 의하여 피해자가 상해를 입었으면 강간치상죄가 성립하고, 미수에 그친 것이 피고인이 자의로 실행에 착수한 행위를 중지한 경우이든 실행에 착수하여 행위를 종료하지 못한 경우이든 가리지 않는다.

[해설] ① (○) (大判 1995.1.20. 94도2842).
② (○) (大判 2000.5.12. 2000도745).
③ (×) 결과적 가중범인 상해치사의 공동정범은 폭행 기타의 신체침해행위를 공동으로 할 의사가 있으면 성립되고, 결과를 공동으로 할 의사는 필요 없다(大判 1993.08.24. 93도1674).
④ (○) (大判 2008.11.27. 2008도7311). 〈주〉 특수공무집행방해치상죄와 폭처법상 상해죄는 법정형이 동일하다.
⑤ (○) (大判 1988.11.8 88도1628).

[정답] ③

022 2024년 법원행시

다음 중 형의 필요적 감경 또는 면제사유에 해당하는 것을 모두 고른 것은? (다툼이 있는 경우 판례에 의함)

> ㉠ 무고죄의 재판 확정 전 자백
> ㉡ 살인죄의 실행 착수 후 중지미수
> ㉢ 강도죄의 심신미약
> ㉣ 장물취득죄에서 본범이 아들인 경우
> ㉤ 폭행죄에서 과잉방위

① ㉠㉢㉤
② ㉡㉢㉤
③ ㉠㉢㉣
④ ㉡㉣㉤
⑤ ㉠㉡㉣

해설 * 필요적 감면사유에 해당하는 것은 ㉠㉡㉣ 3개이다.
㉠ (O) 필요적 감면사유에 해당한다(제157조).
㉡ (O) 중지미수의 경우 필요적 감면사유에 해당한다(제26조).
㉢ (×) 심신미약은 임의적 감경사유에 해당한다(제10조 제2항).
㉣ (O) 장물취득죄를 범한 자와 본범 간에 제328조 제1항의 신분관계가 있는 때에는 필요적 감면사유에 해당한다(제365조).
㉤ (×) 과잉방위는 임의적 감면사유에 해당한다(제21조 제2항).

[정답] ⑤

023 2024년 법원행시

문서에 관한 죄에 관한 다음 설명 중 가장 옳지 않은 것은? (다툼이 있는 경우 판례에 의함)

① 가정법원의 서기관 등이 이혼의사확인서등본을 작성한 뒤 이를 이혼의사확인신청 당사자 쌍방에게 교부하면서 이혼신고서를 확인서등본 뒤에 첨부하여 그 직인을 간인한 경우, 당사자가 이혼의사확인서등본과 간인으로 연결된 이혼신고서를 떼어내고 원래 이혼신고서의 내용과는 다른 이혼신고서를 작성하여 이혼의사확인서등본과 함께 호적관서에 제출하였다고 하더라도, 공문서인 이혼의사확인서등본을 변조하였다거나 변조된 이혼의사확인서등본을 행사하였다고 할 수 없다.
② 십지지문 지문대조표는 수사기관이 피의자의 신원을 특정하고 지문대조조회를 하기 위하여 직무상 작성하는 서류로서 자서란에 피의자로 하여금 스스로 성명 등의 인적사항을 기재하도록 하고 있는 이상 이를 사문서로 보아야 한다.
③ 컴퓨터 모니터 화면에 나타나는 이미지는 이미지 파일을 보기 위한 프로그램을 실행할 경우에 그때마다 전자적 반응을 일으켜 화면에 나타나는 것에 지나지 않아서 계속적으로 화면에 고정된 것으로는 볼 수 없으므로, 형법상 문서에 관한 죄에 있어서의 '문서'에 해당되지 않는다.
④ 허위공문서작성죄란 공문서에 진실에 반하는 기재를 하는 때에 성립하는 범죄로서, 고의로 법령을 잘못 적용하여 공문서를 작성하였다고 하더라도 그 법령적용의 전제가 된 사실관계에 대한 내용에 거짓이 없다면 허위공문서작성죄가 성립될 수 없으므로, 당사자로부터 뇌물을 받고 고의로 적용하여서는 안될 조항을 적용하여 과세표준을 결정하고 그 과세표준에 기하여 세액을 산출하였다고 하더라도, 그 세액계산서에 허위내용의 기재가 없다면 허위공문서작성죄는 성립하지 않는다.
⑤ 공무원인 의사가 공무소의 명의로 허위진단서를 작성한 경우에는 허위공문서작성죄만이 성립하고 허위진단서작성죄는 별도로 성립하지 않는다.

[해설] ① (O) (大判 2009.1.30. 2006도7777). 〈주〉 이혼의사확인서등본은 공문서이지만, 이와 간인으로 연결된 이혼신고서는 사문서이다.
② (X) 이를 사문서로 볼 수는 없다(大判 2000.8.22. 2000도2393). 〈주〉 수사기관 명의 문서이므로 공문서이다.
③ (O) (大判 2008.4.10. 2008도1013).
④ (O) (大判 2000.6.27. 2000도1858).
⑤ (O) (大判 2004.4.9. 2003도7762).

[정답] ②

024 2024년 법원행시

형법상 형의 가중, 감경 또는 면제에 관한 다음 설명 중 옳지 않은 것은 모두 몇 개인가? (다툼이 있는 경우 판례에 의함)

> ㉠ 형을 가중·감경할 사유가 경합하는 경우에는 '각칙 조문에 따른 가중, 누범 가중, 제34조 제2항에 따른 가중, 법률상 감경, 경합범 가중, 정상참작감경'의 순서에 따른다.
> ㉡ 직계혈족, 배우자, 동거친족, 동거가족 또는 그 배우자 간의 제323조(권리행사방해)의 죄는 그 형을 감경 또는 면제한다.
> ㉢ 형법 제52조 제1항 소정의 자수란 범인이 자발적으로 자신의 범죄사실을 수사기관에 신고하여 그 소추를 구하는 의사표시를 함으로써 성립하는 것이므로, 일단 자수가 성립한 이상 자수의 효력은 확정적으로 발생하고 그 후에 범인이 번복하여 수사기관이나 법정에서 범행을 부인한다고 하더라도 일단 발생한 자수의 효력이 소멸하는 것은 아니다.
> ㉣ 무기징역 또는 무기금고를 감경할 때에는 10년 이상 50년 이하의 징역 또는 금고로 한다.
> ㉤ 형법 제152조(위증, 모해위증)의 죄를 범한 자가 그 공술한 사건의 재판 또는 징계처분이 확정되기 전에 자백 또는 자수한 때에는 그 형을 감경 또는 면제하고, 제324조의 2(인질강요) 또는 제324조의3(인질상해·치상)의 죄를 범한 자 및 그 죄의 미수범이 인질을 안전한 장소로 풀어준 때에는 그 형을 감경할 수 있다.

① 없음
② 1개
③ 2개
④ 3개
⑤ 4개

해설 * 옳지 않은 것은 ㉠㉡ 2개이다.
㉠ (×) 형법은 형의 가중·감경할 사유가 경합된 때에 그 적용 순서에 관하여 각칙 조문에 따른 가중, 제34조 제2항에 따른 가중, 누범 가중, 법률상 감경, 경합범 가중, 정상참작감경 순으로 규정하고 있다(大判 2021.1.21. 2018도5475 전합).
㉡ (×) 직계혈족, 배우자, 동거친족, 동거가족 또는 그 배우자간의 제323조의 죄는 그 형을 면제한다(제328조 제1항).
㉢ (○) (大判 2002.8.23. 2002도46).
㉣ (○) 형법 제55조 제1항 제1호.
㉤ (○) 형법 제153조, 제324조의6.

정답 ③

025 2024년 법원행시

부작위범에 관한 다음 설명 중 가장 옳지 않은 것은? (다툼이 있는 경우 판례에 의함)

① 업무방해죄와 같이 작위를 내용으로 하는 범죄를 부작위에 의하여 범하는 부진정 부작위범이 성립하기 위해서는 부작위를 실행행위로서의 작위와 동일시할 수 있어야 한다.
② 업무상배임죄는 타인과의 신뢰관계에서 일정한 임무에 따라 사무를 처리할 법적 의무가 있는 자가 그 상황에서 당연히 할 것이 법적으로 요구되는 행위를 하지 않는 부작위에 의해서도 성립할 수 있다.
③ 부작위범 사이의 공동정범은 다수의 부작위범에게 공통된 의무가 부여되어 있고 그 의무를 공통으로 이행할 수 있을 때에만 성립한다.
④ 직무유기죄는 그 구성요건이 부작위에 의해서만 실현될 수 있는 진정부작위범에 해당한다.
⑤ 형법상 방조는 작위에 의하여 정범의 실행을 용이하게 하는 경우는 물론, 직무상의 의무가 있는 자가 정범의 범죄행위를 인식하면서도 그것을 방지하여야 할 제반조치를 취하지 아니하는 부작위로 인하여 정범의 실행행위를 용이하게 하는 경우에도 성립된다.

> [해설] ① (○) (大判 2017.12.22. 2017도13211).
> ② (○) (大判 2021.5.27. 2020도15529).
> ③ (○) (大判 2008.3.27. 2008도89).
> ④ (×) 직무유기죄는 이른바 부진정부작위범으로서 구체적으로 그 직무를 수행하여야 할 작위의무가 있는데도 불구하고 이러한 직무를 버린다는 인식하에 그 작위의무를 수행하지 아니함으로써 성립하는 것이다 (大判 1983.3.22. 82도3065).
> ⑤ (○) (大判 1984.11.27. 84도1906).
>
> [정답] ④

026 2024년 법원행시

다음 설명 중 가장 옳지 않은 것은? (다툼이 있는 경우 판례에 의함)

① '불가벌적 수반행위'란 법조경합의 한 형태인 흡수관계에 속하는 것으로서, 행위자가 특정한 죄를 범하면 비록 논리 필연적인 것은 아니지만 일반적·전형적으로 다른 구성요건을 충족하고 이때 그 구성요건의 불법이나 책임 내용이 주된 범죄에 비하여 경미하기 때문에 처벌이 별도로 고려되지 않는 경우를 말한다.

② 법원을 기망하여 승소판결을 받고 그 확정판결에 의하여 소유권이전등기를 경료한 경우, 소송사기 범행 이후 그 확정판결에 의하여 소유권이전등기를 경료하였다고 하여 새로운 법익을 침해하였다고 평가할 수는 없으므로, 사기죄와 별도로 공정증서원본부실기재죄가 성립하지는 않는다.

③ 단체의 대표자 등이 그 단체가 체결한 계약을 이행하는 과정에서 계약의 상대방을 기망하여 교부받은 돈은 그 단체에 귀속되는 것인데, 그 후 단체의 대표자 등이 이를 보관하고 있으면서 횡령하였다면 이는 사기범행과는 침해법익을 달리하므로 횡령죄가 성립하고, 이를 단순한 불가벌적 사후행위로 볼 수는 없다.

④ 장물에 관한 죄에 있어서의 '장물'이라 함은 재산범죄로 인하여 취득한 물건 그 자체를 말하므로, 재산범죄를 저지른 이후에 별도의 재산범죄의 구성요건에 해당하는 사후행위가 있었다면 비록 그 행위가 불가벌적 사후행위로서 처벌의 대상이 되지 않는다 할지라도 그 사후행위로 인하여 취득한 물건은 재산범죄로 인하여 취득한 물건으로서 장물이 될 수 있다.

⑤ 甲종친회 회장인 피고인이 위조한 종친회 규약 등을 공탁관에게 제출하는 방법으로 甲종친회를 피공탁자로 하여 공탁된 수용보상금을 출급받아 편취하고, 이를 甲종친회를 위하여 업무상 보관하던 중 반환을 거부하여 횡령하였다는 내용으로 기소된 경우, 피고인이 공탁관을 기망하여 공탁금을 출급받음으로써 甲종친회를 피해자로 한 사기죄가 성립하고, 그 후 甲종친회에 대하여 공탁금 반환을 거부한 행위는 새로운 법익의 침해를 수반하지 않는 불가벌적 사후행위에 해당할 뿐 별도의 횡령죄가 성립하지 않는다.

해설 ① (○) (大判 2012.10.11. 2012도1895).
② (×) 법원을 기망하여 승소판결을 받고 그 확정판결에 의하여 소유권이전등기를 경료한 경우에는 사기죄와 별도로 공정증서원본 불실기재죄가 성립하고 양죄는 실체적 경합범 관계에 있다(大判 1983.4.26. 83도188). 〈주〉 확정판결로 소송사기죄가 성립하고, 등기경료로 공정증서에 관한 죄가 성립한다.
③ (○) (大判 2017.05.11. 2017도3973).
④ (○) (大判 2004.4.16. 2004도353).
⑤ (○) (大判 2015.9.10. 2015도8592). 〈주〉 피해자와 객체가 동일하다.

정답 ②

027 2024년 법원행시

절도와 강도의 죄에 관한 다음 설명 중 옳지 않은 것은 모두 몇 개인가? (다툼이 있는 경우 판례에 의함)

> ㉠ 회사 직원이 업무와 관련하여 다른 사람이 작성한 회사의 문서(회사 중역들에 대한 특별상여금 지급내역서 1부 및 퇴직금 지급내역서 2부)를 복사기를 이용하여 복사한 후 원본은 제자리에 갖다 놓고 그 사본만 가져간 경우 회사 소유의 문서 사본을 절취한 것으로 볼 수는 없다.
> ㉡ 임차인이 임대차계약 종료 후 식당 건물에서 퇴거하면서 종전부터 사용하던 냉장고의 전원을 켜 둔 채 그대로 두었다가 약 1개월 후 철거해 가는 바람에 그 기간 동안 전기가 소비되었다고 하더라도 임차인에게 절도죄가 성립하지 않는다.
> ㉢ 甲이 마당에 심어져 있던 영산홍을 땅에서 완전히 캐낸 이후 乙이 비로소 범행 장소로 와서 甲과 함께 위 영산홍을 승용차까지 운반하였다면 乙은 甲과 합동하여 영산홍 절취행위를 한 것으로 볼 수 있다.
> ㉣ 예금주인 현금카드 소유자를 협박하여 그 카드를 갈취하였고, 하자 있는 의사표시이기는 하지만 피해자의 승낙에 의하여 현금카드를 사용할 권한을 부여받아 이를 이용하여 현금을 인출한 경우 현금지급기에서 피해자의 예금을 취득한 행위를 현금지급기 관리자의 의사에 반하여 그가 점유하고 있는 현금을 절취한 것이라 하여 이를 현금카드 갈취행위와 분리하여 따로 절도죄로 처단할 수는 없다.
> ㉤ 절도범인이 체포를 면탈할 목적으로 경찰관에게 폭행 또는 협박을 가한 때에는 준강도죄와 공무집행방해죄를 구성하고 양 죄는 상상적 경합 관계에 있으나, 강도 범인이 체포를 면탈할 목적으로 경찰관에게 폭행을 가한 때에는 강도죄와 공무집행방해죄는 실체적 경합 관계에 있다.

① 없음
② 1개
③ 2개
④ 3개
⑤ 4개

해설 * 옳지 않은 것은 ㉢ 1개이다.
㉠ (○) (大判 1996.8.23. 95도192).
㉡ (○) 당초부터 자기의 점유·관리 하에 있던 전기를 사용한 것일 뿐 타인의 점유·관리 하에 있던 전기가 아니어서 절도죄가 성립하지 않는다(大判 2008.7.10. 2008도3252).
㉢ (×) 절도죄가 기수가 된 이후에 乙이 영산홍을 甲과 함께 승용차까지 운반하였다고 하더라도 그러한 행위가 다른 죄에 해당하는지의 여부는 별론으로 하고, 乙이 甲과 합동하여 영산홍 절취행위를 하였다고 볼 수는 없다고 할 것이다(大判 2008.10.23. 2008도6080).
㉣ (○) (大判 1996.9.20. 95도1728).
㉤ (○) (大判 1992.7.28. 92도917; 大判 1992.7.28. 92도917).

정답 ②

028 2024년 법원행시

죄수관계에 관한 설명 중 옳지 않은 것은 모두 몇 개인가? (다툼이 있는 경우 판례에 의함)

> ㉠ 저작권법은 제140조 단서 제1호에서 영리를 목적으로 또는 상습적으로 저작재산권 침해 범행을 한 경우에는 고소가 없어도 공소를 제기할 수 있다고 규정하고 있으므로, 피고인들이 저작재산권 침해 방조행위를 하였고 피고인들에게 영리 목적 또는 상습성이 인정된다면 다수 저작권자의 다수 저작물 전체에 대한 피고인들의 범행 전체에 대하여 하나의 포괄일죄가 성립한다.
> ㉡ 등록을 하지 아니하고 다단계판매조직을 개설·관리·운영한 자를 처벌하는 방문판매 등에 관한 법률 제13조 제1항 위반죄와 무등록 다단계판매업 영업행위를 통하여 금전을 수입한 유사수신행위를 처벌하는 유사수신 행위의 규제에 관한 법률 제3조, 제2조 각 호의 위반죄는 상상적 경합관계에 있다.
> ㉢ 단순배임죄와 사기죄는 그 구성요건을 달리하는 별개의 범죄이고 형법상으로도 각각 별개의 장에 규정되어 있으므로, 1개의 행위에 관하여 사기죄와 단순배임죄의 각 구성요건이 모두 구비된 때에는 양 죄를 상상적 경합관계로 보아야 한다.
> ㉣ 공무원이 취급하는 사건에 관하여 청탁 또는 알선을 할 의사와 능력이 없는데도 청탁 또는 알선을 한다고 기망하고 금품을 교부받은 경우 사기죄와 변호사법위반죄가 성립하는데, 양 죄는 구성요건과 보호법익을 달리하여 법률상 1개의 행위로 평가되는 경우에 해당하지 않으므로, 양 죄를 상상적 경합관계로 볼 것이 아니라 실체적 경합관계로 보아야 한다.
> ㉤ 타인의 사무를 처리하는 자가 여러 사람으로부터 각각 부정한 청탁을 받고 그들로부터 각각 금품을 수수한 경우 만일 그 청탁이 동종의 것이라고 한다면 이는 단일하고 계속된 범의 아래 이루어진 범행에 해당하므로 그 전체를 포괄일죄로 보아야 한다.

① 1개
② 2개
③ 3개
④ 4개
⑤ 5개

해설 * 옳지 않은 것은 ㉠㉡㉣㉤ 4개이다.

㉠ (×) 동일한 저작물에 대한 수회의 침해행위에 대한 각 방조행위가 포괄하여 하나의 범죄가 성립할 여지가 있을 뿐인데도, 이와 달리 위 사이트를 통해 유통된 다수 저작권자의 다수 저작물에 대한 피고인들의 범행 전체가 하나의 포괄일죄를 구성한다고 본 원심판결은 위법이 있다(大判 2012.5.10. 2011도12131). 〈주〉 경합범이다.

㉡ (×) 법률상 1개의 행위로 평가되는 경우에 해당하지 않으므로, 양 죄를 상상적 경합관계로 볼 것이 아니라 실체적 경합관계로 보아야 한다(大判 2001.12.24. 2001도205).

㉢ (○) (大判 2002.7.18. 2002도669 전합).

㉣ (×) 피고인의 행위는 형법 제347조 제1항의 사기죄와 변호사법 제111조 위반죄에 각 해당하고 위 두 죄는 상상적 경합의 관계에 있는 것이다(大判 2007.5.10. 2007도2372).

㉤ (×) 여러 사람으로부터 각각 부정한 청탁을 받고 그들로부터 각각 금품을 수수한 경우에는 비록 그 청탁이 동종의 것이라고 하더라도 단일하고 계속된 범의 아래 이루어진 범행으로 보기 어려워 그 전체를 포괄일죄로 볼 수 없다(大判 2008.12.11. 2008도6987).

정답 ④

029 2024년 법원행시

권리행사를 방해하는 죄에 관한 다음 설명 중 옳지 않은 것은 모두 몇 개인가? (다툼이 있는 경우 판례에 의함)

> ㉠ 피고인들이 공모하여 렌트카 회사인 甲주식회사를 설립한 다음 乙주식회사 등의 명의로 저당권등록이 되어 있는 다수의 차량들을 사들여 甲회사 소유의 영업용 차량으로 등록한 후 자동차대여사업자등록 취소처분을 받아 차량등록을 직권말소시켜 저당권 등이 소멸되게 하였다는 사정만으로는 위 각 차량을 은닉하였다고 단정할 수 없으므로 위 각 차량에 대한 권리행사방해가 성립하지 않는다.
> ㉡ 배우자 명의로 부동산에 관한 물권을 등기한 경우 만일 명의신탁자가 조세포탈, 강제집행의 면탈 또는 법령상 제한의 회피를 목적으로 명의신탁을 함으로써 명의신탁이 무효로 되는 경우에는 말할 것도 없고, 그러한 목적이 없어서 유효한 명의신탁이 되는 경우에도 제3자인 부동산의 임차인에 대한 관계에서는 명의신탁자는 소유자가 될 수 없으므로, 어느 모로 보나 신탁한 부동산이 권리행사방해죄에서 말하는 '자기의 물건'이라고 할 수 없다.
> ㉢ 국세징수법에 의한 체납처분을 면탈할 목적으로 재산을 은닉하는 등의 행위는 형법 제327조에서 정한 강제집행면탈죄의 규율 대상에 포함되지 않는다.
> ㉣ 민사집행법 제3편의 적용 대상인 '담보권 실행 등을 위한 경매'를 면탈할 목적으로 재산을 은닉하는 등의 행위는 형법 제327조에서 정한 강제집행면탈죄의 규율 대상에 포함되지 않는다.
> ㉤ 압류금지채권의 목적물을 수령하는 데 사용하던 기존 예금계좌가 채권자에 의해 압류된 채무자가 압류되지 않은 다른 예금계좌를 통하여 그 목적물을 수령하더라도 강제집행이 임박한 채권자의 권리를 침해할 위험이 있는 행위라고 볼 수 없으므로 강제집행면탈죄가 성립하지 않는다.

① 없음　　　　　　　　　　② 1개
③ 2개　　　　　　　　　　④ 3개
⑤ 4개

해설　* 옳지 않은 것은 ㉠ 1개이다.
　㉠ (×) 저당권자로 하여금 자동차등록원부에 기초하여 저당권의 목적이 된 자동차의 소재를 파악하는 것을 현저하게 곤란하게 하거나 불가능하게 하는 행위에 <u>해당한다</u>(大判 2017.5.17. 2017도2230). 〈주〉 권리행사방해죄의 은닉에 해당한다.
　㉡ (○) (大判 2005.9.9. 2005도626).
　㉢ (○) (大判 2012.4.26. 2010도5693) 〈주〉 국가적 법익은 대상이 아니다.
　㉣ (○) (大判 2015.3.26. 2014도14909). 〈주〉 채권자는 담보권으로 충분한 보호를 받는다.
　㉤ (○) (大判 2017.8.18. 2017도6229).

[정답] ②

030 2024년 법원행시

사기죄에 관한 다음 설명 중 옳은 것을 모두 고른 것은? (다툼이 있는 경우 판례에 의함)

> ㉠ 매도인이 매수인을 기망하여 부동산을 매도하면서 매매대금 중 일부를 매수인의 매도인에 대한 기존 채권과 상계하는 방법으로 지급받은 경우 매도인에게 사기죄가 성립할 수 있고, 후에 위 매매행위가 사기를 이유로 민법에 따라 취소될 수 있다고 하여 달리 볼 것은 아니다.
> ㉡ 甲이 보험가입자 乙의 형사책임을 면하게 하기 위해서 보험회사를 기망하여 보험가입사실증명원을 발급받아 수사기관에 제출한 경우 甲에게 사기죄가 성립한다.
> ㉢ 채권자가 A가 대표이사로 있는 B 주식회사 소유의 부동산에 관하여 가압류결정을 받아 집행까지 마친 상태에서 A가 채권자를 기망하여 위 가압류를 해제하였다고 하더라도 이후 채권자에게 위 가압류에 관한 피보전 채권이 존재하지 않는 것으로 밝혀졌다면 A로서는 위 가압류가 해제됨으로써 위 부동산의 담보가치 상당의 재산상 이익을 취득하였다고 할 수 없어 사기죄가 성립하지 않는다.
> ㉣ 부동산의 명의수탁자가 부동산을 매수인에게 매도하고 매매를 원인으로 한 소유권이전등기까지 마쳐 준 경우, 매수인에 대한 사기죄가 성립될 여지가 없고, 나아가 위 명의수탁자가 그 처분 시 자신의 소유라는 말을 하였다고 하더라도 역시 사기죄가 성립하지 않으며, 이는 위 명의수탁자가 자동차의 명의수탁자인 경우에도 마찬가지이다.
> ㉤ 중고 자동차 매매에 있어서 매도인의 할부금융회사 또는 보증보험에 대한 할부금 채무가 매수인에게 당연히 승계되는 것은 아니므로 매도인이 매수인에게 그 할부금 채무의 존재를 고지하지 아니하였다고 하더라도 부작위에 의한 기망에 해당한다고 볼 수 없다.

① ㉠㉡㉣
② ㉡㉣㉤
③ ㉠㉡㉢
④ ㉡㉢㉣
⑤ ㉠㉣㉤

031 2024년 법원행시

유가증권, 우표와 인지에 관한 죄에 관한 다음 설명 중 옳지 않은 것은 모두 몇 개인가? (다툼이 있는 경우 판례에 의함)

> ㉠ 구 부정수표 단속법(2010. 3. 24. 법률 제10185호로 개정되기 전의 것, 이하 '구 부정수표 단속법'이라 한다) 제5조에서 처벌하는 행위는 수표의 발행에 관한 위조·변조를 말하고, 수표의 배서를 위조·변조한 경우에는 수표의 권리의무에 관한 기재를 위조·변조한 것으로서, 형법 제214조 제2항에 해당하는지 여부는 별론으로 하고 구 부정수표 단속법 제5조에는 해당하지 않는다.
> ㉡ 유가증권변조죄에서 '변조'는 진정하게 성립된 유가증권의 내용에 권한 없는 자가 유가증권의 동일성을 해하지 않는 한도에서 변경을 가하는 것을 의미하므로, 유가증권의 내용 중 권한 없는 자에 의하여 이미 변조된 부분을 다시 권한 없이 변경하였다고 하더라도 유가증권변조죄는 성립하지 않는다.
> ㉢ 자기앞수표의 발행인이 수표의뢰인으로부터 수표자금을 입금받지 아니한 채 자기앞수표를 발행하더라도 그 수표의 효력에는 아무런 영향이 없으므로 허위유가증권작성죄가 성립하지 아니한다.
> ㉣ 주식회사 대표이사로 재직하던 피고인이 대표이사가 타인으로 변경되었음에도 불구하고 이전부터 사용하여 오던 피고인 명의로 된 위 회사 대표이사의 명판을 이용하여 여전히 피고인을 위 회사의 대표이사로 표시하여 약속어음을 발행, 행사한 경우, 만일 약속어음을 작성, 행사함에 있어 후임 대표이사의 승낙을 얻었다거나 위 회사의 실질적인 대표이사로서의 권한을 행사하는 피고인이 은행과의 당좌계약을 변경하는 데에 시일이 걸려 잠정적으로 전임 대표이사인 그의 명판을 사용한 것이라는 사정이 인정된다면 자격모용유가증권작성 및 동행사죄는 성립하지 않는다.
> ㉤ 위조우표취득죄 및 위조우표행사죄에 관한 형법 제219조 및 제218조 제2항 소정의 "행사"라 함은 위조된 대한민국 또는 외국의 우표를 진정한 우표로서 사용하는 것으로 반드시 우편요금의 납부용으로 사용하는 것에 한정되지 않고 우표수집의 대상으로서 매매하는 경우도 이에 해당된다.

① 없음
② 1개
③ 2개
④ 3개
⑤ 4개

해설 * 옳지 않은 것은 ㉣ 1개이다.
㉠ (O) (大判 2019.11.28. 2019도12022). 〈주〉 유가증권과 달리 수표는 수표 앞면의 발행의 위조만 벌하고, 수표 뒷면의 배서의 위조는 벌하는 규정이 없다.
㉡ (O) (大判 2012.9.27. 2010도15206). 〈주〉 진정한 원본만 변조객체가 된다.
㉢ (O) (大判 2005.10.27. 2005도4528).
㉣ (×) 설사 약속어음을 작성, 행사함에 있어 후임 대표이사의 승낙을 얻었다거나 위 회사의 실질적인 대표이사로서의 권한을 행사하는 피고인이 은행과의 당좌계약을 변경하는데에 시일이 걸려 잠정적으로 전임 대표이사인 그의 명판을 사용한 것이라 하더라도 이는 합법적인 대표이사로서의 권한 행사라 할 수 없어 자격모용유가증권작성 및 동행사죄에 해당한다(大判 1991.2.26. 90도577).
㉤ (O) (大判 1989.4.11. 88도1105).

정답 ②

032 2024년 법원행시

횡령과 배임의 죄에 관한 다음 설명 중 옳지 않은 것은 모두 몇 개인가? (다툼이 있는 경우 판례에 의함)

> ㉠ 채권양도인이 채무자에게 채권양도 통지를 하는 등으로 채권양도의 대항요건을 갖추어 주지 않은 채 채무자로부터 채권을 추심하여 수령한 경우, 원칙적으로 그 금전은 채권양수인을 위하여 수령한 것으로서 채권양수인의 소유에 속하므로 채권양도인이 위 금전을 임의로 처분한 경우 횡령죄가 성립한다.
> ㉡ 피고인이 송금 절차의 착오로 인하여 피고인 명의의 은행 계좌에 입금된 돈을 임의로 인출하여 소비한 행위는 횡령죄에 해당하지만, 만일 송금인과 피고인 사이에 별다른 거래관계가 없었다면 피고인에게 위탁관계에 의한 보관자의 지위가 인정된다고 볼 수 없으므로 위와 같은 피고인의 행위는 횡령죄가 아닌 점유이탈물횡령죄를 구성할 뿐이다.
> ㉢ 예탁결제원에 예탁되어 계좌 간 대체 기재의 방식에 의하여 양도되는 주권은 유가증권으로서 재물에 해당되므로 횡령죄의 객체가 될 수 있으나, 주권이 발행되지 않은 상태에서 주권불소지 제도, 일괄예탁 제도 등에 근거하여 예탁결제원에 예탁된 것으로 취급되어 계좌간 대체 기재의 방식에 의하여 양도되는 주식은 재물이 아니므로 횡령죄의 객체가 될 수 없다.
> ㉣ 甲주식회사가 도시개발사업의 시행자인 乙조합으로부터 기성금 명목으로 체비지를 지급받은 다음 이를 다시 丙에게 매도하였는데, 乙조합의 조합장인 丁이 환지처분 전 체비지대장에 소유권 취득자로 등재된 甲회사와 丙의 명의를 임의로 말소한 경우 丁의 행위는 배임죄를 구성한다고 보아야 한다.
> ㉤ A새마을금고의 임원인 B가 새마을금고의 여유자금 운용에 관한 규정을 위반하여 금융기관으로부터 원금 손실의 위험이 있는 금융상품을 매입함으로써 A새마을금고에 액수 불상의 재산상 손해를 가하고 금융기관에 수수료 상당의 재산상 이익을 취득하게 한 경우 위 수수료 상당의 이익은 배임죄에서의 재산상 이익에 해당한다.

① 없음
② 1개
③ 2개
④ 3개
⑤ 4개

해설 * 옳지 않은 것은 ㉠㉡㉣㉤ 4개이다.

㉠ (×) 채권양도인이 양도한 채권을 추심하여 수령한 금전에 관하여 채권양수인을 위해 보관하는 자의 지위에 있다고 볼 수 없으므로, 채권양도인이 위 금전을 임의로 처분하더라도 횡령죄는 성립하지 않는다(大判 2022. 6. 23. 2017도3829 전합). 〈주〉 채권양도인의 소유이다.

㉡ (×) 피고인이 송금 절차의 착오로 인하여 피고인 명의의 은행 계좌에 입금된 돈을 임의로 인출하여 소비한 행위는 횡령죄에 해당하고, 이는 송금인과 피고인 사이에 별다른 거래관계가 없다고 하더라도 마찬가지이다(大判 2010.12.9. 2010도891).

㉢ (○) (大判 2023.6.1. 2020도2884).

㉣ (×) 乙조합이 시행한 도시개발사업은 도시개발법에 따라 이루어진 것이므로 체비지대장에의 등재가 환지처분 전 체비지 양수인이 취득하는 채권적 청구권의 공시방법이라고 볼 수 없다는 점에서 그 명의의 말소 사실이 법률상 특별한 의미나 효과를 가진다고 보기도 어렵다(大判 2022.10.14. 2018도13604). 〈주〉 대장의 등재로는 권리의무 변동에 영향이 없으므로 재산상 손해가 없어 배임죄가 성립하지 않는다.

㉤ (×) 금융기관이 용역 제공의 대가로 정당하게 지급받은 위 수수료가 피고인의 임무위배행위로 인하여 취득한 재산상 이익에 해당한다고 단정하기 어렵다(大判 2021.11.25. 2016도3452).

[정답] ⑤

033 2024년 법원행시

강간과 추행의 죄에 관한 설명 중 옳은 것은 모두 몇 개인가? (다툼이 있는 경우 판례에 의함)

> ㉠ 미성년자의제강간·강제추행죄를 규정한 형법 제305조가 강간죄와 강제추행죄의 미수범 처벌에 관한 형법 제300조를 명시적으로 인용하고 있지 않으므로 미성년자의제강간·강제추행의 미수범은 처벌할 수 없다.
> ㉡ A는 인터넷 채팅사이트를 통해 성매매를 하려고 만난 甲으로부터 졸피뎀과 트리아졸람이 섞인 커피를 받아 마신 후 정신을 잃고 깊이 잠들었다가 약 3시간 뒤에 깨어났고, 甲은 A를 항거불능 상태에 빠뜨린 후 강간하려고 시도하였으나 미수에 그쳤으며, A는 커피를 마신 다음에 자신이 잠들기 전까지 무슨 행동을 하였는지를 기억하지 못하였으나, A가 의식을 회복한 다음에는 일상생활에 특별한 지장이 없었고 치료도 받지 않았다면 甲을 강간치상죄로 처벌할 수는 없다.
> ㉢ 乙이 방안에서 丙의 숙제를 도와주던 중 丙의 왼손을 잡아 자신의 성기 쪽으로 끌어당겼고, 이를 거부하고 자리를 이탈하려는 丙의 의사에 반하여 丙을 끌어안은 다음 침대로 넘어져 丙의 위에 올라탄 후 丙의 가슴을 만졌으며, 방문을 나가려는 丙을 뒤따라가 끌어안은 행위를 한 경우, 설령 乙의 행위가 丙의 항거를 곤란하게 할 정도의 폭행 또는 협박에 해당하지 않는다고 하더라도 丙을 강제추행한 것에 해당한다고 볼 수 있다.
> ㉣ 업무상 위력 등에 의한 추행에 관한 처벌 규정인 성폭력범죄의 처벌 등에 관한 특례법 제10조 제1항에서 정한 '업무, 고용이나 그 밖의 관계로 인하여 자기의 보호, 감독을 받는 사람'에는 직장 안에서 보호 또는 감독을 받거나 사실상 보호 또는 감독을 받는 상황에 있는 사람만이 포함되는 것이고, 채용 절차에서 영향력의 범위 안에 있는 사람도 포함된다고 해석할 수는 없다.
> ㉤ 의붓아버지와 의붓딸의 관계가 성폭력범죄의 처벌 등에 관한 특례법 제5조 제4항에서 규정한 친족관계에 해당한다고 해석하는 것은 형벌법규의 명확성의 원칙에 반하는 것이거나 죄형법정주의에 의하여 금지되는 확장해석이나 유추해석에 해당하는 것으로 보아야 한다.

① 1개 ② 2개
③ 3개 ④ 4개
⑤ 5개

해설 * 옳은 것은 ㉢ 1개이다.
㉠ (×) 미성년자의제강간·강제추행죄의 처벌에 있어 그 법정형 뿐만 아니라 <u>미수범에 관하여도 강간죄와 강제추행죄의 예에 따른다</u>는 취지로 해석된다(大判 2007.3.15. 2006도9453).
㉡ (×) 약물의 투약으로 피해자의 항거가 불가능하거나 현저히 곤란해진 데에서 나아가 피해자의 건강상태가 나쁘게 변경되고 생활기능에 장애가 초래되는 결과가 발생하였다고 할 것이므로 이는 <u>강간치상죄에서 말하는 상해에 해당한다</u>(大判 2017.7.11. 2015도3939).
㉢ (O) (大判 2023.9.21. 2018도13877 전합). 〈주〉 강제추행의 폭행은 신체에 대한 유형력 행사로 충분하다.
㉣ (×) '업무, 고용이나 그 밖의 관계로 인하여 자기의 보호, 감독을 받는 사람'에는 <u>채용 절차에서 영향력의 범위 안에 있는 사람도 포함된다</u>(大判 2020.7.9. 2020도5646).
㉤ (×) 의붓아버지와 의붓딸의 관계는 성폭력처벌법 제5조 제4항이 규정한 4촌 이내의 인척으로서 친족관계에 해당한다(大判 2020.11.5. 2020도10806). 〈주〉 법률상뿐만 아니라 사실상 친족도 포함된다.

정답 ①

034 2024년 법원행시

인과관계에 관한 다음 설명 중 가장 옳지 않은 것은? (다툼이 있는 경우 판례에 의함)

① 甲이 乙저축은행에 대출을 신청하여 심사를 받을 당시 동시에 A 저축은행에 대출을 신청한 상태였는데도 乙저축은행으로부터 다른 금융회사에 동시에 진행 중인 대출이 있는지에 대하여 질문을 받자 '없다'고 답변하였고, 乙저축은행으로부터 대출을 받은 지 약 6개월 후에 신용회복위원회에 대출 이후 증가한 채무를 포함하여 프리워크아웃을 신청한 경우 甲의 기망행위와 乙저축은행의 처분행위 사이에 인과관계가 인정된다고 볼 수 있다.

② 금융기관의 통상적인 여신처리기준에 의하면, 적자상태인 당해 기업에 대한 여신이 가능했을 수도 있다고 하더라도, 이로 인하여 획일적으로 부실 재무제표 제출로 인한 기망행위와 여신 결정 사이의 인과관계가 단절된다고 볼 수는 없고, 기업이 적자상태를 숨기기 위하여 흑자 상황인 것처럼 작성한 재무제표를 제출하였다는 사실이 발각될 경우 초래될 수 있는 신뢰성 평가에 미치는 부정적인 영향까지 적절하게 고려·평가하여 인과관계의 단절 여부를 살펴보아야 한다.

③ B 주식회사의 실질적 운영자이자 C 주식회사의 대표이사인 D와 E 등이 공모하여, B 회사가 시행하고 C 회사가 시공하는 임대아파트의 신축과 관련하여 F 은행에 임대주택건설자금 대출을 신청하면서 아파트 부지의 매매가격을 부풀린 매매계약서 등을 제출하는 방법으로 F 은행을 기망하여 국민주택기금 대출금을 받은 경우, D와 E 등이 아파트 부지의 매매가격을 부풀린 매매계약서 등을 제출한 행위와 F 은행의 대출 사이에 인과관계가 존재한다고 보기 어렵다.

④ 형법 제188조에 규정된 교통방해에 의한 치사상죄는 결과적가중범이므로, 위 죄가 성립하려면 교통방해 행위와 사상의 결과 사이에 상당인과관계가 있어야 하고 행위 시에 결과의 발생을 예견할 수 있어야 하며, 한편 교통방해 행위가 피해자의 사상이라는 결과를 발생하게 한 유일하거나 직접적인 원인이 된 경우만이 아니라, 그 행위와 결과 사이에 피해자나 제3자의 과실 등 다른 사실이 개재된 때에도 그와 같은 사실이 통상 예견될 수 있는 것이라면 상당인과관계를 인정할 수 있다.

⑤ 자동차 운전자인 피고인이 교차로와 연접한 횡단보도에 차량 보조등은 설치되지 않았으나 보행등이 녹색이고, 교차로의 차량신호등은 적색인데도, 횡단보도를 통과하여 교차로를 우회하다가 신호에 따라 진행하던 자전거를 들이받아 운전자에게 상해를 입힌 경우 피고인의 위 우회전행위와 위 사고 발생 사이에는 직접적인 원인관계가 존재한다고 볼 수 없다.

해설
① (O) (大判 2018.8.1. 2017도20682).
② (O) (大判 2017.12.22. 2017도12649).
③ (O) (大判 2016.7.14. 2015도20233). 〈주〉 주택대출과 부지가격 기망은 인과관계가 없다.
④ (O) (大判 2014.07.24. 2014도6206).
⑤ (×) (大判 2011.7.28. 2009도8222).

정답 ⑤

035 2024년 법원행시

전과에 관한 다음 설명 중 옳은 것은 모두 몇 개인가? (다툼이 있는 경우 판례에 의함)

㉠ 피고인은 2015. 7. 16. 甲죄로 징역 8월을 선고받고 그 판결이 확정되어 2015. 11. 6. 그 형의 집행을 종료(이하 위 판결을 '이 사건 확정판결'이라고 한다)한 다음 2016. 8. 4.부터 2016. 9. 20.까지 乙죄를 범하였는데, 피고인은 이 사건 확정판결에 대하여 재심을 청구하였고, 재심대상판결 전부에 대하여 재심개시결정이 이루어졌고, 이후 재심심판절차에서 2017. 4. 20. 피고인에게 징역 8월이 선고되었으며(이하 '이 사건 재심판결'이라고 한다), 이 사건 재심판결이 2017. 7. 11. 확정되었다면 乙죄에 대하여 누범가중을 할 수 없다.

㉡ 특정강력범죄로 형을 선고받고 그 집행이 끝나거나 면제된 후 3년 이내에 형법 제337조(강도상해, 치상)의 죄 및 그 미수의 죄를 범하여 특정범죄 가중처벌 등에 관한 법률 제5조의5에 따라 가중처벌되는 경우에는 그 죄에 대하여 정하여진 형의 장기 및 단기의 2배까지 가중한다.

㉢ 피고인이 특정범죄 가중처벌 등에 관한 법률위반(절도)죄로 징역 1년에 집행유예 2년을 선고받고, 집행유예기간 중 같은 죄로 징역 2년을 선고받아 판결이 확정됨으로써 위 집행유예의 선고가 실효되어 형의 집행을 모두 종료하였는데, 그 후 3년 내에 다시 상습절도에 의한 특정범죄 가중처벌 등에 관한 법률 위반죄로 기소된 경우 특정범죄 가중처벌 등에 관한 법률 제5조의4 제6항을 적용할 수 있다.

㉣ 형법 제64조의 규정에 따라 집행유예의 취소를 하려면 그 집행유예의 판결이 확정된 후 취소사유에 해당하는 전과가 발각된 경우에 한하고, 그 판결확정 전에 발견된 경우에는 이를 취소할 수 없다고 할 것이므로, 집행유예의 판결에 대하여 피고인만 상소하여 그 판결이 확정되지 않았으나 검사의 상소기간이 도과하여 이미 상소할 수 없게 된 상태에서 그 이전의 집행유예 결격 전과가 발각되었다고 하더라도 집행유예의 취소사유에 해당하지 않는다.

㉤ 형의 집행유예를 선고받은 자가 형법 제65조에 의하여 그 선고가 실효 또는 취소됨이 없이 정해진 유예기간을 무사히 경과하여 형의 선고가 효력을 잃게 된 경우에는 이를 선고유예 결격사유로 삼을 수 없다.

① 없음
② 1개
③ 2개
④ 3개
⑤ 4개

해설 * 옳은 것은 ㉠㉣ 2개이다.

㉠ (○) (大判 2017.9.21. 2017도4019). 〈주〉 재심확정으로 기존확정판결의 누범전과가 말소된다.

㉡ (×) 특정강력범죄의 처벌에 관한 특례법 제3조(누범의 형) 특정강력범죄로 형(刑)을 선고받고 그 집행이 끝나거나 면제된 후 3년 이내에 다시 특정강력범죄를 범한 경우(「형법」 제337조(강도상해, 치상)의 죄 및 그 미수(未遂)의 죄를 범하여 「특정범죄 가중처벌 등에 관한 법률」 제5조의5에 따라 가중처벌되는 경우는 제외한다)에는 그 죄에 대하여 정하여진 형의 장기(長期) 및 단기(短期)의 2배까지 가중한다. 〈주〉 특가법에 따라 가중처벌되면 특강법의 가중처벌은 하지 않는다.

㉢ (×) 형의 집행유예를 선고받은 후 집행유예가 실효되거나 취소된 경우가 특가법 제5조의4 제6항에서 정한 '실형을 선고받은 경우'에 포함된다고 볼 수 없다(大判 2011.5.26. 2011도2749). 〈주〉 처음부터 집행유예 없는 실형을 선고받은 경우에만 그 집행 종료후 3년간 범한 죄에 대하여 특가법상 가중처벌을 한다.

㉣ (○) (大判 1976.4.14. 76모12). 〈주〉 판결확정 전에 결격사유가 발각되었으므로 집행유예를 취소할 수 없다.

ⓔ (×) 형의 집행유예를 선고받은 사람이 형법 제65조에 의하여 그 선고가 실효 또는 취소됨이 없이 정해진 유예기간을 무사히 경과하여 형의 선고가 효력을 잃게 되었더라도, 이는 형의 선고의 법적 효과가 없어질 뿐이고 형의 선고가 있었다는 기왕의 사실 자체까지 없어지는 것은 아니므로, 그는 형법 제59조 제1항 단서에서 정한 선고유예 결격사유인 "자격정지 이상의 형을 받은 전과가 있는 자"에 해당한다고 보아야 한다(大判 2012.6.28. 2011도10570). 〈주〉 집행유예기간이 경과하여도 범죄경력이 유지되므로 선고유예의 결격사유가 된다.

[정답] ③

036 2024년 법원행시

공무방해에 관한 죄에 관한 다음 설명 중 옳은 것은 모두 몇 개인가? (다툼이 있는 경우 판례에 의함)

> ㉠ 경찰관들이 甲에 대한 현행범인의 체포 또는 긴급체포 과정에서 미란다 원칙상 고지사항의 일부만 고지하고 신원확인절차를 밟으려는 순간 甲이 유리조각을 쥐고 휘둘러 이를 제압하려는 경찰관들에게 상해를 입힌 경우, 그 제압과정 중이나 후에 지체 없이 미란다 원칙을 고지하면 되는 것이므로 甲은 위 경찰관들의 긴급체포 업무에 관한 정당한 직무집행을 방해한 것으로 볼 수 있다.
> ㉡ 시청 청사 내 주민생활복지과 사무실에 술에 취한 상태로 찾아가 소란을 피우던 乙을 소속 공무원 A와 B가 제지하며 밖으로 데리고 나가려 하자, 乙이 A와 B의 멱살을 잡고 수회 흔든 다음 휴대전화를 휘둘러 A의 뺨을 때린 것은 시청 소속 공무원들의 적법한 직무집행을 방해한 행위에 해당하므로 공무집행방해죄를 구성한다고 보아야 한다.
> ㉢ 피의자가 적극적으로 허위의 증거를 조작하여 제출하고 그 증거 조작의 결과 수사기관이 그 진위에 관하여 나름대로 충실한 수사를 하더라도 제출된 증거가 허위임을 발견하지 못할 정도에 이르렀다면, 이는 위계로 수사기관의 수사행위를 적극적으로 방해한 것으로서 위계공무집행방해죄가 성립한다.
> ㉣ 집행관이 유체동산을 가압류하면서 이를 채무자에게 보관하도록 한 경우 그 가압류의 효력은 압류된 물건의 처분행위를 금지하는 효력이 있으므로, 채무자가 가압류된 유체동산을 제3자에게 양도하고 그 점유를 이전한 경우, 이는 가압류집행이 금지하는 처분행위로서, 특별한 사정이 없는 한 가압류표시 자체의 효력을 사실상으로 감쇄 또는 멸각시키는 행위에 해당하고, 이는 채무자와 양수인이 가압류된 유체동산을 원래 있던 장소에 그대로 두었더라도 마찬가지이다.
> ㉤ 형법 제141조 제1항이 규정하고 있는 공용서류은닉죄에 있어서의 범의란 피고인에게 공무소에서 사용하는 서류라는 사실과 이를 은닉하는 방법으로 그 효용을 해한다는 사실의 인식을 의미하므로, 경찰이 작성한 진술조서가 미완성이고 작성자와 진술자가 서명·날인 또는 무인한 것이 아니어서 공문서로서의 효력이 없다면 공무소에서 사용하는 서류라고 할 수는 없다.

① 1개　　② 2개
③ 3개　　④ 4개
⑤ 5개

해설 * 옳은 것은 ㉠㉡㉢㉣ 4개이다.
㉠ (O) (大判 2007.11.29. 2007도7961).
㉡ (O) (大判 2022.3.17. 2021도13883).
㉢ (O) (大判 2019.3.14. 2018도18646).
㉣ (O) (大判 2018.7.11. 2015도5403).
㉤ (X) 경찰이 작성한 진술조서가 미완성이고 작성자와 진술자가 서명·날인 또는 무인한 것이 아니어서 공문서로서의 효력이 없다고 하더라도 공무소에서 사용하는 서류가 아니라고 할 수는 없다(大判 2006.5.25., 2003도3945). 〈주〉 미완성 문서도 작성자 아닌 제3자로부터 보호받는다.

[정답] ④

037 2024년 법원행시

다음 설명 중 가장 옳지 않은 것은? (다툼이 있는 경우 판례에 의함)

① 민사소송의 당사자는 증인능력이 없으므로 증인으로 선서하고 증언하였다고 하더라도 위증죄의 주체가 될 수 없고, 이러한 법리는 민사소송에서의 당사자인 법인의 대표자의 경우에도 마찬가지로 적용된다.
② 공범인 공동피고인은 당해 소송절차에서는 피고인의 지위에 있어 다른 공동피고인에 대한 공소사실에 관하여 증인이 될 수 없으나, 소송절차가 분리되어 피고인의 지위에서 벗어나게 되면 다른 공동피고인에 대한 공소사실에 관하여 증인이 될 수 있다.
③ 위증죄는 법률에 의하여 선서한 증인이 자기의 기억에 반하는 사실을 진술함으로써 성립하므로, 증인의 진술이 경험한 사실에 대한 법률적 평가이거나 단순한 의견에 지나지 아니하는 경우에는 위증죄에서 말하는 허위의 진술이라고 할 수 없고, 경험한 사실에 기초한 주관적 평가나 법률적 효력에 관한 견해를 부연한 부분에 다소의 오류가 있다 하여도 위증죄가 성립하지 않는다.
④ 위증죄에서 증인의 증언이 기억에 반하는 허위의 진술인지 여부를 가릴 때에는 그 증언의 단편적인 구절에 구애될 것이 아니라 당해 신문 절차에서 한 증언 전체를 일체로 파악하여야 하고, 증언의 의미가 그 자체로 불분명하거나 다의적으로 이해될 수 있는 경우에는 언어의 통상적인 의미와 용법, 문제된 증언이 나오게 된 전후 문맥, 신문의 취지, 증언이 행하여진 경위 등을 종합하여 당해 증언의 의미를 명확히 한 다음 허위성을 판단하여야 한다.
⑤ 증인의 증언은 그 전부를 일체로 관찰·판단하는 것이므로, 증인이 1회 또는 수회의 기일에 걸쳐 이루어진 1개의 증인신문절차에서 허위의 진술을 하고 그 진술이 철회·시정된 바 없이 그대로 증인신문절차가 종료되었더라도 그 후 별도의 증인 신청 및 채택 절차를 거쳐 다시 신문을 받는 과정에서 종전 신문절차에서의 진술을 철회·시정하였다면 위증죄의 성립은 부정된다.

해설 ① (○) (大判 1998.3.10. 97도1168; 大判 2012.12.13. 2010도14360).
② (○) (大判 2008.06.26. 2008도3300).
③ (○) (大判 2009.3.12. 2008도11007).
④ (○) (大判 2007.9.20. 2005도9590).
⑤ (×) 증인이 1회 또는 수회의 기일에 걸쳐 이루어진 1개의 증인신문절차에서 허위의 진술을 하고 그 진술이 철회·시정된 바 없이 그대로 증인신문절차가 종료된 경우 그로써 위증죄는 기수에 달한다(大判 2010.9.30. 2010도7525).

정답 ⑤

038 2024년 법원행시

다음 설명 중 가장 옳지 않은 것은? (다툼이 있는 경우 판례에 의함)

① 방조자의 인식과 피방조자의 실행간에 착오가 있고 양자의 구성요건을 달리한 경우에는 원칙적으로 방조자의 고의는 조각되는 것이나 그 구성요건이 중첩되는 부분이 있는 경우에는 그 중복되는 한도 내에서 방조자의 죄책을 인정하여야 하므로, 甲으로서는 정범인 乙이 특정범죄 가중처벌 등에 관한 법률 제6조(「관세법」위반행위의 가중처벌)에 해당하는 범죄행위를 한 것을 전연 인식하지 못하고 오로지 관세법 제270조에 해당하는 관세포탈 범죄를 방조하는 것으로만 인식하였다면 甲은 구성요건이 중복되는 관세법 제270조의 종범으로서만 처벌되어야 한다.

② 丙이 丁에게 우측 흉골골절 및 늑골골절상과 이로 인한 우측 심장벽좌상과 심낭내출혈 등의 상해를 가함으로써 丁이 바닥에 쓰러진 채 정신을 잃고 빈사상태에 빠지자 丁이 사망한 것으로 오인하고, 자신의 행위를 은폐하고 丁이 자살한 것처럼 가장하기 위하여 丁을 베란다로 옮긴 후 베란다 밑 약 13m 아래의 바닥으로 떨어뜨려 丁으로 하여금 현장에서 좌측 측두부 분쇄함몰골절에 의한 뇌손상 및 뇌출혈 등으로 사망에 이르게 하였다면, 丙의 행위는 포괄하여 단일의 상해치사죄에 해당한다.

③ 피기망자가 행위자의 기망행위로 인하여 착오에 빠진 결과 내심의 의사와 다른 효과를 발생시키는 내용의 처분문서에 서명 또는 날인함으로써 처분문서의 내용에 따른 재산상 손해가 초래된 경우, 비록 피기망자에게 문서에 서명 또는 날인한다는 인식이 있었더라도 그 문서의 구체적 내용과 법적효과에 대해 아무런 인식이 없었다면 피기망자의 처분의사와 처분행위를 인정할 수 없다.

④ 피고인들이 저작권 침해물 링크 사이트를 운영하던 도중에 저작권자의 공중송신권을 침해하는 웹페이지 등으로 링크를 하는 행위만으로는 공중송신권 침해의 방조행위에 해당하지 않는다는 대법원 판결이 선고되었다가 이후 전원합의체 판결로 판례가 변경되었다고 하더라도 피고인들이 자신의 행위가 죄가 되지 않는 것으로 오인한 데에 정당한 이유가 있는 경우에 해당한다고 볼 수 없다.

⑤ 피고인이 선거관리위원회에 단순히 피고인이 억울하게 연고도 없는 지역으로 전출발령을 받은 것에 대하여 동료나 지인에게 구두답변을 대신하여 그 경위를 기재한 유인물을 교부하는 경우에 선거법에 저촉되는지 여부를 질의한 것이고, 선거관리위원회가 회신한 내용도 그러한 행위는 선거법의 적용대상이 아니거나 선거법상 후보자 비방행위에 해당하지 않는다는 것에 불과하다면, 피고인이 선거관리위원회에 질의 내지 자문을 한 후 위와 같은 유인물을 배부하였다고 하더라도, 그 사유만으로 피고인의 범행이 형법 제16조에서 말하는 '그 오인에 정당한 이유가 있는 때'에 해당한다고 할 수 없다.

> **해설** ① (○) (大判 1985.2.26. 84도2987).
> ② (○) (大判 1994.11.4. 94도2361).
> ③ (×) 피기망자가 처분결과, 즉 문서의 구체적 내용과 그 법적 효과를 미처 인식하지 못하였다고 하더라도, 어떤 문서에 스스로 서명 또는 날인함으로써 그 처분문서에 서명 또는 날인하는 행위에 관한 인식이 있었던 이상 피기망자의 처분의사 역시 인정된다(大判 2017.2.16. 2016도13362 전합).
> ④ (○) (大判 2021.11.25. 2021도10903).
> ⑤ (○) (大判 2002.1.25. 2000도1696).
>
> **정답** ③

039 2024년 법원행시

몰수 또는 추징에 관한 다음 설명 중 옳지 않은 것은 모두 몇 개인가? (다툼이 있는 경우 판례에 의함)

㉠ 성매매알선 행위자인 피고인들이 자신의 성매매알선 영업에 필요한 장소인 오피스텔 각 호실을 임차하기 위해 보증금을 임대인에게 지급한 행위가 성매매알선 등 행위의 처벌에 관한 법률 제2조 제1항 제2호 중 (다)목의 행위태양에 해당하는 '성매매에 제공되는 사실을 알면서 자금을 제공하는 행위'에 해당한다고 보기 어려우므로, 위 오피스텔 각 호실에 관한 임대차보증금반환채권은 범죄수익은닉의 규제 및 처벌 등에 관한 법률에 따른 몰수의 대상이 되지 않는다.

㉡ 도박공간을 개설한 자가 도박에 참가하여 얻은 수익은 도박공간개설을 통하여 간접적으로 얻은 이익에 당연히 포함된다고 보기 어려우므로, 전체 범죄수익 중 피고인이 직접 도박에 참가하여 얻은 수익은 도박공간개설의 범죄로 인한 추징 대상에서 제외하고 그 차액만을 추징하여야 한다.

㉢ 피고인들의 범죄행위가 피고인들이 사업장폐기물배출업체로부터 인수받은 폐기물을 폐기물관리법에 따라 허가 또는 승인을 받거나 신고한 폐기물처리시설이 아닌 곳에 매립하였다는 점이라면, 피고인들이 사업장폐기물배출업체로부터 받은 돈을 형법 제48조 소정의 몰수·추징의 대상으로 보기 위해서는 피고인들이 폐기물을 불법적으로 매립할 목적으로 사업장폐기물배출업체로부터 돈을 지급받고 폐기물을 인수하였다는 정도를 넘어 위 돈이 피고인들과 사업장폐기물배출업체 사이에 피고인들의 범죄행위를 전제로 수수되었다는 점이 인정되어야 한다.

㉣ 뇌물수수나 알선수재에 이용된 공급계약이 실제 공급이 없는 형식적 계약에 불과하여 부가가치세 과세대상이 아니라고 하더라도 부가가치세 명목의 금전을 포함한 대가를 받은 다음 이를 실제로 부가가치세로 신고·납부하였다면 부가가치세 상당액은 추징 대상에서 제외하여야 한다.

㉤ 마약류관리에 관한 법률상의 추징은 징벌적 성질을 가진 처분이므로 甲이 취급한 필로폰 1.7g 중 乙이 甲으로부터 교부받아 소지하고 있다가 압수당한 필로폰 1.55g과 甲이 소지하고 있다가 압수당한 필로폰 0.12g을 몰수하는 경우 甲으로부터는 그 취급한 범위 내에서 가액 전부인 1.7g의 투약분 상당의 가액을 추징하여야 한다.

① 없음　　② 1개
③ 2개　　④ 3개
⑤ 4개

[해설] * 옳지 않은 것은 ㉠㉣㉤ 3개이다.
- ㉠ (×) 이 사건 임대차보증금반환채권은 범죄수익은닉규제법 제2조 제2호 (나)목 1)에서 범죄수익으로 정한 '성매매에 제공되는 사실을 알면서 자금을 제공하는 행위에 관계된 자금 또는 재산'으로 범죄수익은닉규제법 제8조 제1항 제1호에 따라 범죄수익으로 몰수될 수 있다(大判 2020.10.15. 2020도960).
- ㉡ (O) (大判 2022.12.29. 2022도8592). 〈주〉 도박참가수익과 공간개설수익은 별개이다.
- ㉢ (O) (大判 2021.7.21. 2020도10970).
- ㉣ (×) 부가가치세 명목의 금전을 포함한 대가를 받았다고 하더라도 그 일부를 부가가치세로 거래 징수하였다고 할 수 없어 수수한 금액 전부가 범죄로 얻은 이익에 해당하여 추징대상이 된다. 그 후에 이를 부가가치세로 신고·납부하였다고 하더라도 달리 볼 수 없(大判 2018.5.30. 2016도18311).
- ㉤ (×) 소유자나 최종소지인으로부터 마약류의 전부 또는 일부를 몰수하였다면 다른 취급자들과의 관계에 있어서도 실질상 이를 몰수한 것과 마찬가지이므로 그 몰수된 마약류의 가액 부분은 이를 추징할 수 없다(大判 2009.6.11. 2009도2819). 〈주〉 甲에게서는 0.12g 부분만 추징한다.

[정답] ④

040 2024년 법원행시

다음 설명 중 옳은 것은 모두 몇 개인가? (다툼이 있는 경우 판례에 의함)

> ㉠ 주택의 매수인이 계약금과 중도금을 지급하고서 그 주택을 인도받아 점유하고 있던 중 위 매매계약을 해제하고 중도금반환청구소송을 제기하여 얻은 그 승소판결에 기하여 강제집행에 착수한 이후에, 매도인이 매수인이 잠가 놓은 위 주택의 출입문을 열고 들어간 경우라면 매도인으로서는 매수인이 그 주택에 대한 모든 권리를 포기한 것으로 알고 그 주택에 들어간 것이라고 할 수 있을 뿐만 아니라 그 주택에 대하여 보호받아야 할 매수인의 주거에 대한 평온상태는 소멸되었다고 볼 수 있으므로 매도인의 행위는 주거침입죄를 구성하지 아니한다.
> ㉡ 일반인의 출입이 허용된 상가 등 영업장소에 영업주의 승낙을 받아 통상적인 출입방법으로 들어갔다면 특별한 사정이 없는 한 건조물침입죄에서 규정하는 침입행위에 해당하지 않고, 설령 행위자가 범죄 등을 목적으로 영업장소에 출입하였거나 영업주가 행위자의 실제 출입 목적을 알았더라면 출입을 승낙하지 않았을 것이라는 사정이 인정되더라도 그러한 사정만으로는 출입 당시 객관적·외형적으로 드러난 행위태양에 비추어 사실상의 평온상태를 해치는 방법으로 영업장소에 들어갔다고 평가할 수 없으므로 침입행위에 해당하지 않는다.
> ㉢ 주거침입죄와 퇴거불응죄는 모두 사실상의 주거의 평온을 그 보호법익으로 하므로, 퇴거요구를 받고 건물의 열쇠를 반환한 다음 건물에서 나가면서 가재도구를 남겨둔 경우에는 퇴거불응죄가 성립한다.
> ㉣ 형법 제331조 제2항의 특수절도에 있어서 주거침입은 그 구성요건이 아니므로, 절도범인이 그 범행수단으로 주거침입을 한 경우에 그 주거침입행위는 절도죄에 흡수되지 아니하고 별개로 주거침입죄를 구성하여 절도죄와는 실체적 경합의 관계에 있게 되나, 2인 이상이 합동하여 야간이 아닌 주간에 절도의 목적으로 타인의 주거에 침입한 경우에는 아직 절취할 물건의 물색행위를 시작하기 전이라도 특수절도죄의 미수죄가 성립한다.
> ㉤ 피고인이 주택에 무단 침입한 범죄사실로 이미 유죄판결을 받고 그 판결이 확정되었음에도 퇴거하지 아니한 채 계속해서 위 주택에 거주함으로써 위 판결이 확정된 이후로 피고인의 주거침입행위 및 그로 인한 위법상태가 계속되고 있다고 하더라도 이미 확정판결이 있었던 이상 별도의 주거침입죄를 구성하지 않는다.

① 1개 ② 2개
③ 3개 ④ 4개
⑤ 5개

[해설] * 옳은 것은 ㉠㉡ 2개이다.
㉠ (○) (大判 1987.5.12. 87도3). 〈주〉 매수인의 점유는 보호할 필요가 없다.
㉡ (○) (大判 2022.8.25. 2022도3801).
㉢ (×) 정당한 퇴거요구를 받고 건물에서 나가면서 가재도구 등을 남겨둔 경우 퇴거불응죄를 구성하지 않는다(大判 2007.11.15. 2007도6990).
㉣ (×) 2인 이상이 합동하여 야간이 아닌 주간에 절도의 목적으로 타인의 주거에 침입하였다 하여도 아직 절취할 물건의 물색행위를 시작하기 전이라면 특수절도죄의 실행에는 착수한 것으로 볼 수 없는 것이어서 그 미수죄가 성립하지 않는다(大判 2009.12.24. 2009도9667).
㉤ (×) 위 판결 확정 이후의 행위는 별도의 주거침입죄를 구성한다(大判 2008.5.8. 2007도11322).

[정답] ②

김원욱 형법 최신기출 총정리
cafe.daum.net/policewon

제2부
부록
2024 변호사시험

001 2024년 변호사

예비·음모와 미수에 관한 설명 중 옳은 것을 모두 고른 것은? (다툼이 있는 경우 판례에 의함)

> ㉠ 甲이 乙의 강도예비죄의 범행에 방조의 형태로 가담한 경우 甲을 강도예비죄의 방조범으로 처벌할 수 없다.
> ㉡ 「형법」상 음모죄의 성립을 위한 범죄실행의 합의가 있다고 하기 위하여는 단순히 범죄결심을 외부에 표시·전달하는 것만으로는 부족하고, 객관적으로 보아 특정한 범죄의 실행을 위한 준비행위라는 것이 명백히 인식되고, 그 합의에 실질적인 위험성이 인정되어야 한다.
> ㉢ 중지미수의 경우에는 법정형의 상한과 하한 모두를 2분의 1로 감경하는 반면, 장애미수의 경우에는 법익침해의 위험발생 정도에 따라 법정형에 대한 감경을 하지 않거나 법정형의 하한만 2분의 1로 감경할 수 있다.
> ㉣ 실행의 착수가 있기 전인 예비나 음모의 행위를 처벌하는 경우 중지미수범의 관념을 인정할 수 없으므로, 예비단계에서 범행을 중지하더라도 중지미수범의 규정이 적용될 수 없다.
> ㉤ 甲이 피해자가 심신상실 또는 항거불능의 상태에 있다고 인식하고 그러한 상태를 이용하여 간음할 의사로 피해자를 간음하였으나 실행의 착수 당시부터 피해자가 실제로는 심신상실 또는 항거불능의 상태에 있지 않은 경우 甲이 행위 당시에 인식한 사정을 놓고 일반인이 객관적으로 판단하여 보았을 때 준강간의 결과가 발생할 위험성이 있었다면 준강간죄의 불능미수가 성립한다.

① ㉠㉡㉢
② ㉠㉡㉣
③ ㉡㉢㉤
④ ㉠㉡㉣㉤
⑤ ㉠㉢㉣㉤

[해설] ㉠ (○) (大判 1976.5.25. 75도1549).
㉡ (○) (大判 1999.11.12. 99도3801).
㉢ (×) 필요적 감경의 경우에는 감경사유의 존재가 인정되면 반드시 형법 제55조 제1항에 따른 법률상 감경을 하여야 함에 반해, 임의적 감경의 경우에는 감경사유의 존재가 인정되더라도 법관이 형법 제55조 제1항에 따른 법률상 감경을 할 수도 있고 하지 않을 수도 있다. 나아가 임의적 감경사유의 존재가 인정되고 법관이 그에 따라 징역형에 대해 법률상 감경을 하는 이상 형법 제55조 제1항 제3호에 따라 상한과 하한을 모두 2분의 1로 감경한다(大判 2021.1.21. 2018도5475).
㉣ (○) (大判 1991.6.25. 91도436).
㉤ (○) (大判 2019.3.28. 2018도16002 전합).

[정답] ④

002 2024년 변호사

공범에 관한 설명 중 옳지 않은 것은? (다툼이 있는 경우 판례에 의함)

① 방조범에게 요구되는 정범 등의 고의는 정범에 의하여 실현되는 범죄의 구체적 내용을 인식해야 하는 것은 아니고 미필적 인식이나 예견으로 충분하지만, 이는 정범의 범행 등의 불법성에 대한 인식이 필요하다는 점과 모순되지 않는다.
② 대향범에 대하여 공범에 관한 형법 총칙 규정이 적용될 수 없다는 법리는 필요적 공범인 대향범뿐만 아니라 구성요건상으로는 단독으로 실행할 수 있는 형식으로 되어 있는데 단지 구성요건이 대향범의 형태로 실행되는 경우에도 적용된다.
③ 업무라는 신분관계가 없는 자가 그러한 신분관계 있는 자와 공모하여 업무상배임죄를 저질렀다면, 그러한 신분관계가 없는 공범에 대하여는 「형법」제33조 단서에 따라 단순배임죄에서 정한 형으로 처단하여야 한다.
④ 공동정범의 성립을 위한 공동가공의 의사는 타인의 범행을 인식하면서도 이를 제지하지 아니하고 용인하는 것만으로는 부족하고, 공동의 의사로 특정한 범죄행위를 하기 위해 일체가 되어 서로 다른 사람의 행위를 이용하여 자기의사를 실행에 옮기는 것을 내용으로 하는 것이어야 한다.
⑤ 방조범이 성립하려면 방조행위가 정범의 범죄실현과 밀접한 관련이 있어야 하므로, 정범의 범죄실현과 밀접한 관련이 없는 행위를 도와준 데 지나지 않는 경우에는 방조범이 성립하지 않는다.

[해설]
① (○) (大判 2022.6.30. 2020도7866)
② (×) 이러한 법리는 해당 처벌규정의 구성요건 자체에서 2인 이상의 서로 대향적 행위의 존재를 필요로 하는 필요적 공범인 대향범을 전제로 한다. 구성요건상으로는 단독으로 실행할 수 있는 형식으로 되어 있는데 단지 구성요건이 대향범의 형태로 실행되는 경우에도 대향범에 관한 법리가 적용된다고 볼 수는 없다(大判 2022.6.30. 2020도7866).
③ (○) (大判 1999.4.27. 99도883). 〈주〉 업무상배임죄가 성립되고, 처벌은 제33조 단서가 적용되어 단순배임죄로 처벌이 된다.
④ (○) (大判 2003.3.28. 2002도7477).
⑤ (○) (大判 2023.6.29. 2017도9835)

[정답] ②

003 2024년 변호사

아래 〈범죄경력〉 중 1개가 있는 甲이 2023. 11. 10. 아래 〈범죄사실〉 중 어느 1개 또는 수개의 죄로 공소 제기되어 그 〈범죄사실〉이 인정될 경우, 다음 설명 중 옳지 않은 것은? (다툼이 있는 경우 판례에 의함)

〈범죄경력〉
Ⓐ 2023. 4. 10. 서울중앙지방법원에서 상습절도죄로 벌금 500만원을 선고받아 2023. 4. 18. 그 판결이 확정되었다.
Ⓑ 2023. 5. 10. 서울중앙지방법원에서 절도죄로 징역 6월을 선고받아 2023. 5. 18. 그 판결이 확정되었다.

〈범죄사실〉
㉠ 상습으로 2023. 2. 10.경 X편의점에서 피해자 M 소유의 휴대전화 1대를 가지고 가 이를 절취하였다[상습절도].
㉡ 2023. 3. 8.경 Y 커피숍에서 피해자 N에게 "수일 내 유명 가상자산 거래소에 상장되는 가상자산이 있는데, 나에게 돈을 투자하면 수백 배 이상의 수익을 얻을 수 있다"라고 거짓말하여 2023. 3. 10.경 1,000만 원을 피해자 N으로부터 교부받아 이를 편취하였다[사기].
㉢ 2023. 6. 10.경 Z 유흥주점에서 피해자 O의 뺨을 수회 때리고 발로 다리를 걸어차 피해자를 폭행하였다[폭행].

① Ⓐ범죄경력이 있는 甲이 ㉠죄로 기소된 경우, ㉠범죄사실과 Ⓐ범죄사실과의 사이에 동일한 습벽에 의하여 범행을 저질렀다는 점이 인정된다면, 「형사소송법」 제326조 제1호의 면소판결이 선고되어야 한다.
② Ⓑ범죄경력이 있는 甲이 ㉠죄로 기소된 경우, ㉠범죄사실과 Ⓑ범죄사실과의 사이에 동일한 습벽에 의하여 범행을 저질렀다는 점이 인정되더라도, 「형사소송법」 제326조 제1호의 면소판결을 선고할 수 없다.
③ Ⓐ범죄경력이 있는 甲이 ㉡죄로 기소된 경우, 판결이 확정된 Ⓐ죄와 사이에 「형법」 제37조 후단의 경합범 관계에 있다.
④ Ⓑ범죄경력이 있는 甲이 ㉡, ㉢죄로 기소된 경우, ㉡죄는 판결이 확정된 Ⓑ죄와 사이에 「형법」 제37조 후단의 경합범 관계에 있으므로, 법원은 ㉡, ㉢죄에 대해 동시에 판결을 선고할 때 ㉡죄에 관하여 1개, ㉢죄에 관하여 1개의 형을 각각 선고하여야 한다.
⑤ Ⓑ범죄경력이 있는 甲이 ㉡, ㉢죄로 기소된 경우, ㉡죄에 관하여 「형법」 제39조 제1항에 의하여 형을 감경할 때에도 법률상 감경에 관한 「형법」 제55조 제1항이 적용되어 유기징역을 감경할 때에는 그 형기의 2분의 1 미만으로는 감경할 수 없다.

[해설] ① (O) 상습범으로서 포괄적 일죄의 관계에 있는 여러 개의 범죄사실 중 일부에 대하여 유죄판결이 확정된 경우에, 그 확정판결의 사실심판결 선고 전에 저질러진 나머지 범죄에 대하여 새로이 공소가 제기되었다면 그 새로운 공소는 확정판결이 있었던 사건과 동일한 사건에 대하여 다시 제기된 데 해당하므로 이에 대하여는 판결로써 면소의 선고를 하여야 한다(大判 2010. 2. 11. 2009도12627). 〈주〉 따라서 Ⓐ범죄인 상습절도죄의 확정판결(2023. 4. 18.)의 기판력은 그 확정판결 전에 범한 상습절도 포괄일죄인 ㉠범죄사실(2023. 2. 10.)에 미친다. 따라서 ㉠죄로 기소된 경우 면소판결을 한다.
② (O) 상습범이 아닌 단순절도죄로서의 확정판결이 있는 후 그 절도행위 후 그 판결전에 범한 다른 절도행위를 상습절도죄로 기소함에 있어서 위 판결에서 이미 처단받은 절도행위를 상습성인정의 한 자료로 하고 법원에서도 상습절도죄로 인정된다고 하여 이미 처단받은 절도행위까지를 포함하여 공소된 것이라고 할 수 없는 것이고 따라서 위 확정판결의 기판력이 뒤에 기소되는 상습절도죄에 미칠 수는 없다 할 것이다(大判 1968. 11. 26. 68도1423). 〈주〉 따라서 Ⓑ범죄인 단순절도죄의 확정판결(2023. 5. 18.)의 기판력은 그 확정판결 전에 범한 상습절도인 ㉠범죄사실(2023. 2. 10.)에 미치지 않는다. 따라서 ㉠죄로 기소된 경우 면소판결을 할 수 없다.
③ (×) 형법 제37조(경합범) 판결이 확정되지 아니한 수개의 죄 또는 금고 이상의 형에 처한 판결이 확정된 죄와 그 판결확정전에 범한 죄를 경합범으로 한다. 〈주〉 Ⓐ범죄경력은 금고 이상이 아닌 벌금형이므로 ㉡범죄와 경합범 관계가 될 수 없다.
④ (O) 확정판결 전에 저지른 범죄와 그 판결 후에 저지른 범죄는 서로 겹쳐 있으나 본조의 경합범관계에 있는 것은 아니므로 두 개의 주문으로 각각 따로 처벌한 조치는 정당하다(大判 1970. 12. 22. 70도2271). 〈주〉 Ⓑ범죄의 확정판결일(2023. 5. 18.) 이전에 범한 ㉡(2023. 3. 8.)는 경합범이지만 그 후에 범한 ㉢죄(2023. 6. 10.)는 경합범이 아니므로 ㉡죄와 ㉢죄에 대해 선고할 때에는 별개의 주문으로 선고한다.
⑤ (O) (大判 2019.4.18. 2017도14609 전합)

[정답] ③

004 2024년 변호사

과실범과 결과적 가중범에 관한 설명 중 옳은 것을 모두 고른 것은? (다툼이 있는 경우 판례에 의함)

㉠ 「형법」상 특수공무집행방해치상죄는 중한 결과에 대한 예견가능성이 있었음에도 불구하고 예견하지 못한 경우뿐만 아니라 고의가 있는 경우까지도 포함하는 부진정결과적가중범이다.
㉡ 과실범에 있어서의 인식 없는 과실은 결과 발생의 가능성에 대한 인식 자체도 없는 경우로 그 결과 발생을 인식하지 못하였다는 데에 대한 부주의, 즉 규범적 실재로서의 과실책임이 있다고 할 것이다.
㉢ 건설회사가 건설공사 중 타워크레인의 설치작업을 전문업자에게 도급을 주어 타워크레인 설치작업을 하던 중 발생한 사고에 대하여, 건설회사의 현장대리인 甲에게 타워크레인의 설치작업을 관리하고 통제할 실질적인 지휘·감독 권한이 없었다면 업무상 주의의무를 위반한 과실이 있다고 볼 수 없다.
㉣ 甲이 A에 대한 살인의 고의로 A가 자고 있는 집에 불을 놓아 불이 A의 집 안방 천장까지 붙었으나 A가 잠에서 깨어집 밖으로 빠져나오는 바람에 살인의 목적을 달성하지 못하였다면, 甲은 현주건조물방화치사죄의 미수범으로 처벌된다.
㉤ 상해를 교사하였는데 피교사자가 이를 넘어 살인을 실행한 경우 교사자는 상해죄에 대한 교사범이 되는 것이고, 다만 이 경우 교사자에게 피해자의 사망이라는 결과에 대하여 과실 내지 예견가능성이 있는 때에는 상해죄의 교사범과 과실치사죄의 상상적 경합범이 된다.

① ㉠㉡㉢
② ㉠㉡㉤
③ ㉡㉢㉣
④ ㉠㉡㉢㉣
⑤ ㉠㉢㉣㉤

해설
㉠ (○) (大判 1995.1.20. 94도2842). 〈주〉 특수공무집행방해치상죄에서 치상의 결과는 과실로 발생하는 경우뿐만 아니라 고의로 발생하는 경우도 가능하다. 이러한 부진정결과적 가중범으로는 특수공무집행방해치사상죄, 현주건조물방화치상죄, 중손괴죄, 중상해죄, 중권리행사방해죄, 중유기죄 등이 있다.
㉡ (○) (大判 1984.2.28. 83도3007))
㉢ (○) (大判 2005.9.9. 2005도3108). 〈주〉 건설회사의 현장대리인이 전문업자에게 도급을 준 사안이다.
㉣ (×) 현주건조물방화치사죄는 미수처벌규정이 없으므로 사안의 경우, 현주건조물방화죄와 살인미수죄의 상상적 경합범이 성립할 수 있다.
㉤ (×) 교사자가 피교사자에 대하여 상해 또는 중상해를 교사하였는데 피교사자가 이를 넘어 살인을 실행한 경우 일반적으로 교사자는 상해죄 또는 중상해죄의 교사범이 되지만 이 경우 교사자에게 피해자의 사망이라는 결과에 대하여 과실 내지 예견가능성이 있는 때에는 상해치사죄의 교사범으로서의 죄책을 지울 수 있다(大判 1993.10.8. 93도1873).

[정답] ①

005 2024년 변호사

국가의 사법기능을 보호하기 위한 범죄에 관한 설명 중 옳지 않은 것은? (다툼이 있는 경우 판례에 의함)

① 신고자가 허위라고 확신한 사실을 신고한 경우뿐만 아니라 진실하다는 확신 없는 사실을 신고하는 경우에도 무고죄의 범의를 인정할 수 있다.
② 타인으로 하여금 형사처분을 받게 할 목적으로 공무소에 대하여 허위의 사실을 신고하였다고 하더라도, 그 사실이 친고죄로서 그에 대한 고소기간이 경과하여 공소를 제기할 수 없음이 그 신고내용 자체에 의하여 분명한 때에는 무고죄가 성립하지 아니한다.
③ 허위로 신고한 사실이 무고행위 당시 형사처분의 대상이 될 수 있었던 경우에는 무고죄가 성립하고, 이후 그러한 사실이 형사범죄가 되지 않는 것으로 판례가 변경되었더라도 특별한 사정이 없는 한 이미 성립한 무고죄에는 영향을 미치지 않는다.
④ 甲이 A사건의 제9회 공판기일에 증인으로 출석하여 한 허위진술이 철회·시정된 바 없이 증인신문절차가 그대로 종료되었다가, 그 후 甲이 제21회 공판기일에 다시 출석하여 종전 선서의 효력이 유지됨을 고지받고 증언하면서 종전기일에 한 진술이 허위 진술임을 시인하고 이를 철회하는 취지의 진술을 하였다면, 甲에게는 위증죄가 성립하지 않는다.
⑤ 변호인 甲이 A의 감형을 받기 위해서 A의 은행계좌에서 B 회사 명의의 은행 계좌로 금원을 송금하고 다시 되돌려받는 행위를 반복한 후 그중 송금자료만을 발급받아서 이를 2억원을 변제하였다는 허위 주장과 함께 법원에 제출한 경우, 甲에게는 증거위조죄가 성립하지 않는다.

> **해설** ① (○) 무고죄에 있어서의 범의는 반드시 확정적 고의임을 요하지 아니하고 <u>미필적 고의로서도 족하다</u> 할 것이므로 무고죄는 신고자가 진실하다는 확신 없는 사실을 신고함으로써 성립하고 그 신고사실이 허위라는 것을 확신함을 필요로 하지 않는다(大判 2006.5.25. 2005도4642).
> ② (○) 무고죄는 성립하지 아니한다(大判 1998.4.14. 98도150). 〈주〉 수사권은 발동되지 않는다.
> ③ (○) (大判 2017.5.30. 2015도15398). 〈주〉 아직 재판이 확정되지 않은 사건에는 판례의 입장을 변경하여 소급적용할 수 있지만, 이미 재판이 확정된 사건은 기판력이 있기 때문에 소급적용되지 않는다.
> ④ (×) 甲의 위증죄는 이미 기수에 이른 것으로 보아야 하고, 그 후 다시 증인으로 신청·채택되어 종전 신문절차에서 한 허위 진술을 철회하였더라도 이미 성립한 <u>위증죄에 영향을 미친다고 볼 수는 없다</u>(大判 2010.9.30. 2010도7525).
> ⑤ (○) 피고인이 제출한 입금확인증 등은 금융기관이 금융거래에 관한 사실을 증명하기 위해 작성한 문서로서 그 내용이나 작성명의 등에 아무런 허위가 없는 이상 이를 증거의 '위조'에 해당한다고 볼 수 없고, 나아가 '위조한 증거를 사용'한 행위에 해당한다고 볼 수도 없다(大判 2021.1.28. 2020도2642).
>
> **[정답] ④**

006 2024년 변호사

「형법」의 장소적 적용범위에 관한 설명 중 옳은 것을 모두 고른 것은? (다툼이 있는 경우 판례에 의함)

> ㉠ 영국인이 미국 영해에서 운항 중인 대한민국 국적의 선박에서 미국인을 살해한 경우에는 우리나라 「형법」이 적용된다.
> ㉡ 일본인이 행사할 목적으로 중국에서 미화 100달러 지폐를 위조한 경우에는 우리나라 「형법」이 적용된다.
> ㉢ 우리나라 「형법」상 약취·유인 및 인신매매의 죄는 그 예비·음모를 제외하고 우리나라 영역 밖에서 죄를 범한 외국인에게도 적용된다.
> ㉣ 중국인이 우리나라로 입국하기 위하여 중국에 소재한 우리나라 영사관에서 그곳에 비치된 여권발급신청서를 위조한 경우 보호주의에 의하여 우리나라 「형법」이 적용된다.
> ㉤ 범죄에 의하여 외국에서 형의 전부 또는 일부의 집행을 받은 자에 대하여는 그 형을 감경 또는 면제할 수 있다.

① ㉠㉡㉢
② ㉠㉡㉣
③ ㉠㉢㉤
④ ㉡㉣㉤
⑤ ㉢㉣㉤

해설

㉠ (O) 본법은 대한민국영역외에 있는 대한민국의 선박 또는 항공기내에서 죄를 범한 외국인에게 적용한다(형법 제4조). 따라서 형법 제4조 기국주의에 의해 우리 형법이 적용된다.

㉡ (O) 본법은 대한민국영역 외에서 다음에 기재한 죄(제4호-통화)를 범한 외국인에게 적용한다(형법 제5조 제4호). 제5조 보호주의에 의해 우리 형법이 적용된다.

㉢ (O) 제287조부터 제292조까지 및 제294조는 대한민국 영역 밖에서 죄를 범한 외국인에게도 적용한다(형법 제296조의2, 세계주의). 약취유인과 인신매매죄의 기수·미수범에는 세계주의가 적용되므로 우리 형법이 적용된다. 〈주〉세계주의는 총칙에 일반규정은 없고 각칙 약취유인죄와 인신매매죄에만 규정되어 있다.

㉣ (X) 중국 북경시에 소재한 대한민국 영사관 내부는 여전히 중국의 영토에 속할 뿐 이를 대한민국의 영토로서 그 영역에 해당한다고 볼 수 없을 뿐 아니라, 사문서위조죄가 형법 제6조의 대한민국 또는 대한민국 국민에 대하여 범한 죄에 해당하지 아니함은 명백하다(大判 2006.9.22. 2006도5010).

㉤ (X) 죄를 지어 외국에서 형의 전부 또는 일부가 집행된 사람에 대해서는 그 집행된 형의 전부 또는 일부를 선고하는 형에 산입한다. (형법 제7조) 〈주〉 임의적 감면 규정은 헌법불합치 결정을 받았고 현재는 필요적 산입으로 개정되었다.

정답 ①

007 2024년 변호사

업무방해죄에 관한 설명 중 옳지 않은 것은? (다툼이 있는 경우 판례에 의함)

① 업무수행 자체가 아니라 업무의 적정성 내지 공정성이 방해된 경우에는 업무방해죄가 성립하지 않는다.
② 공인중개사가 아닌 사람이 영위하는 중개업을 위력으로 방해한 경우 업무방해죄가 성립하지 않는다.
③ 「형법」 제314조 제2항의 컴퓨터등장애업무방해죄가 성립하기 위해서는 정보처리에 장애가 현실적으로 발생하였을 것을 요하나, 정보처리에 장애를 발생하게 하여 업무방해의 결과를 초래할 위험이 발생한 이상, 업무방해의 결과가 실제로 발생하지 않더라도 위 죄가 성립한다.
④ 경찰청 민원실에서 민원인들이 진정사건의 처리와 관련하여 경찰청장과의 면담 등을 요구하면서 이를 제지하는 경찰관들에게 큰소리로 욕설을 하고 행패를 부린 행위에 대하여, 업무방해죄가 성립하지 않는다.
⑤ 위력에 의한 업무방해죄는 위력에 의해 현실적으로 피해자의 자유의사가 제압되지 않은 경우에도 성립할 수 있다.

[해설] ① (×) 업무수행 자체가 아니라 업무의 적정성 내지 공정성이 방해된 경우에도 업무방해죄가 성립한다(大判 2013.11.28. 2013도5117).
② (○) 공인중개사가 아닌 사람의 중개업은 법에 의하여 금지된 행위로서 형사처벌의 대상이 되는 범죄행위에 해당하는 것으로서 업무방해죄의 보호대상이 되는 업무라고 볼 수 없다(大判 2007.1.12. 2006도6599).
③ (○) (大判 2020.2.13. 2019도12194).
④ (○) (大判 2009.11.19. 2009도4166 전합).
⑤ (○) (大判 2009.9.10. 2009도5732).

[정답] ①

008 2024년 변호사

부작위범에 관한 설명 중 옳지 않은 것을 모두 고른 것은? (다툼이 있는 경우 판례에 의함)

> ㉠ 작위의무는 법적인 의무이어야 하므로 법령, 법률행위, 선행행위로 인한 경우에는 법적인 작위의무가 인정되나, 기타 신의성실의 원칙이나 사회상규 혹은 조리상 작위의무가 기대되는 경우에는 법적인 작위의무를 인정할 수 없다.
> ㉡ 부진정 부작위범의 고의는 반드시 구성요건적 결과 발생에 대한 목적이나 계획적인 범행 의도가 있어야 한다.
> ㉢ 업무상배임죄는 부작위에 의해서도 성립할 수 있는바, 그러한 부작위를 실행의 착수로 볼 수 있기 위해서는 작위의무가 이행되지 않으면 사무처리의 임무를 부여한 사람이 재산권을 행사할 수 없으리라고 객관적으로 예견되는 등으로 구성요건적 결과 발생의 위험이 구체화한 상황에서 부작위가 이루어져야 한다.
> ㉣ 중고 자동차 매매에 있어서 매도인의 할부금융회사 또는 보증보험에 대한 할부금채무가 매수인에게 당연히 승계되므로 그 할부금 채무의 존재를 매수인에게 고지하지 아니한 경우 부작위에 의한 기망에 해당한다.
> ㉤ 부작위범 사이의 공동정범은 다수의 부작위범에게 공통된 의무가 부여되어 있고 그 의무를 공통으로 이행할 수 있을 때에만 성립한다.

① ㉠㉡㉢
② ㉠㉡㉣
③ ㉡㉢㉣
④ ㉠㉡㉣㉤
⑤ ㉠㉢㉣㉤

해설 ㉠ (×) 작위의무는 법적인 의무이어야 하므로 단순한 도덕상 또는 종교상의 의무는 포함되지 않으나 작위의무가 법적인 의무인 한 성문법이건 불문법이건 상관이 없고 또 공법이건 사법이건 불문하므로, 법령, 법률행위, 선행행위로 인한 경우는 물론이고 기타 신의성실의 원칙이나 사회상규 혹은 조리상 작위의무가 기대되는 경우에도 법적인 작위의무는 있다(大判 1996.9.6. 95도2551).
㉡ (×) 부진정 부작위범의 고의는 반드시 구성요건적 결과발생에 대한 목적이나 계획적인 범행 의도가 있어야 하는 것은 아니다(大判 2015.11.12. 2015도6809 전합).
㉢ (○) (大判 2021.5.27. 2020도15529).
㉣ (×) 중고 자동차 매매에 있어서 매도인의 할부금융회사 또는 보증보험에 대한 할부금 채무가 매수인에게 당연히 승계되는 것이 아니라는 이유로 그 할부금 채무의 존재를 매수인에게 고지하지 아니한 것이 부작위에 의한 기망에 해당하지 아니한다(大判 1998.4.14. 98도231).
㉤ (○) (大判 2008.3.27. 2008도89).

정답 ②

009 2024년 변호사

다음 사례와 관련된 설명 중 옳은 것은? (다툼이 있는 경우 판례에 의함)

> 甲이 절도의 고의로 이웃집에 담을 넘어 들어갔다가 훔칠 물건을 찾을 새도 없이 때마침 귀가한 A에게 곧바로 발각되었다. A가 甲을 향해 "너, 누구야?"라고 소리치며 붙잡으려 하자, 甲이 도망치기 위해 A를 폭행하였다.

① 위 사례가 주간에 발생했다면, 甲에게 절도미수죄가 성립한다.
② 위 사례가 주간에 발생했고, 甲이 담을 넘어 들어갈 때 범행에 사용할 의도로 칼을 소지하고 있었다고 하더라도, 실제 甲이 A를 폭행할 때 칼을 사용하지 않았다면 특수주거침입죄나 특수폭행죄는 성립하지 않는다.
③ 위 사례가 야간에 발생했다면, 甲에게 준강도기수죄가 성립한다.
④ 위 사례가 야간에 발생했고, 甲이 A를 폭행한 후 곧이어 뒤따라 온 B에게 붙잡히게 되자 도망치기 위해 B에게 상해를 가한 경우, 甲에게는 포괄하여 하나의 강도상해죄가 성립한다.
⑤ 위 사례와는 별도로, 甲이 차량 내부의 물건을 훔치려고 하다가 혹시라도 발각되었을 때 체포를 면탈하는 데 도움이 될 수 있을 것이라는 생각에서 칼을 소지하고 심야에 인적이 드문 길가에 주차된 차량들을 살피던 중 적발된 경우, 甲에게 강도예비죄가 성립한다.

[해설] ① (×) 주간에 절도의 목적으로 타인의 주거에 침입하였다고 하여도 아직 절취할 물건의 물색행위를 시작하기 전이라면 주거침입죄만 성립할 뿐 절도죄의 실행에 착수한 것으로 볼 수 없는 것이어서 절도미수죄는 성립하지 않는다(大判 1992.9.08. 92도1650).
② (×) 범행 현장에서 범행에 사용하려는 의도로 흉기 등 위험한 물건을 소지하거나 몸에 지닌 경우, 피해자가 이를 인식하지 못하였거나 실제 범행에 사용하지 아니더라도 폭력행위 등 처벌에 관한 법률 제3조 제1항에 정한 '휴대'에 해당한다(大判 2007.3.30. 2007도914).
③ (×) [1] 야간에 타인의 재물을 절취할 목적으로 사람의 주거에 침입한 경우에는 주거에 침입한 단계에서 이미 야간주거침입절도라는 범죄행위의 실행에 착수한 것이다(大判 1970.4.24. 70도507). [2] 준강도죄의 기수 여부는 절도행위의 기수 여부를 기준으로 하여 판단하여야 한다. 절도미수범이 체포를 면탈할 목적으로 폭행한 행위에 대하여 준강도미수죄가 성립한다(大判 2004.11.18. 2004도5074 전합).
④ (○) 절도범이 체포를 면탈할 목적으로 체포하려는 여러 명의 피해자에게 같은 기회에 폭행을 가하여 그중 1인에게만 상해를 가하였다면 이러한 행위는 포괄하여 하나의 강도상해죄만 성립한다(大判 2001.8.21. 2001도3447).
⑤ (×) 강도예비·음모죄가 성립하기 위해서는 예비·음모 행위자에게 미필적으로라도 '강도'를 할 목적이 있음이 인정되어야 하고 그에 이르지 않고 단순히 '준강도'할 목적이 있음에 그치는 경우에는 강도예비·음모죄로 처벌할 수 없다(大判 2006.9.14. 2004도6432). 〈주〉 준강도 목적으로 배회한 사안이다.

[정답] ④

010 2024년 변호사

뇌물죄에 관한 설명 중 옳지 않은 것을 모두 고른 것은? (다툼이 있는 경우 판례에 의함)

㉠ 뇌물죄에서 뇌물의 내용인 이익이라 함은 금전, 물품 기타의 재산적 이익뿐만 아니라 사람의 수요·욕망을 충족시키기에 족한 일체의 유형·무형의 이익을 포함하므로, 제공된 것이 성적 욕구의 충족이라고 하여 달리 볼 것이 아니다.

㉡ 제3자뇌물수수죄의 제3자란 행위자와 공동정범자 이외의 사람을 말하는 것이므로, 공무원이 자신이 실질적으로 장악하고 있는 A회사 명의의 계좌로 뇌물을 받은 경우 제3자뇌물수수죄가 성립한다.

㉢ 뇌물을 수수함에 있어서 공여자를 기망한 경우 뇌물을 수수한 공무원에 대하여는 뇌물죄와 사기죄가 성립하는바 보호법익을 달리하는 양 죄는 실체적 경합범으로 처단하여야 한다.

㉣ 뇌물에 공할 금품에 대한 몰수는 특정된 물건에 대한 것이고 「형법」 제134조 단서는 이를 몰수할 수 없을 경우에는 그 가액을 추징하도록 규정하고 있는바, 뇌물에 공할 금품이 특정되지 않은 경우에는 그 가액을 추징하여야 한다.

㉤ 甲이 공무원 A에게 뇌물공여의 의사표시를 하였다가 거절된 후 상당한 기간이 지난 뒤에 다시 A에게 별개의 행위로 평가될 수 있는 다른 명목으로 뇌물을 제공하여 A가 이를 수수한 경우, 甲의 전자의 뇌물공여의사표시죄는 후자의 뇌물공여죄에 흡수된다.

① ㉠㉣㉤
② ㉡㉢㉣
③ ㉡㉢㉤
④ ㉡㉣㉤
⑤ ㉡㉢㉣㉤

해설 ㉠ (○) (大判 2014.01.29. 2013도13937).

㉡ (×) 공무원이 실질적인 경영자로 있는 회사가 청탁 명목의 금원을 회사 명의의 예금계좌로 송금받은 경우에 사회통념상 위 공무원이 직접 받은 것과 같이 평가할 수 있어 <u>뇌물수수죄가 성립한다</u>(大判 2004.3.26. 2003도8077).

㉢ (×) 뇌물을 수수한 공무원에 대하여는 한 개의 행위가 뇌물죄와 사기죄의 각 구성요건에 해당하므로 형법 제40조에 의하여 <u>상상적 경합</u>으로 처단하여야 할 것이다(大判 2015.10.29. 2015도12838).

㉣ (×) 뇌물에 공할 금품이 특정되지 않았던 것은 몰수할 수 없고 그 가액을 <u>추징할 수도 없다</u>(大判 1996.5.8. 96도221).

㉤ (×) 뇌물공여의 의사를 표시한 다음 그에 따라 그 뇌물을 공여한 것이 아니라 거절당한 후 <u>그로부터 수개월이 지난 후에</u> 처음과는 다른 명목으로 뇌물을 공여한 것으로 평가되는 경우 전자의 뇌물공여의사표시죄는 후자의 뇌물공여죄에 흡수되지 않는다(大判 2013.11.28. 2013도9003)

정답 ⑤

011 2024년 변호사

주관적 범죄성립요건에 관한 설명 중 옳은 것은? (다툼이 있는 경우 판례에 의함)

① 살의를 가지고 피해자를 구타하여 (ⓐ행위) 피해자가 정신을 잃고 축 늘어지자 죽은 것으로 오인하고 증거를 인멸할 목적으로 피해자를 모래에 파묻었는데 (ⓑ행위) 피해자는 ⓑ행위로 사망한 것이 판명된 경우, 사망의 직접 원인은 ⓑ행위이므로 살인미수죄가 성립한다.
② 행위자의 행위가 긴급피난에 해당하기 위해서는 긴급피난상황에 대한 인식만 있으면 족하며, 위난을 피하고자 하는 의사까지 필요한 것은 아니다.
③ 모해의 목적을 가지고 모해의 목적을 가지지 않은 사람을 교사하여 위증하게 한 경우, 공범종속성에 따라 모해위증교사죄가 아니라 위증교사죄가 성립한다.
④ 증인이 착오에 빠져 자신의 기억에 반한다는 인식 없이 객관적 사실에 반하는 내용의 증언을 한 경우에 위증의 범의를 인정할 수 있다.
⑤ 물품대금 청구소송 중인 거래회사로부터 우연히 착오송금을 받은 행위자가 물품대금에 대한 적법한 상계권을 행사한다는 의사로 착오송금된 금원의 반환을 거부한 경우, 횡령죄 요건인 불법영득의사의 성립을 부정할 수 있다.

[해설] ① (×) 피해자가 피고인의 살해의 의도로 행한 구타행위에 의하여 직접 사망한 것이 아니라 죄적을 인멸할 목적으로 행한 매장행위에 의하여 사망하게 되었다 하더라도 전 과정을 개괄적으로 보면 피해자의 살해라는 처음에 예견된 사실이 결국 실현된 것으로서 피고인은 살인죄의 죄책을 면할 수 없다(大判 1988.6.28. 88도650).
② (×) 긴급피난이 성립하기 위하여는 행위자에게 피난의 의사가 있어야 할 것이다(大判 1997. 4. 17. 96도3376 전합). 〈주〉 판례는 주관적 정당화의사 필요설의 입장이다.
③ (×) 모해할 목적으로 공소외인에게 위증을 교사 한 이상, 정범인 공소외인에게 모해의 목적이 없었다고 하더라도, 형법 제33조 단서의 규정에 의하여 피고인을 모해위증교사죄로 처단할 수 있다(大判 1994.12.23. 93도1002).
④ (×) 증인이 무엇인가 착오에 빠져 기억에 반한다는 인식 없이 증언하였음이 밝혀진 경우에는 위증의 범의를 인정할 수 없다(大判 1991.5.10. 89도1748)
⑤ (○) (大判 2022.12.29. 2021도2088).

[정답] ⑤

012 2024년 변호사

재산죄에 관한 설명 중 옳지 않은 것을 모두 고른 것은? (다툼이 있는 경우 판례에 의함)

> ㉠ 지입회사에 소유권이 있는 차량에 대하여 지입회사로부터 운행관리권을 위임받은 지입차주 甲이 지입회사의 승낙 없이 보관 중인 차량을 사실상 처분하더라도 법률상 처분권한이 없기 때문에 횡령죄가 성립하지 않는다.
> ㉡ 甲이 피해자 경영의 금은방에서 마치 귀금속을 구입할 것처럼 가장하여 피해자로부터 금목걸이를 건네받은 다음 화장실에 갔다 오겠다는 핑계를 대고 도주한 행위는 절도죄에 해당한다.
> ㉢ 甲이 토지의 소유자이자 매도인 A에게 토지거래허가 등에 필요한 서류라고 속여 근저당권설정계약서 등에 서명·날인하게 하고 인감증명서를 교부받은 다음, 이를 이용하여 A 소유 토지에 甲을 채무자로 한 근저당권을 B에게 설정하여 주고 돈을 차용한 경우에도 A의 처분의사가 인정되므로 사기죄에 해당한다.
> ㉣ 甲이 A에게 자신의 자동차를 양도담보로 제공하기로 약정한 후 B에게 임의로 매도하고 B 명의로 이전등록을 해 준 경우, 등록을 요하는 재산인 자동차 등에 관하여 양도담보설정계약을 체결한 채무자는 채권자에 대하여 그의 사무를 처리하는 지위가 인정되어 그 임무에 위배하여 이를 타에 처분하였다면 배임죄가 성립한다.
> ㉤ 甲이 권리자의 착오나 가상자산 운영 시스템의 오류 등으로 법률상 원인관계 없이 자신의 전자지갑에 이체된 가상자산을 반환하지 않고 자신의 또 다른 전자지갑에 이체하였다면 착오송금의 법리가 적용되어 배임죄가 성립한다.

① ㉠㉡㉢
② ㉠㉡㉣
③ ㉠㉣㉤
④ ㉡㉣㉤
⑤ ㉢㉣㉤

해설
㉠ (×) 지입회사에 소유권이 있는 차량에 대하여 지입회사에서 운행관리권을 위임받은 지입차주 또는 지입차주에게서 차량 보관을 위임받은 사람이 지입회사 또는 지입차주의 승낙 없이 보관 중인 차량을 사실상 처분한 경우 횡령죄가 성립한다(大判 2015.6.25. 2015도1944 전합). 〈주〉 등록명의자가 아니어도 횡령죄 주체가 된다.
㉡ (○) (大判 1994.8.12. 94도1487). 〈주〉 피해자의 처분행위가 없으므로 사기죄가 아니라 절도죄이다.
㉢ (○) 피해자의 행위는 사기죄에서 말하는 처분행위에 해당한다(大判 2017.2.16. 2016도13362 전합). 〈주〉 근저당설정계약서임을 알고 서명하여 처분의사가 인정된다.
㉣ (×) 자동차 등에 관하여 양도담보설정계약을 체결한 채무자는 채권자에 대하여 그의 사무를 처리하는 지위에 있지 아니하므로, 채무자가 채권자에게 양도담보설정계약에 따른 의무를 다하지 아니하고 이를 타에 처분하였다고 하더라도 배임죄가 성립하지 아니한다(大判 2022.12.22. 2020도8682 전합).
㉤ (×) 비트코인이 법률상 원인관계 없이 피고인 명의의 전자지갑으로 이체되었더라도 피고인이 신임관계에 기초하여 갑의 사무를 맡아 처리하는 것으로 볼 수 없는 이상 갑에 대한 관계에서 '타인의 사무를 처리하는 자'에 해당하지 않는다(大判 2021.12.16. 2020도9789).

정답 ③

013 2024년 변호사

주거(건조물)침입죄에 관한 설명 중 옳은 것은? (다툼이 있는 경우 판례에 의함)

① 침입 대상인 아파트에 사람이 있는지를 확인하기 위해 그 집의 초인종을 누른 행위만으로도 주거침입죄의 실행에 착수한 것으로 보아야 한다.
② 건조물의 이용에 기여하는 인접의 부속 토지에 해당한다면 그 토지가 인적 또는 물적 설비 등에 의하여 구획 또는 통제되지 않아 통상의 보행으로 그 경계를 쉽사리 넘을 수 있는 정도라고 하더라도 건조물침입죄의 객체에 해당한다.
③ 甲이 수개월 전 헤어진 연인인 A를 폭행하기 위하여 A가 사는 오피스텔 공동현관의 출입문에 교제 당시 알게 된 비밀번호를 눌러 들어간 후 엘리베이터를 타고 A의 집 현관문 앞으로 이동해 침입하려다 실패하여 도주한 경우, 알고 있던 공동현관 비밀번호를 입력하여 출입한 이상 공용부분에 대한 주거침입을 인정할 여지는 없다.
④ 수일 전에 피해자를 강간하였던 甲이 대문을 몰래 열고 들어와 담장과 피해자가 거주하던 방 사이의 좁은 통로에서 창문을 통하여 방안을 엿보던 상황이라면 피해자의 주거에 대한 사실상 평온상태가 침해된 것으로 주거침입죄에 해당한다.
⑤ 甲이 처(妻) A와의 불화로 인해 A와 같이 살던 아파트에서 나온 후 위 아파트에 임의로 출입한 경우 甲이 공동생활관계에서 이탈하거나 위 아파트 주거 등에 대한 사실상의 지배·관리를 상실하였다는 등의 특별한 사정이 있는 경우라 하더라도 주거침입죄가 성립할 여지는 없다.

해설
① (×) 침입 대상인 아파트에 사람이 있는지 확인하기 위해 초인종을 누른 행위는 주거침입죄의 실행의 착수에 해당하지 않는다(大判 2008.4.10. 2008도1464).
② (×) 건조물의 이용에 기여하는 인접의 부속 토지라고 하더라도 인적 또는 물적 설비 등에 의한 구획 내지 통제가 없어 통상의 보행으로 그 경계를 쉽사리 넘을 수 있는 정도라고 한다면 일반적으로 외부인의 출입이 제한된다는 사정이 객관적으로 명확하게 드러났다고 보기 어려우므로, 이는 다른 특별한 사정이 없는 한 주거침입죄의 객체에 속하지 아니한다(大判 2010.4.29. 2009도14643). 〈주〉 포위시설이 없으면 위요지가 아니라는 뜻이다.
③ (×) 정당한 이유 없이 비밀번호를 임의로 입력하거나 조작하는 등의 방법으로 거주자나 관리자 모르게 공동현관에 출입한 경우와 같이, 그 출입 목적 및 경위, 출입의 태양과 출입한 시간 등을 종합적으로 고려할 때 공동주택 거주자의 사실상 주거의 평온상태를 해치는 행위태양으로 볼 수 있는 경우라면 공동주택 거주자들에 대한 주거침입에 해당할 것이다(大判 2022.1.27. 2021도15507). 〈주〉 피고인은 공동주거자가 아니다.
④ (〇) (大判 2001.4.24. 2001도1092). 〈주〉 대문을 열고 들어온 때 이미 주거침입죄 기수이다.
⑤ (×) 다른 사람과 공동으로 주거에 거주하거나 건조물을 관리하던 사람이 공동생활관계에서 이탈하거나 주거 등에 대한 사실상의 지배·관리를 상실한 경우 등 특별한 사정이 있는 경우에 주거침입죄가 성립할 수 있다(大判 2021.9.9. 2020도6085 전합).

[정답] ④

014 2024년 변호사

다음 사례에 관한 설명 중 옳은 것(○)과 옳지 않은 것(×)을 올바르게 조합한 것은? (다툼이 있는 경우 판례에 의함)

> 甲은 삼촌 A와 따로 살고 있다. 甲은 어느 날 비어 있는 A의 집에 몰래 들어가 A가 보관 중이던 A의 친구 B 소유의 노트북과 A의 통장 및 운전면허증을 절취하였다. 甲은 절취한 통장을 가지고 인근 현금자동지급기로 가서 우연히 알아낸 비밀번호를 이용하여 A의 계좌에서 자신의 계좌로 100만 원을 이체하였다. 甲은 돈을 이체하고 돌아가던 중 불심검문 중인 경찰관의 신분증 제시요구에 절취한 A의 운전면허증을 제시하였다. 이후 甲은 이체한 돈을 인출하여 그 정을 아는 친구 乙에게 교부하였다.

> ㉠ 노트북 절취와 관련하여 甲과 점유자인 A 사이에 친족관계가 존재하므로 A의 고소가 없다면 甲은 절도죄로 기소될 수 없다.
> ㉡ 甲의 컴퓨터등사용사기죄와 관련하여 A 명의 계좌의 금융기관을 피해자에 해당한다고 볼 수 없으므로, 甲이 A의 계좌에서 자신의 계좌로 100만 원을 이체한 행위에 친족상도례가 적용된다.
> ㉢ 甲으로부터 돈을 받은 乙에게는 장물취득죄가 성립한다.
> ㉣ 甲이 경찰관의 신분증 제시 요구에 A의 운전면허증을 제시한 것은 운전면허증이 신분의 동일성을 증명하는 기능을 하는 것이 아니기 때문에 공문서부정행사죄에 해당하지 않는다.
> ㉤ 만약 甲이 이체한 돈을 인출하지 못했다면 컴퓨터등사용사기죄의 미수에 해당한다.

① ㉠(○) ㉡(○) ㉢(×) ㉣(○) ㉤(○)
② ㉠(×) ㉡(×) ㉢(○) ㉣(×) ㉤(×)
③ ㉠(○) ㉡(○) ㉢(×) ㉣(○) ㉤(×)
④ ㉠(×) ㉡(○) ㉢(×) ㉣(×) ㉤(×)
⑤ ㉠(×) ㉡(×) ㉢(×) ㉣(×) ㉤(×)

[해설] ㉠ (×) 친족상도례에 관한 규정은 범인과 피해물건의 <u>소유자 및 점유자 모두 사이에 친족관계가 있는 경우에만 적용되는</u> 것이고 절도범인이 피해물건의 소유자나 점유자의 어느 일방과 사이에서만 친족관계가 있는 경우에는 그 적용이 없다(大判 1980.11.11. 80도131). 〈주〉甲과 노트북 소유자 B 사이에는 친족관계가 존재하지 않으므로 절도죄로 기소될 수 있다.

㉡ (×) 거래 금융기관을 위와 같은 컴퓨터 등 사용사기 범행의 피해자에 해당하지 않는다고 볼 수는 없으므로, 위와 같은 경우에는 친족 사이의 범행을 전제로 하는 친족상도례를 적용할 수 없다(大判 2007.3.15. 2006도2704).

㉢ (×) 甲이 컴퓨터등사용사기죄에 의하여 취득한 예금채권은 재물이 아니라 재산상 이익이므로, 그가 자신의 예금계좌에서 돈을 인출하였더라도 장물을 금융기관에 예치하였다가 인출한 것으로 볼 수 없으므로 乙에게 <u>장물취득죄가 성립하지 않는다</u>(大判 2004.4.16. 2004도353).

㉣ (×) 제3자로부터 신분확인을 위하여 신분증명서의 제시를 요구받고 <u>다른 사람의 운전면허증</u>을 제시한 행위는 그 <u>사용목적</u>에 따른 행사로서 공문서부정행사죄에 해당한다(大判 2001.4.19. 2000도1985 전합).

㉤ (×) 입금절차를 완료함으로써 장차 그 계좌에서 이를 인출하여 갈 수 있는 재산상 이익을 취득하였으므로 형법 제347조의2에서 정하는 컴퓨터 등 사용사기죄는 기수에 이르렀고, 그 후 그러한 입금이 취소되어 현실적으로 인출되지 못하였다고 하더라도 <u>이미 성립한 컴퓨터 등 사용사기죄에 어떤 영향이 있다고 할 수는 없다</u>(大判 2006.9.14. 2006도4127).

[정답] ⑤

015 2024년 변호사

甲은 자신을 계속 뒤따라오다 손을 갑자기 내뻗는 A를 강제추행범으로 오인하고 이를 막고자 공격을 통해 A를 상해하였는데 실제로 A는 甲의 친구로서 장난을 치기 위해 위와 같은 행동을 한 것이었다. 이 사례의 해결방식과 설명에 대한 〈보기1〉과 〈보기2〉가 바르게 연결된 것은?

〈보기1〉
가. 甲이 정당방위상황으로 잘못 판단한 데에 정당한 이유가 있으면 책임을 조각하려는 견해
나. 甲 행위의 구성요건적 고의를 인정하면서 고의범으로서의 법효과만을 제한하려는 견해
다. 사실의 착오 근거규정을 유추적용하려는 견해
라. 구성요건적 고의의 인식 대상이 되는 사실과 위법성조각사유의 전제되는 사실을 구별하지 아니하는 견해

〈보기2〉
Ⓐ '불법'과 '책임'의 두 단계로 범죄체계를 구성한다면 「형법」상 위법성조각사유는 소극적 구성요건표지이다.
Ⓑ 甲은 행위상황에서 필요한 주의의무를 다하지 않았을 뿐이고 그에게 책임고의가 존재하는 것은 아니다.
Ⓒ 甲에게는 위법성의 인식이 없었으므로, '자기의 행위가 법령에 의하여 죄가 되지 아니하는 것으로 오인한' 때에 해당한다.
Ⓓ A를 강제추행범으로 오인하여 반격하였다면 이는 고의의 인식대상을 착오한 것과 유사하다.

① 가-Ⓐ, 나-Ⓑ, 다-Ⓒ, 라-Ⓓ
② 가-Ⓑ, 나-Ⓒ, 다-Ⓓ, 라-Ⓐ
③ 가-Ⓒ, 나-Ⓓ, 다-Ⓐ, 라-Ⓑ
④ 가-Ⓒ, 나-Ⓑ, 다-Ⓓ, 라-Ⓐ
⑤ 가-Ⓓ, 나-Ⓒ, 다-Ⓐ, 라-Ⓑ

해설 ※ 오상방위 사례이다.
가-Ⓒ 엄격책임설 - 금지착오로 취급하여 제16조의 정당한 이유에 의하여 해결한다.
나-Ⓑ 법효과제한책임설 - 구성요건적 고의는 인정하되 책임고의를 조각한다.
다-Ⓓ 유추적용설 - 구성요건적 착오(사실의 착오) 규정을 유추하여 해결한다.
라-Ⓐ 소극적구성요건표지이론 - 사실의 인식과 위법성조각사유 전제사실의 인식이 모두 고의에 포함되므로, 사실의 착오와 위법성조각사유 전제사실의 착오를 구별하지 않는다.

[정답] ④

016 2024년 변호사

죄수에 관한 설명 중 옳은 것(○)과 옳지 않은 것(×)을 올바르게 조합한 것은? (다툼이 있는 경우 판례에 의함)

> ㉠ 수인의 피해자에 대하여 1개의 기망행위를 통해 각각 재물을 편취한 경우에는 범의가 단일하고 범행방법이 동일하더라도 피해자별로 독립한 사기죄가 성립하고 각 사기죄는 상상적 경합관계에 있다.
> ㉡ 절도범인으로부터 장물보관 의뢰를 받은 자가 그 정을 알면서 이를 인도받아 보관하고 있다가 임의처분한 경우, 이러한 횡령행위는 장물죄의 불가벌적 사후행위에 불과하여 별도의 횡령죄가 성립하지 않는다.
> ㉢ 회사 명의의 합의서를 임의로 작성·교부한 행위에 의해 회사에 재산상 손해를 가하였다면, 사문서위조죄 및 그 행사죄와 업무상 배임죄는 실체적 경합관계에 있다.
> ㉣ 2인 이상의 작성명의인이 연명으로 서명·날인한 문서를 하나의 행위로 위조한 때에는 작성명의인의 수에 해당하는 문서위조죄의 상상적 경합범에 해당한다.
> ㉤ 유죄의 확정판결을 받은 사람이 그 후 별개의 후행범죄를 저질렀는데 유죄의 확정판결에 대하여 재심이 개시된 경우, 후행범죄와 재심판결이 확정된 선행범죄 사이에는 「형법」 제37조 후단에서 정한 경합범이 성립한다.

① ㉠(○) ㉡(×) ㉢(×) ㉣(○) ㉤(○)
② ㉠(○) ㉡(○) ㉢(○) ㉣(×) ㉤(×)
③ ㉠(○) ㉡(○) ㉢(×) ㉣(○) ㉤(×)
④ ㉠(×) ㉡(○) ㉢(○) ㉣(○) ㉤(○)
⑤ ㉠(×) ㉡(×) ㉢(×) ㉣(×) ㉤(○)

해설 ㉠ (○) 사기죄는 피해자의 수에 따라 죄수가 정해진다(大判 2010.4.29. 2010도2810). 〈주〉 피해자가 수인이고 같은 장소에서 한 번의 기망이므로 상상적 경합범이다.
㉡ (○) (大判 1976.11.23. 76도3067).
㉢ (×) 사문서위조죄 및 그 행사죄와 업무상 배임죄는 형법 제40조에 정해진 상상적 경합관계에 있다(大判 2009.4.9. 2008도5634). 〈주〉 위조죄와 행사죄는 경합범이지만, 이들 양죄와 업무상 배임죄는 상상적 경합범이다.
㉣ (○) (大判 1987.7.20. 87도564). 〈주〉 하나의 위조행위로 두 명의 명의자를 침해하였다.
㉤ (×) 형법 제37조 후단 경합범이 성립하지 않는다(大判 2019.7.25 2016도5479). 〈주〉 선행범죄의 재심개시를 불문하고, 확정판결 후에 범한 후행범죄는 경합범이 아니라는 의미이다.

[정답] ③

017 2024년 변호사

다음 설명 중 옳지 않은 것은? (다툼이 있는 경우 판례에 의함)

① 甲이 자신의 딸에 대한 A의 학교폭력을 신고하여 A에 대하여 '접촉 및 보복행위의 금지' 등 조치가 내려지자 자신의 SNS 프로필 상태메시지에 '학교폭력범은 접촉금지' 등의 글을 게시한 행위를 들어 A의 명예를 훼손한 것이라 할 수 없다.

② 명예훼손죄나 모욕죄의 피해자에는 자연인으로서 사람뿐만 아니라 '법인', '법인격 없는 단체'도 포함된다 할 것이므로, 지방자치단체인 군(郡)도 명예훼손죄나 모욕죄의 피해자가 될 수 있다.

③ 이른바 집단표시에 의한 모욕은, 모욕의 내용이 그 집단에 속한 특정인에 대한 것이라고는 해석되기 힘들고, 집단표시에 의한 비난이 개별구성원에 이르러서는 비난의 정도가 희석되어 구성원 개개인의 사회적 평가에 영향을 미칠 정도에 이르지 아니한 경우에는 구성원 개개인에 대한 모욕이 성립되지 않는다고 봄이 원칙이다.

④ 단순히 어떤 사람을 사칭하여 마치 그 사람이 직접 작성한 글인 것처럼 가장하여 인터넷 게시판에 게시글을 올리는 행위는 그 사람에 대한 사실을 드러내는 행위나 사실의 적시에 해당하지 않아 정보통신망이용촉진 및 정보보호 등에 관한 법률 위반(명예훼손)죄가 성립하지 않는다.

⑤ 「형법」제310조에 따라 위법성이 조각되기 위해서는 적시된 사실이 진실한 것이라는 증명이 없더라도 행위자가 이를 진실한 것으로 믿었고 또 그렇게 믿을 만한 상당한 이유가 있어야 한다.

해설 ① (○) (大判 2020. 5. 28. 2019도12750). 〈주〉 학교폭력범이라고만 표현하였으므로, 피해자를 특정하여 험담하는 내용이라고 볼 수 없다.
② (×) 국가나 지방자치단체는 국민에 대한 관계에서 형벌의 수단을 통해 보호되는 외부적 명예의 주체가 될 수는 없고, 따라서 명예훼손죄나 모욕죄의 피해자가 될 수 없다(大判 2016.12.27. 2014도15290).
③ (○) (大判 2013.1.10. 2012도13189). 〈주〉 희석되면 모욕죄가 아니지만, 희석되지 않으면 모욕죄를 구성한다.
④ (○) (大判 2018.5.30. 2017도607)
⑤ (○) (大判 1993.06.22. 92도3160).

정답 ②

018 2024년 변호사

몰수와 추징에 관한 설명 중 옳지 않은 것은? (다툼이 있는 경우 판례에 의함)

① 공소사실이 인정되지 않는 경우에 이와 관련되지 않은 범죄사실을 법원이 인정하여 몰수·추징을 선고하는 것은 불고불리의 원칙에 위반된다.
② 수뢰자가 자기앞수표를 뇌물로 받아 이를 소비한 후 자기앞수표 상당액을 증뢰자에게 반환하였다 하더라도 뇌물 그 자체를 반환한 것은 아니므로 이를 몰수할 수 없고 수뢰자로부터 그 가액을 추징하여야 한다.
③ 범죄행위의 수행에 실질적으로 기여한 것으로 인정된다고 하더라도, 실행행위의 착수 전 또는 실행행위 종료 후의 행위에 사용되었을 뿐 범죄의 실행행위 자체에 사용되지 않은 물건은 몰수·추징의 대상인 '범죄행위에 제공한 물건'에 포함될 수 없다.
④ 몰수·추징이 공소사실과 관련이 있다 하더라도 그 공소사실에 관하여 이미 공소시효가 완성된 경우에는 몰수·추징을 할 수 없다.
⑤ 甲이 공무원 직무에 속한 사항의 알선에 관하여 1억 원을 받았으나 그 중 3,000만 원을 받은 취지에 따라 청탁과 관련하여 관계 공무원에게 뇌물로 공여한 경우라면, 甲으로부터는 이를 제외한 나머지 7,000만 원만 몰수·추징할 수 있다.

해설
① (O) (大判 2022.12.29. 2022도8592)
② (O) (大判 1999.1.29. 98도3584).
③ (X) 실행행위의 착수 전의 행위 또는 실행행위의 종료 후의 행위에 사용한 물건이더라도 그것이 범죄행위의 수행에 실질적으로 기여하였다고 인정되는 한 위 법조 소정의 제공한 물건에 포함된다(大判 2006.9.14. 2006도4075).
④ (O) (大判 1992.7.28. 92도700). 〈주〉 공소시효 완성은 실체판단 없이 면소판결을 한다.
⑤ (O) 공무원의 직무에 속한 사항의 알선에 관하여 금품을 받고 그 금품 중의 일부를 받은 취지에 따라 청탁과 관련하여 관계 공무원에게 뇌물로 공여하거나 다른 알선행위자에게 청탁의 명목으로 교부한 경우에는 그 부분의 이익은 실질적으로 범인에게 귀속된 것이 아니어서 이를 제외한 나머지 금품만을 몰수하거나 그 가액을 추징하여야 한다(大判 1999.6.25. 99도1900).

정답 ③

019 2024년 변호사

착오에 관한 설명 중 옳은 것은? (다툼이 있는 경우 판례에 의함)

① 「형법」 제16조의 법률의 착오는 행위자가 자기의 행위를 금지하는 법규의 존재 자체를 인식하지 못하는 법률의 부지뿐만 아니라, 일반적으로 범죄가 되는 경우이지만 자기의 특수한 경우에는 법령에 의하여 허용된 행위로서 죄가 되지 아니한다고 그릇 인식한 경우를 포함한다.

② 甲이 A를 살해할 의도를 갖고 A와 비슷한 외모의 B를 A로 오인하여 B에게 총을 발사한 결과 B가 사망에 이른 경우, 구체적 부합설에 따르면 甲에게는 A에 대한 살인미수죄와 B에 대한 과실치사죄의 상상적 경합이 성립한다.

③ 법률 위반 행위 중간에 일시적으로 판례에 따라 그 행위가 처벌대상이 되지 않는 것으로 해석되었던 적이 있었던 경우에는 행위자가 자신의 행위가 처벌되지 않는 것으로 믿은 데에 「형법」 제16조의 오인에 정당한 이유가 있다.

④ 甲이 A가 자신의 아버지임을 알아보지 못하고 A를 살해한 경우, 이와 같은 착오는 존속살해의 고의를 조각하지 못한다.

⑤ 관리자에 의해 출입이 통제되는 건조물에 관리자의 현실적인 승낙을 받아 통상적인 출입방법으로 들어간 경우, 승낙의 동기에 착오가 있어 관리자가 행위자의 실제 출입목적을 알았더라면 출입을 승낙하지 않았을 사정이 있더라도 행위자에게 건조물침입죄가 성립하지 않는다.

> **해설** ① (×) 형법 제16조의 법률의 착오는 <u>단순한 법률의 부지의 경우를 말하는 것이 아니고</u>, 일반적으로 범죄가 되는 경우이지만 자기의 특수한 경우에는 법령에 의하여 허용된 행위로서 죄가 되지 아니한다고 그릇 인식하고 그와 같은 그릇 인식함에 정당한 이유가 있는 경우에는 벌하지 아니한다는 취지이다(大判 2000.8.18. 2000도2943). 〈주〉 법률의 부지는 정당한 이유를 불문하고 처벌된다.
> ② (×) 구체적 사실의 착오 중 객체의 착오이다. 구체적 부합설에 따르면 <u>B에 대한 살인기수</u>가 성립한다.
> ③ (×) 법률 위반 행위 중간에 일시적으로 판례에 따라 그 행위가 처벌대상이 되지 않는 것으로 해석되었던 적이 있었다고 하더라도 그것만으로 자신의 행위가 처벌되지 않는 것으로 믿은 데에 정당한 이유가 있다고 할 수 없다(大判 2010.7.15. 2008도11679).
> ④ (×) 경한 범죄인 보통살인죄를 의도하였으나 중한 범죄인 존속살해죄가 발생한 경우에는 형법 제15조 제1항에 의하여 경한범죄인 <u>보통살인죄가 성립한다.</u> 〈주〉 제15조 1항이 적용되어 존속살해m이 고의가 조각된다.
> ⑤ (○) (大判 2022.3.31. 2018도15213).
>
> **정답** ⑤

020 2024년 변호사(발췌)

다음 사례에 관한 설명으로 옳은 것은? (다툼이 있는 경우 판례에 의함)

> 연예인 甲은 2023. 3. 9. 08:00경 고속도로에서 자동차종합보험에 가입되어 있는 자신의 승용차를 운전하여 가던 중 도로 좌측 노면 턱을 들이받는 바람에 그 충격으로 자신에게 전치 6주의 상해를, 조수석에 타고 있던 사실혼 관계인 乙에게 전치 8주의 상해를 각 입게 하였다. 甲, 乙은 사고 직후 승용차에서 내렸으나 바로 의식을 잃었고, 그 상태로 병원에 이송되었다. 乙은 의식이 깨자 甲의 연예인 활동에 지장이 생길 것을 우려하여 경찰관 P에게 자신이 위 승용차를 운전하다가 교통사고를 발생하게 하였다는 허위 사실을 진술하였다.

① P가 운전석 근처에서 발견되어 병원으로 이송된 乙의 음주운전 여부를 수사하려 하였으나 乙의 의식이 깨지 않자 간호사 A로부터 A가 치료 목적으로 乙로부터 채취한 혈액 중 일부를 임의제출 받아 영장 없이 압수한 경우, 그 압수절차는 적법절차에 위반된다.

② 乙이 도로교통법위반(음주운전)죄 및 교통사고처리특례법위반(치상)죄로 기소되었고, 제1회 공판기일에 乙 및 乙의 변호인은 혈액감정의뢰회보에 대하여 증거부동의를 하였는데, 제3회 공판기일에 乙이 출석하지 아니한 상태에서 乙의 변호인이 이를 증거로 하는 데 동의하였다면 위 증거동의는 효력이 있다.

③ 위 승용차가 자동차종합보험에 가입되어 있어 甲을 교통사고처리특례법위반(치상)죄로 공소제기할 수 없다고 하더라도, 乙이 甲을 도피시킨 행위는 범인도피죄에 해당할 수 있다.

④ 乙이 P에게 허위사실을 진술한 행위가 범인도피죄에 해당하더라도 그 범행 당시 乙은 甲과 사실혼 관계에 있었으므로 처벌되지 아니한다.

해설

① (×) 당시 간호사가 위 혈액의 소지자 겸 보관자인 병원 또는 담당의사를 대리하여 혈액을 경찰관에게 임의로 제출할 수 있는 권한이 없었다고 볼 특별한 사정이 없는 이상, 그 압수절차가 피고인 또는 피고인의 가족의 동의 및 영장 없이 행하여졌다고 하더라도 이에 적법절차를 위반한 위법이 있다고 할 수 없다. (대법원 1999. 9. 3. 98도968)

② (×) 피고인이 출석한 공판기일에서 증거로 함에 부동의한다는 의견이 진술된 경우에는 그 후 피고인이 출석하지 아니한 공판기일에 변호인만이 출석하여 종전 의견을 번복하여 증거로 함에 동의하였다 하더라도 이는 특별한 사정이 없는 한 효력이 없다고 보아야 한다. (대법원 2013. 3. 28. 2013도3)

③ (○) 범인이 아닌 자가 수사기관에 범인임을 자처하고 허위사실을 진술하여 진범의 체포와 발견에 지장을 초래하게 한 행위는 범인도피죄에 해당한다. (대법원 2000. 11. 24. 2000도4078)

④ (×) 사실혼관계에 있는 자는 민법 소정의 친족이라 할 수 없어 위 조항에서 말하는 친족에 해당하지 않는다. (대법원 2003. 12. 12. 2003도4533) 〈주〉 친족간특례가 적용되지 않으므로 처벌된다.

정답 ③

021 2024년 변호사(발췌)

다음 사례에 관한 설명 중 옳지 않은 것을 모두 고른 것은? (다툼이 있는 경우 판례에 의함)

甲과 A는 동거하지 않는 형제 사이인데 A가 실종되었다. 甲은 2023. 1.경 법원이 선임한 A의 부재자 재산관리인으로서 A 앞으로 공탁된 수용보상금 7억 원을 수령하였다. 그 후 법원은 2023. 3.경 A의 부재자 재산관리인을 甲에서 B로 개임하였다. 그럼에도 甲은 B에게 공탁금의 존재를 알려 주지도 않고 인계하지도 않았다. 2023. 5.경 위 사실을 알게 된 B가 2023. 6.경 법원으로부터 고소권 행사에 관하여 허가를 받고 나서 바로 甲을 위 사실에 관하여 특정경제범죄가중처벌등에관한법률위반(배임)죄로 수사기관에 고소하였다.

㉠ 甲, B, 甲의 누나 C가 모여서 같이 대화를 나누던 중, B는 증거수집 목적으로 자신의 휴대전화 녹음 기능을 사용하여 위 3명의 대화를 녹음하였는데, 이러한 녹음 행위는 「통신비밀보호법」 제16조 제1항에 해당하며 위법하다.
㉡ B는 A의 부재자 재산관리인으로서 그 관리대상인 A의 재산에 대한 범죄행위에 관하여 법원으로부터 고소권 행사에 관한 허가를 얻었으므로 A의 법정대리인으로서 적법한 고소권자에 해당한다.
㉢ 사법경찰관 P가 특정경제범죄가중처벌등에관한법률위반(배임)죄로 甲에 대한 체포영장을 발부받은 후 집 앞 주차장에 차량을 주차하고 있는 甲을 발견하고 위 체포영장에 기하여 체포하면서 甲의 차량을 수색한 것은 「형사소송법」 제216조 제1항 제2호에 따라 적법하다.
㉣ 甲이 위 ㉢항과 같은 체포 과정에서 자신의 차량으로 사법경찰관 P를 충격하여 상해를 가했다면, 甲에게 특수공무집행방해치상죄 및 특수상해죄가 성립하고, 양 죄는 상상적 경합관계이다.

① ㉠㉡㉣
② ㉠㉢㉣
③ ㉠㉣
④ ㉡㉢
⑤ ㉢㉣

[해설]
㉠ (×) 3인 간의 대화에서 그 중 한 사람이 그 대화를 녹음 또는 청취하는 경우에 다른 두 사람의 발언은 그 녹음자 또는 청취자에 대한 관계에서 「통신비밀보호법」 제3조 제1항에서 정한 '타인 간의 대화'라고 할 수 없으므로, 이러한 녹음 또는 청취하는 행위 및 그 내용을 공개하거나 누설하는 행위가 「통신비밀보호법」 제16조 제1항에 해당한다고 볼 수 없다. (대법원 2006. 10. 12. 2006도4981)
㉡ (O) (대법원 2022. 5. 26. 2021도2488)
㉢ (O) (대법원 2015. 5. 28. 2015도364) 〈주〉 체포현장에서의 압수수색이다.
㉣ (×) 직무를 집행하는 공무원에 대하여 위험한 물건을 휴대하여 고의로 상해를 가한 경우에는 특수공무집행방해치상죄만 성립한다. (대법원 2008. 11. 27. 2008도7311) 〈주〉 양죄는 법정형이 동일하므로 특별관계로서 결과적가중범만 성립한다.

[정답] ③

022 2024년 변호사

다음 사례에 관한 설명 중 옳지 않은 것을 모두 고른 것은? (다툼이 있는 경우 판례에 의함)

> 甲은 乙 소유 토지 위에 있는 X건물을 소유하고 있었는데 乙이 제기한 건물철거소송에서 패소하여 X건물이 철거되자 위 토지 위에 Y건물을 신축하였다. 乙은 Y건물 벽면에 계란 30여 개를 던져 甲이 Y건물에 남은 계란의 흔적을 지우는 데 약 50만 원의 청소비가 들게 하였다. 甲은 乙의 위와 같은 행위에 대항하여 Y건물 인근에 주차된 乙의 차량 앞에 철근콘크리트 구조물을, 뒤에 굴삭기 크러셔를 바짝 붙여 놓아 乙이 약 17시간 동안 위 차량을 운행할 수 없게 하였다. 한편, 乙은 화가 나 甲 소유의 굴삭기 크러셔에 빨간색 페인트를 이용하여 "불법 건축물 소유자는 물러가라."라는 낙서를 하였고, 이 범죄사실에 대하여 벌금100만 원의 약식명령이 발령되었다.

> ㉠ 甲이 Y건물을 무단으로 신축한 행위는 乙 소유 토지의 효용자체를 침해한 것으로 재물손괴죄에 해당한다.
> ㉡ 乙이 Y건물 벽면에 계란 30여 개를 던진 행위는 그 건물의 효용을 해한 것으로 재물손괴죄에 해당한다.
> ㉢ 甲이 17시간 동안 乙의 차량을 운행할 수 없게 한 행위는 차량 본래의 효용을 해한 것으로 재물손괴죄에 해당한다.
> ㉣ 乙이 위 약식명령에 불복하여 변호인 선임 없이 정식재판을 청구한 후 연속으로 2회 불출정한 경우, 법원은 乙의 출정 없이 증거조사를 할 수 있고, 이 경우에는 「형사소송법」 제318조 제2항에 따라 乙의 증거동의가 간주된다.
> ㉤ 乙이 위 ㉣항과 같이 정식재판에서 증거동의가 간주되고 증거조사가 완료된 후 벌금 100만 원이 선고되자 항소하였고, 乙이 항소심에 출석하여 증거동의를 철회 또는 취소한다는 의사표시를 한 경우, 제1심에서의 증거동의 간주는 乙의 진의와 관계없이 이루어진 것이므로 증거동의의 효력은 상실된다.

① ㉠㉡
② ㉠㉤
③ ㉠㉡㉤
④ ㉡㉢㉤
⑤ ㉠㉡㉢㉣

해설
㉠ (×) 다른 사람의 소유물을 본래의 용법에 따라 무단으로 사용·수익하는 행위는 소유자를 배제한 채 물건의 이용가치를 영득하는 것이고, 그 때문에 소유자가 물건의 효용을 누리지 못하게 되었더라도 효용 자체가 침해된 것이 아니므로 재물손괴죄에 해당하지 않는다(大判 2022.11.30. 2022도1410).
㉡ (×) 계란 30여 개를 건물에 투척한 행위는 건물의 효용을 해하는 정도의 것에 해당하지 않는다(大判 2007.6.28. 2007도2590).
㉢ (○) 위 구조물로 인해 차량을 운행할 수 없게 됨으로써 일시적으로 본래의 사용목적에 이용할 수 없게 된 이상 차량 본래의 효용을 해한 경우에 해당하여 재물손괴죄가 성립한다(大判 2021.5.7. 2019도13764).
㉣ (○) (대법원 2010. 7. 15. 2007도5776)
㉤ (×) 피고인이 항소심에 출석하여 공소사실을 부인하면서 간주된 증거동의를 철회 또는 취소한다는 의사표시를 하더라도 그로 인하여 적법하게 부여된 증거능력이 상실되는 것이 아니다. (대법원 2010. 7. 15. 2007도5776) 〈주〉 1심에서의 증거동의 간주효력은 2심에서도 그대로 유지된다.

정답 ③

023 2024년 변호사(발췌)

다음 사례에 관한 설명 중 옳은 것은 몇 개인가? (다툼이 있는 경우 판례에 의함)

> 공무원 甲은 자신의 처 乙의 건축법위반 사실을 은폐할 목적으로 정산설계서를 확인하지 않았음에도 불구하고 "정산설계서에 의하여 준공검사를 하였다."라는 내용을 공문서인 준공검사조서에 기재하였다. 甲이 위 행위에 대하여 기소되고 乙이 증인으로 신청되자, 甲은 乙에게 위증을 교사하였으며, 이에 乙은 허위 증언을 하였다.

> ㉠ 甲에게는 허위공문서작성죄 외에 직무유기죄도 성립하고, 양자는 상상적 경합관계에 해당한다.
> ㉡ 甲이 작성한 준공검사조서의 내용이 객관적으로 공사현장의 준공 상태와 부합하는 경우, 甲에게 허위공문서작성죄는 성립하지 않는다.
> ㉢ 甲이 乙에게 위증을 교사한 행위는 자기의 형사사건에 관하여 허위의 진술을 하는 행위와 마찬가지로 甲의 방어권 행사에 속하는 것이므로, 甲을 위증교사죄로 처벌할 수 없다.
> ㉣ 만약 乙의 허위 증언에 대해 위증죄가 성립하는 경우, 甲에 대한 형사재판이 확정된 이후라도 乙이 위증 사실을 자수한 때에는 그 형을 감경 또는 면제한다.

① 0개
② 1개
③ 2개
④ 3개
⑤ 4개

[해설] ㉠ (×) 공무원이 신축건물에 대한 착공 및 준공검사를 마치고 관계서류를 작성함에 있어 그 허가조건 위배 사실을 숨기기 위하여 허위의 복명서를 작성 행사하였을 경우에는 작위범인 허위공문서작성 동행사죄만이 성립하고 부작위범인 직무유기죄는 성립하지 아니한다(大判 1972.5.9. 72도722).
㉡ (×) 준공검사조서를 작성함에 있어서 정산설계서를 확인하고 준공검사를 한 것이 아님에도 마치 한 것처럼 준공검사용지에 "정산설계서에 의하여 준공검사"를 하였다는 내용을 기입하였다면 그것만으로 곧 허위공문서작성죄가 성립하고 위 준공검사조서의 내용이 객관적으로 정산설계서 초안이나 그후에 작성된 정산설계서 원본의 내용과 일치한다거나 공사현장의 준공상태에 부합한다 하더라도 그 성립에 아무런 영향을 미치지 못한다. (大判 1983.12.27. 82도3063).
㉢ (×) 피고인이 자기의 형사사건에 관하여 허위의 진술을 하는 행위는 피고인의 형사소송에 있어서의 방어권을 인정하는 취지에서 처벌의 대상이 되지 않으나, 법률에 의하여 선서한 증인이 타인의 형사사건에 관하여 위증을 하면 형법 제152조 제1항의 위증죄가 성립되므로 자기의 형사사건에 관하여 타인을 교사하여 위증죄를 범하게 하는 것은 이러한 방어권을 남용하는 것이라고 할 것이어서 교사범의 죄책을 부담케 함이 상당하다(大判 2004.1.27. 2003도5114).
㉣ (×) 형법 제153조 소정의 위증죄를 범한자가 자백, 자수를 한 경우의 형의 감면규정은 재판 확정전의 자백을 형의 필요적 감경 또는 면제사유로 한다는 것이다. (대법원 1973. 11. 27. 73도1639) 〈주〉 재판 확정 후의 자수는 총칙 제52조에 의하여 임의적 감면사유이다.

[정답] ①

024 2024년 변호사(발췌)

다음 사례에 관한 설명 중 옳지 않은 것을 모두 고른 것은? (다툼이 있는 경우 판례에 의함)

> 甲은 장애인인 모친 A와 거주하며 적법하게 장애인사용자동차표지(보호자용)를 발급받아 사용하던 중, A와 주소지가 달라져 '장애인전용주차구역 주차표지가 있는 장애인사용자동차표지'가 실효되었음에도 이를 자신의 승용차에 그대로 비치한 채 아파트주차장 내 장애인전용주차구역이 아닌 장소에 승용차를 주차하였다가 적발되었다.

> ㉠ 공문서부정행사죄는 구체적 위험범이므로, 본죄에 관한 범행의 주체, 객체 및 태양은 되도록 엄격하게 해석하여 처벌범위를 합리적인 범위 내로 제한하여야 한다.
> ㉡ 甲이 장애인전용주차구역에 승용차를 주차하지 않았다고 하더라도 사용권한이 없는 장애인사용자동차표지를 승용차에 비치하여 마치 장애인이 사용하는 자동차인 것처럼 외부적으로 표시하였으므로 장애인사용자동차표지를 부정행사한 경우에 해당한다.
> ㉢ 아파트입주민 B가 甲에 대한 정식재판에 증인으로 소환받고도 출산을 앞두고 있다는 이유로 출석하지 아니한 경우, 甲이 증거로 함에 부동의한 B에 대한 사법경찰관 작성 진술조서는 「형사소송법」제314조에 의하여 증거능력이 인정될 수 없다.

① ㉠
② ㉡
③ ㉢
④ ㉠㉡
⑤ ㉡㉢

해설
㉠ (×) 형법 제230조의 공문서부정행사죄는 추상적 위험범이다. 형법 제230조는 본죄의 구성요건으로 단지 '공무원 또는 공무소의 문서 또는 도화를 부정행사한 자'라고만 규정하고 있어, 자칫 처벌범위가 지나치게 확대될 염려가 있으므로 본죄에 관한 범행의 주체, 객체 및 태양을 되도록 엄격하게 해석하여 처벌범위를 합리적인 범위 내로 제한하여야 한다(大判 2022.9.29. 2021도14514).
㉡ (×) 장애인사용자동차표지를 사용할 권한이 없는 사람이 장애인전용주차구역에 주차하는 등 장애인사용자동차에 대한 지원을 받을 것으로 합리적으로 기대되는 상황이 아니라면 단순히 이를 자동차에 비치하였더라도 장애인사용자동차표지를 본래의 용도에 따라 사용했다고 볼 수 없어 공문서부정행사죄가 성립하지 않는다(大判 2022.9.29. 2021도14514).
㉢ (○) (대법원 1999. 4. 23. 99도915) 〈주〉 출산예정은 제314조의 사망 등의 사유가 아니다.

정답 ④

025 2024년 변호사(발췌)

다음 사례에 관한 설명 중 옳은 것을 모두 고른 것은? (다툼이 있는 경우 판례에 의함)

건축허가권자 공무원 甲은 실무담당자 乙의 방조 아래, 빌딩건축허가와 관련하여 건축업자 丙으로부터 2,000만 원의 뇌물을 받았다. 이후 甲은 乙에게 2,000만 원 중 200만 원을 사례금으로 주었고, 400만 원은 건축허가에 필요한 비용으로 지출하였으며, 나머지 1,400만 원은 은행에 예금하였다. 丙은 이후 빌딩건축허가가 반려되자 甲에게 공여한 뇌물 전액의 반환을 요구하였다. 甲은 200만 원을 乙에게 사례금으로 주었고, 400만 원을 비용으로 지출하였음을 이유로 예금하여 두었던 1,400만 원을 인출하여 위 돈만을 丙에게 반환하였다.

㉠ 甲이 乙에게 교부한 사례금 200만 원을 甲으로부터 추징할 수는 없다.
㉡ 甲이 건축허가와 관련하여 지출한 필요비 400만원은 甲이 실질적으로 취득하였다고 보기 어려우므로, 甲으로부터 추징할 수 없다.
㉢ 甲이 丙에게 반환한 1,400만 원을 丙으로부터 추징할 수는 없다.

① ㉠
② ㉡
③ ㉢
④ ㉠㉡
⑤ ㉡㉢

[해설]
㉠ (×) 수뢰자가 자기앞수표를 뇌물로 받아 이를 소비한 후 자기앞수표 상당액을 증뢰자에게 반환하였다 하더라도 뇌물 그 자체를 반환한 것은 아니므로 이를 몰수할 수 없고 수뢰자로부터 그 가액을 추징하여야 할 것이다(大判 1999.1.29. 98도3584).
㉡ (×) 범인의 독자적인 판단에 따라 경비로 사용한 것이라면 이는 범인이 받은 금품을 소비하는 방법의 하나에 지나지 아니하므로, 그 가액 역시 범인으로부터 추징하지 않으면 안된다(大判 1999.6.25. 99도1900).
㉢ (○) 뇌물로 받은 돈을 은행에 예금한 경우 그 예금행위는 뇌물의 처분행위에 해당하므로 그 후 수뢰자가 같은 액수의 돈을 증뢰자에게 반환하였다 하더라도 이를 뇌물 그 자체의 반환으로 볼 수 없으니 이러한 경우에는 수뢰자로부터 그 가액을 추징하여야 한다(大判 1996.10.25. 96도2022).

[정답] ③

026 2024년 변호사(발췌)

다음 사례에 관한 설명 중 옳지 않은 것을 모두 고른 것은? (다툼이 있는 경우 판례에 의함)

> 甲은 2023. 2. 12. 보이스피싱범 乙에게 X은행에 자신의 명의로 개설한 예금계좌의 잔고가 없는 예금통장과 위 계좌에 연결된 체크카드 1개, OTP카드 1개를 그것이 사기범죄에 이용된다는 것을 모른 채 100만 원에 매도하였다. 이후 乙은 2023. 2. 13. A에게 전화하여 검사를 사칭하면서 '금융법률 전문가인 甲에게 송금하면 범죄 연관성을 확인 후 돌려주겠다'고 하였고, 이에 속은 A는 2023. 2. 14. 11:20경 위 계좌에 1,000만 원을 송금하였는데, 甲은 같은 날 11:50경 별도로 만들어 소지하고 있던 위 계좌에 연결된 체크카드를 이용하여 그중 300만 원을 임의로 인출하였다.

> ㉠ A가 甲 명의의 계좌에 1,000만 원을 입금한 이후부터 甲은 A를 위하여 위 1,000만 원을 보관하는 지위에 있다.
> ㉡ 甲이 사기피해금 중 300만 원을 임의로 인출한 행위는 乙에 대한 횡령죄에 해당한다.
> ㉢ 만약 甲이 乙의 사기범죄의 공범이라면 사기피해금 중 300만 원을 임의로 인출한 행위는, A에 대한 횡령죄에 해당하지 않는다.

① ㉠
② ㉡
③ ㉢
④ ㉠㉡
⑤ ㉡㉢

[해설] ㉠ (○) 계좌명의인이 송금·이체의 원인이 되는 법률관계가 존재하지 않음에도 계좌이체에 의하여 취득한 예금채권 상당의 돈은 송금의뢰인에게 반환하여야 할 성격의 것이므로, 계좌명의인은 그와 같이 송금·이체된 돈에 대하여 송금의뢰인을 위하여 보관하는 지위에 있다고 보아야 한다(大判 2018.7.19. 2017도17494. 전합).
㉡ (×) 계좌명의인의 인출행위는 전기통신금융사기의 범인에 대한 관계에서는 횡령죄가 되지 않는다(大判 2018.7.19. 2017도17494. 전합). 〈주〉 A가 아니라 피해자 A에 대한 횡령죄를 구성한다.
㉢ (○) 계좌명의인이 사기의 공범이라면 사기죄 외에 별도로 횡령죄를 구성하지 않는다(大判 2018. 7. 19. 2017도17494. 전합).

[정답] ②

2024 김원욱 형법
최신기출총정리

초판인쇄 2024년 5월 27일
초판발행 2024년 5월 29일
편 저 자 김원욱
발 행 인 박기현
등   록 제2016-000065호
발 행 처 주식회사 좋은책
주   소 서울시 관악구 관악로12길 10, 3층
교재문의 TEL) 02-871-7720 / FAX) 02-871-7721
I S B N 979-11-6348-633-6 (13360)

본서의 무단 전재·복제 행위는 저작권법에 의거하여 5년 이하의 징역 또는 5천만원 이하의 벌금에 처하거나 이를 병과할 수 있습니다. 저자와의 협의하에 인지를 생략합니다.

정가 28,000원